天

Borderless

下

博稽古今 融汇天下

中国法理学论稿

李　平——著

法律出版社
LAW PRESS·CHINA
北京

图书在版编目（CIP）数据

中国法理学论稿 / 李平著. -- 北京 : 法律出版社, 2025. -- (新青年法学文丛). -- ISBN 978-7-5244-0045-5

Ⅰ. D920.0

中国国家版本馆CIP数据核字第20255A732C号

中国法理学论稿
ZHONGGUO FALIXUE LUNGAO

作　　者：李　平
责任编辑：韩满春
装帧设计：贾丹丹
出版发行：法律出版社
编辑统筹：学术·对外出版分社
责任校对：张翼羽　郭艳萍
责任印制：胡晓雅　宋万春
经　　销：新华书店
开　　本：710毫米×1000毫米　1/16
印　　张：23.75
字　　数：323千
版　　本：2025年5月第1版
印　　次：2025年5月第1次印刷
印　　刷：北京盛通印刷股份有限公司
书　　号：ISBN 978-7-5244-0045-5
定　　价：98.00元

销售电话：010-83938349　客服电话：010-83938350　咨询电话：010-63939796
地　　址：北京市丰台区莲花池西里7号(100073)
网　　址：www.lawpress.com.cn
投稿邮箱：info@lawpress.com.cn
举报盗版邮箱：jbwq@lawpress.com.cn
凡购买本社图书，如有印装错误，我社负责退换。电话：010-83938349

自 序

用中国文化的理论资源、概念、话语和思维方式来研究法理学，形成一种中国化的法学理论研究范式，是这本书想要完成的任务。其实人类不同的文化传统对于法律基本理论的阐释，原本就不止一种模式；只不过由于近代以来西方文化过于强势，加之林林总总且又众所周知的具体原因，迄今被“学术化”的更多的是西方模式。

虽说借中国传统文化的理论资源来辅证、丰富、拓展法理学理论体系者汗牛充栋，但立足于传统文化资源、话语、概念，创化出中国式的法理学理论框架和体系者，迄今为止依旧鲜见。基于中国文化来写法理学，和在法理学研究中用到中国文化的理论资源，可以说是两种完全不同的工作。法学家们熟悉的无疑是后者，有些类似于“西体中用”，依托的是现代西方式法理学的理论架构、体系、概念、话语、研究方法和思维方式，中国文化资源于其间起到的作用，不外乎印证、辅证、补充和修正。鉴于西方法学理论的成熟度及其研究模式占据主导地位的现实，同时由于对中国传统文化体认、创化的深度和广度尚且存在不足，似乎这是当下最为便宜可行且易为读者理解的方案。

然而这只可解燃眉之急，却难立不世之教。原因其实不难理解。这种模式无论在多大程度上用到中国文化质素，始终都受到西方法学的框限。其中的限制不仅来自法学的学理体系、问题意识和理论工具，更来自西方文化传统的世界观、价值观，以及随之产生的知识、方法、立场、思维方式等。尽管研究者可以立场鲜明地说只借取了一种研究工具，做“师夷长技以制夷”式的“洋为中用”，归根结底是为了更好地用于中国社会，解决中国问题；可是借取思想文化和制度文明，远不像习得、取用器物文明的成果那般简单。在缺乏本土文化根基的情况下，势必会在借鉴时不自觉地受制于舶来者的价值标准、思维方式等方面。表现之一是把特殊的文化产品当作普遍或当然的前提和标准。

事实证明，西方文化并不像西方人自我感觉那样，是人类文明的“标杆”；现代西方文化呈现出的社会、政治、法律等，既不是人类文明的制高点，也并不具有他们所声称的那种普适性。如果我们观察整个西方文化演化历程，自古希腊，经由希腊化时代、古罗马、中世纪进至启蒙运动以后的近现代，法理学的发展可谓历经演变，积渐而成。之所以当代法理学以学界熟知甚至“当然”化了的体系、概念、问题、方法示人，背后的原因却一点也不“当然”，相反是应西方文化和西方社会之所能、所需而致。

早自近代西方法学强势东渐以来，文化差异和西式法学自身解释力有限的问题就已经有了清晰的表现。只不过很长一段时间内的中国法律人，只以自我否定和模仿西方以求“现代化”为要务，已然暴露出的问题大多被有意识地淡化，甚至忽略了。更有甚者，当出现西方学理、制度与本土观念和社会状况不洽时，彼时的学者会不假思索地将问题归因于本土的社会状况、社会文化过于“落后”，而非反思理论本身是否存在问题。这种过分以西方为当然标准的状况近些年已有明显改变。随着西方社会自身问题越来越多地暴露出来，国内知识人对待西方的态度也由崇奉转为反思甚至批判。这个趋势同样影响包括法理学在内的法学领域，强调中国问题、中国视野，并且寻求法学理论中国化建构是为其表现。用中国传统文化的理论资源来思考、解释、丰富法学理论，已然成为当下中国法理学发展的趋势。这与国运隆昌之下国人逐渐重拾文化自信，开始尝试平视西方的文化动势相呼应。背后除了民族自尊心、自信心之外,传统文化本身的价值和生命力越发为国人所体认与了解同样起到了至关重要的作用。

尽管时势喜人,但法理学面临的问题却依旧严峻。改革开放以来的法理学发展,大体上经历了以西为本、西学中用、中西竞合三个阶段。以西为本一定程度上接续了清末民国主流法学研究的进路。这个阶段的标志性现象之一是“送法下乡”。其间主流的思路是引介西方法学理论,进而以之为标准对既有制度和法律现象加以批评,并提出合于西方理论的制度、实践模型。

进而到了西学中用阶段最大的特点在于,学界开始明确意识到西方学理适配中国社会存在困难,不再一味强调按照西学来塑造中国法律文化。以往研究者更倾向于认为难以适配的情况是中国的社会现实、文化传统、思想观念出了问题,不够先进,以将之矫正到合于西方学理为能事。到了这个阶段,也就是经历了十数年强行矫正而未果之后,学者开始反思纯粹按照西方模式塑造和矫正的思路是否妥当,也开始认真反思那些经历了强势矫正仍旧不绝如缕的“中国特色”法律现象生命力之所在。标志之一是“中国问题”日益被法学家重视,其中隐含着理论预设的改变。西方法理的“万能”性或曰普适性在中国问题面前受到了挑战和质疑。既然西方学理确有力所不能及者,那么以之为基础成立的西方法律文化,包括法律制度和法治运行模式,也都不必是中国法文化发展必得全盘效法的标准范型。法学界的典型应对方式是在接受西方学理的前提下对之加以“打补丁”式的修正,开启了西方学理中国化的路径。此间,观察、反思立法、司法实践中具有中国特色的经验,加以理论阐释和创化并尽可能地融会到既有的学理框架中成为了研究者关注的重点。

中西竞合是当下法学界正在经历的阶段。“中国问题”至此已升华为“中国文化”。这个阶段的重心是批判性反思包括法学在内的西方文化,试图重拾中国传统文化,创化面向未来的中国法学理论。立足中国传统文化的精义来重构法学的基础理论、理念和价值标准,同时尝试对现代西方式法理兼收并蓄和融会贯通,是当前以及将来可以预期的相当长一段时间内法学理论研究的方向。

上述转变出现的原因至少有三:其一,前述两个阶段法学研究经验、教训、问题渐进所致。既然西方法学理论和法治模式并非万能,加上中国经验解决中国问题行之有效,为什么还要按照西方学理所提供的范型来展开研究呢?其二,与西方社会、政治、制度自身疲态和暴露出的重重积弊有关。这让包括中国学者乃至一般民众直观地感受到西方法治的局限性。其三,也和上自中央下及民间自觉、自发的传统文化认同有关。

问题在于,一方面是几十年来国内的法学理论框架、概念、话语、研究方法乃至相应的价值标准几乎完全舶自西方,而且这些也已经被纳入了业已颁布适用的法律制度。完全弃之不用既会造成对现有法制的冲击,法学界也会陷入近乎完全"失语"的状态。可是虽然可以做到主观上自觉地仅将这些西学作"工具化"对待,如常言之"洋为中用",但是概念、话语、方法本身就是西方文化传统的产物,其中自始贯注着西方人对世界的理解方式和价值标准。例如,法学核心概念之一的"主体"之所以出现,为之支撑的是始自古希腊的主客二分式世界理解方式,而这势必会造成主体中心的价值判断倾向。

另一方面,尽管传统文化在学者们心目中的地位与日俱增,其中的诸多精义、价值也越发为法学家所体认,可是除了片段化的启示、感悟,传统文化还能为法学理论研究提供什么呢?由于整个传统文史研究模式,尤其是经学传统,也包括作为其延伸的律学传统,在近代遭到重创,时下它已经无法直接为法学研究提供理论资源和理论工具,甚至连传统法文化的体系化说解都不得不借助西式话语和框架展开。因此,即便法学家有着倚重传统文化的自觉,也无从以之为出发点和准据着手研究。当然,上述困境不能完全归咎于法学家,但这给当下法学研究带来的掣肘却实实在在。即便越来越多地将传统文化的学理和要义片段式融入法学理论中,人们也缺乏以中国文化自有的世界观、价值观为出发点来审视法学理论和法学问题的能力。大多数法学家仍旧是以西方法理为依托审视法律现象、发现问题,而后再择取传统文化中的某些义理来为之说解、补充。

上述状况蕴含的最大问题之一在于,人们其实无法真正理解那些法律现象中的“中国”特质及其背后的深层“道理”。举例来说，中西学者都注意到国人特重责任而轻权利。西方学理的解释以权利义务对应为前提，而其基础在于主体乃是目的本身，权利乃是主体自我实现的法律保障。以此来审视中国人重责任轻权利的观念，只能目之为“反常”，并习惯性地归咎于古时的专制统治、集体主义等。殊不知传统中国的观念世界中，人从来就不是“主体”，而是天人合一前提下世界大化流形的特殊参与者。由于人具有智慧，故特殊而有“万物之灵秀”的品质，因而人自始就肩负有参赞天地之化育的使命。换句话说，理论上人对世界负有无限的对世责任。这种无限责任因人的身份、处境、能力而具体化为家庭责任、职业责任、法律责任等。同理，按照西方学理即便可以观察，但不能理解为何中国会主动提出道义责任等毫无权利、利益与之对应的责任命题。

至此再回过头来审视，面对新时代法学理论“中国化”的使命，如何突破当下这个阶段研究中遭遇的困境而寻找到突破口呢？笔者以为，不妨以“经”济“法”，即以传统经典所构筑的义理为出发点和准据，将经义中的法理和合用于现时代的经学方法做现代式阐发，以之为“体”的同时融入西方法理中尚有生命力和价值的质素，或许是一种值得尝试的新模式。说得简单一些，这是以中国文化自有的世界观、法律观和价值观为基底型构法学理论体系，对西学的理论资源择其善者而从之，用之来给中国法理论“打补丁”。

所以这本书要做一次全新的尝试，是要基于传统中国文化对世界、人、社会、政治的基本理解，以这些为基础，尽可能地运用源自传统文化的概念、话语、视角和理论资源，对包括人域的实在法（或曰狭义上的法律）在内的广义的“法”做理论思考和阐释，进而阐明中国的思想文化关注到哪些法律问题，对这些问题做出了怎样的理论解说。

因为要解说传统中国法文化的义涵，书中不免涉及大量思想史文献，但全书并非意在做思想史式的考察，而是面对现实和未来之作。型构新的法理学研究架构也好，呈现出对一众法理学问题的传统中国式理解方案也好，目的在于展现出一种不同于西方法律文化的异质文化传统如何看待法律，如何思考，以及提供了哪些理论问题和理论资源。换句话说,期待借此可让法理学研究者在视角、方法、问题和解决方案等方面获得除了现代西方学理之外的另一种研究进路。所以严格说来,本书接下来将要铺陈的理论框架和论说,与既有的法理学研究范式可算是并行关系。而就全书的体系设置而言,只能算作一次非常粗浅的"中国法理学"理论体系建构尝试。囿于本人学识有限,书中所论尚有诸多考虑不周之处,敬待方家学人共同批评。

目　录

绪　论

一、法理学的“元问题”

这本书要用一种新的方式来讨论法理学，也就是说，问题是老问题，但是要用新视角和新方法观察，基于新的理论基础，用新的理论资源理解。这会带来不小的难度，因为迄今为止还没有人真正跳出既有的法理学理论框架、话语和学理体系做出这类尝试。为了后续章节展开之便，首先需要把“老问题”，即法理学究竟研究哪些问题，或者说，什么是法理学的“元”问题简单梳理一过。

（一）法理学研究什么

1. 法律是什么？

作为整个法学的基础理论，法理学首要的根本性问题自然是“法律是什么”。这可以说是法理学的元问题，也是法学研究的理论起点。通常人们希望法理学能够给出简单明了的解答，或者是给定一个明确的判别式。于是有了最常见的定义，大致是说法律是由立法权机关制定，国家强制力保障的行为规则。可是如果细细琢磨，就会发现其中多有含糊不清之处，比如同样有国家强制力保障，又是行为规则的规章、决议算不算法律？我们需要从中认识到的隐含信息是：当人们提出概念，而这个概念又存在边界不清晰的情况，无法与现象完全对应，不能给人的判断或行为提供精确指引时,一定是概念出了问题,[①]而不可能是现象有问题。因为概念得自对现象的观察、反思与归纳。[②]这看似很简单,可是法律的概念却自古至今都不确定,人们始终没有办法用很简单的判别式概括出来。所以方法论前提本身就值得讨论,同时也告诉我们,现在的法理学这个学科没有,也无法按照既有的思路提供一套完全精确的概念和理论前提。比如一些伊斯兰国家认定《古兰经》是法律,但是在其他的国家不算,这就意味着在研究过程中首先面对的问题是,选择基于共性来界定什么是法律,还是根据每个文化传统不同的理解方式分别确定什么是法律。如果是根据每个不同的文化传统的特异性法律来研究,那么由所研究的对象导出的研究结论有没有普适性?

这些是元问题中衍生出来的问题,按照这种方式展开属于横向研究。除此之外还有纵向的研究,主要是观察人类历史上出现了多少种不同的法律,每个时段、人群都是怎么认定法律的?其中会遇到很多与横向展开相似的问题,很难在纷繁复杂的现象中找出一个既有足够涵盖性、解释力,同时又能精准提供判别式的定义。一般来说,包含得足够广泛,那么给出的判别式会相对模糊;如果足够精确,则势必要排除很多在其他的条件下能被当成法律的情况,会显得缺乏普适性。

除了现实中的对象外,法律是什么的问题同时又关乎法律的本质是什么。更准确地说,剥离一切外在的差异化的表现以后,什么是法律的本质?再有,为什么各个不同的表现形式都可以叫作法律?又为什么人类各种文化传统会演化出不同的法律表现形式?这些都是法理学需要面对和讨论的问题。再接下来通过理解抽象本质和形式,重新思考究竟能不能形成一个叫作"法律"的概念,这些都是后面要谈的问题。

---

① 当然也有可能是生成概念背后的学理支撑、思维方式,甚至是理解世界的方法、模式存在问题。

② 严格说来,这种当下主流的观念是经验主义的思路。除此之外另有一类主张认为概念是先天的,现实中的实存是对先天概念的不完善表达。持这类观点的典型论家包括先秦的名家、古希腊的柏拉图、中世纪的唯实论和西方近代的理性主义者。

2. 法律的定位

法理学关注的第二大话题是法律的定位,需要将法律放到人类文明的整体中去审视。所谓“文明”,[①]简单地说意指人化世界的所有产物。世界上主要的文化传统的文明,就表现而论大体上可以分作三大类型:一是制度文明,二是思想文明,三是器物文明。

通常人们是在制度文明的范围内讨论法律,将它视为一种制度,或者说人类造就的诸制度的形式之一。可是法律非止存在于纸面上的静态的制度,它会随着人加以运用而呈现动态性和过程性。同时法律和思想文明也有关系,因为无论在什么情景下,以什么方式去定立、理解、使用法律,背后都有特定的思想文化作为依托,提供常识、价值观、思维方式、理论资源等。再者,产生什么样的法律文化,与器物文明也有一定的联系。最直接相关的无疑是载体。现代的法律写在纸上,但是按照现在的发展趋势,可能十年、二十年后不用写到纸上,可以完全电子化。而在之前很长一段时间,法律并不写在纸上,例如刻在石柱上的古巴比伦《汉谟拉比法典》,铸在铜柱上的古罗马《十二铜表法》,铸在铁鼎上的春秋中后期的刑鼎,以及书写在竹简上的秦律、汉律等。载体的形态对于制度或者思想都会有影响,特别是有关传播、改动和使用方式等方面,但迄今为止对这些的研究尚不多见。

总的来说,法理学要研究的法律和人类文明的三个主要类型都有关联,而这三者又都可以集中到一个点上,即治理。无论法律以什么样的形式呈现出来,也无论从什么角度去理解,它都和政治社会的治理有关,并指向某一种秩序。

藉此大概可以知道法律的定位是什么:仅就法律本身而言,它是一种制度化的治理工具。进一步的问题是:法律是怎样的治理工具?它与制度的整体以及其他制度形态有何区分,又有怎样的关联?法律反映了什么样的思想文化背景和内容?它在被运用的过程中,又如何勾连起制度文明和思想文明?同时还要讨论什么是治

---

① “文明”和“文化”,严格说来是有差别的两个术语,但在很多情况下人们都习惯混用。简单地说,“文化”是“人文化成”,是人基于人的主观理解和主动作为去“人化”世界。“文明”是人文化成的表现。

理、为什么要治理？作为一种治理工具，法律以什么方式或者在什么治理工具体系中参与治理，且能达到怎样的效果？这些属于法律的定位这个层次，都是需要法理学关注的问题。

3. 法律的内涵与价值

法理学的第三大问题是法律的内涵，我们也可以把它理解为法律的内容。关于内容与形式的关系也是非常复杂的问题，后面的章节会专门讨论。法理学关注的法律的内容，既包括法律包含哪些法律关系（或曰权利义务关系），也包括法律的价值内涵和指向。后者尤为法理学研究所瞩目，其中又涉及两个方面：一是法律规范和法律体系本身蕴含了什么价值？例如法律规则中的主体平等，蕴含的就是平等的价值。除了规则内部的价值，还需要理解法律规则作为一个体系有哪些价值。二是要去讨论规则以及规则体系能够实现什么价值，或者它指向什么价值。例如现在有一种公认的说法，认为法律所能实现的最高价值是正义。于是就得追问，究竟什么是正义，法律如何体现正义，又如何促成正义等一系列复杂的问题。同理，除了正义之外，法律和与法律相关的现象、观念中析出其他的价值，也需要做上述这些追问式的研究。此外，所有的法律体系都在指向某种秩序，有的研究者认为秩序，或者说有序化也是一种价值。于是须得追问，秩序究竟是不是价值，什么样的秩序是正义的、好的、善的秩序等问题。

4. 法律的运行（运作）方式

法理学的第四大问题是法律的运行方式。上文谈到，制度文化意义上的法律不是静态的，必须通过动态的、过程化的场景来理解法律本身及其产生的效果和造成的影响。这便会涉及如何立法，以及如何理解立法。如何立法既是法律技术问题，又是社会问题和政治问题。反过来，怎样通过一套被制定出来的法律制度去推想、理解立法者的意图，也是法理学的论题。还有执法，最典型的是行政执法，涉及的问题包括：怎么执法？谁来执法？什么状态下，以什么形式、什么程序执法算是合法？严格按照程序进行的合法的执法行为，是不是一定是合理的？再接下来当然还有司法裁判。和执法一样，首先涉及制度性的问题，例如司法的权限、司法的程序，同时还包括审判方法。由此又引申出两大问题:一是法律解释,二是法律推理。前者关系到如何理解和解释法律,后者则关乎怎么进行司法裁判。举例来说,现在常见的最一般性裁判原则叫作依法裁判,意思是法官应该以事实为根据,以法律为准绳判案。这看起来似乎清晰明了,但是任何一个参与过实际审判的人都知道,这充其量只是理论上的愿景,没有法官能严格地按照这样的逻辑审判。之前说到,一旦理论不能契合事实,那么只能说理论本身存在缺陷。因此法理学需要直面司法过程的实际状态,为如何审判,也就是审判推理模式提供理论解释和支撑。

除了这些常见的关于法律运行的话题之外,还需要关注违法。例如为什么有人违法?为什么会出现违法现象?曾经人们将违法直接当作合法的反常态、例外。可是在很多情况下,人们会发现不少违法行为才是常态化的。比如过马路时,集合一大波人就可以通过,完全无视红绿灯。这在很长一段时间就被当成了常态,尽管大家都知道这是违法的。但这类行为为什么会出现?是立法的问题,还是守法者的问题,抑或执法力度的问题?类似现象出现又带来了什么影响?包括社会秩序、观念以及法律本身等,这些都是法理学应该讨论的话题。接下来的章节,本书将尝试用一种全新的,源自传统中国法文化而展开的法理学理论架构和话语,尽可能完整地解答上面提到的种种问题。

(二)法理学如何研究

至于法理学怎么研究,涉及三个方面,一是概念,二是话语,三是方法。

1. 概念体系

现在几乎所有的学术研究,都被冠以了“科学”之名。法学作为社会科学之下的子学科,也有了法律科学的名号。科学化意味着所有这些研究都得以概念为前提,同时也以概念作为研究的学理支撑甚至对象,进而采取实证的方式对命题加以证成或证伪。学理体系呈现为概念体系,而非直接面对现象、事物。这和近代以前,特别是古代的研究有很大差别。

于是我们会发现像法学、社会学、政治学、经济学等任何一个可以被归到社会科学的学科，都会形成一个概念体系。这个概念体系构成了研究本学科中任一话题的基础。可以说，现代意义上以法律理论为研究对象的法理学，呈现为基于概念理解事实，再回到概念建构的研究模式。其中产生了两种研究倾向：有一些人专门去讨论概念本身，另外一些人尝试把概念和现象之间的关联打通。两者的共同之处在于，概念体系始终是作为研究的前提和基础。随意翻看当下的法理学教科书，或者其他相关的专门性论著，看到的大多是这种研究方式。之前提出法律是什么的元问题时谈到了判别式和定义，而之所以会有这样的想法和需求，其实也是科学化研究思路的体现。

尽管当代的法律学人早已将此内化，但并不意味着这种概念引领的研究模式和思路便是当然、必然。而且至少在当下，只有一种，即以西方法理学的概念体系去研究法律的理论。这些前提性的问题都需要被反思，不过很难期许在现有的条件下迅速获得解决方案。

2. 话语体系

与法理学研究相关的第二方面是话语体系，它和概念体系有很大关联。话语体系意味着一套知识。如果只是给每个概念下一个定义，即便是把法理学整个学科中所有的概念定义完，一本法理学教科书可能也不超过 20 页。可事实的情况远非如此，除了定义之外，法理学论著中还有大量其他的内容，这些内容就是关于概念体系的知识。运用特定的知识来说解概念，同样也形成了一个体系，但这和概念体系本身又有差别。因为概念本身都极致抽象，被灌注了知识以后就形成了话语体系。所以话语体系所承载的便是一整套关于法律理论的知识谱系。

比如，当学习过法律的人听到著名的于欢案时，脑海中会跳出来一个概念，叫正当防卫，同时可能还会再蹦出另一个叫防卫过当的相似概念来。这个概念不是先天就有的，它是后天习得的法理学知识，却实际上支配了人们对事件、现象的理解。于欢的行为除了涉及正当防卫和防卫过当，似乎法律人再找不到合适的概念、话语做出界定。这是概念体系和话语体系的力量，看起来它们只是工具,但是实际上已经匡饬、限制了思维,也限制了人们对现象的理解。而且当下我们对任何被归为法律事件或者法律现象的问题,只有一套概念和一套话语去审视、表达,也就意味着我们受限于这套概念和话语,只有一种理解方式。而这套以西方法律文化传统为基底形成的体系本身存在诸多问题,用于西方之外的法律文化时,其解释力又非常有限,这也正是为什么接下来要尝试以中国文化为基底,提供另一套话语和概念体系。

3. 研究方法

顺着概念体系和话语体系,还要谈谈如何使用的问题,也就是研究方法。近十余年,整个法学界特别看重方法,有时也把对法学的研究方法和对法律现象的推理解释方法混在一起。

理论研究中用到的基本方法大致可以分为五种:第一种是描述。例如说明某一物体时,描述它的形状、颜色、用途等。第二种是解释,基于描述进一步阐明"然"背后的"所以然",核心是把握因果关联。第三种是类比、比较。第四种方式叫作分析。第五种与分析逻辑上相反,即是归纳。在认识和研究某一现象时,除了上列五种,似乎没有其他方法了。反过来说,人调动理性思维对某一对象进行研究的方法其实只有这些。那么为什么方法值得讨论?是纯粹为了讨论方法好不好用,如何用,还是有别的原因?这需要和上文的话题联系起来。只有在一套特定的概念体系之下,方法才变得有讨论的必要。之前就说到,任何概念都不是对现象的精准复原,而一定是对现象进行了抽象加工以后的产物。人们在使用这种不确定的经过抽象的概念时,运用方法需要精确化,也需要设置前提。因为作为前提的概念已然是运用复杂方法后的产物,前提复杂化导致接下来的情况变得越来越复杂。任何法学方法论都捆绑在这两个前提之下。当然,若是不了解概念体系和话语体系,背后的方法也无法理解。

上面说到的方法其实包含了两类:一是原初的,没有经过加工的理性方法;二是加工过以后的研究方法。分析、归纳、描述、解释、类比这些方法是很朴素的,任何一个能理性思维的人都会用。除此之外,人们还有另外一种理解,例如写论文时经常会写用到了什么研究方法。这时所讲的方法本质上说应该是视角,例如,考古学、人类学、文字学、训诂学、社会学、经济学等都属于这一类。往往在讨论法律现象时,重要的不是能运用哪些方法,而是有多少视角去理解它。当然方法本身永远都不应该成为研究的目的。

二、为什么要引入新的法理学框架

(一)西方式法理学的问题

之前反复说到,当下研究法理学总的来说只有一种模式,即现代西方法学提供的法理学模式,但它本身既不完美,也不完善,更非普适。

1. 对中国解释力有限

现代西方法学提供的法理学模式的问题最突出的无疑是解释力存在局限,这方面现在已经越来越多地表现出来了。中国学界曾经,甚至现在仍有不少研究者把西方的法学当标准来对待。虽说清末短暂地争论了一段时间,但到了民国初年以后,人们开始把西方的法学理论"神化"了,甚至把它当成了西方文明之所以强盛的根本原因之一。那时中国的法学家们的工作重心是把这套概念、学理甚至思维方式和价值标准都"拿进来",当作研究中国法律问题的标准。这个过程持续了很长一段时间,从民国到 1949 年以前。新中国成立以后的法学理论基本上以苏俄为蓝本。再到改革开放以后,又掀起了一波把西方理论当标准的热潮。这样的好处是基本上把西方的学理体系化地引进了过来,也使国人对西方法学了解更加准确、深入且广泛。至于对其中的各个概念的理解是否都准确之类的细节问题姑且不论,至少国内法学界至此基本上有了一套学理体系,它的框架、话语、概念、价值等都舶自西方。

法学家们依据这个学理体系掌握了一套概念,同时也掌握了一套思维方式和评价机制,比如经常讲到的权利本位、权利至上、私有财产神圣不可侵犯,这些被西方人当作标准,引进过来以后,至少法学界也把它们内化为了自己的标准。可是问题在于,姑且不说它们本身是否存在缺陷,这些用来解释中国出现的法律问题,会遭遇各种各样不适配的困境。这些困境表明,西方理论并不"普适",解释力有限，在很大程度上难以完全适配于中国的法律文化。举例来说，上访是中国从古至今都有，老百姓认同，并且反复践行的独特现象。可是它装不进西方法学理论的体系。按照西方法理和宪制理论衍生出的分权式政制和文化，无法容纳也无法理解上访现象。最常见的理论思考之一是，遍在于各级立法、司法、行政机关，甚至是事业单位和国有企业的“信访办”究竟是什么性质的机构？现在有人说上访是一种宪法权利。为什么要这样提？因为在宪法之下的任何一个部门法的体系中都找不到对应，甚至没有办法说上访究竟是合法行为，还是违法行为。所以建议把它写进宪法里去，变成一个宪法权利。但这仍然没有办法解决“信访办”的法律性质问题。这个现象恰好说明现有的西方式法律理论用于解释中国的法律现象、法律文化存在不兼容和解释力不足的问题。而作为一套解释性理论，如果不能给既有的社会现象提供容纳空间，又不能提供理论上的指引，那么一定是理论的解释力存在问题。但是在很长一段时间，大致从改革开放一直到 21 世纪初，主流法学界似乎不这样认为。那时很多法学家认为之所以上访放不进西方式的现代法制体系和法学体系中，肯定是上访出问题了。当时的逻辑是，因为上访和西方法理不兼容，所以应该被判定为不“先进”，应该通过普法等行为予以消除。大而言之，这类主张是要把中国的社会观念、社会状况和制度文化全部改造成和西方学理适配的状态。这是典型的以西方为标准的思维模式。按此，只要把上访现象消除掉，理论就没有问题了。然而上访现象至今没有消除，就像前文说到的，如果理论不能解释现实，那么一定是理论出了问题。

2. 对“法律”的解释力有限

现代西方的法学理论对法律本身的解释力有限。从古罗马到中世纪教会法再到近代的法典化运动，一直到现代的法律现象和问题，西方法学可以解释，还可以提供一套精确的指引性方案。可是除这一传统外，面对其他与之并行的法律传统，很多问题就解释不了，甚至基本判断都有问题，包括对哪些是法律、哪些不是法律的识别上。例如，中国历史上的律令格式通常被判定为属于法律，可是像被认为是“万世法”的《春秋》，专门规定礼仪的《仪礼》《汉官仪》

算不算法律就难以确定。当下中国法学界，特别是法律史家们仍然在面对这种不确定性。为什么会有这类问题？正是因为现在法律的概念和话语都是西方文化传统塑造出来的，受到了文化传统本身的限制；要以之为标准去识别它从未面对的法律现象，解释力上的有限性顿时就凸显出来了。

3. 对人类未来的解释力有限

西方式的法律理论也好，法律文化也好，很难用来指引未来。人类的法律往什么方向发展？现在西方人自己都不知道。他们一面觉得曾经的很多原则性的前提出了问题。肇起自启蒙运动的现代西方法律文化面对他们自己的社会状况和问题已然呈现出解释乏力的困境，更遑论面对多元化的法律文化，用这些理论为人们提供一种可以预期的应然的法治社会图景。

（二）当代中国法文化的状况

引入新的法理理论框架必要性的第二个方面是当代中国法文化的复杂性。其中有两个比较突出的特点，一是“不中不西”，二是不知所以。

什么叫“不中不西”？试想，现在国内几乎各个部门法学的研究都以西方理论为基础，甚至直接当作标准。可是能说当下中国法律制度是完全西方化的吗？最终定立出来的法律文本明显与西方立法形似实异，甚至整体的法律制度构架都有很大不同。这个现象已经引起了很多学者注意，背后的成因非常复杂。自从清末民初西学东渐以后，清朝以前的传统法律制度似乎被完全抛弃了，包括以律令格式为代表的法律形态，也包括法律运行模式和相关的制度设置。当时大张旗鼓地引进了非常西方化的立法思想、技术，甚至直接聘请外国人来参与立法。因为近代的主流知识分子致力于否弃传统观念和文化，似乎只要把西洋“先进”的制度文化学到手，就可以解决中国积贫积弱的状况。但事实上所谓的断裂远没有想象中那么彻底。到了新中国成立以后的最初一段时期，将近代法律制度弃之不用，代之以苏俄的制度，也包括法学理论。改革开放以后，又开始大规模学习、效仿西方的学理和制度。于是无论是学理层面，还是制度层面，苏俄传统、西方传统、中国古代传统，以及中国共产党自国内革命时代以来逐渐积累形成的独特政治、治理传统都在发生影响,进而形成了当下中国法文化的混合状态。这个混合状态不仅仅表现在制度、学理层面,也表现在现实生活和大家日常的观念与习惯上。

最近越来越多人认识到,曾经很长一段时间占据了学界主流的全盘西化思路在中国根本行不通,同时传统中国文化的影响犹在,且具有强大的生命力,须得认真加以反思和重构。可是这时却发现我们没有话语了。而带着西方式的种种理论前提介入,无法真正理解包括古代中国在内的其他文化传统。

与此同时,这样的西方法律文化产生的影响又分很多层次,它在当代中国的制度、观念、学理方面到底影响到什么程度,现在也缺乏明确的认知。同理,我们也没有确切地掌握上面说到的其他传统究竟以什么方式产生影响,产生着多大的影响力。

(三)传统法文化的生命力

还有一个需要考虑的是中国传统法文化本身的价值问题。这些年中国传统文化大有复兴的势头。究其原因,归根结底是因为它本身的生命力。

前文说到,有很长一段时间,中国人在很努力地抛弃传统文化,尝试效仿西方建立全新的制度和价值标准,像清末、民国,也包括改革开放初期,学界花了很大的力气,有意识地消除古代传统的影响,但每每总是事与愿违。一旦打压没有那么强烈时,传统的强大影响力旋即会显现出来。这些现象已经很直观地表现出中国传统文化的生命力。可是它为什么有如此强势的生命力?它的生命力何在?为什么被国人默默地认同?这些需要深入理解,后文还会详细说到。

关于传统文化的解释力,如果说有一种理论能够最接近于包容人类所有的法律传统,这个理论只可能从先秦时代诸子学理中创化出来。当然就能够接近人类思想的制高点而论,古代印度教和佛教的理论以及古希腊哲人,特别是柏拉图的作品也要包括在内,这个话题很复杂,留待后文详解。

关于理论的前瞻性问题。通常一种理论会提供一个蓝图,为人类将来的行为提供方向性指引，中国传统的政治、法律理论，共同指向的图景都可以用“大同”来概括，其中各家提供的理论解说和实践方案各有特色。如果结合人类文明演进的整体历程来想，不难发现，总的趋势不外乎消解自我，成就大同。只不过西方人用了物理性的方式，而中国人更侧重具有强烈政治性的学理和政治实践，印度人则倾向于玄理和出世的修持。

还需要说明，现在我们应当如何去看待中国传统法文化。近代以来，几乎所有针对古代中国文化的研究都是在做一种考古式的观察，或者叫“动物园式”的观察。因为这些研究自始就以现代西方理论作为标准和理论制高点。所有的批判、品评，也都以西方为标准进行。这种研究模式一直持续到现在。西方人做这样的研究没问题，因为中国文化对他们而言是外部化的，他们也只能以一种外部视角来审视，至于能否真正理解和把握其中的要义，自然无法苛责。所谓的“汉学”就是典型。但是中国人这么做问题就很严重了，因为中国的传统文化对于国人而言是内生的。所以在理解本土文化传统的基础上，结合现实需求来审视其他文化资源中何种可为我所用，这才是当代国人研究法理学应有的立场和态度。

第一章　中国传统文化与观念的特质

第一节　关于世界的形而上理解

理解中国法理、法文化，乃至整个中国文化，必须从传统中国的圣哲们关于世界的形而上解说开始，因为这构成了中国文化的根基，所以也应该成为我们理解传统法文化的基础和起点。按现在的说法，世界如何构成是一个哲学问题，讲的是世界的抽象结构。虽说其中包括物理构成的问题，但是思考的对象远不限于物理世界。其实西方物理学原本也是哲学中脱生出来的一个分支，本意同样是为了探寻世界的构成与结构。只不过随着学科越来越专门化、精细化，一般的研究者距离“元问题”也越来越远了。

人类各大文明传统中的精英们对世界构成都有思考和解说，可惜很大一部分已经随着文明本身的消亡而被湮没，即便有零星的资料传世，或是被考古学家发掘出来，也难以考知其详。仅就现存的材料来看，大致以东经70°为界，欧亚大陆可以分为东方和西方两大文明带。西方文明中典型的古希腊、古罗马、古希伯来以及后期出现的阿拉伯文明，它们更愿意在“相—用”结构下理解世界构成。反观东部文明带的古印度和古代中国则大都以“体—相—用”结构论说世界构成。

不过传统中国的思想家大多更习惯以“体—用”来描述世界构成，最著名者莫过于《易传》“形而上者谓之道，形而下者谓之器”[①]之说。道、器关系即体、用关系。但细绎起来，古代中国人已把握到体、用之间尚有“相”的层次，因此世界构成应当以“体—相—用”结构来概括。这个结构既不容易阐明，也不易理解，再加上表达习惯方面的原因，先贤常常在论说时对生成论与构成论不加区分，更给理解平添了困难。由于这个话题颇为复杂，且构成了法理学研究的前提和基础，因此有必要花些笔墨来详细解说。

一、“体”

“体”在传统语境中有很多别称，像道、仁、诚、心、太极、无极、理，这些都被当作“体”的代名词来用，但这些语词又不一定每次出现时都作“体”义。[②] 如果要给“体”作简单化的描述，那么可以说它是非有，非非有；非无，非非无；非在，非实存，而又无所不在的世界之本体、本原、本质。

置于思想史中观察，直到春秋末的老子才开始针对“体”作专门性论述，并开出了“道”论。[③] 自此以后，经历了孔子、战国诸子（尤其是思孟学派和黄老家）、魏晋玄学、宋明理学不断深化、细化，关于“体”的义理阐发蔚为大观。其间出于种种考量，各家为之赋予了不同的称谓，像老子之“道”，孔子之“仁”，《易传》《春秋》之“元”，子思之“诚”，孟子、阳明之“心”，张载、“二程”、朱熹之“理”等均是“体”之别名。之所以会有如此多的名称，印证了老子“道可

---

① 《周易·系辞上》。

② 关于中国文化中的“体”，最精到的解释见诸熊十力的《新唯识论》《乾坤衍》《体用论》。相较于其他论著，熊先生的理论更少受到西方哲学的框限，无论起点、话语和思维方式都更原汁原味地源自中国传统。

③ 《老子》中以“道”为体，其中又分“有体”“无体”。严格说来，书中谈到的不可说、不可名，也就是不可论说并直接研讨的“无体”之“常道”才是“体”层面的“道”。而“有体”之道更接近于“相”的共相，即柏拉图的“idea”。

道,非常道"[①]的判断。老子由"道"开出"体"论之后的很长一段时间里,人们基本上都是在老子开出的理论制高点之下做细化工作。也就是说,老子关于"体"("道")的论说大多数时候被后人当作前提,作为展开相、用层面讨论的基点,甚至连孔子、庄子也不例外。历史上只有极少数贤哲直接针对"体"本身做原创性的论述,最突出者包括战国时的子思、孟子,魏晋的王弼,宋明的周敦颐、张载、"二程"、朱熹和王阳明等。佛教进入中国之后,佛学语境中关于性空、真如、妙有诸论,以及有关印度教中大梵与自我(Atman)等体论也逐渐被中土学者习得并接纳。不过在中国思想界真正理解、消化并将之内化、融入本土文化的过程中,这些较之早期自有经典更精细的体论即便是未被抛弃,也处于相当边缘化的境地,尤其是关于"体—相"关系的理论讨论,典型表现是佛教中最为系统的"唯识宗",仅因玄奘和他的弟子窥基、园测等而在中唐一度兴盛,尔后陷入了沉寂。[②] 和战国时的情形相似,唐宋以后熟谙佛理的中国思想家仍然更倾向于以体论为前提申说体用关系,侧重认识与工夫,而非诠释"体"本身。造成这种文化风尚的原因非常复杂,既与对"体"的理解有关,也涉及中国文化的思维方式、价值取向等方面,在此不多展开。

我们根本无法想见,也无法直接把握和描述"体"究竟是什么。当然,如果可以反而不对了。因为任何能用理性直接把握的对象,无论是概念还是现象,全都属于"相"和"在"的层次。反过来说,一旦超越"相"与"在",人的感性和理性能力就没有办法直接把握了。正是因为无法用理性把握,所以不能给出精确的描述性的界定,也没有办法下定义。是故老子会说"道可道,非常道"[③]。然而通常人们用西方"科学"式思路去进行研究,首先会寻求对概念作出定义,其实西方的哲学研究也是这个理路。因为科学预设了所有研究对象都是存在者,都是在"在"界中去研究,对象可以由理性把握。

---

① 《老子》第一章。

② 唯识宗(亦称法相宗)的义理主张和盛衰,参见太虚:《法相唯识学》,商务印书馆 2004 年版。

③ 《老子》第一章。

无论是古代的中国人还是古印度人，都坚信世界有唯一之“体”。[①] 这个观念一直沿袭至今，只是人们大多日用而不知。比如人们经常说“有没有天理”的“天理”，就是“体”的别称。如果换用比较通俗的表达，这里谈的“体”类似于唯一、至高、绝对、无限的真理。也就是说，古代中国人认为世界有唯一、绝对性的最高真理，世界上所有的现象都可以被这种真理统摄，而这个真理之中又蕴含了丰富的价值内涵，待后文详论。先尝试对“体”本身作一解说。

首先我们可以把“体”看作世界的根源和世界存在的总原因。人们在理解根源问题时，通常会在两个维度上展开：一是纵向的生成论，解释世界从哪里来，是怎么从无到有的；二是在构成论意义上解说世界、存在者由什么构成。讨论前者一般会置于时间线索中，观察从古到今如何变化；而讨论构成基本上是逻辑演绎和结构式展开。要注意的是，这是西方文化解释世界时提供的两种不同的维度。可是中国人的论说中几乎看不到有意识地进行上述两分，而是在绝大多数情况下将时间线和逻辑线杂糅在一起。例如：

恒无之初，迥同大（太）虚。（《黄帝四经·道原》）

恒先无有。（上博简《恒先》）

有始也者，有未始有始也者，有未始有夫未始有始也者；有有也者，有无也者，有未始有无也者，有未始有夫未始有无也者。（《庄子·齐物论》）

天下万物生于有，有生于无。（《老子》第四十章）

讲“恒无之初”“恒先无有”，似乎是在说时间先后，但实际上“先”是在时间（“恒”）之外。引文中庄子的说法看起来也是在时间维度上，不过同时又可以做结构性理解。所有这些解说都表明，世界有唯一的根本性的根源和根质，它不在时空维度的存在界中，不是存在者，更不是物。那么是不是可以说古代中国人认为存在界之外别有一个原因，产生并且构成了存在的世界呢？显然不是这样。

---

① 除了古代中国和古印度，其他的文化传统也有“一元论”，包括西方文化在内。但是西方文化中的一元论和二元论之分，与传统中国的一“体”之论层次上有差异。简单地说，西方的一元、二元、多元之“元”，在“相”而非“体”的层次上成立。

先来看为什么古代中国人不做两个维度判分？真的是因为古代人比较“朴素”，想不到时、空、逻辑结构有分别，所以把它们搅在一块了吗？我们必须抛开这类现代人过于自负造成的评价方式，认真去理解其中的原因。[①] 关键在于古代中国人理解世界时，认为世界是“化生”，而不是被创生出来的，这与诸如《创世纪》那种外在于世界的神创造世界截然不同。化生观念的典型例子，是广为流传的盘古传说。故事的梗概大概是：世界最开始时只是混沌，就像一只鸡蛋。其中出现了唯一的人（或者说是神）——盘古。他对这般混沌的状态不满，所以用斧子把混沌砍开了。混沌被盘古砍破以后，天地两分，而后方呈现出了世界。盘古并不满足于仅仅是破开混沌，接着他用手托着天，脚踩着地，身体不断地长高，于是天地之间便形成了悬隔，据说直至有九万里之远。从此天是天，地是地，再也不可能合到一起。可是长成之日就是他殒命之时。不过盘古死后创造世界的工作仍然在继续，他的身体开始变形，像眼睛、鼻子、嘴、手、毛发、血液等变成了世界上各种各样的存在物，诸如日月、星辰、山川、草木、动物等。以上是盘古故事的梗概，虽说历史上出现了多种不同版本，但主体部分大都不外乎这些内容。

顺着这个故事去追究世界如何生成，显然不是外部力量创造所致，而是内部化的。开辟者本来就内在于这个世界，最后盘古尽管死了，但终究还在，只是变形了而已。“化生”意味着“体”这个根质并不外在于它所化生出的世界。所以可说“体”不是“在”，不是存在者；但它又不外在于“在”，而是就在这个世界之中。那么世界由“体”而化生为“在”以后，它和体是什么关系？我们可以用“显化”来理解。任何存在者都是“体”的显化。或者说，它本身就是“体”，只不过以特殊的存在者形态表现而已，是“体”的有限、不完善、不自足的显化。而“体”则是无限、完善、至善。宋明理学家常说“体用不二”“即体即用”，讲的就是无限的“体”和有限的存在者的关

① 经常见到现代人采取过于自大的“批判”眼光审视古代文化，以古人观念质朴、朴素、幼稚等来解释古今之异。类似这种方式产生的判断和解释大多不可取，其中很大一部分讹误来自没有真正把握古人理论的前提，以及背后的整体性世界观念和世界认识方式。

系。更形象的说法，莫过于庄子的“天地与我并生，而万物与我为一”①。

世界存在、演化，除了内在的“体”外，再没有其他外部化的原因。而在其他有人格神、讲创生的文化传统中，世界之所以存在都有外部原因。人们普遍认为有一种外部的神的力量介入才造就了存在的世界。化生观念和创生观念会带来文化方向和价值追求的重大差异。这些在后文中，特别是专论价值时还会详说。

之所以古代中国人要把生成、构成混在一起，并非他们没有意识到这可以厘分为两个问题。其实他们早已认识到了把生成的时间线和构成的逻辑线混在一起会造成理解困难，所以想了不少办法对“体”的内涵做分判。简单地说，“体”被认为包括无体与有体，类似于宋代儒生常说的“无极”和“太极”两个概念。两者的关系大致可以理解为一体两面。当人们通过“有”的一面去观察，认识到的是“有体”；直接去体悟世界之“无”“空”的本性，体认到的便是“无体”。《易传》的“太极是生两仪”正是在化生的意义上表达这层意思。说“恒无之初，迵同大(太)虚”②或“恒先无有”③时，就同时讨论了世界构成与生成两方面问题，不过更侧重于构成，两句话都表明，古人对“体”的基本判断是“无”。这意味着“体”非“有”，不属于存在界，不是存在者，自然也非物质。

那么“体”和“在”(或曰“用”)、“存在者”如何联系呢？基本的看法是：整个世界都是“体”的显化。显化既指存在者，也指存在方式，所以说“道常无为而无不为”④。更准确地说，“体”自显为“在”。显化的结构，按照庄子所言又包括：“有始也者，有未始有始也者，有未始有夫未始有始也者；有有也者，有无也者，有未始有无也者，有未始有夫未始有无也者。”⑤换另一个角度的表达可作“天

---

① 《庄子·齐物论》。

② 《黄帝四经·道原》，另有《淮南子·诠言训》曰：“洞同天地，浑沌为朴。”

③ 底本据廖名春：《上博藏楚竹书〈恒先〉简释(修订稿)》，载清华大学简帛研究网2004年4月，http://www.confucius2000.com/qhjb/sbcczshxjsxdg.htm。

④ 《老子》第三十七章。

⑤ 《庄子·齐物论》。

下万物生于有,有生于无”①。

从第二个角度去理解,“体”是存在者的“质”。这个话题也非常复杂,会牵出一系列概念,为了弄清究竟,也需要详细说明。当讨论某种东西的本质时,可能在本体论意义上讲,也可能在本质论意义上讲,还有可能在名实意义上讲,抑或在情实论、文质论、本末论上成立。下面有必要分别做一解说。

西学谈论存在者的本质,不是指它的材料、用途、外形,而是它的“形式”。要把握这个“形式”,必需用到理性思维,最基本的方法是抽象。在抽象的过程中,须得抽掉物的颜色、质料、外形等不决定此物之为物的质素以后,看看还剩下什么。也就是说,如果追问的不是存在者本身,而是存在者的本质,就需要把所有不决定“存在”的质素(其实这些都是“相”,后文中再论)都剥除,剩下的能“决定”它“存在”的便是本质。顺着这个思路,就产生了“存在之所以存在”的问题,也就是现代哲学中的本体论问题。不过这是非常典型的西方问题,因为它最初源自语法中的系动词“being”何以存在。要注意,这是和语法紧密联系在一起,由主系表结构表达出来的本体论问题,严格说来只在印欧语系才有,典型的便是古希腊和古印度;而在被判属为汉藏语系的中文哲思中鲜有触及。② 这表明语言本身既是思维的载体,也是思维方式的表现。

西方本体论研究的最核心论题是 being 何以为 being。现在也有人翻译作“是论”,更准确一些。它是一个特定文化背景、特定语境下产生的论题。因为如果没有相应的主系表语法,自然也就不会产生关于 being 的问题。严格说来中国古代语言中只有两种词,一种是实词,另一种是虚词,没有所谓的动词、名词、系动词、形容词、副词等之分,所以谈不到严格意义的本体论。③ 而且本体论这个术

---

① 《老子》第四十章。

② 绝大部分古代汉语学者讨论比较纯粹的本体论问题,都受到佛教教理的影响,或是为了应对来自佛教徒的理论诘难。而现代汉语学界的相关讨论则几乎全部是承接西方哲学知识和以此为题展开。

③ 肇起自《马氏文通》的现代汉语语法学,基本上以索绪尔以后的西方语言学为理论框架,加以调整并试图将汉语适配到这套框架中去,用以审视、框限古汉语,尤其是较之白话更为雅言的文言,很难做到有效解释。

语是17世纪德国的一个经院哲学家把一系列讨论相关问题的论题归总到一起创造出来的语词。① 往前追溯,本体论的理论制高点之一是柏拉图和他的理念论。

按柏拉图的思路,极致抽象后可以找到所有存在者的共性,随之会进入关于纯“形式”的讨论。这个纯“形式”构成了整个西方本质论的基础,自古希腊一直影响到今天。西方学者讨论法律概念时遵循的也是这个理路,抽象掉各个法条的内容去寻求法律的本质,即法律的“形式”本质。不过一旦讨论的对象是具体存在者,必定会同时面对质料本质和形式本质,这两者在西方学理上有冲突。纯形而上层面的理论研究对象一定是形式而非质料,可是一旦理论要与实践相关联,甚至直接运用到现实生活中去,却又无时无刻不会面对质料。所以法理学经常讨论的规范与事实之间的割裂,问题的根质在于在理解世界的基本方式上有了纯粹形式与现实实存之物的分别。

中国古代有一种与西方本质论相近的理论叫作“名实论”,是传统中国的著名论域之一。名实论侧重讨论概念(名)和本质(相)的关系,同时也讲概念(名)和物(实)的关系。名实分属于两个层次,“名”接近形式本质,“实”属于质料本质。绝大部分古代中国人认为概念(名)是先天的,所以孔子说“必也正名乎”②,韩非子也说“虚静以待,令名自命也”③。为什么孔子在当时的礼乐、法度都崩坏的情景下要首先主张正名?恰是因为名是先天的。

与名实论关系密切的另一类论说叫作“情实论”,针对的是“事情”的实质。这和名实论讨论“事物”的本质有差别。可以说名实论是在静态地讨论本质,而情实论针对的是过程。西方现在也有关于情实问题的研究,叫作实践理论,同样也关注过程。不过这类理论的基设和中国的情实论差异很大,大多是以亚里士多德的理论为

① 关于西方本体论的概况,可参见俞宣孟:《本体论研究》,上海人民出版社2012年版。

② 《论语·子路》。

③ 《韩非子·主道》。

原点延展而来。[①] 西方人在研究动态的情实问题时，给出了一个非常明确的前提，简单地说是“事情”已经脱离了先天的真理，任何具体实践都是无真理的，或者说都是真理折损以后的，亦即“名”折损以后的表现。所以发展到现代会出现多元主义和“商谈理论”，它的前提必须建立在实践的“事情”本身是无真理的基础上。因为如果有唯一、确定的真理，那么这个真理不可能在相对关系中通过互相妥协、认同获得。之所以像商谈理论这类理论会出现且被接受，和整个西方文化演化过程中出现了若干次与真理的断裂有关。所谓的现代西方文化，恰恰就建立在多次断裂之后真理被消解或者相对化的前提下。而古代中国人在讨论情实时完全不存在这种断裂，原因之后还会谈到。他们谈事情的本质、事物的本质，指向的是同一个真理，只不过论证思路有别。

还有“文质论”，[②]像孔子口中“文质彬彬”[③]的“文质”，讨论朝代沿革时说的一文一质，都属于文质论。以“礼”为例：礼之文是礼仪，也就是礼的外在表现；礼质指的是礼的精神内涵，例如“礼主敬”[④]的“敬”。文质论谈的“质”和本质论的“质”有差别，因为无论单独说“文”还是说“质”，都无法给予讨论对象充分的说明。换言之，文质论只是做了表象和实质内涵的分别，是一种描述性的分别，不讨论事物的形式本质。所以从孔子开始一直都在强调要文质彬彬，两者须得同时并存，才能构成一个事物或事情。文质论更多是对同一现象、同一事物做出的两个不同角度的描述，和抽象、归纳没有太大关系。

另有一个与文质论很像的理论叫作“本末论”，在战国时最为发达，现在说的舍本逐末、本末倒置，都是这个论题的延伸；但它原本和本质论、文质论几乎完全没有关系。战国思想家却偷换了概

---

① 参见[德]奥特弗里德·赫费：《实践哲学亚里士多德模式》，沈国琴、励洁丹译，浙江大学出版社2011年版。

② 参见刘丰：《早期儒家的历史思想与历史哲学——以战国时期的“文质”论为中心》，载《安徽师范大学学报(人文社会科学版)》2022年第2期。

③ 《论语·雍也》。

④ 例如，子曰：“居上不宽，为礼不敬，临丧不哀，吾何以观之哉？”(《论语·八佾》)

念,为了给自己的“重本”学说建立合理性基础,有意识地将“本末”之“本”与“本质”之“本”和“文质”之“质”加以混淆。当时经常说到的“本”,基本上都是重农耕、重军事等,用现在的话说大概是重点、主要矛盾之类的意思。

现在回到“体”的话题。当讨论世界(或曰存在者)之“质”时,只有可能在本质论和名实论上展开。可是这两个理论都立足于存在,或者说以存在为前提和起点,不足以直接讨论“体”,不过可以研究“体”的显化,即“相”。

从目的的角度看,“体”是世界的“所归”,或者说是存在者的目的和归宿,也是规定性和必然性。必然性最直接的表征是所有的存在者都有生有灭。老子说“夫物芸芸,各复归其根”①,这个“根”就是“体”,也就是老子说的“道”。作为研究者需要把握的是所有的存在者都有共同的演化运动的指向性,最终指向的也是“体”,而向这个指向演化运动本身,也是“体”的显化。传统中国的知识人之所以认同“大同”,正是源于对“体”所带来世界大化流形的唯一必然性的体认,把握到了世界上所有的物虽然千变万化,但他们都有共同的价值归属。

既然对世界本身以及所有存在者的生灭、演化具有规定性,也就意味着“体”本身有“动”的属性。老子说“反者道之动”②,孔子说“克己复礼为仁。一日克己复礼,天下归仁”③,“为仁由己,而由人乎哉”④。这些表达都是在描述“体”的动性和动势。“体”一定是动体,但这个动又不是物理意义上的运动,而是动能、动势。例如“我欲仁,斯仁至矣”⑤,说得通俗一些,我体行了“仁”,就是在呈现世界的本质。世界的本质按照孔子的说法,就是“仁”的过程。同理,人的本质就是“为仁”,“为仁”的核心是“爱人”。所以一个人只

---

① 《老子》第十六章。
② 《老子》第四十章。
③ 《论语·颜渊》。
④ 《论语·颜渊》。
⑤ 《论语·述而》。

要是在爱人,就是合道的动态呈现。老子"道常无为而无不为"[1]中的"道"无疑也是"体","无为"是"体"的静态描述,"无不为"是体的动态描述。《中庸》说"诚则形,形则著,著则明,明则动",讲的是同样的道理,只是用了另一种表述来阐明"体"的动态呈现过程。动意味着过程中的规定性,而不是固定的目标和固定的对象。

还有"一"。之前一直在谈,传统中国思想普遍认同世界有唯一真理,即宋代以后经常说的"理一分殊"之"理",也就是"体"。唯一之"体"与世界上多样化的存在者逻辑上如何自洽,这个话题在西方的理论界几乎是个死结。柏拉图的《巴曼尼得斯篇》讨论的核心命题便是"一多之辩",其中的"一"类似于唯一之"体"。[2] 在古希腊思想界,包括柏拉图在内还认为世界应有唯一之理。可是他们纠结于,既然是"体"唯一,那么就不可能遍在于每个存在者;如果每个存在者都有,那么"体"只能是多。之所以纠结于"一多之辩"不能自拔,关键在于他们的"体"和存在者都是属于"在"之域内。说得更直白些,"体"只是与一般存在者不同的存在,但它可以在存在界内计量,所以要么是一个,要么是多个。如果连一个都不是,那就不存在了。

为了既坚守唯一性,又打通与形态各异的存在者之间的关系,以保证"体"能"遍在",发展出了很多解释方案,例如《巴曼尼得斯篇》中提出分有说,著名的新柏拉图主义思想家普罗提诺的流溢说,还有中世纪经院哲学家奥古斯丁拓展的三位一体说等。[3] 可是以上学说逻辑上始终无法完全自洽,意味着要不放弃一元论或唯一真理的前提,要么放弃世界的统一性和内部自洽性。从理论演化中的"挣扎"可以窥见,西方人自己可能也不愿意陷入"一多之辩"不能尽解的窘境,但是由于前提和理论工具的限制,除了承认存在界之

---

① 《老子》第三十七章。

② 不过本质上还是有差别。简单地说,《巴曼尼得斯篇》的"一"属于"在",而中国的"体"则是非在、非非在。参见[古希腊]柏拉图:《巴曼尼得斯篇》,陈康译注,商务印书馆 1982 年版。

③ 关于西方思想史中"一多之辩"的诸学说,参见俞宣孟:《本体论研究》,上海人民出版社 2012 年版;谢遐龄:《康德对本体论的扬弃——从宇宙本体论到理性本体论的转折》,华东师范大学出版社 2014 年版。

上(或之外)还有一个超验之域(如神界)外,没有办法讨论存在之外的"无中生有"话题,毕竟包括形而上学在内的所有理论起点都是存在。现当代西方的主流理论放弃了"一体",同时也意味着他们放弃了真理,取而代之的是所谓的"多元"理论。

王阳明的经典解释叫作"月映万川"①。唯一之"体"和存在者的关系就好比说月亮只有一个,但每条河中都映出了月亮。不过这终归是个比喻,并不严密。因为按照王阳明,以及其他绝大多数中国学者的认识,"体"与"用"之间并不二分,也就是说"体"不外在于物,当然也不能说内在于物,而是王阳明说的"体用不二",或如熊十力所言"即体即用"。② 由于体"非在,非非在",不受存在的限制,所以古代中国的哲人们并没有产生西方式的一多困境,能够很自然地接受老子说的"大道汜兮,其可左右。万物恃之以生而不辞,功成而不有"③。

由于"体"的问题格外复杂,又格外重要,下面再略加总结。"体"即本体、本根、本原。"体"玄之又玄,迂远难知,且超越于理性认知能力,因而本不可言、不可名,无法"定义"亦不可论证。不过基于传统思想家们对"体"的描述性论说,我们大致可以获得以下认识:

其一,"体"是世界的原因,即本根。中国人一直习惯于把生成和构成两个主题放在一起讨论,而不似西方思想界那般判然两分地对待,所以时常会显得不够清晰,需要仔细分辨。

其二,"体"是一切存在者的"质"。这个"质"与"文"相对。古人喜言文质关系。无论"文"的纹理、文饰的原义还是后来衍生的引申义,"文"都指外部表象。文化之"文"也是此义。需要注意,传统语境中文质对称之"质",与今人受西学话语影响而使用的质量、物质之"质"有别。质量之"质"属于诸相之一,在后文中还会谈到。

---

① 月映万川之喻,源于唐代僧人永嘉玄觉禅师《证道歌》"一月普现一切水,一切水月一月摄"。

② 说见王阳明《传习录》和熊十力《新唯识论》,并可参见宁新昌:《本体与境界——论宋明新儒学的精神》,载《孔子研究》1998年第4期。

③ 《老子》第三十四章。

“文质”之质指的是本质，包括形式本质和价值本质，且在古人看来，形式本质与价值本质二者本就混而为一，只是为了便于理解方才析分为二。

其三，“体”是万有共同的归宿。老子云“夫物芸芸，各复归其根。归根曰静，静曰复命”①。由此而谓“反者道之动”②。需要特别注意，这里说的归宿并不在指某个明确且固定的终点，而是“返”的历程本身。这与孔子对“仁”的解说一样，他从来不曾确定“仁”的理想标准，甚至不愿以“仁”许人，似乎这是无法最终达成的目标；但同时又说“我欲仁，斯仁至矣”③。孔子特意用这类看似矛盾的表述，强调世界之“体”不是外在于人的客观目标或标准，而是工夫历程本身。所以“体”是万有所同归，“同”的过程就是归本于道体的过程。老子说“返”，侧重还原归本于道；儒家讲参赞化育，成己、成人、成物、成天，侧重工夫化成而致万有整体性地证道。二者看似一阴一阳路向完全相反，但以“体”为归却无二致。

其四，由“体”是归宿引申出，“体”是动“体”。这里说的“动”断不能囿于物理意义上的运动、变动来理解，因为“体”非存在者，自然也不能以时空为限。之所以将它描述为“动体”，是为了凸显“体”始终以自我显化的方式自证其真。显化便是诸“相”同构而为“用”、为“在”。人们能够体认到“体”，正是基于对显化的反向推演。换句话说，不能认为在“用”的层次的存在界之外还有一个超然于其上的“体”。其实后文要说到的“相”也是这样，非“用”之外别有“相”“体”的世界。

可是先秦以来的思想家，尤其是道家学者也经常以“静”来形容“体”，例如《恒先》以“朴、静、虚”形容“恒先无有”，即“体”的样态。要注意，所有类似的表述也都不可作物理意义上的静止、静态理解。或许正是意识到了可能被误读，《恒先》的作者特意强调“朴、静、虚”是“大朴、大静、大虚”以示区别。将“体”描述为寂静，一来是为了强调“体”的唯一性，二来意在凸显“体”的永恒性，不受

---

① 《老子》第十六章。
② 《老子》第四十章。
③ 《论语·述而》。

时空之限，不具有物理属性，不似存在者那般品物流形、变幻无常、生老病死，与老子说的“天地尚不能久，而况于人乎”①形成强烈反差。

其五，“体”是一，亦是全体。或者说，“体”既唯一，又遍在。世界上的万事万物、大化流形，无不是唯一之“体”的显化与自我呈现。所以老子一面说“道常无名、朴。虽小”②，另一面又说“大道氾兮，其可左右”③。西方哲学自古希腊智者时代起便非常纠结“一多之辩”，认为逻辑上若是唯一便不可能遍在，因为遍在于存在之物便必定为多。④ 但这个对西方哲学近乎“死结”的话题几乎从来不曾引起中国思想界的关注，非怪乎近人多认定中国传统逻辑学不发达。“无形者，一之谓也。一者，无心合于天下也。”⑤这算是一类典型的解释。后来宋明理学家围绕“理一分殊”进行阐发时也生发出了关于一体如何“在”于万殊之物的理论诠释，不过逻辑层面始终不足以与西学等量齐观。时人更看重的不是“一多之辩”，而是“体用不二”。王阳明并不精细的月映万川之论、知行合一之说便已让之后的思想界足够满意了。

其六，“体”无形、无名；非有，非非有；非在，非非在，超越于感觉智和理智的能力范围之外，不能直接基于感觉智和理智把握，但是可以通过性智（或曰觉悟、直觉）体认，也可在工夫中践行。故可说“道也者，不可须臾离也，可离非道也”⑥。“体”既然超越了理性所能，自然也不能直接作理性化的阐明，所以老子强调“不可道”。因此所有关于“体”的论说都是描述性的，须得借助比喻、比拟来实现，而无法使用西方哲学研究所习用的逻辑化推理去论证。

二、“相”

“体”不可直接认识，但我们可以把握它的显化，进而可以通过

---

① 《老子》第二十三章。
② 《老子》第三十三章。
③ 《老子》第三十四章。
④ 参见［古希腊］柏拉图：《巴曼尼得斯篇》，陈康译注，商务印书馆 1982 年版。
⑤ 《文子·道原》。
⑥ 《礼记·中庸》。

这些显化间接地体认“体”本身。显化有两个层次,即下面要谈到的“相”与“在”。最直接的呈现是“在”,也就是说“体”必得要通过一个个具体的存在者来自我呈现,此即“自显其真”。包括人在内的一切存在者都是具体的,其中只有人会用理性而非感性的方式认识世界,可以把握到的是从“体”到存在者之间还有个中间的层次,即“相”。简单地说,“相”并非具形的存在者,只是存在的形式,是介于“体”与实存的存在者之间的层次。一切存在者都由诸相和合而构成;反过来说,任何一物中都可以抽象出诸相。

如果我们能把握到的只是具体存在者,那么所能理解的世界也仅仅是一个个具体存在者的集合,这样一来对世界的把握永远只是感性直观。通常人们认识世界首先通过感觉加以把握,之后还会抽象。之所以会抽象是因为人有理性,而且人用理性思维把握到的感觉对象都经过了抽象。抽象是寻找共性的过程。寻找共性的直接目的是对存在者进行类型化,再做出分类。当然人做出的绝大部分(甚至可以说所有)分类都是主观的,或者说是基于人创设的标准对物(或曰对象)进行的分类。举例来说,现在法学分了很多子学科,像民法、刑法、诉讼法、国际法等,这些划分是基于人创设的标准而来。反过来也可说,无论这样分,还是不这样分,对于法律本身没有影响。

可是人设定分类标准的过程,或者说在对存在者进行抽象、寻找共性的过程中,有一些共性却不以人的认识为转移。比如说任何存在者都要占用空间,必须在空间中存在,这不由人的主观标准为转移。还有,物要在特定时间范围内存续,而且还必得有特定量的“质”。这个“质”可以借助“元素论”来理解。从古到今都有元素论,人们认识世界时会尝试去寻求存在者究竟由什么元素构成。这种(些)基础性构成元素就被认定为“质”。现在说的“质量”这个词,意思是“质”的“量”。近代科学兴起以后粒子论成为主流,本质上仍然是元素论,寻找的就是所有存在者最基础的“质”。从分子拆分到原子,随着技术手段提升再拆分原子,拆分的目的是去找更基础的粒子。这个思路一直在持续,当代物理学界纠结的希格斯粒子也是如此。究竟什么是最基础的粒子,或者说"上帝粒子"姑且不论,但物理学家们认为存在之物由一定量的基础粒子("质")构成存在者,原则上说没有问题。

作为"质"的粒子也是具体的,意味着还可以抽象。剩下来抽不掉的只有结构,或者说形式,表现为分子的结构、原子的结构,以及其他各种各样的结构。任何物要成为这个物而不是那个物,原因之一都与特定的物质结构有关。现代社会理论中的结构主义,也就是把社会存在、演化的原因归于特定的结构,也是这种思维方式的体现。

那么除了时间、空间、质、量、结构,还有什么对存在者而言不可或缺?人们常说万事万物皆有规律,尤其是自然规律不受人的意志控制,用中国人的俗语来说叫作"定数"。这些都可以算作法则。所以如果把一切个性化的内容抽掉,理性可以把握到的最抽象的、决定存在者之存在的"东西"包括时、空、质、量、形(结构)、法(法则),这些是所有存在者的共性,也就是存在者之"相"。一切存在者在根本上说都是这些"相"以不同的形式排列组合而成。这种状态可以叫作"诸相同构"。①

人之所以能把握到这些"相",是因为理性思维能进行抽象。可是反过来想,如果不用理性去把握,"相"还在不在?它们应该还在,因为它们本就与存在者伴生,理性只是认知的媒介和工具而已。在这个意义上又很难说"相"是主观的还是客观,这又倒逼我们去反思曾经被看作当然前提的主观客观之分是不是准确。这个话题后文还会反复谈到。

不过传统中国,尤其是本土文化中,早在先秦时代便把握到了"相",但是没有太多人专门去研究它,先秦道家、名家稍有一些论述,可是算不上主流,接受度也不高,常见的情况是把相置于"道

① 参见江山:《法的自然精神导论》,中国政法大学出版社2002年版,"第二章"。

论”中讨论。[①] 例如《老子》将“道”析分为“无体”之道和“有体”之道。无体之道指“体”，有体之道指“相”。而在“道生一，一生二，二生三”[②]等表述中的“道”指的是“体”，“一”则为“相”。无论是“有体”之道还是“一”都接近于 idea。[③] 老子以后绝大部分思想家申说“道”论都是围绕有体之道，即“相”论而非“体”论展开。“一阴一阳之谓道”[④]的阴、阳，还有战国以后用于描述宇宙构成的“气”，也都是“相”。此外还有以下孟子与告子的典型表述：

告子曰：“生之谓性。”

孟子曰：“生之谓性也，犹白之谓白与？”曰：“然。”

“白羽之白也，犹白雪之白；白雪之白犹白玉之白与？”曰：“然。”

“然则犬之性犹牛之性；牛之性犹人之性与？”[⑤]

告子说“生之谓性”的“性”指的是生物的基本属性。告子的基本立场是每个生命体都有的共性是“性”。接下来的推论是此性无

---

① “相”的概念，连同术语，准确地说其实源自古印度文化。战国时曾一度勃兴的刑名学（或曰形名学）事实上已经讨论到了“名—相”问题，但没有获得后世本土思想家的持续关注。直到佛学真正被理解并融贯于传统文化之中的宋代以后，“相论”才算得上初步成立。魏晋玄学和隋唐佛学，以及道教的重玄学都曾有过大量专门讨论。不过囿于思维习惯、文化传统乃至语言方式，传统中国的“相论”远不及印欧语系的古印度文化和源自古希腊—古希伯来的西方文化那般发达。旁证之一是佛学中极致论“相”的法相宗唯识学虽然早早地便传入中国，前有玄奘、窥基，后有熊十力、太虚等力行阐说，却始终难以引起大多数知识人的理论兴趣，更遑论像体用论那般为一般观念所接受。因此自从张载提出“理一分殊”之后，“体”如何分殊为“用”，为“在”，对宋明以后的思想家而言始终是不得不面对又难以尽论，进而不免小心回避的难题。他们之所以能不约而同地意识到“相”的重要性，自然与当时士人普遍具有佛学知识背景有关，但佛教以外的本土理论资源又很难支撑展开深入研究，甚至到了近代以后，同样的困境仍然存在。像熊十力曾有心在完成“新唯识论”“体用论”之后以“量论”为题专门论“相”，但终因理论储备不足而作罢。

② 《老子》第四十二章。

③ 更典型的表述见于《老子》第二十一章：“道之为物，惟恍惟惚。惚兮恍兮，其中有象；恍兮惚兮，其中有物。窈兮冥兮，其中有精；其精甚真。其中有信。”并见第二十五章：“有物混成，先天地生。寂兮寥兮，独立而不改，周行而不殆，可以为天地母。吾不知其名，强字之曰道，强为之名曰大。”这两段表述中“道”被置于了介于“体”与“用”之间的层次，所以说它为“物”。郭店本《老子》将“物”写作“状”，似在表义上更为准确。

④ 《周易·系辞上》。

⑤ 《孟子·告子上》。

善无恶，是故可以导向善也可导向恶。孟子显然不认同告子的性论，甚至可说针锋相对。他驳论说生之谓性和白（表象）之为白（抽象）是一样的。这个说法用于理解告子之说完全可通。顺着这样的思路，那犬、牛之性和人性应该是同一个东西，毕竟生命的生物属性无甚差别。但是孟子不认为这种生物基本属性就是人性。可是他的反驳并没有在名“相”层面展开，而是对告子所言存而不论，另开一个新的话题来论说自己所认同的“真正”的性，即“天命之性”。天命之性其实属于之前说的“体”。这么一来，孟子把“相”的层次完全略去，直接讨论“体”“用”之间的关系。这是中国传统思想中非常常见的思路。纯粹“相”的问题，人们通常觉得不值得讨论。也正是不细致讨论“相”，导致对世界进行抽象把握时，中国本土文化一直存在缺陷，或者说有解释力不足的问题。这看似只涉及形而上理论领域，但实际上造成的影响非常严重，是之后理论发展中缺少概念化、形式逻辑和以之为基础的类似西方式哲学、自然科学的主因之一。

中国自先秦以后曾遇到两次非常严重的文化危机，一次无疑是近代，几乎把整个早期传统都颠覆了，另一次是东汉末年开始的佛教东来。佛教教理格外喜欢在“相”上做文章，提供了一套“体”、“相”、在完整的世界理解和理论解释方案，[①]魏晋到隋唐几乎所有精英知识分子在佛教这套“相”的理论面前毫无还手之力。[②] 同时多数儒生都意识到佛教的结论有问题。佛家对于世界做“相”论层面的抽象和解释，最后的结论是存在者“无自性”。这个世界真实的仅仅是“空性”，亦即常为人所道的“万法皆空”，所有具体的存在者都只是因缘和合以后表现出来的幻象，整个世界也不过是历劫流转中的幻象。[③] 顺着这个思路，世界本身的意义就被抽空了，所以佛

---

① 佛教中最典型的表述，见《华严经》和《大乘起性论》。参见方东美：《华严宗哲学》，中华书局 2012 年版。

② 参见［荷］许里和：《佛教征服中国：佛教在中国中古早期的传播与适应》，李四龙等译，江苏人民出版社 2005 年版。

③ 佛教的相论概况，可参见释印顺：《佛法概论》，中华书局 2010 年版；姚卫群：《佛学概论》，宗教文化出版社 2002 年版。

教要求人们放弃对世界的执着。当时的儒生,只要不是佛教信徒,完全不能接受这个结论,而且可以很明确地意识到其中有问题,但却又没有本土的理论资源借以实现对佛教理论体系的反驳。于是中国本土思想家们遭遇了五六百年被佛理支配的困境,直到宋明以后局面才渐渐所有改观,但是最终仍然不是针对"相"论本身做出创化,而是借用、融会佛教的理论资源和工具开了一个新的解释路径,绕开了理论困境。

相较于传统中国"相"论不发达,人类文明史上有两个文化传统却异常看重"相"论,除了上面谈到的佛教,另一个便是西方的学问。西方的形而上学、自然科学(主要是数学和理论物理)最主要的研究对象就是"相"。而现在的社会科学思路也是如此,只不过研究前提和对象换成了社会与人。这类研究的前提是基于人的标准设定出来的概念体系,比如研究法学,首先要设定一系列概念,界定概念,然后以这些概念为前提进行推演。而如何类型化,怎样设置概念完全源自人为设定。

回到"相"论这个话题。由于本土原生的理论资源匮乏,只有借助西方的形而上学才能把这个话题说得比较清楚。当然用佛教教理也能说清,但是今人缺乏对佛理的把握,会显得很难理解。前文已经说到,自古希腊时代起,所有哲学家讲的世界本质都是"形式"。纯"形式"的"总相"又通过时、空、质、量、形(结构)、法(法则)等一系列的"相"表达,我们可以称之为"分相"或者"殊相",它们共同"结构"了世界。把这些"殊相"进一步抽象,一切存在者最抽象的共性("总相"),可以称之为"在性",也就是西方哲学中关于"Being"的论题,属于西方本体论的论域。但这个本体不是前节说的"体",而属于"相"的层次。

早在古希腊,柏拉图就已占据了"相"论的理论制高点。他不仅把诸"相"当作存在的本质,而且认识到诸"相"之上还有更加抽象的"相"之共"相",即 idea。① 这个创化带来三个巨大的理论贡

① idea 这个概念准确地说应当翻译为"型相",或纯"相"。虽说译作"理念"已经广为接受,但"理念"在汉语中本有的主观意味造成了很多理解误区。参见俞宣孟:《本体论研究》,上海人民出版社 2012 年版。

献:一是在实在的存在者与"体"之间提供了构成论向度的理论联结。柏拉图之后,西方学界解释世界,无论是哲学还是自然科学,甚至伦理学、法学、政治学等都围绕"相"大做文章。二是为西方式的"理一分殊"提供了理论模型。这就是为什么基督教理论化初期非得借助柏拉图的理论来解决"三位一体"的问题。① 三是纯粹的"相"成为世界的"本质"所在。后世哲学和自然科学讨论存在论时,最终无不进入由诸"相"而纯"相"的探索。

基于上面的论说可知,"相"有层次之分。最基本的分判是"总相"与"殊相"。"总相"是"殊相"之"相",即西方本体论所讨论的Being(可译作"在性"),亦是老子所论的作为"有体"的"道",也是佛教教理中的"空"性。"殊相"较"总相"而言更加具体,但它们仍是形式,并不涉及具体的内容。因为"相"只能通过理性思维进行把握,柏拉图以后的历代西方思想家为了阐明"相"论,衍生出了一套极其宏大且细密的认识论和知识论。而中国古代知识论匮乏,正是"相"论不发达所致。但是由于这种非实存、不可由感觉智直接把握,必须仰仗理性抽象方得认知的特质,不少人产生了"相"属于"主观"的误解,就像人们经常误以为康德的《纯粹理性批判》意在讨论认识论问题。

粗看起来会发现,柏拉图的"总相"和之前所论的"体"很相似。在柏拉图那里,idea 是非常接近传统中国文化之"体"的概念,除了二者都关乎世界的本质外,正如前节所说,很多学者还注意到了《巴曼尼得斯篇》中"一""多"关系的投映说与王阳明解释"一体分殊"时月映万川之喻的相似性。但要注意二者存在本质上的不同。柏拉图认为 idea 只存在于彼岸世界,它与此在的关联只能通过"投射"来实现,无法形成直接关联。而且 idea 虽然是诸"相"的共"相",是殊"相"之"相"的本质,是最纯粹的形式,也是存在之所以存在的最根本属性,但它归根结底仍是"相",由理性思维直接把握,属于老子说的可知、可名者。无论讨论"总相""殊相"还是存在,所有的这些话题都建立在世界存在这个前提上。西方文化中无

① 参见[古罗马]奥古斯丁:《论三位一体》,周伟驰译,上海人民出版社 2005 年版。

论是什么学问、什么学科，从来不会讨论这个世界在“有”以前（或曰之外）是什么。即便涉及有、无关系，也只涉及和“有”相反互成的相对性的“无”，没有人去讨论绝对的“无”，也没有人讨论从“无”如何到“有”这类问题。就像著名的宇宙大爆炸理论，虽然旨在揭示宇宙起源的机理，看似是要解释宇宙如何从无到有的，但是预设的大爆炸之前，并非纯粹的“无”，而只是没有现在这种宇宙意义上的“无”。可无论是古代中国人还是古印度人，理解世界的基础是“体”的层次的“无”。

如果去看柏拉图的《理想国》和亚里士多德的《形而上学》就会知道，对于世界的本质这个问题而言，“总相”就是理论起点，因为“总相”是人的理性能够把握到的极限。“有”之外的“无”，也就是“不可道”的“道”不能用理性把握，所以整个西方文化传统的起点只能从“总相”开始。而他们无疑会把这个作为起点的“总相”径直看作世界的本体。相比较而言，“体—相—在”结构中的“体”是“无”的，“相”和“在”才是“有”。西方理论讲的只是以“在”为端点如何展现世界，从无到有的话题根本不论。

以“在”为立足点去讨论“相”的话题，也可以说“相”有客观性。也正是以“在”为立足点论“相”，所以才会产生“一多之辩”。如果“相”非有，非非有，那么不会有问题；可是预设为“在”了，那么“总相”和“殊相”以及各个存在者之间的关系就变得很难厘清。假如认为“总相”唯一，那么它是以投射的方式散布到各个存在者中去，还是像古希腊时人说的，存在者分有“总相”？无论是投射还是分有，“总相”和存在者之间都是二分的。如果要坚持“总相”唯一，则无法做到遍在于每个存在者。又或者认为“总相”与存在者属于两种不同的“在”，即经验世界和超验世界中，可是这样一来“在”又被二分了。

上述二分对立自从古希腊就已经备受关注，且代代有哲人为之提供理论疏解，尤其出现了诸如基督教神学“三位一体”这类理论，可惜始终不得尽善尽美。很多时候二分的困境只是暂时被遮蔽了，每过一段时间，又会以其他的形式再凸显出来，所以“二分”问题也可以算得上是西方文化的一大死结，在它们文化的各个层次、各个领域中都有表现,相关的细节后文中还会论及。但若是只把西方的“相”论作为一个解释性理论来看,则这种对世界的解释方法大有可观,而且可以和传统中国的“体—用”为重的世界解释形成互补。

之前说“殊相”时谈到了没有任何内容、最抽象意义上的法则、规则,例如世界运行、展开的规律、存在者存在的规律,这些都可以叫作“法”,也都是作为“相”的“法”的表现。它和我们现在讲的法律有没有关系?这是非常值得讨论的话题,后文还会谈到。注意,在“相”的层次上,已经开始出现了和法律理论有关的话题,只是现代法理学、法哲学这些作品却几乎不加讨论,原因也待后文再说。

关于“相”的层次,有点像是“体”和“在”之间的中间层。把握这个中间层需要一种特殊的能力——理性。很长一段时间,人们坚称理性能力只有人才有,特别是西方的学问,几乎全部以唯独人有理性为前提展开。为什么只有人有理性呢?最具代表性的解释是:理性是神的至上能力,人因为分有了神的这种特殊的能力,所以成为了万物之灵秀。正是因为理性是人分有的神性,所以人和其他存在者有着根本性的差异,而且就是这样一点点“神性”成为人获得主体性的根据。顺着这个思路才能理解:人为什么很特殊,人凭什么成为人,凭什么是目的,又凭什么是万物的尺度?关键在于人有理性。人为什么有理性?因为人和神之间有某些特别的相似性和相关性。曾经只有贵族才是法律意义上的主体,换句话说,只有贵族才是真正意义上的“人”,平民、贱民、奴隶等都不算。为什么只有贵族才有主体资格?因为从血缘上看,贵族都是人和神生的英雄的后代,他们身上流着神的血,因而分有了神性。尽管现代西方文化中神已经退至幕后,似乎变得不那么重要了,但是这个逻辑却没有本质变化,原来神的位置被理性取代了而已。理解到这一层,对于我们把握现代西方式的制度、法律乃至整个现代文化很有帮助。中国文化对于人的理解则与之大相径庭,详论置于第六章。

三、“在”(“用”)

接下来看“在”,也可以称之为“用”。相对而言,单就理论上说“在”比“相”要简单,但是实际上它的内容非常复杂,而且绝大部分具体的自然科学和社会科学,都以“在”为直接研究对象。概括地说,“在”是“体”的具形显化。它和“体”一样在传统话语中具有多种多样的称谓。除了“在”之外,常见者还有器、物、“用”等。《易传》中著名的形而上、形而下与道、器相对应的论断,取的就是“器”之称。质而言之,诸种名称之间并无根本差别,所异可以看作不同语境中侧重有所不同而用词有别。照此,“用”之为名的侧重在于动态,[①]与“体”之为“动体”最相照应。“用”是诸“殊相”同构所成,是“相”的具形化、个体化、特殊化和直观的表现。“相”与“用”的同构关系颇有些近似于佛教说的因缘和合而显化为存在。

关于“在”需要把握的一方面是“在”与“存在”。现在人们最常接触到的是西方的存在论(或曰实在论),其中包括著名的存在主义。不过他们讲的存在都不是具体的存在者,这些存在者只是用来讨论背后两个论题的凭借:一是共性、共相;二是存在的“域”。如果我们把所有的存在者统统取掉,剩下的就是存在的“域”。

另一方面要理解的是“用”与“在”。“用”又分两义:一是“动”。汉语里“用”的本义就包含有动的意思,例如《周易》里说的“潜龙勿用”。[②] 二是功能、功用,例如讨论作为对象的存在者和作为对象的世界时,它们有没有功用。前者其实是和人无关的话题,世界应该怎么动就怎么动,人只能理解,不能设定。后者显然以人作为出发点。当人用理性的抽象的方式去把握世界的功用时,自始便带入了前提,也就是作为出发点的人之自我。这意味着把人设定的标准带入了“用”的理解中,也带入了参与、改造世界的实践活动中。之前引用孟子说的白羽之白、白马之白,为什么人要把它说成是“白”的,而不是按照光学频谱说是波长 380～750nm 的电磁波?因为我们只能从感觉的直观开始认知和理解世界,也受限于人自身并以之为出发点,所以描述出来的存在者,自始也都打上了人的印记并受了人的能力和标准限制。其中有很多复杂的问题,既包括认知、理性能力,也涉及作为对象的“在”。这一点东西方的思想家都

---

① “用”在传统语文中本有“动”义,如《周易·乾》卦“初九,潜龙勿用”之“用”即解作动。

② 《周易·乾卦》初九爻辞。

认识到了，康德是其中最具标志性的人物，他的《纯粹理性批判》正是由“知”入手尝试重建本体论，即“相”论，也以此来为人认识世界提供基准和规则。[①]

不过传统中国的思想家对这些话题没有太大兴趣。他们对物（存在者）作为“器”的功用更感兴趣，说得更具体一些是物在人化世界中的功用。后文讨论中国人对法律的理解还会谈到这个层次的“用”。这一层的“用”既有解释性的，也是规定性的。之前说到的形而上层面，所有理论都是解释性的，因为人们只能解释作为存在的世界。但到了“用”的层次去解说存在者时，开始出现了规定性，也就是人去建立标准。因为用途、功用的起点是人。可见这里存在明显的分野，也可说是形而上和形而下之间的分野。

“用”是“体”“相”“用”三层中唯一可以同时通过感觉智和理智把握的层次。[②] 具体的存在之物都可以直观体认，并借助理性思维析分出“殊相”。例如一张桌子，对应时、空、质、能、性、形、法诸“相”来说，它占据了特定的时间、空间，由特定的物质构成，蕴含着能量，自身具有特定属性，表现出特定形式，构成与存在又遵循特定的法则。所有这些“相”以某种特定的排列组同构在一起，成就了现实中作为存在者的桌子。若是抽掉其中任何一个殊“相”，物便不成其为物了。所以物也好，现象也好，其实都只是诸“相”同构的结果。世界上并没有严格意义上的定在、实在，而只有以同构状态呈现出来的大化流形。这些具形的存在之物经常被看作客观存在者，但这种看似常识化、当然化的看法其实并不准确，只能权且作为一般性认识的辅助。[③]

再进一步细分，“用”又包含两个层次：一是诸“相”同构的“结果”，是“道”体之动的具形显化；二是贯注了价值的“用”。这时

---

① 参见［德］康德：《纯粹理性批判》，邓晓芒译，人民出版社2004年版。

② 但并非所有的“用”都可以为感觉智所把握。

③ 这里无意介入西方哲学话语中唯心、唯物之争。但还是需要说明，这场旷日持久的理论争论其实在理解世界的起点上就存在偏执。置于“体—相—用”结构中很容易看出，“物”（“用”）只是世界的一种具形化表现，是诸“相”同构，也是大道流形。以物为基点来认定世界显然具有相当的局限性。

“用”与“人化”发生了关联。还是拿桌子的例子来解释：桌子本身是诸“相”同构之在，同时它又是人化世界的产物，对人而言有特定的价值和功能。我们会说桌子“有用”，这是给予了它类似“好”的价值；桌子的种种“用处”就是人赋予桌子的功能意义和价值。桌子是一种人造的产品，所以它的人化价值之“用”表现得格外分明。所谓的自然界、自然之物也是如此。像一粒沙子本是自然之物，并没有人加工的痕迹。但是在人化世界中，即便它没有被人直接加工和改造也会具有价值和功能。当你在炎热干燥的沙漠中看到沙子，它显得无用甚至还有些可恶；可是当人用沙子作原料来制作半导体集成电路时，它又变得有用、有利。而且沙子的有用性不必等到它被制作为芯片才具有，而是在它仍是沙子时就被赋予了。

由此不免会有人说，人化价值之“用”属于主观，而诸“相”同构之“用”属于客观。表面上看如此两分似乎合情入理，但事实上并非如此。最典型的反例是现代量子物理中的“观察者效应”，如言“物理属性取决于观测方式，而非‘本来’”。[①] 20 世纪量子物理学对世界观产生的颠覆效应，其实归根结底是对西方文化传统中主客观二分前提，以及客观世界实在论的否定。只不过迄今大部分人对此既不了解，也似乎不愿接受。说到这里可以看出，把“用”分作两个层次，只是为了更清楚地标明人在其中起到的作用。这对理解中国传统文化中将人定位为世界的“参与者”和“引领者”非常重要。[②]

包括法学在内的社会科学要讨论的问题包括了如何把解释和说明统一起来。例如讨论法律立得好不好。立法本来是建立标准的行为，也是解释性行为。做得好不好要怎么去验证呢？人们往往会去考察立法的内容与事物、事情的规律是否相符，对于当时人情、时势把握准不准确，实施的效果好不好等。这些方面的考虑，正是在寻求说明与解释的统一，找到平衡点。

前面讲的一系列问题，涉及的主要是由对世界的结构性理解得到的基本架构，这个架构里“在”和“相”两个层次，无论哪个文化传

① 参见曹天元：《量子物理史话——上帝掷骰子吗》，辽宁教育出版社 2008 年版，第 173 页。

② 这个话题将在之后的本章第四节和第六章中展开。

统都能把握到，只是理论上做的延展有多广，解释有多充分存在差异。而且各个文化传统中的绝大部分思想都集中于“在”的层次上，只有少部分思想家才会去讨论“相”。而且“在”论中更多的是在讲“在”之“用”。但要去理解为什么某个文化传统会以这样或那样的特定方式去理解世界，以这样或那样的方式去建构标准，为什么要以这样的方式去对世界做类型化的分判，必须把握他们在“相”的层次上是如何理解世界的。顺着他们由“相”而“在”的展开理路才能理解为什么出现那些被一般人当作前提的类观念、标准、常识甚至价值判断。

从古希腊、古罗马、古希伯来文明衍生出的西方文化传统，包括基督教和启蒙运动以后的现代文化基本不讨论“体”。柏拉图、基督教神学其实也做了一些近似于“体”的论说，但充其量只点出了“总相”之外或更有根源，但究竟是什么就语焉不详了。除了西方文化传统之外，至少有三个传统讨论了“体”的问题，分别是古代中国、印度和波斯。印度人的讨论，集中在印度教、佛教，以吠陀文化、吠檀多文化为代表。波斯人的讨论有一些保留在琐罗亚斯德教的圣典《阿维斯塔》中。不过波斯人的理解比较特异，他们所持的是最典型的二元论，认为世界之“体”有二而非一。①

若是综合各个文化传统来审视，会发现理论上存在一个由“体”到“相”再下落到“在”“用”的完整结构。换句话说，这样理解世界才是完整的，三个部分缺一不可。不完整有两个典型：一是西方式的不完整，不讨论“体”。二是佛教东来前的中国主流本土的理论，基本不讨论“相”。说得更准确一些，中国人不愿意讨论“相”，当然背后的原因很复杂，故此也没有积累出足够的理论资源和解释方案。② 所以传统中国理论在不受佛教影响的情况下，大多只讨论“体”“用”关系，不讨论“体”“相”关系，也不太愿意讨论“相”和“用”的关系。

---

① 参见［伊朗］贾利尔·杜斯特哈赫选编：《阿维斯塔：琐罗亚斯德教圣书》，元文琪译，商务印书馆2010年版。

② 战国时有名家讨论“相”层次的问题，但不是主流。

四、“体”“相”“在”关系

“体”、“相”和“用”三者是什么关系？首先是同质，也可以理解为“同一”。有两个词用来解说这种同质或同一关系：一是“体用不二”，二是“即体即用”。体用不二和之前谈到的“体”显化为存在者意思相同。或者说“体”只能由存在者为之表现。更精确的说法是存在者是体的有限显化。所以可说“天地与我并生，而万物与我为一”①。有限意味着存在有边界、有局限、受限制，更重要的是有限意味不完善。与之相对，只有“体”是完善。只要显化为了存在者，就必定不完善。顺着这个思路回头去理解《中庸》、孟子立足于天命之谓性的性善论。天命之性是“道”，是“体”。所以天命之性当然是全善（完善）的，但它具形显化为了各种各样的存在者以后，表现出来的存在状态则都不完善。

之前也谈到，中国传统思想家并不加意区分生成论和构成论，这在近代以后受到了不少诟病，认为不如西方哲学来得严谨。可是一旦人们放弃对主客观二分的固执，便不难理解中国哲人不加分判的道理。因为世界本就是一体分殊、诸“相”同构的显化，“体”是“动体”，同构是流转不息的过程。其中的构成、结构都只是人以类似于截图的方式强取了一个断面为样本做的解说。不过大化流形也好，生成也罢，所描述的过程都不可简单地理解为时间维度的演化历程。时间本身也只不过是诸“相”之一，除此之外不应为之赋予更多的特殊性。人们理解世界时总是不由自主地依赖、围绕时间展开，尤其是受制于时间链条上因果关系式推论的影响。而一旦有意识地“去掉”时间性的束缚，又容易陷入西方哲学式的纯逻辑化。上述两种局限都需要小心地加以避免，方可真正理解“体”是“动体”，以及“体”“相”“在”的关系，即“体”通过诸“相”同构自我显化而为“在”。

我们可以用马王堆帛书《黄帝四经》作例子，看看早期中国思想家对“体—相—在”的认识。《黄帝四经·经法·论》篇有一段文

① 《庄子·齐物论》。

字专门针对帝王所执之“道”作了解释，概言之即“天执一，明〔三，定〕二，建八正，行七法”，简言之，帝王所应为，不外是借天地之道“相”获知其“用”，以认识“人道”，并以之为据而为人立法。《黄帝四经》的作者将天地之道的“相”和“用”关系描述出来，并以此为君王，即执道者定立行事标准和规范。如在《论约》篇中，先阐明天地之道的“相”，再以之明人事之“用”，进而申说君王如何可为“有道”的立法：

> 故执道者之观于天下也，必审观事之所始起，审其形名。形名已定，逆顺有立(位)，死生有分，存亡兴坏有处，然后参之于天地之恒道，乃定祸福死生存亡兴坏之所在。是故万举不失理，论天下无遗策。故能立天子，置三公，而天下化之，之谓有道。(《黄帝四经·经法·论约》)

引文中的“执道者”所“执”的是“人道”，“天地之恒道”乃是其参照系，也是获知“人道”的基础。或者如《大分》篇云“王天下者之道，有天焉，有地焉，有人焉，三者参用之，然后而有天下矣”。也就是执道者兼执天、地、人之道。“三者参用之”，最直接表明了执“相”以为用的状态。如《明理》篇：

> 故执道者之观于天下也，见正道循理，能与(举)曲直，能与终始。故能循名究理。刑(形)名出声，声实调和。祸灾废立，如影之随刑(形)，如响之随声，如衡之不藏重与轻。故唯执道者能虚静公正，乃见正道，乃得名理之诚。乱积于内而称失于外者伐，亡形成于内而举失于外者灭，逆则上溢而不知止者亡。国举袭虚，其事若不成，是谓得天；其若果成，身必无名。重逆以荒，守道是行，国危有殃。两逆相攻，交相为殃，国皆危亡。

从另一个角度来看，对政治社会中的君王，不必求其藉道相以明道体，而应希冀其能执象以为用。

之前强调过“体”是“动体”，它不是一个静态的客观对象。但“体”之动不依托于时间维度，依托时空的只是物理意义上的运动，而“体”之动是永动。既然“体”为动，人们就不能在静态的意义上去理解世界，不能仅针对静态对象来寻求什么更合于道体，而应始终在动态，即过程中把握，在这个基础上才能理解“即体即用”，过程本身也是体的表现方式。换句话说，事物和事情同为“体”的显化，而过程包括世界变化的状态、变化的规律，以及人的行为模式等，这些都包含由“体”带来的规定性。再引申一步，这些具体到人类的行为模式，不就是法律吗？

第二节　天人合一

一、什么是天人合一

中国文化的第二大特质是“天人合一”。这个说法几乎所有中国人都知道，可难解的问题是天与人究竟怎么合一？凭什么合一？这些如果没有前面的“体—相—在”结构打底很难解释清楚。因为支撑天人合一的理论基础建立在“体”的唯一性和遍在性上。由于“体”是整个世界的本根，所有存在者都同原、同质、同归，是“体”的显化，那么它们当然在质上是同一的。这在理论上毫无问题。如果就“体”而论，世界是一体的。当然这个“一”体不能用世界之为“整体”或“全体”来置换，这是两个话题。因为有整体就必定有部分，有全体则意味着由单独的个体组成，这两种理解都很容易陷入“一多之辩”的困境。

若是从存在者的角度出发，天人合一的状态表现为“和而不同”和“交感”。粗看起来存在者有各自不同的存在方式、表现形态、运行规律和法则，这是“不同”。可是由于它们都是“体”的显化，所以终极的价值指向相同，可以理解为都必然趋向于完善。之前谈到，理解存在者的大前提是存在者不完善、有限；同时也说到，所有存在过程都是有意义的，因此存在者的终极归宿不是物理意义上的消亡、死亡、毁灭，否则会和佛教一样认为“万法皆空”。而中国传统世界观和佛教之间最大的区别在于中国人讲工夫，特别强调世界的演化过程本身和人的实践的意义。佛教要的是静态的终极，是故有达到和达不到之别。例如，和尚死叫作圆寂，意思是圆满和寂静不动。寂静不动才是圆满，因为佛教设定的“体”是寂静不动的,所有的动都是扰动。[1] 但是佛教没有提供圆融解释的理论困境在于为什么会扰动。试想,"体"是完善的,又寂静不动,圆满自足,那么为什么会有这个纷繁复杂而变动不居的世界?佛家认为存在的世界不完善,甚至所有的人、物、事都是幻象。需要追求完善,还原到那个寂静不动的全善真空状态。所以佛家讲万法皆空,空性才是实性。可问题是这个过程化的"幻相"由何而来?一方面说过程是"体"的显化,另一方面又否定显化是实性,所以只好想了比喻来说:"体"就像大海,本来很平静,忽然吹来了一阵"无明之风",原本平静的水面被扰动了,有了各种各样的浪花。这些浪花就像世界上的存在者一样,与"体"同原,但都是虚妄的幻相,最终还得要归于平静。在这个比喻中,水就象征着空性,只有这是真实的。[2]

佛教理论的根本困境之一恰在于解释不了无明之风从何而来,或者说为什么圆满、完善、寂静的本体会被扰动。而中国人的解释以"体"为动,结合工夫论讲清了过程本身是"证道",是"体"的表现,这样一来义理上才可以通达。顺着这个思路,中国传统观念中的"体"不是静态的目标点,天人合一也不是某种可以或需要达成的目标,恰恰相反,"合"是动词,是人主导的"参赞化育"以"证道"的工夫历程,这个过程本身乃是意义所在。天人合一之"一"指的是和而不同的状态,存在者不必都一样,无须做到齐同,但是所有存在者的动向、追求相同,即"证道"。老子用"玄同"来概称这种特殊的"同",甚是精妙。[3] 按照儒家的说法,一切存在者都应该呈现出日臻完善的向善动势。可是在现实中,任何一个存在者都不完善,因为它们有限、不自足、各自以为在。不完善就意味着有"恶"。而这些不完善的存在者需要为了自己能够存在下去而摄取养资源,因

---

① 典型论说可参见《圆觉经·金刚藏菩萨章》。

② 《大乘起信论》中著名的"一心开二门"说,最直接地解说了无明、生灭的问题,曰:"以一切心识之相,皆是无明,无明之相,不离觉性,非可坏,非不可坏;如大海水,因风波动,水相风相,不相舍离,而水非动性;若风止灭,动相则灭,湿性不坏故。如是众生自性清净心,因无明风动,心与无明,俱无形相,不相舍离,而心非动性;若无明灭,则相续灭,智性不坏故。"

③ 《老子》第五十六章:"塞其兑,闭其门;挫其锐,解其纷,和其光,同其尘,是谓玄同。"葛洪《抱朴子·诘鲍》亦言"万物玄同,相忘于道。"

为他们“不自足”。无论微观世界的量子现象，还是宏观世界中生命体掠夺式的摄养行为，其实都可算作为了自我存在而侵蚀其他存在者，广义上说都是作恶。与此相伴生者，一是存在者出现了欲望和自我意识，二是世界必定呈现出纷争和乱序。只需要简单地追问就可知道，纷争和无序是因为存在者受限于自己的存在。同理，人之所以会作恶，是因为人有私欲。而人的私欲俱生物的有限性而致，因为人要活下去，各种各样的欲望最初都服务于生存。所以任何恶都来自有限，且这必定会造成乱序。儒家对世界的认识以这些判断为基础，然后提出世界应然的状态是向善之动，而非上面谈到的为了满足私欲、自我、生存而动。这个话题也很复杂，后面还会说到。

有了上面的铺陈，方能更好地理解天人合一。简单地说，以“体”为出发点来看，天人合一是一体分殊而显化为存在者的世界。基于存在者的角度，看起来存在者都是各自为在，但实际上由于存在者本身是“体”的显化，所以一切存在者都在以自己独特的存在样态和方式表现着“体”，并且也都在向着完善和有序运动。只不过存在者的向善之动又分做自觉的和不自觉的，绝大部分存在者是以不自觉的方式参与到大化流形之中。

二、天人如何“合一”

从存在者的角度出发来看天人怎么合一，现有的理论大致可分作三种。第一种是相关性。相关性也常被称为交感思路，原则很简单：由于世界是一体显化的，所以一切存在者都必然以某种形式联系在一起，类似于常说的事物是普遍联系的。顺着相关性思路引申出一系列表现，比如谴告、灾异等说法，而由谴告说又产生了皇帝的罪己诏制度。简单地说，这套制度意味着，无论哪里出了自然灾害、疾病、兵乱、饥荒等，皇帝都要出来向着老天爷说：你不要怪我的子民，都是我一个人的错，以此表达“万民有罪在余一人”的态度。[①]这是相关性思路使然，其中天子是控制人和外部世界相关性的

① 最早的罪己诏早在商代就已经出现了，见于《尚书·汤诰》“万方有罪，在予一人，予一人有罪，无以尔万方”。

节点。

第二种是相似性。意思是无论人的世界还是天的世界,还是地上(也就是“天下”)的各种各样的存在者,由于全都是一体分殊的显化,因而遵循的总规则是同质的。这种同质性可以通过对各种外部事物运行规律的抽象把握到,而且会以相似的状态表现出来。最典型的运用思路叫作“法象”,例如老子说的“人法地,地法天,天法道”①。

传统中国基本上同时使用相似性和相关性这两个思路,你中有我,我中有你,关系错综复杂。不过大家往往日用而不知,没有人太过细致地去解释两者有什么差别,各自的理论基础怎么样,等等。②

除了以上两种思路以外,还有一种更“高端”的解释思路——一体,例如:

> 诚者,非自成己而已也,所以成物也。成己,仁也;成物,知也。性之德也,合外内之道也,故时措之宜也。(《中庸》)

《中庸》是整个先秦时代讨论“体”这个层次最巅峰的作品,甚至可以说从义理阐释的深度上看站到了比老子更高的位置。因为文中从一开始就在用“诚”来指称“体”。其他的“体”的强为之名,语词的本义大多实有所指,如老子的“道”,孟子的“心”等。相比较而言,“诚”不是实在的对象,更多时候被用作指称某种动的状态,是一个没有办法直接用对象化的方式加以把握的概念。这正好契合了前节谈到的“体”的“非在”和“动”这两大最不易理解的特质,而且它只在工夫论和过程的意义上才能呈现。“诚”借助工夫化成世界的过程就是一体化成,从成己开始往外推,直至将整个天下纳入其中。如果做量化的理解,假如每个存在者都能做到突破自己的有限性,世界就完善了。但是《中庸》只说“一体”,不去解释“分”,意味着不需要站在分的立场上去解释世界。而无论相关还是相似,

---

①　《老子》第二十五章。

②　这些可以借助英国人类学家弗雷泽的《金枝》来旁通。他讲巫术时区分出两种类型,一种叫作交感巫术,另一种叫作接触巫术,和上面提到的相似性和相关性基本上可以对应。参见[英]詹姆斯·乔治·弗雷泽:《金枝巫术与宗教之研究》,徐育新、汪培基等译,大众文艺出版社 1998 年版。

其实都以“分”作为起点。庄子说“天地与我并生，而万物与我为一”①，和《中庸》别无二致，认为世界一体。再如“人之与天地也同。万物之形虽异，其情一体也。故古之治身与天下者，必法天地也”②。“其情一体”说的也是存在者的内部同质性。

以个体存在者为出发点，意味着首先是从各自以为在出发，存在和工夫都是求“和”的过程。当然这个过程在实践中和纯理论层面的表现不一样。理论上只要去做抽象就可以获得共性。但在实践中，就需要用各种各样的方式去化解既有的存在的有限性，显然要复杂得多。存在者一定会受制于存在，也就意味着一个存在者在为其他存在者提供解释，甚至在为之立法。当然绝大部分时候出发点是人，或者说得更具体一些，是作为“自我”的人。不过这时人的认识很容易从一体转向主客体二分，以“自我”为主体、基点和标准。

三、人在世界中的定位

以上是关于天人如何合一的三个路径。顺着这三个路径还需要解释一个至关重要的问题——人在世界中的定位。各个文化传统都把握到了人是世界中的特殊存在者，可是又有分歧：第一个问题，人为什么特立于万物？为什么说人是“万物之灵秀”？第二个问题，人凭什么“灵秀”？还有第三个问题，人特殊了又怎么样呢？不同文化传统对于这三点的认识存在分歧。东方无论是印度文化还是中国文化，和西方文化最大的分别主要集中在最后一点上，即承认人之特殊性而后，如何认定人在世界中的地位。西方文化传统从古希腊直到当代始终坚守了一个基本的原则——人之所以特立于万物，是因为他分有了神性。换句话说，人拥有最接近于神（全知全能）的能力，所以人近乎理所当然地成为了存在界的神。当然到了近代以后类似表达已经变得更加隐晦，但实质上没有差别。像普罗塔哥拉说“人是万物的尺度”，康德强调“人是目的”，都在表达人是存在界主宰者的意思。这就是人类中心主义，作为主体的人是世

① 《庄子·齐物论》。
② 《吕氏春秋·情欲》。

界的目的，而主体之外，与主体相对的都是客体。这种基本设定中，客体是用来实现主体价值的对象、资源。所以西方传统的法律理论不能让人做客体，因为一旦人成了客体，主客体关系的基本预设就被打破了。例如劳动法理论中，规定签订劳动合同时劳动者出卖的不是人本身，而只是劳动力。因为劳动法不能承认出让的是人本身，否则人就成了客体。

西方历史上，最开始在人群中只有非常小的一部分能够成为主体，这些人是贵族。贵族之所以能成为主体源于他们的初代祖先（英雄）和神有血缘关系，所以分有了神性。西方文化刚刚从神话时代走出来时还纠结分有神性究竟以什么为标志。当时聚焦在两方面：一是分有了神的力量，二是分有了神的智慧。最初英雄文化更强调力量，所以早期的英雄都是力能英雄，像著名的阿喀琉斯、赫拉克勒斯、忒修斯、罗慕路斯等，都以力能卓绝闻名。[①] 但是后来发现唯力能论行不通，因为很多代以后，英雄后代身上的神的血统慢慢稀释了，贵族的力量可能还不如一般人，这时再坚称贵族的神性以力能为标志明显站不住脚了。更何况人在面对野兽有时也毫无优势，这种情况也会挑战人独有神性的预设。所以后来渐渐开始转向强调贵族的优越性，即分有的神性是理性。可是其中又有问题，贵族之外的一般人，甚至连不被当作人来看的奴隶也有理性。当大家意识到理性为所有人所共有，贵族的优越性就坚守不住了。可是到了这个阶段理论基点已经成为人们的常识，很难改变了，人的特殊性、神性与理性已经牢固地捆绑在了一起。当然有很长一段时间，贵族尝试把知识和理性能力同质化，通过垄断知识来表现自我的理性优势。但随着轴心时代智者兴起以后对理性本身作出的抽象分析和义理建构，这种做法也失去了基础。

由于上述理论困境，西方历史上一次又一次地扩大主体范围。古希腊早期的主体范围非常小，仅仅限于贵族，到了后来慢慢开始有平民获得了政治身份，成为主体。尤其是经过希腊和波斯战争以

---

① 相关传说，参见［古希腊］荷马：《荷马史诗·伊利亚特》，罗念生、王焕生译，人民文学出版 2015 年版；［古罗马］普鲁塔克：《希腊罗马名人传》，席代岳译，吉林出版集团有限责任公司 2009 年版。

后的雅典,出现了大量的平民参政,也是后来被树为典型的雅典民主政体,①当时此举的基本原则是宁愿扩大主体范围,也要守住人的特殊性(理性)这个基点。再往后出现了斯多葛学派,他们宣称既然人人有理性,那么理论上所有的人都应该成为主体,这也成为启蒙运动以后人人平等和天赋人权等信条的理论支撑。但所有人都应该成为主体,只在学理和意识形态上成立。

在古罗马文化中,古希腊的情况几乎再现了一遍。古罗马早期的情况与古希腊文化前期很相似,主体的范围非常狭窄,仅限于贵族,之后也在慢慢地扩大,其间比较著名的表现,是法律史上经常谈及的古罗马帝国时期市民法和万民法之争。万民法出现的原因,归根结底在于参与到罗马帝国的绝大多数人没有公民权,亦即没有主体资格。万民法实际上是部分地赋予了罗马帝国的平民以公民资格。卡拉卡拉皇帝之后市民法和万民法之间的区别没有了,公民主体范围进一步扩大。②

不过虽说主体边界在变化,但是只有人才有理性这个基本立场始终不变。西方大多解释世界的理论以人的特殊性在于理性为起点:承认理性是万能的,能够通达真理,因为这是神的禀赋。这导致在学理层面的后果之一是理性能够把握多少,人就能认识多少,反过来,理性能把握多少,世界就"只有"多少。为什么西方主流思想不讲"体"的问题?因为"体"超过了理性能力的范围,无法直接掌握。如果承认有理性存在力所不能及的对象,那么理性全能和人是万物主宰这两个理论前提就会不攻自破。

以理性的方式认识、解释和参与世界,主体的核心地位旋即就凸显出来了。解释的对象叫作客观世界。为什么会有客观这一说?也是因为主体。主体为自己设定的基点叫作"自我",自我之外的

---

①　希波战争与雅典民主制的关系,参见[美]约翰·R. 黑尔:《海上霸主:雅典海军的壮丽史诗及民主的诞生》,史晓洁译,广西师范大学出版社 2012 年版;宋慧娟:《希波战争与雅典民主政治繁荣之关系探析》,载《吉林大学社会科学学报》1997 年第 1 期。

②　古罗马公民身份变革,参见[意]朱塞佩·格罗索:《罗马法史》,黄风译,中国政法大学出版社 1994 年版。另外,关于罗马法中"主体"本质的理论诠释,最具深度的理论诠释莫过于维柯之论,参见[意]维柯:《新科学》,朱光潜译,人民文学出版社 1997 年版。

一切都是客体,它们相对独立于自我存在,所以是客观的。理性可以把握客观世界,并对客观世界作出解释。可是这些都不是目的,让客观世界为自我所用才是目的,因为自我是主体,亦即目的本身。至于如何去使用客体,当然由作为目的的主体来建立规则,所以说"人是万物的尺度"。

接下来的问题是,作为理性起点的自我并不单一。这就涉及人为什么需要法律,为什么要有政府这两个关乎法学和政治、社会的根本理论问题。正是因为自我本就多元,其中任何一个自我自发的状态都要无限占有资源,成就自己,所以自我之间会产生分配问题。况且客体被设定为有限的,于是产生自我的无限需求与有限的客体资源之间的冲突。西方传统法律文化的核心内容正是分配,①或者说如何在主体之间分配客体。但是法律不直接分配客体本身,而是分配获得、占有客体的资格,这个资格叫作权利。规定有没有资格、有怎样的资格参与对什么样的客体的分配,都是法律权利的内容。现在被广泛应用的西方式法律机制本质就是权利机制,说得更直接一些是一套获得利益资格和模式的分配机制。所以现代社会每当说到法律所能实现的价值,最终总是归于公平、正义。什么叫正义?从柏拉图到亚里士多德,②再到罗尔斯的《正义论》,③虽然表达各不相同,但归根结底离不开把各人的应得的东西给各人这个原始命题,或者叫作"分配正义"。

西方式的法律建立在这种理论基设上,起点预设所有主体都是理性的,所以一旦社会中出现了一个既不要命又不贪财的人,法律就管不了了。这是西方式法律理论和制度的一大局限。当然这只是最极端化的假设。此外,人的所有行为果真都基于理性判断作出吗?这类质疑很多,都足以对现代法律的理论基础构成釜底抽薪式的冲击。但事实上这套保障主体的权利机制尚且能够有效运作,可

---

① 分配的话题将在第四章第三节"义与正义"中专门讨论,此处从略。

② 参见[古希腊]亚里士多德:《尼各马可伦理学》,廖申白译注,商务印书馆 2003 年版。

③ 参见[美]约翰·罗尔斯:《正义论》,何怀宏、何包钢、廖申白译,中国社会科学出版社 2001 年版。

以认为是文化惯性、成本、效率以及意识形态等因素在共同拱卫着脱生于西方文化传统的现代法律模式，不意味着它无须批判，更非不可否弃。

再者，主体从被设立之初一直到现在，只在理论上约等于“人”。从古至今任何实践中的法律，从来没有一部规定法律主体是“人”，而总是要给人设定各种各样的条件。因为“主体”概念是被人为创造出来的，目的是将一部分人的特权合法化。所以权利机制从本质上说是主体的特权机制。设计这样一套制度满足主体自我成就的同时，对外部的世界，即客体造成什么影响完全不在考虑的范围内。之所以西方的工业化模式会带来如此严重的环境、资源、生态问题，根源其实也在这里。

上述西方式的“主体”文化放到传统中国显然行不通。因为中国文化坚持的起点是一体。一体意味着从根上说我和其他人，甚至和人之外有生命、无生命的物没有根本不同。所以孟子说“人皆可以为尧舜”[①]，庄子更极端地提出“物化”之论。[②] 那么在一体的前提下，人是什么角色？人无疑也是存在者之一，是一种诸相和合的有限的道体显化。既然在“体”的意义上人和其他的存在者没有本质区别，也就意味着人和其他的存在者一样都是大化流形的一个环节而已。古人讲“参赞天地之化育”，[③]是可知人首先被定位为大化流形的参与者。所以传统中国肯定推导不出西方式的主体观念和主体意识来。人永远不可能成为目的，世界完善才是目的。

可是很早以来，中国人也意识到人很特殊，所以才有人是“万物之灵秀”[④]的说法。这怎么解释呢？是不是因为人有理性？和西方

---

① 《孟子·告子下》。

② 庄子的“物化”论和“化物”论并行展开，一方面认为人要化成万物，使之同合于道；另一方面又认为人应当消解自我执着，化与万物。著名的庄周化蝶，蝶化庄周之喻义即在此，曰：“昔者庄周梦为胡蝶，栩栩然胡蝶也。自喻适志与！不知周也。俄然觉，则蘧蘧然周也。不知周之梦为胡蝶与？胡蝶之梦为周与？周与胡蝶则必有分矣。此之谓物化。”（《庄子·齐物论》）

③ 《中庸》曰：“唯天下至诚，为能尽其性。能尽其性，则能尽人之性。能尽人之性，则能尽物之性。能尽物之性，则可以赞天地之化育。可以赞天地之化育，则可以与天地参矣。”

④ 最早见于《尚书·泰誓上》：“惟天地万物父母，惟人万物之灵。”

传统不同,在中国和印度文化中,理性只是人认识和把握世界的能力之一,被看作感觉智的延展。为什么会从直观、感觉延展出理性能力来?因为人会反思,这才是关键。接下来的问题便是人反思什么?显然关键不在于反思现象的能力,而是反思世界的原因、价值。为什么人会有这种反思?按照传统中国的说法,因为人有“性智”,或者如俗称觉悟、灵性,这带来了超越感性和理智之上的反思和理解能力。人之所以能把握到超越于理性之上的“道”体,原因实在于此。

为了解释为什么仅仅是人有性智,古代中国的思想家也算得上是费尽气力。理论起点是一体,所有存在者都是一体分殊的显化,那么凭什么单单人有觉悟,别的存在者都没有?《中庸》和《孟子》都强调人禀赋了“天命之性”,而其他存在者则没有。这些说法虽可言之成理,但是不够严密,经受不起追问。是故魏晋佛理大兴以后,几乎把孔、孟之学完全压制住了。直到宋明理学家融会了佛、道两家的理论资源,才做出了比较细致且周延的论说。这要归功于北宋前期的张载把“性”分作“天命之性”和“气质之性”。天命之性是“体”本身,气质之性则有些类似于天命之性的载体。[①] 于理而言,两者本为一,析分为二加以诠解只是为了理解之便。既然两性本一,那么其他存在者也应该是如此,人何以特殊呢?于是有了禀受中正、偏分之别的说法。人禀受中正,虽受气质之性有限性的束缚,但仍有反思、自觉于“体”的可能性。不过当时人们一般认为能够有此自觉者少之又少,其他存在者由于禀受偏分,未被教化的自发状态中都囿于气质之性所限仅能为在而在。

人因为有独一无二的反思能力自然而特出于其他一切存在者,但这并不能推导出“人是目的”。传统中国思想者认为,作为大化流形的参与者,拥有特殊的反思能力和性智为的不是自我成就,而是证道(或者叫返道)。人超绝于其他存在者的特殊性使人能够觉悟道体,随之而来的是人有使命,即人要引导其他不能自觉的存在

---

① 张载《正蒙·诚明》篇曰:“形而后有气质之性,善反之则天地之性存焉。”张载关于气之二分,后为二程、朱熹承续并进一步深化、细化。

者走向完善。换言之，人生而为人，为万物之灵秀，所以自始就有使命，这个使命对应的是责任，强调人生而为人即有责任，归总起来可谓人的证道责任。这是一个无限责任，可以具体表现为各种社会关系中的责任，而且始终在过程中呈现，没有固化的指标。因此现实中所有人只可能做得不够好，要力求做得更好，不可能说某时某刻已经完全做到了。[①] 这是中国文化非常特殊的一面。

对比来看，西方法文化对人的解释中，人先天的禀赋带来的是像“天赋人权”这类自然权利，因为它们立足于主体性和与之相伴的“人是目的”的理论起点。在传统中国的观念世界，人不是目的，而是一个有使命的，要想方设法提升自己，以引领其他没有觉悟的存在者共臻合道的大道流形参与者。也正因为人自始有的只是责任，于是包括法律在内的所有制度，出发点也都是责任。所以说传统中国的法律是一套责任本位的机制也不为过。[②]

仅就法律制度而论，无论是西方式的权利机制还是传统中国式的责任机制，本身谈不上对错好坏，这与法律作为治器的属性有关，后文还会详说。作为治器，法律最直接的功能是实现治理，终极价值目标对中国文化而言当然应该是证道。现实的情况表现为西方式的权利机制仍可有效运作并占据主流，如何将责任机制化入权利机制，消除其中的过分凸显的主体性而为之注入道德责任与使命，这是现在亟须学界思考的问题。

中西法律是基于对世界和对人完全不同的理解演化出来的两种制度，分野自始就存在，造成制度建构、价值追求和判断标准都不一样，现今要把它们融会起来很费工夫。例如，为什么西方世界认为君主集权是令人恐惧的制度？因为君主集权意味着君主有无限特权。一个有无限特权的君主必定会任意妄为，会无限满足自己的私欲。这个判断源于他们对作为主体的人的预设——主体必定会尽最大可能摄取资源（客体）以实现自我成就。可是在中国为什么几千年来君主集权都能持续且维持社会基本稳定有序？因为理论

---

① 关于人的特殊性以及人的使命和责任，详见第六章“责任”。

② 这个状况近代以后受到了很多批判，其中绝大多数论说不是迎合西方，便是不明所以而人云亦云，这些不建立在深入理解基础上的批判一概不可取。

上皇帝首先是天下的第一责任人，前面说到的罪已诏尽管只是一个仪式，但是所象征的基本态度和西方有明显差别。皇帝反复向所有人宣示，他是天下众多引领者（人）中最优秀的一人，所以他有最大的使命，也有最大的责任。

四、一元与二分

主体性和主观客观二分的问题之前已经谈到了。如果没有主体性，便不会存在严格的主客二分。正是因为有了自我，并且把自我视为特立于其他一切的基点和目的，二分才有必要。这在中国传统语境中几乎看不到，是非常典型的西方模式和西方问题。

事实和价值两分也是非常典型的西方理论产生的分判。据此，当讨论一个话题或者对象时，首先要分辨所讨论者究竟是个“东西”还是“状态”，这和主客观两分、实然应然两分都有关系。是不是“东西”即是否实在，是不是事实，若不是，则它只能是价值。所以价值是一个主观范畴。进一步说，其中包含的善恶、好坏等是主观且非实存的。换言之，所有这些和非实在的论题有关的一切判断（标准）都是价值命题，都是主观的。主观同时意味着“任意”，不存在超脱于人的理解和判断的外在、超验或绝对的标准。

按照这个判分，讨论一个话题，可以针对它事实性的一面，或者只讨论价值性的一面，但是在讨论价值时仍需要以事实为基础。如果抛掉事实去讨论价值就成了概念游戏，当代学界业已将之逐出了“科学”之外。这种分离实际上默认了存在纯粹无价值的事实，即所谓的客观事实。于是便有了以社会学为代表的标称价值中立、价值无涉的所谓“纯客观研究”。之所以能成立，原因就在于预设存在着纯粹的客观事实，而且人可以尝试剥离价值去面对、认知、思考和研究这个客观事实。但这颇有些自欺欺人的意味，实际上是做不到的，原因后文还会详论。总的来说，上面谈到的这一系列分判都来自主体和客体之分，或者说来自主体意识。这意味着当以人有主体性、是目的为起点对世界进行认识，便已经主客观二分了。

中国人理解世界时没有如此泾渭分明的事实与价值二分，讨论的对象自始是事实和价值的混合体。说得再直接一点，任何一个存在者都有先天的善恶。这可以与“天命之谓性”联系起来。所有存在者都有天命之性,所以都有善性;但有限性越大,被各自以为包裹得越厉害,反思能力越差,就越不完善,不完善被赋予了恶之名。例如动物为了生存自相残杀是不完善的表现,人类也是如此,二者并无根本上的不同,不过人们更习惯用恶来评价人而已。

第三节　泛政治性

一、什么是泛政治性

从古至今,泛政治性在中国社会保持得非常一致,简单地说表现为政治无处不在。对于人,中国文化首先讲的是使命和责任,说得远一些是人需要为世界做什么,需要为社会、国家做什么,近者是要为家庭做什么,等等。自我只是复杂多重社会关系中的多重角色的载体。这是理解中国古代法律对人的界定的基本的切入点。人从来不被当作主体来看,也就没有法律主体概念。个人始终是角色(身份)的扮演者,在特定的场景,以特定的身份做特定的事情,会对应不同的责任。所以殴打尊亲属和杀子女两个行为孰重孰轻不能抽象地以伤人和杀人的轻重来权衡。[①]

从很早开始,中国人完成了从上到下和从下到上两个维度的构建,使一切社会关系都是政治关系,都具有政治属性。人被设定为这个关系网里以不同角色出现的参与者。

所谓自上而下的建构,即政权统御一切。注意是统御,不是治理,不是当然意味着政权治理一切。例如,《诗经》中说“溥天之下,莫非王土;率土之滨,莫非王臣”[②],这句话的背景是西周实行分封制,周武王、周公分土分人以后,周天子实际掌控并治理的只有王

① 详见第六章“责任”。

② 《诗经·小雅·北山》。

畿,剩下的地域全部封给亲友故旧建立诸侯国各自进行治理。① 可是为什么在这样的制度背景下会产生诗中的说法?这就是统御和治理之间的差别。政权要表明它统御着天下的一切,反过来说,天下遇到的任何问题,政权都有责任去解决。统御是名义上的,但责任不是。西汉一个普通女子缇萦为什么可以因为觉得肉刑太残忍就上告到天子那里?② 汉文帝为什么要受理?因为每个老百姓都是天子的子民,所有讲不通的道理到天子这都必须理顺。如果天子处理不了,那就不配做天子。这可以说是天下都归政权统摄,但政权可以不参与治理,实际治理由官僚制和分封的诸侯国完成。

自下而上的建构表现为同质化的社会关系体系。《大学》提到的"古之欲明明德于天下者,先治其国;欲治其国者,先齐其家;欲齐其家者,先修其身"是非常典型的表述,类似者还有"夫知效一官,行比一乡,德合一君,而征一国者",③等等。在人们观念中,家、乡、国、天下本质上并没有不同,所差异者仅在规模和复杂性上,所以治家和治平天下所需的"德"一致,只不过"才"有大小之分而已,是故可说"圣人耐以天下为一家"④。既然同质,家庭关系和政治关系亦无根本差异,自始具有政治属性。

另外泛政治性之所以能成立,与政治的性质,或者说政权的性质有关。政权的性质涉及一个非常根本性的话题:为什么要有政权?我们可以对比西方古代的城邦文化,无论是忒修斯的雅典城,还是罗慕路斯的罗马,建立城邦政权的目的是保护建城者(主体)的利益并使之扩大化。说得更直接些,政权是用来为作为主体的成

① 西周是中国古代最典型意义上的"分封","封建"一词是对分封建制的简称。分封表现为分土分人,而更实质者在于诸侯国分享治权,全权掌控封域的实际治理和财政、军事等事务,概况参见葛志毅:《周代分封制度研究》,黑龙江人民出版社2005年版。

② 这是中国法律史上足以构成肉刑存废分水岭的事件,最早的记载见于《汉书·扁鹊仓公列传》:"文帝四年,人上书言淳于意受赂,以刑罪当,西之长安。意有五女,随而泣。意怒,骂曰:'生子不生男,缓急无可使者!'于是少女缇萦伤父之言,乃随父西之长安。上书曰:'妾父为吏,齐中称其廉平,今坐法当刑,妾切痛死者不可复生,而刑者不可复续,虽欲改过自新,其道莫由,终不可得。妾愿入身为官婢,以赎父刑罪,使得改行自新也。'书闻,上悲其意,此年即除肉刑法。"

③ 《庄子·逍遥游》。

④ 《礼记·礼运》。

员谋利的工具。顺着这个思路推展，最好的政治是为所有主体谋福利，最差的政治按西方的逻辑当然是君主专制独裁，因为它只为一个人谋利益。但无论哪种政权的内质都一样，核心皆是主体的利益。

即便是主体扩张至所有人，政权为天下万民谋利益，人以外的生物，还有环境谁来照顾？当主体追求利益时，必须要有供给者，也就是客体。现代社会之所以面对环境问题，就和这个理路有关。所以可说西方的政治体本质上是主体的聚合体，主体可变，利益的内容和实现方式可变，但是主客体的基本定位和关系不变。

可是这个思路放到传统中国完全行不通。利益一直被看作价值的一种实践方式。为什么会有政权？为什么需要"一个"天子？之前说到天子最大的作用是承担责任，而且天子作为存在界中一切存在者的引领者，必须获得天命，同时还要是最知天命、知天理之人。传统中国称颂政治荣盛，经常会说到恩及禽兽、凤凰来翔、百兽率舞等，[①]象征着政权能够关照整个天下。可见政权的性质首先是要实现对人的整合并使之有序、有德、完善。这种有序必须是合于天道、天命意义上的有序。之所以要立明堂，要秋后问斩，都是在象征政权和天道秩序一致，以表明和完善的秩序非常接近。天子被设定为世间最接近天命的极点，围绕他建立一套体制，先把人整合成合于道的状态，然后在能力所及的范围内无限扩展，最终把整个世界，即将"天下"都整合起来。[②] 国家只是其中的一个治理单位。天下是没边界的，也没有主体客体之分，所有存在者都在天下之内，共同构成一个整体性、内部化的世界。顺着这个思路再去理解关照"普天之下"的政权的性质，首要的价值是向（完）善。这和西方利益聚合体式的政权有本质区别。

人们为什么需要政治？其中又包含两个问题，一个问题是人们为什么需要被统治，或者说为什么不得不服从统治；另一个问题是人为什么需要被治理？如果做发生学上的审视，为当今法学界熟悉

---

① 最早见于《尚书·舜典》："夔曰：'於！予击石拊石，百兽率舞。'"

② 关于"天下"的义涵，参见李平：《早期中国的法律世界》，法律出版社2023年版，第357-362页。

的是一种经典的西方式思路，从假设世界上只有一个人开始，这在《创世纪》中已经出现了。[①] 一个人肯定没有政治，也没有社会。如果再加上一个人，两个人也没有社会和政治可言。两个人无非两种状态，一种状态是夫妻或朋友关系，另一种是敌人。但是当假设有三个人时问题就复杂了。这有个非常经典的说法，叫“三人社会”。[②] 西方理论界关于社会的讨论其实都或隐或现地用到了这个前提。现在仍然不乏在这个前提下开始讨论政治、治理是如何发生的，同时也可以且需要假设存在前政治社会。

没有政治的社会是“自然状态”。其中隐含政治是被人为创造出来的预设。近代以来西方学界讨论的自然状态根本没有真实状况可以对应，也没有任何实证的证据提供支撑。换言之，无论是做历史研究，还是考古人类学研究都没有办法寻觅到自然状态的社会，因为这完全是基于理性思考产生的推断。由此产生了两类认识。一种认为在自然状态下的人，类似像洛克、卢梭等人说的，处于有序、和谐的黄金时代，也是人类最好的时代。[③] 其中隐含的观念是：自然状态中人和野兽没有本质区别。既然没有政治，秩序显然不是人主动建构的结果，而是类似于群居动物的自然秩序。这个状态意味着所有的存在者，包括人在内处于安守本分的状态。按照力能大小、智能高低等，每个人会获得一个位置，安处于这个位置便可以生存下去。另一种认识是自然状态中人和人之间互为敌人的关系。西方的影视作品经常出现类似的场景，例如一群人被丢到荒岛上，或者被外星人攻击了剩下一小群人，然后他们就进入自然状态，重新组建社会。互为敌人是最极端的状况。

当人们面对资源有限的世界而要力求生存时，怎样才能获得更多的资源，让生存变得更有保障？自我觉醒之后的人通过运用理

---

① 西方近代以后，尤其是启蒙时代前后出现的社会理论，诸如霍布斯、洛克、卢梭等，都在以纯理论的方式推想发生学意义上人类政治社会的由来，假定出一种“原初”状态。这个思路从根本上说和《旧约》亚当、夏娃的人类社会生成传说相一致。

② “三人社会”理论，参见［美］约翰·罗尔斯：《正义论》，何怀宏、何包钢、廖申白译，中国社会科学出版社 2001 年版。

③ 参见［英］约翰·洛克：《政府论》，叶启芳、瞿菊农译，商务印书馆 1964 年版；［法］卢梭：《社会契约论》，何兆武译，商务印书馆 2003 年版。

智，超脱了自然状态而构建了政治社会，开始了统治和治理。

人类学家认为最初的社群叫氏族，社会化的进程是从氏族开始的。然后扩大化成了胞族，接下来更扩大出现了部落，再后来有了更大规模的部落联盟，尔后渐渐开始出现了城邦、国家等。[①] 与人相伴生的社群是氏族，它是以血亲关系为基础维系的群体，所以会有所谓的母系氏族、父系氏族。按照人类学的一般观点，之后氏族和氏族之间开始发生关系，例如常见的对偶婚，就是氏族之间互相嫁女儿，这样会形成了长期稳定的关系，伴随人口、物质、思想文化等方面的交流，于是慢慢地形成了更大规模的群落。新群落除了血亲关系，还有姻亲关系，这是胞族。由于有了更大规模，群体的力量自然变得更大。力量更大的胞族更容易寻求扩张。这种扩张的形式主要是征服和兼并其他的氏族和胞族。兼并以后会形成更大规模的群体——部落。这时群体内部的纽带不再完全以血亲和姻亲为基础了，需要新的秩序支撑。部落有大有小，大的部落会去征伐小部落以寻求扩张，当这种扩张、对抗达到某种力量均衡时，会形成部落联盟。古希腊早期的社会形态大多是部落和部落联盟。[②] 神话中记载的一众国王大多是部落首领，不少部落的势力范围和现在的自然村或乡镇相仿，王国、国王都是后世追溯性的名称。西方思想家倾向于认为新的社会关系建立在“契约”基础上，即群体内部成员（主体）之间达成了某种协议，一致同意让渡部分自然权利来型构公权力，并使公权力按照契约规定的模式运行。这种“契约”正是现代宪法和宪制的原型，它们拥有同质的理论基设。

西方文化对于政治的理解并没有质的区别，政治体是个体自我的聚合体，只是这个聚合体以什么样的形式组合，多大规模，具体的内部运作方式是什么等方面或有差别，但是性质都是利益聚合体。这是把握西方文化对政治性质理解的关键。

---

① 参见［美］路易斯·亨利·摩尔根：《古代社会》，马雍等译，商务印书馆 2012 年版。采取类似思路对中国古代的论述参见谢维扬：《中国早期国家》，浙江人民出版社 1995 年版。

② 例如，特洛伊战争和希波战争中的希腊联军。参见［古希腊］希罗多德：《希罗多德历史：希腊波斯战争史》，王以铸译，商务印书馆 2005 年版。

下面来看中国人怎么理解政治的性质：

> 古者民始生，未有刑政之时，盖其语，人异义。是以一人则一义，二人则二义，十人则十义。其人兹众，其所谓义者亦兹众。是以人是其义，以非人之义，故交相非也。是以内者父子、兄弟作怨恶，离散不能相和合。天下之百姓，皆以水火毒药相亏害。至有余力，不能以相劳，腐余财不以相分；隐匿良道不以相教。天下之乱，若禽兽然。
>
> 夫明虖天下之所以乱者，生于无政长。是故选天下之贤可者，立以为天子。天子立，以其力为未足，又选择天下之贤可者，置立之以为三公。天子、三公既以立，以天下为博大，远国异土之民，是非利害之辩，不可一二而明知，故画分万国，立诸侯国君。诸侯国君既已立，以其力为未足，又选择其国之贤可者，置立之以为正长。（《墨子·尚同》）

引文中是墨子对为什么要有政治的说解。“古者民始生未有刑政之时”一段讲的是前政治时代，情况有点像西方人说的自然状态。用一个词来总结，是“无序”。这导致生存问题越来越严重，可是政治产生却并不针对生存问题，而是针对无序。要有天子来矫正这种一人一义而交相非的无序状况，使之归于有序。可是，为什么墨子不像西方人那样寻求个体之间订立契约，而是寄希望于天子自上而下地矫正呢？这要联系之前谈到过的中国文化坚守的一大前提：天下是有道理、有真理的，而且真理只有一个。之所以一人一义，是因为一般人无法洞见、知悉真理而又自以为是，是故世界才会混乱。乱本身就不对。这又可以关联到另外一个预设：世界本应是和谐有序的。既然如此，就需要找一个最能明达道理（天理）的人来引领世人。但是光有一个天子对于整顿天下来说力不能逮，所以要建立一套政治制度，通过高效的治理来获致天下有序、合道。回头来看，之所以要有政和治，目的是让天下人都知理、合理且有序地生活。“尚同”之“同”，是同于天子，也即同于天理。若是比较西方的思路，会发现墨子的解说中缺少了生存、利益，以及参与者的需求和权利。

再看《商君书》的解说：

> 昔者昊英之世，以伐木杀兽，人民少而木兽多。黄帝之世，

> 不麛不卵，官无供备之民，死不得用椁。事不同，皆王者，时异也。神农之世，男耕而食，妇织而衣，刑政不用而治，甲兵不起而王。神农既没，以强胜弱，以众暴寡。故黄帝作为君臣上下之义，父子兄弟之礼，夫妇妃匹之合，内行刀锯，外用甲兵，故时变也。（《商君书 · 画策》）

现在有很多人用这段话来比附进化论，但其实有根本性区别。文中讲到的第一个阶段是昊英之世，属于前政治社会。第二个阶段是神农之世，此时无“政”而有“治”，所以说“刑政不用而治”，老百姓觉悟都很高，可以自觉地合于秩序。神农之后开始了第三个阶段——黄帝之世，这时有了官僚制，也有了人为的立法建制，是有“政”有“治”的时代。《商君书》中没有解释这三个阶段为什么会渐次过渡，只说神农氏晚期治理出现了问题，天下开始表现出乱象，为此黄帝用了一种新的方式做出了校正。从这三个阶段中依稀可以看到，商鞅对政治产生的理解有两点和墨子相同。第一点是秩序，强调要由人来建立一套秩序，以对抗无序和混乱。但是和墨子不同处在于乱序也是人为造成的。墨子认为乱序是自然状态；商君则认为昊英之世而后曾有过一套成熟的治理方案，只是神农氏末期这套方案失效了，所以才有了黄帝用另一套方案去矫正。第二个相同点在于政治秩序的核心不是为了某些人的利益。礼、义和刀锯、甲兵都意味着政治的目的是建立一个有价值指向的秩序，而它们的基础都是人为。

再来看韩非子的说法：

> 上古之世，人民少而禽兽众，人民不胜禽兽虫蛇。有圣人作，构木为巢以避群害，而民悦之，使王天下，号曰有巢氏。民食果蓏蚌蛤，腥臊恶臭而伤害腹胃，民多疾病。有圣人作，钻燧取火以化腥臊，而民说之，使王天下，号之曰燧人氏。中古之世，天下大水，而鲧、禹决渎。近古之世，桀、纣暴乱，而汤、武征伐。（《韩非子 · 五蠹》）

这段引文开头和《商君书 · 画策》很像，但其实差别非常大。最显著的是生存成为被关注的对象。甚至几乎整个政治演化都围绕解决生存问题展开，反倒是没有讲到秩序、价值、意义等问题。按照文中的逻辑，能让人们过更好生活的人就可以成为天下之王。可是再追问一步,为什么有了发明创造就可以做王?放到现在来看,就好比谁申请专利数量最多,谁就做领导人。为什么现在行不通呢?显然在可考的历史进程中,这个方案从不曾出现。那么问题是韩非为什么会这样理解?这是对于政治起源的另一种解释,可以称之为技术传统思路,后文中还会专门说到。① 还有,引文中讲到了利益,但不曾出现一个力能强者,也不关注分配问题,和西方的理解思路有很大差异。

再看比较典型的道家解释方案:

> 上古真人,呼吸阴阳,而群生莫不仰其德以和顺。当此之时,领理隐密自成纯朴,纯朴未散,而万物大优。及世之衰也,至伏羲氏,昧昧懋懋,皆欲离其童蒙之心,而觉悟乎天地之间,其德烦而不一。及至神农、黄帝,核领天下,纪纲四时,和条阴阳,于是万民莫不竦身而思,戴听而视,故治而不和。下至夏、殷之世,嗜欲达于物,聪明诱于外,性命失其真。施及周室,浇醇散朴,离道以为伪,险德以为行,智巧萌生,狙学以拟圣,华诬以胁众,琢饰诗书,以贾名誉,各欲以行其智伪,以容于世,而失大宗之本,故世有丧性命,衰渐所由来久矣。(《文子·上礼》)

上古真人的时代自然合道,那时"纯朴未散,而万物大优"。这虽说看起来和西方人讲的黄金时代很像,但是描述的出发点不一样。道家的和谐关注到了万物,在其中人并不特殊。达到这种状态的前提是"纯朴未散"。纯朴意味着自我意识还没有形成,人还没有自为、自利之心,这时人和动物甚至万物之间没有本质区别。

道家认为世界之所以从曾经的和谐有序堕入混乱,最主要的原因是人成了人。人正是意识到自己是特立于万物者,才开始基于自己的智能、反思去作为。这种人的主动作为被称为"伪"。"伪"的本义就是人为。荀子有个说法叫作"化性起伪"②,意思是把原来的天性化除了,开始人为。按照道家的思路,从这时起自然状态便消失了,社会因人之"伪"带来乱象,陷入"世之衰也"的境地。"昧昧

---

① 关于中国上古的技术传统与法律起源和早期状态,可以参见下节所论,以及李平:《早期中国的法律世界》,法律出版社 2023 年版,第 63-89 页。

② 《荀子·性恶》。

懋懋，皆欲离其童蒙之心，而觉悟乎天地之间"，讲的是人获得了觉悟。后来人们常说的"启蒙"正是这种觉醒。觉醒之后人有了自我意识，尝试自己去理解世界、解释世界。可是由于人的资质有别，且大部分人受困于作为有限存在者的自我，不能觉悟、体认真理，于是不免会出现"德烦而不一"，类似墨子说的"一人一义"，各是其是而交相非。在这样的混乱中，出现了一个名叫伏羲的人。他和其他人一样也离了童蒙之心，觉悟乎天地之间。不过作为圣人，他是最能觉悟、理解大道之人，并提供了一套由乱而治的方案，当然这也是基于他本人对世界的主动理解和解释。

伏羲的方案并不寻求祛除人伪而直接返回到曾经的自然状态去。他顺着人"觉悟乎天地之间"的主观能动性做建构性工作。如果说伏羲提供的是解释性方案，那么通过政治建构工作来寻求"核领天下，纪纲四时，和条阴阳"而使世界重回有序的是神农、黄帝。注意，他们建构的是一套包括人在内的宇宙秩序，而不仅限于人类、人群内部。这表明在中国古代的思想中，政权和政治领袖要为整个世界负责，这才是政治的目的。刚刚讲到的人化世界，人可以建构一套可以合于天道的秩序。不过这套秩序要维持，需得"万民莫不竦身而思，戴听而视"，意思是人必须小心翼翼地参与到其中，精心地加以维护。一旦人放荡形骸，放纵自我，受私欲、私利的蒙蔽，人化秩序便会不合于道。在道家看来，这套秩序也有问题，所以说它"治而不合"，同样非常容易失之堕落。而这种堕落的事实状态就表现为禹夏之后进入"家天下"。这时人自发蒙已经经历了很长一个阶段，表现出"嗜欲达于物，聪明诱于外，性命失其真"。很明显，人的能动性、自我意识都更强了，这时人们不再安于小心翼翼地维护曾经神农、黄帝建构起来的秩序，还把自己的聪明才智，甚至政治权力用在物欲、私欲上。于是出现了私天下、家天下为代表的堕落。

上面这套理解关键在于人有自觉和主动性，所以人会摆脱自然状态，以主动建构的方式去寻求和合于大道。政治乃是这个主动证道过程的必然产物。同时文中也指出这样一套人化的政治一定会出问题，会受困于人作为有限存在者固有的私欲，甚至政治秩序本身也会私化。春秋战国时期礼崩乐坏，便是政治私化的表现。而战国道家讨论的核心问题正是面对一套私化而堕落了的政治秩序时人应该如何拨乱反正。《文子》的表述同样没有涉及利益问题，也没有生存问题。所以道家的理解中政治是与生存无关的话题，它只和秩序有关，而秩序则须以合道为指向。

再看《荀子》中的说法：

人生而有欲，欲而不得，则不能无求。求而无度量分界，则不能不争；争则乱，乱则穷。先王恶其乱也，故制礼义以分之，以养人之欲，给人之求。使欲必不穷于物，物必不屈于欲。两者相持而长，是礼之所起也。（《荀子·礼论》）

这一段恰好可以和之前所引《文子》那段相承接，不过荀子讨论的重心在人的私欲引发的堕落和矫正方案。按照荀子的说法，制礼义以分之，是克制私欲的最好方法。建立礼制广义上说也是一种立法行为。

这段文字尽管没有直接回应政治产生的原因，但它解释了与之相关的另一个问题：政治的功能。从中也可见政治和生存没有太大关系，似乎中国古代人不用太关心人活不活得下去的问题，更关心的是人怎么样能够活得好，活得有序且合道。

接下来再看看《礼记·礼运》中非常经典的表述：

昔者仲尼与于蜡宾，事毕，出游于观之上，喟然而叹。仲尼之叹，盖叹鲁也。言偃在侧，曰："君子何叹？"孔子曰："大道之行也，与三代之英，丘未之逮也，而有志焉。大道之行也，天下为公，选贤与能，讲信修睦。故人不独亲其亲，不独子其子，使老有所终，壮有所用，幼有所长，矜寡孤独废疾者皆有所养，男有分，女有归。货恶其弃于地也，不必藏于己；力恶其不出于身也，不必为己。是故谋闭而不兴，盗窃乱贼而不作，故外户而不闭。是谓大同。"

今大道既隐，天下为家，各亲其亲，各子其子，货力为己，大人世及以为礼。城郭沟池以为固，礼义以为纪，以正君臣，以笃父子，以睦兄弟，以和夫妇，以设制度，以立田里，以贤勇知，以功为己。故谋用是作，而兵由此起。禹、汤、文、武、成王、周公由此其选也。此六君子者，未有不谨于礼者也。以著其义，以

考其信，著有过，刑仁讲让，示民有常，如有不由此者，在势者去，众以为殃。是谓小康。(《礼记·礼运》)

引文中的两段文字很有意思，分别谈到了两种人化秩序，一种叫天下为公，另一种是天下为家(私)，可以对应之前谈到的神农、黄帝和夏、殷之别。夏殷两世正是家天下的开始，这早在先秦时已为人们所共识，而禹夏王朝则被视为政治权力开始私化、堕落的明确节点。显然大家都认为政权不应该以谋私利为目的。无论天子还是参与到政权中的官僚贵族，虽说可以获取私利以维系生存，但是不能以获取利益为目的，不能把它和政权的基本功能混为一谈。

回顾上面这几段论说，可以看到中国人对于政治的理解与西方差别何其巨大。双方对几乎所有的核心问题理解都不一致。西方人最看重的是生存，这始终是政治关注的核心。如果以生存为第一要务，最重要的当然会是利益。而在中国人的理解中，生存根本不应由政权来解决，而只属于治理技术层面，政治要关注的是"生活"。

之前说到政治关照万物，讲的是宇宙秩序。天子不仅照管人，还要恩及禽兽，要理顺阴阳，而不限于人类内部。这种立场之别造成了中国和西方对于政治理解的方向性差异。在此基础上，政治追求的核心价值当然会有差别。西方传统中政治所要关照的核心价值是私的利益，各个阶段的不同仅在于私利、主体的范围大小有别。

现在有很多人认为中国传统的文化崇尚集体主义。可是所谓集体主义和"公"其实本质上完全不一样。"集体"是非常西方化的概念，[①]直白地说是一种大私，只是一个规模更大的群自我而已。传

① 涂尔干曾经在《社会分工论》一书中提出集体意识，认为社会是从机械连带走向有机连带的进步过程。有机连带是指同质性高、价值和意识一致的社会。集体意识是透过人类本身心理作用力而组成的社会力。参见[法]埃米尔·涂尔干：《社会分工论》，渠敬东译，生活·读书·新知三联书店 2017 年版。而现在常用的集体主义是斯大林在 1934 年 7 月，同英国作家威尔斯的谈话中明确提出来的(《和英国作家赫伯特·乔治·威尔斯的对话》)，斯大林说："集体主义、社会主义并不否认个人利益，而是把个人利益和集体利益结合起来……"他在谈话中提出："个人和集体之间、个人利益和集体利益之间没有而且也不应当有不可调和的对立。不应当有这种对立，是因为集体主义、社会主义并不否认个人利益，而是把个人利益和集体利益结合起来。社会主义是不能撇开个人利益的。只有社会主义社会才能给这种个人利益以最充分的满足。此外，社会主义社会是保护个人利益唯一可靠的保证。"

统中国以“公”为尚，但从来不讲“主义”。无论是个人主义还是集体主义，只要有“主义”就有私。因为有主义就有内外之分，且要以内部为目的。但这不意味着中国政治完全排斥个人，罔顾利益。前文说到人觉醒以后的秩序既是一种人定秩序，又要满足整个世界的和谐。既然强调人的主观能动性，也就意味着每个人都有价值，但是这个价值不以实现每个人的利益为表现。

二、中国泛政治性的由来

理解了传统中国人对政治的性质的特殊认识，才能够把握泛政治性。之前说到，无论中西，大家都曾预设了一个没有政治的时代作为认识起点。不过要注意，所谓没有政治，严格说来是没有“政”的时代，也就是没有政权，而治理始终都存在。因为作为群居动物的人一定是以某种组织化的形态生活，或者说人必然自始会处在某种秩序之中，同时任何原生秩序又必定是一个等级化的秩序。其实任何一种群居动物的群体内部都有等级，人也是这样。有秩序，有等级，也就意味着有治理。群体内等级高的成员会理所当然地成为秩序的维护者，或者被视为治理者。治理者去维系秩序便需要拥有权力，这就是治权。至于这种状态的治理是合于天道的，还是自始是有问题，这里暂且不去讨论。

当人不再“纯朴”，开始有觉悟了，会出现某种自觉去反思治理秩序，并尝试去改变它。结果是大家普遍觉得不能按照这种所谓的自然秩序去生活，要主动建构一套人化秩序。在政治建构出现之前，会先行出现对于世界的人化解释，而所有对世界的人化解释都从“类观念”开始。类观念全都是人化而非先天的观念，是对世界进行的分类。例如用阴和阳把世界分成两大类，而著名的天、地、人三才说则把世界分为三类。还有八卦说，乾、坤、坎、离、震、艮、巽、兑八个卦，实际上是对世界做了八个大类的分判。为什么要这样去分，背后确实有各种各样的理据可以提供解说，但却没有必然性。归根结底，这是人基于主观能动性对世界作出的具有任意性的解释。创建一套类观念，本质上是在为人的观念“立法”。追溯起来，最早建立八卦这个类观念的是之前谈到过的伏羲。

建立了类观念以后，就可以根据这些类别对世界进行分判，创设价值标准，而后形成价值判断，进而以类观念为基础形成一套秩序。这个观念秩序的形成意味着曾经不经由反思获得的自然秩序受到挑战，甚至被抛弃。有了观念基础，接下来需要去实践。应该说自伏羲的时代开始，政治的功能、使命已经明确了，即要整顿世界，要把整个世界整合成一套人化秩序。这和泛政治性就联系起来了。

要以政治的方式整顿世界，便需要把政权对世界的类分以及价值倾向和标准通过治理化入所有社会关系。这个过程既要形成新的行为、生活方式，也要塑造新的观念和价值认同。彼时人们尝试了很多实践方案，最后只有一种成功了，所仰仗者主要是武力，这是革故鼎新最直接且最有效的方法。首先这么做的是另一个节点性人物——黄帝。按照史书所记，黄帝用了大半生的时间发动战争，目的是通过武力征服的方式，把他力所能及的所有人群整顿到单一秩序里来。对比古希腊的特洛伊战争、希波战争，包括后来雅典与斯巴达的战争，会看到黄帝的战争有一个非常大的特色。前述一众战争的主要目的之一是抢夺资源。换句话说，战争的目的是要给参与者带来利益。可是黄帝的战争却不抢资源，不占土地，也不把战俘整编成奴隶，他只是单纯地征服一个接一个部族，待到对手承认服从后他便率军离去。因为黄帝所要的是被征服者服从、认同新权威，愿意加入新秩序里。可是与美好的初衷和愿景相反，待到黄帝大兵离去，现实的武力威慑不复存在后，那些被征服的部族往往旋即又不服了。所以才会出现类似《史记·五帝本纪》的记载，黄帝面临不断出现的不服，只能花费大半生反反复复地进行战争。[①] 因为针对不服，黄帝除了武力之外没有别的方法来解决认可问题。尽管实效尚有缺陷，但至少到了黄帝时找到了一个可行的方案来践行对世界的人化理解，并且把这套秩序落实下去。黄帝的作为同时也验证了，光靠战争解决不了认同问题，无法使人们心服，只能屈服，实现认同需要另想办法。于是接下来会看到有人把神搬出来，通过

---

① 《史记·五帝本纪》载“天下有不顺者，黄帝从而征之，平者去之。披山通道，未尝宁居”。

神圣性去使政权获得认同。

黄帝身后继续去完善“天下”政权者是颛顼。他通常被认为是五帝时代的第二位天子,[①]《帝王世纪》记载:“帝颛顼高阳氏,黄帝之孙,昌意之子,姬姓也。母曰景仆,蜀山氏女,为昌意正妃,谓之女枢。”[②]他究竟是不是黄帝的直系孙子,是不是五帝时代的第二个天子都难以证实,但也无须太过介意。

颛顼成年之际的政治社会,最突出的特征是乱象丛生。因为曾几何时,各地还为黄帝的威武所慑服;黄帝一死,天下最会打仗,能够打败战神的人死了,武力的威慑不复存在,这时候天下势必大乱。不过凌驾式政权和天下格局仍然存在。颛顼成为天子后,进行了两项很特别的举措。一项叫作“绝地天通”,另一项是造了龙图腾。“绝地天通”很难理解,最古老的记载保留在西周穆王时期成书的《尚书·吕刑》篇中,文曰:

> 上帝监民,罔有馨香德,刑发闻惟腥。皇帝哀矜庶戮之不辜,报虐以威,遏绝苗民,无世在下。乃命重、黎,绝地天通,罔有降格。群后之逮在下,明明棐常,鳏寡无盖。

文中尽管没有直接提到颛顼,但根据其他文献互证可知说的正是颛顼时事。可是到了春秋时代,就连不少有知识的人都已经不明所以了。例如楚昭王曾怀疑颛顼怎么能够把天地之间的交通隔断?难道在颛顼之前的人可以上天吗?如果不能上天,他又如何能去绝通呢?当时的问答是这样的:

> 昭王问于观射父,曰:“《周书》所谓重、黎实使天地不通者,何也?若无然,民将能登天乎?”
>
> 对曰:“非此之谓也。古者民神不杂。民之精爽不携贰者,而又能齐肃衷正,其智能上下比义,其圣能光远宣朗,其明能光照之,其聪能月彻之,如是则明神降之,在男曰觋,在女曰巫。是使制神之处位次主,而为之牲器时服,而后使先圣之后之有光烈,而能知山川之号、高祖之主、宗庙之事、昭穆之世、齐敬之

---

① 据说“黄帝死七年,其臣左彻乃立颛顼”。(《路史·后纪》六)

② 《太平御览》卷七九《皇王部》四。

勤、礼节之宜、威仪之则、容貌之崇、忠信之质、禋洁之服，而敬恭明神者，以为之祝。使名姓之后，能知四时之生、牺牲之物、玉帛之类、采服之仪、彝器之量、次主之度、屏摄之位、坛场之所、上下之神、氏姓之出，而心率旧典者为之宗。于是乎有天地神民类物之官，是谓五官，各司其序，不相乱也。民是以能有忠信，神是以能有明德，民神异业，敬而不渎，故神降之嘉生，民以物享，祸灾不至，求用不匮。及少皞之衰也，九黎乱德，民神杂糅，不可方物。夫人作享，家为巫史，无有要质。民匮于祀，而不知其福。烝享无度，民神同位。民渎齐盟，无有严威。神狎民则，不蠲其为。嘉生不降，无物以享。祸灾荐臻，莫尽其气。颛顼受之，乃命南正重司天以属神，命火正黎司地以属民，使复旧常，无相侵渎，是谓绝地天通。其后，三苗复九黎之德，尧复育重黎之后，不忘旧者，使复典之。以至于夏商，故重、黎氏世叙天地，而别其分主者也。其在周，程伯休父其后也，当宣王时，失其官守，而为司马氏。宠神其祖，以取威于民，曰：'重实上天，黎实下地。'遭世之乱，而莫之能御也。不然，夫天地成而不变，何比之有？"（《国语·楚语下》）

观射父作答中提供的信息很多，概括一下，大意是说在颛顼"绝地天通"之前处于"家为巫史"的状态。这种局面原本是只在东夷才有，因为东夷的巫术特别发达。到了后来，由于西部的炎黄部族和东部的东夷集团长年混战，双方文化也开始交融。黄帝从东夷汲取了不少先进的文化带到西部去，所以"家为巫史"的现象也开始散播，导致了各个地方都呈现这样的局面。"家为巫史"意味着家家户户都可以通神，而黄帝没有控制住天下的主要原因之一正是他本人不通神，政权也不通神，或者说天子和政权都不具有比一般人更高的神性。待到他从蚩尤那里学了天道，建了一些制度，尝试去巩固天下时，似乎也能通达一点天道和神性了。但是随之而来的东夷文化扩散又造成家家户户都通神，人人都可以自行参度神意，如此一来局面变得不可收拾，天子通神与否已经显得没有意义了。在这种状态下任何人都可以事事直接去问神，意味着任何人以此为据做任何事情当然都是对的，因为遵从了神的旨意。换句话说，每个人都可以为自己的行为做出最终的解释,掌握对自己行为最终的判断权。这无疑使政权的权威性、正当性和控制力遭受了非常严重的挑战。政权包括立法在内的一切作为都会变得没有说服力和约束力,因为任何人都可以绕过政权的法律,直接通天以获得神的具有绝对性和终极性的指令。这是颛顼"绝地天通"之前的大背景,也是亟待政权改变的状况。

"绝地天通"的具体操作,最重要的是用到了两个人(也有可能是族):一个叫作重,另一个叫作黎。颛顼让重专门管天,或者说专门掌握和天有关的知识。黎负责管地上的(其中也包含人的)知识和事务。这样就人为地造成了天地两分,同时意味着神性专属于"天",而一切属地者则为"俗",圣、俗至此两分。与此相对的是,在更早的三皇时代,所有掌握治权的技术贵族,包括女娲、共工、神农、燧人等都是属地的。这些属地的人原来是有神性的,地上的一切存在物也都有神性。当时根本无所谓严格的天地之别,神遍在于世界的各个角落。[①] 可是颛顼用政治权力,甚至以政权的武力为基础强行地将天与地、圣与俗分开。

天地两分并不意味着天地之间不需要沟通了,人们行为处事时仍然需要神圣性支撑。但除了颛顼和由他授权的重之外,任何其他人都不再具有资格把天地(或曰圣俗)联系起来。而日常的地上的世俗事务都由黎和他的下属负责管理。事情合于神意与否只有颛顼能够提供答案,这样颛顼就成为当时社会中唯一可以通天、通神的大巫。能够把如此空前的变革落实下来,说明颛顼的政治能力非凡。毕竟要改变人的思想观念比单纯的制度变革艰难得多,特别是在"家为巫史"已经成为常态的社会中。至于他如何去推行的细节已不可知。不过可以想见颛顼有卓越的政治能力。自此以后,所有民间的私人性的通神行为全部不合法,任何人都不能以自己的行为或者自己的知识有神圣性为由获得行事的正当性。政权成为唯一能够为行为提供正当与否的判断标准。至此,天下政权完成了它的

---

① 关于三皇时代的社会、文化与观念,参见拙作《早期中国的法律世界》第三章"法律起源:技术文明与阴本返道"。

第一次意识形态的建构。从此以后,政权作为天下之“中”除了单纯的武力之外,还多附着了一层内涵——至高无上的神圣性,只有政权才掌握与神沟通、解释神意的能力。这无疑使政权成为世界上神圣性的制高点。这是颛顼作出的巨大改变,由此始终困扰黄帝的认同(或曰心服)问题得到了制度性解决。

接下来的节点是帝喾。根据司马迁记载,帝喾是黄帝的曾孙,比颛顼小一辈,但是他跟颛顼不是直系血亲。说起来很奇怪,作为五帝之一的帝喾,在做天子时几乎没有什么著名事迹被记录下来。似乎他当天子只是守成而已,什么“大事”也没做。这个现象放在三皇、五帝中间显得很特异,因为其他无不是功绩昭著。但是帝喾有一点格外突出:很会生儿子,或者说子嗣格外地多。关于帝喾的子嗣,《山海经》记载得特别详细。其中晏龙是与音乐有关的早期人物。他还和著名的姜嫄生了后稷,是西周人的始祖;和有娀氏之女简狄生下了契,是商人的始祖。① 传说中还有嫦仪②、羲和也是他的妃子。帝喾的直系后代还有尧、后羿等。

帝喾的妃子、子嗣如此众多的现象需要换一个角度来理解。所有这些传说中涉及的部族,包括后来发展壮大起来的周人、商人,显然来自不同的文化分支。商人是典型的东夷之后,周人则是西北部的炎黄部族的苗裔,除此之外还涉及了其他很多不同的部族。这些部族都自觉自愿地追认帝喾为他们的祖先。不是帝喾生了这么多儿子,而是后来大家都追认他为血统上的祖先。能让不同的族属形成这种认同,正是帝喾的最大的功绩。用现在的话说,可谓把天下伦理化了,方式是通过将血亲关系宗亲化。血亲是自然意义上的血缘关系,像父母生下儿女后建立的自然性联系便是血亲关系。另外一层是宗亲关系。人们之所以要不断地追溯自己的祖先,是因为祖先给人带来的是身份上的铭牌式的意义,意味着人的文化归属和自我认同感的基础。天下从原来黄帝的单一式武力征服,到颛顼强势地意识形态立法以矫正观念,始终都在寻求认同。待到帝喾以后形

---

① 《诗经》中有“天命玄鸟,降而生商”的传说,那个吞了玄鸟(燕子)蛋生契的也是简狄。契是商人的先公,但往上追溯,帝喾才是始祖。

② 后人常说的嫦娥。

成宗族式的自觉认同,其间的变化非常之大。帝喾用什么方式去完成了这个转变现在已经不得而知。

正是因为宗亲化,使人们对天下政权的认同有了新的更加稳固的依托,所以帝喾这样一个看起来几乎什么都没做的天子会被追认为五帝之一。现在看到的五帝系统,黄帝、颛顼和帝喾代表天下开辟建立和巩固的前半期,而之后的尧和舜则是末期,中间的部分通常被省略了。黄帝首开其门,颛顼帮忙修补,大体而言都是关于天(神)的事务,完成了自上而下的控制,到了帝喾实现的是整体性的自下而上的认同。这个局面形成意味着天下政权有了武力、天命和伦理三重根基,已经稳固了,因为普遍认同感已经建立起来。为什么至今人们都说自己是华夏文明?为什么认同自己是炎黄的后人?这样一种具有血脉归属性质的认同感哪里来的呢?若是追溯到源头,是从帝喾这里来。

自五帝时代以后,中国文化反映出泛政治性,法文化当然也不例外。说得大一些,人们生活中的一切方面,所有的行为都具有政治属性和政治意义。哪怕是看起来全然“私人”的婚丧嫁娶亦莫能外。具体在法文化中的反映,大致包括以下四个方面:其一,法律内容普遍具有政治性。其二,法律必须始终反映、助成政治需求。其三,法律是政治权力的象征。其四,司法裁判政治化。这四个方面的具体内容,待到后面章节还会具体论及,这里暂不多谈。

这样一来人化的政治秩序基本上就开始成型了,天子成为政权的象征,也成为一个制高点,它意味着最强的武力、最高的神性,处于天下大宗的地位,是集大成者。为了配合这种天下之“中”,古人认为首都也应该处于地缘上的天下之“中”。于是商人自东北,不断地向西南迁都;周人西北起家,他们迁都就向东南。两者迁都的目标都是无限接近当时人们认定的地理上的天下之“中”——嵩山。这反过来也说明居于天下之“中”的天子,不仅仅是对人,它对应整个世界,所以要全方位立体化地呈现居“中”,包括占据地缘上的中心点。

有了天下之“中”,政权要做的是把中心点所建构起来的秩序向四周辐射、扩散开去。扩散的过程就叫作“化成”,终极目标是把整个世界中那些没有开化的部分全都化到政权所建构的秩序中来。天子、政权有多大的能力,就化到多远的地方。尚且力所不能及,没有化到的地方叫“化外”。化外意味着尚未开化、野蛮,也意味着应当被政权化成。要化成整个世界,把整个世界整顿到同一套秩序中,这是政权的使命。

而这套秩序要能合于道,必须呈现“公”的价值和追求。基于这样一种对政权的理解和建构,呈现出来的政治体叫“天下”。这与现代国家有很大差别。天下根本不考虑领土、边界,只有化内和化外之分。没有边界也就意味着不会有现代国家意义上的领土观念、主权观念,也没有公民或者臣民等。归化于合道的秩序,认同证道文化的便是化内之人,没有归化的是“四夷”,所谓东夷西戎南蛮北狄,指的都是未开化的“野蛮”人。这个“化”与“化外”边界是会变动的。蛮夷可以变华夏,华夏也可以变蛮夷,关键取决于是否自觉认同天下之“化”。

如果在这个思路主导的社会中,突然有人宣称做天子是为了把天下当成私产,显然会被绝大多数人目之为“无道”,亦即没有正当性。之所以先秦开始主流知识界对于禹、启一改公天下而为家天下感到不满,正是因为他们违背了政权存在的初衷。按理说,人们认可政权统御天下,是因为它能为天下带来一种指向合道的秩序。忽然有一天天子却表现出政权所有的作为其实都是为了个人或王族的利益,政权的正当性就崩溃了。①

但当这套体系发展到了宗亲化这一步,政权及其运作也相当稳固了,这个时候开始出现的最严重问题也恰是私化。一个天子有如此之大的优势后,有朝一日想把政权垄断在自己家族手里,既可以想见,也会相对容易。比如禹想把天下传给自己的儿子启,不想再行禅让。可这又缺乏正当性,所以他先假装把天下禅让伯益。② 可是原本只在王廷中负责山林、畜牧的伯益没什么政治威望,所以等

① 后来家天下事实上成为政权的常态,但是这并不意味着人们认可了政权私化。

② 《墨子·尚贤(上)》曰:“禹举益于阴方之中,授之政,九州成。”

到禹死以后，因为无法获得足够的认同被启取代了。[①] 启即位以后，随即把父死子继立成了常制。

当然这时大家心里都会有疑问，毕竟不遵守禅让制既不合于传统，也不合法，由此家天下政权的正当性也会被怀疑，这导致整个夏代出现最多的情况是抢夺政权。从启，也就是夏朝建立后反复不断地出现了针对天子之位的抢夺，包括有扈氏、后羿、寒浞等。[②] 因为政权性质发生改变了，它开始变得可以，同时也值得被抢夺。后来商汤确实成功抢到了。这时怎么把家天下正当化成为最重要且必须首先解决的问题。很明显，需要对天子以及天子的家族做另外一种约束。后世天子宣称天下有罪在于一人，最早就始于商人。[③] 从商汤开始有意识地将天下的责任和天子的身份挂钩，这是政治道德化的开始，之后周武王翦商时用的是同样的思路。

自黄帝以来，天下是一个中心辐射的向心结构，其中天子是最有武力、最明理（通天）且最有道德的天下大宗，需要对天下负最多责任。在他之下的三公九卿，他们的道德水准理论上比天子稍微差一点，但是相对其他人来说也很高。顺着这个思路，公权力体系内部的官僚、贵族，他们之所以能获得较之一般人更高的地位、权力，是因为他们的道德水准和承担责任的能力，这也就意味着官员也要成为道德象征和运用道德去化成天下的执行者。这种观念一直延续到了现在，中国人对于官员道德出问题的容忍程度非常低，尽管那可能与他的职务身份和行为毫不相关。但是官员在大家的心目中，越是“大官”，就越应该成为道德楷模，至于这个道德的内涵是什么，待到下节再去解说。

在这里要明确的是，政治正当性中最强调的是责任，尤其是道

---

① 关于启取代伯益，有两种完全不同的记载，一种以《史记 · 夏本纪》为代表，曰：“十年，帝禹东巡狩，至于会稽而崩，以天下授益。三年之丧毕，益让帝禹之子启，而辟居箕山之阳。禹子启贤，天下属意焉。及禹崩，虽授益，益之佐禹日浅，天下未洽。故诸侯皆去益而朝启，曰‘吾君帝禹之子也’。于是启遂即天子之位，是为夏后帝启。”另一种以《韩非子 · 外储说右下》为代表，曰“益代禹立，拘启禁之，启反起杀益，以承禹祀”；或说“古者禹死，将传天下于益，启之人因相与攻益而立启”。

② 参见《史记 · 夏本纪》。

③ 参见《尚书 · 汤誓》。

德责任。从商代开始讲天子的责任,到西周时代开始讲天子的使命问题,再到后来孔子强调天子、贵族、官僚成为天下的楷模。孔子以尊文王、周公为托辞,实际上做的工作是拿着周人的制度和理论"旧瓶装新酒",改造的核心是把道德的内涵从宗亲伦理转为"爱人",即"仁"。孔子以后,任何一种政治关系、社会关系,包括现在讲的私人关系,本质上说都是具有政治属性的道德关系。

稍加总结,泛政治化的演生历程总结起来可以表述为理念—武力—神性—宗亲—道德。统治和政权是人为造作出来的,不是自然状态。大体是先有一些想法、理念,明确人要主动建立一个新秩序,同时也隐含了对原有的自然秩序的否定。怎么建立新秩序?最开始用到的方式是武力。武力不足用,解决不了心服的问题,于是加上了神性。因为在当时的观念世界,神性可以解决政权认同的问题,但还不足以构成秩序的社会根基。自上而下人为建立的秩序很可能被架空,落不了地,这时用到的是宗亲化的方案。通过宗亲关系实现了从基础社会单元一直到整个天下格局同质化的局面,这样就把政治秩序落实下去了。后来讲的家、国、天下正是在这个基础上得以成立的。

在这套政治秩序成型以后,却出现了可能在之前设计时从来不曾预料到的问题:假如这样强大的,集武力、神性、宗亲等要素于一身的政权私化了,不再以"公"为念,而是被人用以为"私",这时当如何应对?最初面对天下被"私产"化和政权"私权"化,人们毫无头绪。经过一段时间的纠葛反复,开始认识到无力回天,政权必定会私化。就像先秦时人说到的,一旦从公天下堕落到了家天下以后,便已经不可逆了,所能做的只能是在有限度地承认私化的基础上实现通过政权以化成天下的动能,问题的重心此时变成了如何去控制政权的私性。于是政权被赋予了道德责任,具有了道德属性。像之前谈到的使命、责任、统治者的自律等,全都是在对权力做约束。这样一系列对权力进行约束的方案,汇聚成了天命、祖宗之法和"素王法",①用以完成政权的自我约束。而衍生出的几乎所有与

① 所谓"素王法",即汉代公羊家以孔子为无冕之王、王上之王而立的作为"万世法"的《春秋》。参见李平:《论作为判例法典的〈春秋〉——以复仇为例》,载里赞编:《法律史评论》第16卷,社会科学文献出版社2021年版。

政治权力有关的学理和法律,无论关于统治还是治理,核心要义多在于限制权力私化与妄为。整个传统社会都是如此,可谓一以贯之。

三、私性、私权、私产

接下来谈一个和泛政治性相关的问题——私。私的对立面是公。什么叫公?简单地说,超越自我之私就是公。① 之前说中国古代的政权产生、政治出现为的是建立一种新秩序,所以具有强烈的为公倾向。既然说政治是为公的,那么它便是以私为对立面。这里隐含了一个命题:在政权和政治出现之前其实就有私。那么人为什么会有私?或者说人为什么会有私性?

这里需要联系讨论"体—相—在"结构时反复谈到的一个话题:存在者都有限。具体到人来说,人也是一个有限的存在者。存在者的有限性,意味着存在者不自足、不完善。最典型的表现是需要通过向外摄取资源来维持生命。这种有限性也造成任何生命体天生都有占有欲。占有是为了生存,为了活下去,这是自然属性。

可是需要思考,是不是所有为了生存而要向外摄取资源的存在者的私性都一样?比如一只老虎,显然不会在吃饱了以后再花力气去大量囤积猎物。它只会满足于获得自己生存必需的资源,也就是说占有止于生存,这是生命体的天性。但人不是这样。人向外摄取和占有不止生存必需,也是人的占有行为超越了生命体的自然属性和欲求。之所以如此,是因为人除了有限性所带来的生物属性之外,还有专属于人的主动的反思能力和能动性。有人说是人性自觉,也有的说成主体性自觉等,其实意思都一样。

人基于这种自觉,发现自己是万物之灵秀,有明确的自我意识,认识到我和整个外部以及所有其他的存在者都不相同。当生命的有限性和人的自觉相结合,就产生了人的极其特殊的私性。私归根结底是满足自我的表现。当然自我表现出来的边界多种多样,可能是个体自我,也有可能是以家、族为单位或者更大范围的群自我;但

① 作为法律价值之一的"公",还将在第四章第四节中专门论述。本节重点讨论人的"私性",也涉及一些与"公"相关的话题。

是无论自我的内涵如何,它总归都建立在内外之分的基础上。所有向外摄取资源的行为,目的都在于满足自我的内在需求。

刚刚谈到,人的自觉还会在完全不同的另外一个方向呈现,成为为公、构造政治秩序的基础。但是当自我被限制在生存上时,导出来的一定是私性。举个例子来说,西方启蒙时代的大多数思想家,像霍布斯、洛克,他们的理论核心和基点都是生存,同时他们的另一个核心命题便是自我,而且特别强调理性的自我,强调人自觉以后的自我意识。当生存与自我两个要点结合在一起,这些理论都推导出诸如财产神圣不可侵犯的命题。

如果只把握到这一层,仍然解释不了另外一个问题:私有财产为什么会出现?西方的理论界有很多人尝试做过解释,比较常见的路数与社会分层、阶级分化、生产力提升等有关,但这些还都只是现象,背后尚有更深层的质素需要理解,尤其是怎么从私性转出私产来的。我们首先承认人都有私性,要满足自我生存,所以要去占有。如果纯粹是这样,人应该占有的只是生存必需的食物和生产资料。可是人所要占有的却远远不止这些,还包括占有金银珠宝、名望、地位、权力等,这些显然超出了生存之所需。为什么会要占有这些与生存无关的资源呢?

下面仍然就中国古代的情况来理解上面一系列问题。人是一种群居动物,生而成群,这是基本前提。生而成群之"群",意味着有秩序。任何有秩序的群体,都不可能存在现代意义上的成员之间的平等关系,必然存在分化,有结构和组织关系。结构和组织关系意味着群体中存在治权,会有一个或者一些群体成员负责维护既有秩序。这在灵长类动物中表现得特别明显。这类治权掌握者通常必须是力能强者。动物的这种群体的结构、秩序,包括它的日常治理看起来和人的秩序很像,最根本的差别只在于:它没有经过反思。当一只年轻的流浪公狮要去占有一个狮群,它要做的是对狮群年迈的老狮王发起挑战,而不会去反思狮王凭什么占有领袖的位置,权力从何而来,自己凭什么可以去抢夺等。凭着本能赶走或者杀死老狮王,承袭原来的秩序成为新的狮王,这一切都是本能。可是人有自觉,会去反思。有了反思以后秩序本身以及掌握治权的人都成问题了，例如，某人凭什么掌握治权？就凭气力大？能不能组织一群人来分享治权，或者组织新的秩序？或者人们公推辈分而非力能最大的人来掌握治权，似乎这些都是可以的。一旦人反思“凭什么”，也就意味着治权（权力）开始需要“说法”了。这个说法是现在人们经常说的正当性支撑。理由从哪来？什么理由最可信？人自发蒙以来，无论哪一种文化传统，用到的第一种理由核心都是神性。

现代人可能不容易理解为什么会这样，这需要结合人成为人以后第一个文明阶段的观念背景——泛神，更准确地说是泛自然神，是万物有灵的状态。世界上所有的存在者都是神，例如，树是树神，风是风神等。泛神意味着尽管人有自觉，但在此时仍然是被神支配的状态。还原到这种观念背景中去审视，人的行为之所以有道理、能成立，根本原因当然是合于神意。可是自然神与后来衍生出的人格神完全不同。人格神可以对人直接发布命令，或者可以借助诸如古希腊的祭司之类的中介和人直接沟通。泛自然神状态中神和人之间没法直接沟通，这时怎么体现神意呢？我们来看之前谈到的韩非子的论说：

> 上古之世，人民少而禽兽众，人民不胜禽兽虫蛇，有圣人作，构木为巢以避群害，而民悦之，使王天下，号曰有巢氏。民食果蓏蚌蛤，腥臊恶臭而伤害腹胃，民多疾病。有圣人作，钻燧取火以化腥臊，而民说之，使王天下，号之曰燧人氏。（《韩非子·五蠹》）

还原到泛自然神的场景去理解，有巢氏怎么懂得搭房子？这必定是来自神意。因为树是树神。人去砍树，还用树来做房子，是不是在冒犯神？所以当时人和自然界打交道的所有方式、手段都必须获得神许可，没有人征服自然、改造自然这一说。举个例子，大禹的父亲鲧为什么治水失败了？用现在的标准看，是他用错了方法，选择填土而非疏导，无法应对大洪水。可是古人不这么理解，他们认为关键问题出在鲧“窃帝之息壤”①上。息壤是自己会生长的有神性的土，用它去堵水按理来说技术上毫无问题。但为什么不成功呢？原因在于这个技术是鲧偷来的，违背了神意，所以技术必然无

---

① 《山海经·海内经》。

效。这反过来表明像有巢氏、燧人氏、神农氏等这一批人，他们之所以能掌握特定的技术是因为通神，又正好配合了寻找正当性支撑的需求，神性是最好的支撑。这批掌握和自然打交道技术的人，恰是能够掌握神意者。[①] 把上述两者合起来的局面成了这些善于和自然打交道，能够和自然神沟通且掌握了技术的人理所当然应该拥有治权。

不过这里隐含着一组矛盾，有些类似于现在专利制度。专利是一种人为创设出来的法律制度，本质上是技术掌握者以公开技术作为代价换取垄断得利。可是在没有专利法保护时，技术一旦公开，垄断得利便不复存在了。只有垄断技术，尤其是关于技术的知识，才能够保有技术所带来的神性、权力、地位等。所以前专利时代的技术掌握者，都会不约而同地选择把技术知识垄断起来，最典型的莫过于炼丹和中医中药。如果去看《道藏》中收录的医书、丹方，会发现看似写得很清楚很明白，但是无法应用，因为关键信息被略去了，常见的状态是以秘诀、口诀、心法等口口秘传。就是说技术的核心知识一定要被垄断起来，这是私性使然。只有垄断了技术，才能垄断权力，让它只在一个非常小的范围内流传，最好是家庭内部父子口耳相传。这种情况有很多事例。例如，鲧治水失败后被舜殛死了，可在这之后，舜又找到鲧的儿子禹来治水。舜为什么非得用一个罪臣之后来治水呢？现在看来这多少不合情理。其实这是舜不得已而为之，因为治水的技术被鲧、禹家族垄断了。史书上记载了神农氏传了十几代，这个家族在三皇时代就已经掌握治权了，传到三皇五帝之际和黄帝打仗的炎帝是神农氏最后一代领袖。[②] 和这种情况相一致，政权兴起之前，治权始终被垄断在一大批掌握技术的家族手上，他们是各个相对独立的部族的首领。这批有神性又有技术的家族，掌握治权、行使治权的过程中，都表现出非常强烈的私心，伴随的是他们对于技术知识本身的垄断。

试想，一种技术既要通过使用展现有效性；又需要保持垄断，两

---

① 至于他们通过什么方式获得神意，是另外一个非常复杂的话题，在这里不多详述。

② 例如《尸子》载"神农十七世有天下"，《帝王世纪》记载："神农氏在位百二十年，凡八世：帝承、帝临、帝明、帝直、帝来、帝哀、帝榆罔。"《史记·五帝本纪》在谈黄帝早年背景时说"神农氏世衰"，后来被黄帝取代的炎帝就是神农氏的最后一代王。

者存在矛盾，需要非常巧妙的平衡。这里以历法为例来稍作说明。天文历法知识的来源，现在看来是观测和经验积累。但古人不这么认为，他们认为来自天神。一些人掌握了属天的知识，据之编制成历法，而不会直接把这些知识公布出来。古时的历法作用远远不止于明确年月日等，而是类似于黄历。黄历里会有大量的行为指引，像说宜、忌、禁等。换在当时的自然神支配人的观念环境中，这就不是指导性意见了。作为通神的人发布的神性指令，历法实际上是具有权威性的行为规则。类似历法的行为规则很多，治权可以依托这些规则发挥作用，进行治理。与此同时，核心的技术知识始终秘不示人。由此可知，技术知识既能致用，又可保持垄断的关键方法在于规则化，群体中的被治理者只能看到并遵行一个个行为规则。这些以技术知识和治权为依托的行为规则，是最早的法律，从根本上说这是私性和私欲的产物。

回头来看，这些法律确实是人的创制，但又不能说完全是人创造出来的，因为它背后的支撑是神性，技术知识原则上说只源于神。所以当时的技术掌握者也不敢以立法者自居，最早期这一系列的法律至少名义上都是神法。但无论如何，至少规则化本身确实是人的作为。既然经过了人的转述，那么其中必然会有人作为的印记。

无论在哪个文化传统中，都有一个不破的原则：人的作为会抵消神性，或者说人的作为越多，神性就越弱。举个例子来说：古时获知神意的方式之一叫占卜，是在龟的腹甲打一些孔，再放到火上烧，甲骨产生裂纹，这些纹样叫作“兆”，掌握占卜技术知识的人通过看兆，可以作出吉凶臧否的判断。另一种方法叫作占筮，主要工具是蓍草，它的基础是《连山》《归藏》《周易》等占筮书，提供的是卦象、卦辞体系。占筮中人操作的成分非常多，要通过对五十根蓍草的反复摆弄获得卦和爻，然后再根据占筮书去判断吉凶。

这两种占算方法的差异，其实已经反映到俗称上了。人们管占卜叫求神问卜，占筮则叫算命。两种技术中人的作用的差异非常明显，同时意味着有效性和神性差别。一般认为，占卜比占筮更准，因为占卜中人所能发挥的作用要小得多，这是自古以来的共识。这意味着上面说到的规则化行为本身是在折损神性和有效性，再加上技术使用过程中,用得越多,被认识的程度也会越高。我们现在说的逆向工程、逆向研究其实古已有之,这两者都意味着需要有针对神圣性的补救方案。

于是经过了一段时间以后,这些治权掌握者开始走出了他们的舒适区。先前只要垄断知识就可以了,甚至只需要垄断一点点核心知识就可以满足他们所有的私欲,无非费点脑子去把技术知识规则化,作为法律发布出来。可是到了后来规则变得越来越人化,单靠垄断知识来垄断治权已经难以为继,这时需要通过其他的方式,来巩固他们原有的特殊地位,一个印证是新石器时代晚期的墓葬中出现了贫富分化。例如仰韶文化晚期、龙山文化等遗址中都有表现。之前的墓葬中没什么特别的陪葬品,最多是些牲畜的骨头、简单的石器和饰品。到了一个特定节点之后,开始有一些墓葬出现了大量陪葬品。这个节点和之前说到的技术掌握和面临的危机几乎可以重叠。这意味着此时人对神的侵夺太甚,神性损耗太大,不得不寻求垄断知识以外的方式来维系自己的地位,这些方式主要表现为聚敛财富、武力。这时“私产”就出现了。原本治权掌握者没有必要垄断除知识以外的其他东西,因为这些对他们来说随手可得,可是遭遇权力危机之后,需要有其他的附属品来支撑权力。物之所以要被占有,要被私有化,目的是彰显权力,拱卫权力。

有了这个开端,情况变得一发不可收拾了。一旦以私有化的方式来巩固自己的权力,接下来的后果是他会想无限扩张这种占有,而占有是无止境的,同时其他的部族受到影响也会这么做。可是能占有的资源毕竟有限,于是部族和部族之间,也就是治权群体和治权群体之间便会发生战争,直接目的都是抢夺资源,满足私欲。这和旨在建立政权的黄帝发动的战争性质完全不同。这类战争造成的结果有二:一个结果是私有财产被制度化地固定下来;另一个结果是部族之间出现兼并战争,部族群体的规模也随之扩大。《史记·五帝本纪》开篇记载的正是这个局面的极端化情况。[①] 当群体扩张到一定程度,治权就失控了,天下的秩序变得很乱,于是才会有新的

① 《史记·五帝本纪》载:“轩辕之时,神农氏世衰。诸侯相侵伐,暴虐百姓,而神农氏弗能征。”

自觉者要来收拾局面，转折就出现在炎黄之际，结果是在治权之上叠加了政权。也可以说，上节谈到的黄帝时政权出现，正有克制治权私化的意味。由此可见，政权和治权之间自始就有斗争，大体上可以看作公、私之争。不过这个话题非常复杂，在演化过程中的表现也远没有这么简单直接，这里暂不展开。

第四节　宗亲性和宗亲伦理

在中国文化的发展历程中，我们可以看到一个泛伦理化的状态，这和泛政治化进程是几乎同步的：

泛神—泛政治—宗亲化—泛伦理化

这个线索是一种建构式的进程。最开始自然是泛神的状态，待到出现了政权以后，政权在所有可控的区域都政治化了，同时也把一切社会关系全都转化为了政治关系，天下被改造成同质的向心式社会结构。接下来再将宗亲伦理整合到政治关系中，使社会关系、宗亲关系和政治关系合而为一，同时宗亲伦理中还包含了血亲伦理。以此为基础，所有的社会关系都具有了道德义涵，也可说等同于道德关系，这样一来就成就了泛伦理化。随着建构过程而来的是观念的随动变化，可以归纳为：

万物有灵—万物有序—万物有德

人被泛自然神主导的时代的观念可说是万物有灵。当时人的观念中，神没有形象，没有位格，没有明确的意志表达。与此同时所有的存在者，包括人的身体，都是神的显化。人有了自觉以后便开始反思万物有灵，从中认识到了万物有序。林林总总的神灵共同支撑起来一整套秩序，每个神对应到每个物，在整体中扮演一定的角色，负有特定的使命，也拥有特定的功能，而且所有的存在者都安顿于其中。与此相对应，人建构的道德化的政治社会秩序也应该纳入万物有序，是整体秩序的一个部分。既然是一套道德秩序，那么同理万物的有序也应是一种道德秩序。所以后来传统中国的世界观

中出现了万物有德的共识。这意味着无论是社会关系还是人和自然之物产生的互动关系，都同样既有道德属性，还有政治属性。

接下来我们来看宗亲和伦理。这个话题在后文谈到法与道德问题时还会详细展开，因此在这里只先谈个大概。

一、血亲与宗亲

这里需要从一个基本问题开始，宗亲性也好，伦理性也好，围绕的核心都是道德。无论是中国人还是西方人，或者其他文化传统讲的道德，都从血亲伦理演化出来。血亲伦理中最基础的又是母子关系。为什么？这可以结合经常说到的"母性"来理解。可以无条件无限度地为孩子付出，是母性的表现。要注意，这和个体自我的基本生存欲望正好是相反的。生存欲望要的是占有，是为我；而母性则是付出，关键信息是利他。

问题是所有动物都有母性，它不是人性，而是动物性；可是道德要求是人性。这里似乎有个悖反：作为人的特性的道德性的基础居然是动物性。再回到之前谈的私性。私性是人的本性无疑，而生存的有限性是动物性，但化成了私性以后又是人性。这两者正好对上刚刚讲到的利他和利己。这么看来，私性才是人性，单纯的利他是动物性，这样一来强调人要有道德不是很反人类吗？于是我们需要重新思考，作为人性的道德，它的最根本的基点是什么？

作为动物性的母性是没有反思的，纯粹依照天性。说得直白一些，这意味着自己的孩子是孩子，别人的孩子什么都不是。人的伦理基础是这种母性吗？孟子讲过一个例子：每个人看到小孩掉到井里时，心里都会感到不舒服。这个孩子可能和他没有任何关系，但看到的人仍然会有怜悯之心。① 孟子认为这是人性的表现。这种人

① 原文见于《孟子·公孙丑上》："人皆有不忍人之心。先王有不忍人之心，斯有不忍人之政矣。以不忍人之心，行不忍人之政，治天下可运之掌上。所以谓人皆有不忍人之心者，今人乍见孺子将入于井，皆有怵惕恻隐之心。非所以内交于孺子之父母也，非所以要誉于乡党朋友也，非恶其声而然也。由是观之，无恻隐之心，非人也；无羞恶之心，非人也；无辞让之心，非人也；无是非之心，非人也。恻隐之心，仁之端也；羞恶之心，义之端也；辞让之心，礼之端也；是非之心，智之端也。人之有是四端也，犹其有四体也。有是四端而自谓不能者，自贼者也；谓其君不能者，贼其君者也。凡有四端于我者，知皆扩而充之矣，若火之始然，泉之始达。苟能充之，足以保四海；苟不充之，不足以事父母。"

性当然不是利己的，也不是利他，而是和利益全然无关。如果我们用利他去解释，解释出来的只是动物性。而人性中除了表现为母性的利他之外，还有更为根本性的要素——爱人。[①] 之所以经常拿母性来解释，只是因为人们比较容易在母性中找到无条件爱人的表现，更容易理解而已。但是实质上道德的起点不是利他，也不是利益关系可以解释的，而是人有爱人之心。这种爱人之心没有掺杂任何功利因素，我们可以把它叫良知，也可以叫作善，还可以称之为天命之性，也就是《中庸》说的“天命之谓性”。这种天性每个人都有，如果能顺着这样的善端往外推，孩子会爱自己的父母，会爱身边的人，再往外推会爱其他存在者，乃至整个世界。这样推展出来的才是人道。

那为什么基于人性的道德总是和血亲扭结在一起？因为任何人在表现他的人性时，都必定是由近及远，由小及大。没有人能一生下来就完整地展现出人道，必须由爱自己的母亲开始一点点地推展扩充开去。也就是说，爱人的良知善端是顺着血亲关系呈现出来的，而不是因为血亲关系人才有了道德性。这样一来，道德性就和之前讲的动物性利他有差别了。这样一种人性，又和人的私心正好相悖。换句话说，人的良知和人作为一个存在者要生存下去的本性之间并不同一，甚至是会冲突的。从表现上看，私性和道德性都可以叫作人性，因为它们都专属于人。二者的冲突也始终存在于人的身上，所以有的人是圣人，有的人是小人，因为圣人能把良知扩充到最大，小人则意欲把私性推到极致。

同时，所有处于社会关系中的人都同时具有这两种属性，意味着不能简单地判断说利他是对的，利己是错的。这涉及价值判断的复杂性，后文再作详论。这里只举个例子来说明：一个人掉到水里，在岸上的另一个人不会游泳，他应不应该下水去救人？基于良知去判断是不能做计算的。不过私性、理性要去做计算。良知和理性之间也有冲突。人因为有良知，作出的判断便不是仅仅依托理性和功

---

① 其实“爱人”还显得有些狭隘了，更准确地说应该是“关爱”，因为这种爱人之心按理说可以旁通、扩充至一切人、物。

利权衡。换句话说，价值权衡不是一个可做比较和计算的问题。至此，血亲和伦理之间的关系大致已经说清楚了。

除此之外还有宗亲关系和宗亲伦理也需要把握。宗亲关系是一种人造的家族和宗族关系。血亲关系则是天生的，以血缘为纽带形成的关系谱系。血亲关系最近的是父母、子女，这是一代直系血亲，往外推会有二代三代，理论上甚至可以无限延伸。在巨大的血亲关系网中，人和人之间的关系标准只有一个，是血缘上的亲疏。但是这样的同一性也很有严重的局限。在一个小群体中，成员互相之间都有血亲关系，往外延伸一下无非加入姻亲关系足矣。可是一旦社会规模变大，结构更加复杂，并非所有人都有血缘或姻亲关系时就显得不够用了。这意味着需要人为去建构其他的社会关系模式和原则来替代或者叠加在血亲关系之上。与此同时血亲关系又无法去除，且无论哪一个社会，都不得不承认它的基础性，而且会有一部分社会关系的基础必定仍是血缘。

在人类各个文化传统中，建构新社会关系的方案很多，中国人选择了一种比较特殊的方案——宗法化，简单地说是在血亲关系的基础上做“减法”，而做“减法”的目的则是政治性的，要给天子、政权提供支撑，同时要给社会关系塑造出一个主干来。宗法制最典型的标志是嫡长制，它的核心是要确定嫡长子。原先血亲关系只有亲疏之别，例如某人生了十个儿子，他和这十个儿子之间都是同样的父子关系。这些儿子在家族中的亲等、身份、地位也不会有本质差别。可是有了嫡长制以后，只有正妻的大儿子才可以作为宗族的继承人，所以也叫宗子。很明显这是人为地在同样的亲疏层级中确定一个尊者。这本质上是反自然的，妾室的儿子可能比正妻的大儿子的年龄要大，但是由于他身份低下，所以也要屈身于他的作为嫡长子的弟弟之下。当然在制度设计上会有复杂的备份，例如，正妻的大儿子夭折或有废疾，就由二儿子取代。例如周文王的大儿子伯邑考早亡，二儿子武王就成了宗子。如果正妻的儿子们都不在了，则由身份仅次于正妻的侧室的大儿子顶上，以此类推。总之只有一个宗旨，是要在家族中通过做“减法”形成一个主干，也就是“宗”。家族由此变成了宗族。宗的传承一定是单线的，宗子之外的其他子嗣需要通过别宗形成新的单线宗族。别宗和原宗之间是小宗与大宗的关系，大宗才是正宗，两者的社会地位和政治地位都有差别。①

这种制度在全社会推行，意味着社会基本单元从原来的家族变成了一个个单一线条的宗族。这些"宗"往上、往前追溯，例如商朝、周朝的天子，还有尧舜全部都要追溯到帝喾。因为从理论上说，天下只有一个宗祖，就是帝喾，所有宗族原本只由一支散开。宗法关系中离这个宗祖最近的是天子，也就意味着天子是天下大宗，相对于现世所有的宗族而言是大宗、正宗。建立起这样的宗族关系的同时，也形成了与之相配套的伦理原则和价值标准，核心是尊卑。原来的亲疏、长幼之序被尊卑之序取代了，长幼是自然的，尊卑是人为的。有了尊卑以后，基于尊卑有别，这套秩序又和政治秩序完全同质。将所有社会关系都同质化为宗法关系，可以说是宗亲伦理最重要的功能。这样一来，无论原先是什么性质的关系，现在要遵循的基本行为原则都是伦理性的。

可是人会反思，一旦反思就意味着不合于自然秩序的宗亲伦理需要有个"说法"，要讲合理性。为什么要特别尊嫡长子？哪怕他年纪比我小得多。古人给出的合理性支撑在于宗子要肩负起整个宗族的责任，要对宗族所有成员的行为负责。宗子在宗族中的责任最大，理应拥有尊的地位和更高的权威。同理往上推，天子要为天下所有人、事、物负责，自然对应了最高的地位和权威。到了春秋以后有一个说法叫作"礼主敬"，②正是这套理路的反映。还有个说法叫"君君、臣臣、父父、子子"，意思要尽到做君的责任，才能要求臣尽到做臣的责任。同理要尽到做父的责任，才能要求孩子尽到做子的责任。

二、伦理性

传统中国伦理性的核心要义是责任在先，这和宗亲伦理是一个思路。宗亲伦理是一套具有强烈政治性的人为制造出来的伦理关系，其中被贯注了明确的责任意识和相应的价值取向。请注意，"敬"

---

① 关于宗亲关系和宗法制，最典型的实态来自西周社会，参见钱宗范：《周代宗法制度研究：中国文化探源》，广西师范大学出版社1989年版。

② 例如《礼记·曲礼上》说："毋不敬，俨若思，安定辞，安民哉。"

的价值指向是为“公”，因为没有任何一种责任以为己、为私为旨归。

通过亲亲和尊尊，可以理解到中国传统伦理观念的核心要义，它们以两种“家”为基点，一种叫家庭，另一种叫宗族。家庭的核心关系有二，一是夫妻关系，二是亲子关系。这是伦理观念和原则的起点，也是整个社会关系的起点。人自出生起便一定是在家庭关系中，所以人首先获得的是由家庭关系衍生出的身份。之后随着社会关系扩展，身份会变化，也会叠加，任何一种身份都对应特定的责任。在一套以血亲和宗亲为基础的社会关系谱系中，人从来不会以赤裸裸的个体的身份出现，不存在纯粹的抽象的自我或个人面对外部世界的情况。人在面对社会关系时，始终是以各种各样的角色身份示人。准此，任何情景下对人的行为模式和所应承担的责任进行判断，都需以特定场景下所具有的身份为准据。而人的身份会根据不同的场景和处境产生变化，对应的责任也不同。当然所有的起点都是家，从中衍生出来的两套关系是血亲和宗亲。具体说来，血亲和宗亲中包含着两套不同的价值追求，一边是爱人，一边是敬长。顺着爱人和敬长延伸，共同的追求都是善。善可以是一种秩序意义上的善，亦即和谐的秩序。由爱人往外推展，叫作推己及人。爱自己，爱父母，爱周边的人到爱万物，这么推出去最终也是“善”，只不过不以秩序为表现。

这些价值追求，在传统中国都汇聚到一个概念上，叫作“礼”。这是个非常复杂的概念，[①]下面简单地做一下分判。一种叫作礼制，是制度化了的礼的表现，最典型者如《仪礼》。它的内容，一言以蔽之可谓繁文缛节，即各种各样的仪式。[②] 还有《周礼》，原名本叫《周

---

① 或者根本不能视之为“概念”，而是包含数个概念的语词或术语。

② 依据传统经学家的看法，《仪礼》是孔子编订的“礼经”，基于春秋时代的士大夫礼仪修订而来。据沈文倬推断，根据《礼记·杂记下》所记载：“恤由之丧，哀公使孺悲之孔子学士丧礼，《士丧礼》于是乎书。”丧礼四篇写成书本是在哀公末年至悼公初年，即孔子晚年的周元王、定王之际的公元前五世纪中期。孔氏后学继孺悲之后纷纷撰作，各种礼典的书本是在一段较长时间内由很多人陆续写成的。杨向奎对沈氏的看法有所保留，认为《仪礼》礼典书本之前也有“典礼条文”，许子滨将《左传》与《仪礼·聘礼》互证加以佐证。延此进路，张君蕊比较了宾礼、嘉礼、觐礼加以论述。结合“孔子编礼”与“孔子后学整理”，博论认为，孔子后学写作《易传》的时代与《仪礼》时代相同。参见沈文倬：《蓟闇文存——宗周礼乐文明与中国文化考论》，商务印书馆 2006 年版。

官》,内容主要是官制,①近代以后有很多人说这是中国第一部行政法典,确实有些相似。礼质即礼的伦理内涵,恭谦慧敏让、仁义礼智信、慈孝恭敬友爱等。在此意义上,可说“夫礼者,所以别尊卑贵贱也;义者,所以和君臣、父子、兄弟、夫妇,人道之际也”②。礼质是礼制的内容,故当“礼义以为纪,以正君臣,以笃父子,以睦兄弟,以和夫妇,以设制度,以立田里,以贤勇知,以功为己”③。礼俗则是一般民众所习用的一系列行为规则、仪制的总称,现代学者所称的习惯法与之相似。礼俗尽管是俗化,甚至“打折扣”的礼文,但并不妨碍它作为礼质的载体。在很多时候,它对礼质的表达方式、程度与经由国家立法颁布推行的礼制并不完全合辙,但大多数情况下,只要礼俗在伦理内质上合于礼质,政权对之往往予以包容,哪怕具体行为规则与王法存在冲突。举例来说,“男女授受不亲”在传统社会是礼制和礼俗的共同要求,但如果你不会游泳的嫂子掉到河里,你伸手拉她算不算非礼?本着良知、善端去做爱人之事,就合礼。④

---

① 关于《周礼》的成书时代和作者历来争议不断,除了现已基本被放弃的“周公所著说”及“王莽、刘歆伪作说”之外,主要有如下说:(1)西周说。以蒙文通为代表,见所著《从社会制度及政治制度论周官成书年代》(初刊于《图书集刊》第1期,后收入《蒙文通文集》第3卷《经史抉原》,巴蜀书社1995年版,第430-441页)。(2)春秋说。以刘起釪为代表,见所著《〈洪范〉成书时代考》(《中国社会科学》1980年第3期)、《〈周礼〉真伪之争及其书写成的真实依据》(载《古史续辨》,中国社会科学出版社1991年版,第619-653页)。(3)战国说。钱穆、顾颉刚、杨向奎均持此说,见钱穆《周官著作时代考》(《两汉经学今古文评议》,商务印书馆2001年版,第319-493页)、顾颉刚《“周公制礼”的传说和〈周官〉一书的出现》(《文史》第6辑,中华书局1979年版,第1-40页)、杨向奎《周礼的内容分析及其著作时代》(《山东大学学报》1954年第4期)。另有陈连所主张的周秦之际说,(见《周礼成书时代的新探索》,载张舜徽主编、中国历史文献研究会华中师范大学历史文献研究所编:《中国历史文献研究二》,华中师范大学出版社1988年版,第36-50页),沈长云等主张春秋末、战国前期说(见沈长云、李晶:《春秋官制与〈周礼〉比较研究——〈周礼〉成书年代再探讨》,载《历史研究》2004年第6期)亦大致可归入战国说之下。(4)汉初高祖至文景之际说,以彭林为代表,见所著《〈周礼〉主体思想与成书年代研究》(中国社会科学出版社1991年版)。

② 《文子·上礼》。

③ 《礼记·礼运》。

④ 例子源于《孟子·离娄上》。淳于髡曰:“男女授受不亲,礼与?”孟子曰:“礼也。”曰:“嫂溺,则援之以手乎?”曰:“嫂溺不援,是豺狼也。男女授受不亲,礼也;嫂溺援之以手者,权也。”曰:“今天下溺矣,夫子之不援,何也?”曰:“天下溺,援之以道;嫂溺,援之以手,子欲手援天下乎?”

传统文化中和这种复杂的“礼”相匹配的实现方式叫作“权”。这个论题对于把握中国的法文化非常重要，后面会有专章讨论，这里先做简要说明。经常用到的权有两种含义，一种叫权变，另一种叫权衡。权变简单地说是由于特殊情况而做出反常的举动，比如上文说的嫂子掉河里了，就不能遵守男女授受不亲的常礼，而需要作出反常的权变。权衡是当遇到复杂情况时，对其中的价值进行衡量尔后作出判断和行为。具体如何行用非常复杂，很难说得十分明晰。这里也举个例子来管窥：舜做天子，他的父亲瞽叟杀了人，这时舜应该怎么办？作为天子，他应当遵循法度，依法而治。若是这样，便应让掌管刑政的士官皋陶治瞽叟的罪。这样做合于礼制。可是作为儿子为亲隐，免亲于罪才算合礼。两种合礼相冲突了，没有办法两全，怎么办？当下法学界最常用的方法是利益衡量，简单地说，是两利相权取其重，两害相权取其轻。可是礼与良知却根本不能作利益衡量。其实舜不曾真的面临这个困境，上述情况是孟子的学生假设出来的。孟子给出的著名结论叫作“窃负而逃”，大意是舜不做天子了，偷偷地把他爸爸瞽叟背着逃到中国之外的四夷去了。这样解决了天子身份所带来的责任，同时又尽到了做儿子的责任。其中始终是身份与责任的对应关系。为什么要跑到天下之外，因为杀父之仇不共戴天，为了不让仇人有报仇的机会，就不和他生活在同一片天之下。这就叫作权衡。注意权衡时没有掺杂任何利益考虑，只有“义”作为支撑。换句话说，行权时只判断怎么样做才可以最合于义，义是合宜地承担责任。而无论是权变还是权衡，最基本的前提是以良知为出发点。①

以上面的解说为基础，中国古代的司法裁判没有专业法官就好理解了。曾几何时中国古代社会司法不独立饱受批评。通常熟悉那些律令格式的人只是师爷、幕僚、法曹，但他们不起决定作用，不是主审官。作出裁判的县令、太守、刺史乃至作为终审者的皇帝不

---

①　这是孟子的学生桃应假设出来的情形，见于《孟子·尽心上》。桃应问曰：“舜为天子，皋陶为士，瞽瞍杀人，则如之何？”孟子曰：“执之而已矣。”“然则舜不禁与？”曰：“夫舜恶得而禁之？夫有所受之也。”“然则舜如之何？”曰：“舜视弃天下犹弃敝也。窃负而逃，遵海滨而处，终身欣然，乐而忘天下。”

需要精通律令。那他们凭什么断案呢？在绝大部分情况下，他们是基于良知做出针对事实的善恶判断，接下来再以这个判断为基础去寻找律令上的印证。这在现代人看起来很不合理，似乎自由裁量权太大了，完全背离了依法裁判的要求。可是如果去看传统社会的司法裁判记录，例如判书、判词，会发现这些主审者面对同样或者相类似的案件作出的判断基本上一致，而且绝大部分合法。因为所有人从识字开始接受的是同质化的教育，有着共同的价值标准、思维方式、知识背景。以这些为基础去审理案件，本着良心去判断会有相同的结果。而法律定立时也遵照相同的思维方式和价值标准，所以上述判断大多能合法。反过来，一旦大多数人本着良心对同一件事进行判断的结果却都不合法，与律令格式敕等法律文本的规定有冲突，那么意味着法律本身出了问题。这种情况甚至可以一直申诉到天子那里，接下来最有可能的是天子授权修改法律，这意味着传统社会中的权断思路一以贯之，而且有制度为之保障。[①]

对一切需要做判断的事情都采取同一套以礼和权为核心的思路，导致所有经过判断而做出的行为都具有道德属性。之所以传统中国社会表现得格外强调道德，原因也在于此。当然这需要有同质化的社会关系、政治制度为之匹配和支撑，且人们具有共同的思维方式和价值判断。抽掉其中任何一环都难以成立，比如现在社会结构变化了，宗法制已不复存在，思维方式和价值标准等也会随之变化，稳定的伦理性结构也难以为继。古代中国为了完成上述匹配花费了至少千余年的时间，而后才有了两千余年的有效行用。但近代以后整个体系迅速崩溃了，导致现代人无论是理解还是重建，难度都非常大。

西方人的伦理观明显和传统中国不一样，它的起点，尽管可分为群自我与个体自我，但总而言之都是自我。自我意味着有严格的内外之分，毕竟只要有自我就有和自我相对的他者。自我之为自我最重要的基础是生存，首要目的是要存在下去，所以所有的社会关

---

① 关于古代裁判者的裁判思路，参见李平：《传统中国审判机制的法理与道理——从刘锡彤断杨乃武小白菜案说起》，载《法制与社会发展》2017 年第 4 期。

系、价值判断甚至道德关系围绕的核心一定是生存。围绕自我会衍生出一系列的社会关系，但是这种社会关系和中国式的社会关系不一样，它是自我和自我之间的交互、碰撞、冲突，当然还有自我和组织之间的冲突。自我是最基本的社会单元，群体组织说到底是由自我组成的，其中自我之外还有其他的被自我视为他者的同质个体。除此之外，自我还要和群体本身发生交互关系，即个体自我和群自我的关系。群自我对外表现为一个独立的实体，对内同样也是，但它又不是实在的实体，所以法律上给出了一个概念叫作“法人”，用来把群自我虚拟成实在的自我单元。于是在群体内部，自我和群体成员之间是自我和自我的关系，自我和群自我虚拟的人格之间本质上也是自我和自我的关系。这种群自我和个体自我的关系又超出了原先的个人与个人之间的关系，因为有拟制人格参与其中，所以就不再说是个人和个人，而说主体与主体的关系了。

主体之间的关系围绕的核心依然是生存，或者说是生存所需要的资源。任何一个主体处于有边界的群体中，资源总量被限定了，与其他主体之间都存在资源交互，且不能无限制占有，这时资源就需要按某种标准来分配。这个标准我们可以称为“资质”，不过它的内涵会变化。政治社会出现以后最先被当作资质的是身份，身份不同，社会关系的角色就不一样。因为人有理智，经过反思会发现一个群自我把“蛋糕”做大给生存带来的益处比一个个零散的个体独自作为的效果要好，所以群自我对外的基本行为模式是以整体姿态摄取资源。基于理性反思，人会主动维系一套社会关系，意味着这必得是可行的交互关系，需要每个人都要限制自己的力能和智能发挥，要自我约束，否则秩序就崩溃了。而能够主动地去做到自我限制和自我约束的人，会成为一个群体中的道德楷模。

如果去看古希腊各家对于道德的解说，其中公认的最重要的美德是节制。[①] 所需节制的对象无非力能、智慧和私欲，而常见的德目不外是力能和智慧结合节制运用的表现，这些都被看作人的品性，

---

① 例如亚里士多德说“美德是一种适中，因为正如我们所见，它乃是以居间者为目的。”参见［古希腊］亚里士多德：《尼各马可伦理学》，廖申白译注，商务印书馆 2003 年版。

有节制的品性就是道德(或曰美德、德性)。为什么强调这些有节制的品性?为什么会认为这样一些品性是有道德?因为幸福是终极价值追求。幸福同样是以自我为原点。

怎样通过德性去获得幸福?西方文化崇尚的方式是基于理性的计算。换句话说,幸福是可以计量的。古希腊人还表述得比较委婉,到了边沁以后开始越发直截了当。不过不管以什么方式表达,西方文化的基本思路一以贯之。以边沁为代表的功利主义计算幸福总量其实是计算自我的满足度,计算分配是否公平时则是考量个体满足与交互关系所带来的秩序是否能够平衡地维持下去。[①] 这种计算和中国式的权变、权衡之间有差别。因此用中国人的思路解决不了西方的道德问题,同样用西方的思路也解决不了中国人的道德诉求。

另外,人在面对非人的存在者时有没有道德责任?似乎应该有。例如现代人经常说要给予动物以人道主义关怀。可关怀的对象又不是人,这样的关怀对于被关怀的动物而言真的必要而且合适吗?如果不取人道主义,怎样负起对物的道德责任呢?西方式的现代文化没有提供其他方案,人道主义又着实不甚合用,因为这种思路的核心始终是“为人”。换句话说,是以人为基点,用人的标准去为人服务。回头来想,为什么要给予动物人道主义关怀呢?是因为人觉得不人道太残忍,不能接受。同样的道理,之所以要保护环境,不是为了环境本身,而是因为再不保护环境,人在地球将会无法生存。可是地球上有没有人,对地球本身能否存在下去有影响吗?再往大里说,有没有人和宇宙秩序似乎关系也不大。所以现代人说的人道主义、环境主义、环境权利、动物权利等一系列话题都基于人类中心主义。其中人是标准,是目的,也是出发点。再联系之前所说,这种思路在古希腊时的表述是“人是万物的尺度”,是典型的西方模式。尽管基于这个模式经过自我调整能够改善人和世界之间的关系,但始终绕不过去的是受限于主体。

---

① 边沁的功利主义道德观,参见[英]边沁:《道德与立法原理导论》,时殷弘译,商务印书馆2011年版。

当伦理只涉及人时，主体是很清楚的，理论上最广泛意义上的主体是所有的“人”。这时主体对应的客体是人之外的一切存在者。置于人类中心主义的立场下，客体唯一的价值是供养主体，相应地人要实现自己的价值依靠的是客体。曾经西方的任何一种制度都不管客体，只需要关照主体就足够了，而有关主体的最核心的问题是如何分配利益和如何实现利益最大化。可是发展到当代，面临的问题是客体也不得不被关注，否则会危及主体生存和主体的利益。但这些非人的存在者从来不被当作主体来看，原有的理论也没有办法将它们视为主体，否则主客体两分的前提，连同西方文化所基础的世界观就失去了成立的基础。是故只能用一种类似于主体的方式权且将非人的存在者“视同”主体，于是产生了之前说到的那些诸如给动物人道主义关怀这类比较悖论的情况。

一种处理人与世界关系的模式来自东方文化，尤其是传统中国文化。这种模式中人仅仅是作为参与者，参与到整体性的秩序中。人不是主体，但较之其他的参与者又有特殊性，可以叫作觉悟、灵性、性智，随之也有了主动作为的能力。而这种主动作为的能力会造成两种截然不同的结果：一种是人会对曾经的秩序造成人为破坏。例如西方式的主体建构模式用以无限满足主体的生存欲望，是对自然秩序的破坏。当然这种基于人的主动性的破坏遍见于各个文化传统。另一种是利用主观能动性主动地建构或还原合于道的秩序，在这个过程中人扮演还原秩序的参与者、引领者的角色，这当然预设了整体秩序本应完善的前提，而在此中人的道德责任自然而然地凸显出来了。

这种理解意味着人的自律是起点，人首先不能放纵自己要无限扩张自我的欲望，其中包含了与西方伦理观的连结点。在此基础上，人还能创建人化秩序来寻求整个世界重新还原到和谐完善的境地。所以中国人讲人和世界的关系、人和他人的关系，核心始终在责任，每个人基于不同的身份、角色去承担相应的责任。一般而言，身份角色基于社会关系确定，但当人在处理人和非人的存在者之间的关系时，身份角色是一定的，所有人的角色都是“人”，是那个有特殊性、有觉悟、有主观能动性和作为能力的“人”。由于人是如此独特的存在者，在人参与到宇宙秩序中去时，这个角色便会给人带来最重的责任。

第五节　家

一、"家"的义理内涵与价值

顺着宗亲性和宗亲伦理，有必要接着谈谈"家"的问题。近代以来，无论是部分、完全依从西方模式，还是效仿苏联模式，立法都以个人权利为基本单元，以国家为载体，破除了传统文化中以家为基本单位的基点。立法改变、重塑观念的功能之强，只看今日国人的权利意识炽张之势即可窥一斑。然而无论如何立法，均无法消除中国文化对家的坚守。一种古已有之的观念能够为人们不自觉地坚守至今，本身已表明了它的生命力。现在我们需要做的是深入理解这种生命力，把握它的义涵与价值。不少学者用"家族主义"来界定传统文化中的"家"，以社会结构来解释对家的坚守，既有些肤浅，也不免偏颇。① 那么中国古代政权与民间观念为何如此一致地重视家，原因何在？我们需要从以下四个方面来理解。②

其一，"家"的内涵与价值。家是以夫妇关系为基点衍生出的亲缘共同体，它的边界至多止于三代直系血亲，再往外拓展到所谓六族、九族便已超出"家"而进入了"族"的范围。族与家虽有差别，但实际上具有同质性并遵循相同的基本原则。在传统中国社会中，从来不曾以更小的单位（个人）作为社会单元。即便是指向个人的立法，所指也是个人的社会身份。而一切社会身份的基点乃是家在

---

① 日本学者滋贺秀三界定"家"时用到的就是家族主义观念，所以他会认为"户"与"家"同，且比附罗马法，强调"家系"、（家长）权力、财产而忽略了"家"在中国文化中作为道德载体的义理内涵。他的论说影响很广泛，也很具有代表性，参见［日］滋贺秀三：《中国家族法原理》，张建国、李力译，法律出版社 2003 年版，第 42-46 页。

② 由于秦汉以后对家本身以及家、国、天下关系的认识基本上承袭了先秦诸子的共识，并且义理上并未产生重大异议和实质性的增益，因此下文论述中避繁就简，大体只以先秦文献为据做一管窥。

社会中的定位。这样一来便不可能不存在个人权利的概念。个体之人的所有行为,都被看作某种关系中特定身份的作为。身份带来的首先是责任,即便是身体、生命也不能完全受控于个人,《孝经》所谓“身体发肤受之父母,不敢毁伤”成立的基础就在于此。

家的最基础构成是夫妇(夫妻),尔后伴生出亲子关系,即血亲关系,再衍生出宗亲关系等。请注意,以夫妇为家的基础,表明家的根基并不在血亲(血缘)关系。自先秦开始文献中经常见到如下说法:

> 君臣、父子、兄弟、夫妇,始则终,终则始,与天地同理,与万世同久,夫是之谓大本。(《荀子·王制》)
>
> 君臣也,父子也,夫妇也,昆弟也,朋友之交也,五者天下之达道也。(《礼记·中庸》)
>
> 若夫君臣之义,父子之亲,夫妇之别,则日切瑳而不舍也。(《荀子·天论》)

这组表述罗列出四种关系,父子、兄弟、夫妇各为一类,君臣关系则兼三者而有之。上述几类基础性关系中,夫妇关系乃为根本,故曰:“夫妇之道,不可不正也,君臣父子之本也。”[①]其中父子是典型的血亲关系,同时也是宗亲关系的主干,价值义涵包括爱、慈、尊、孝等。兄弟同为血亲关系和宗亲关系,价值义涵主爱与敬。夫妇关系重在“别(或曰辨)”[②]与“和”。

夫妇关系的特殊性还体现为“一体”,特重本为殊异有“别”的两者之“和”的价值。“男帅女,女从男,夫妇之义由此始也。”“共牢而食,同尊卑也。故妇人无爵,从夫之爵,坐以夫之齿。”[③]两句都在描述夫妇之和的模式。正是因为夫妇一体,共成一家,所以“夫祭也者,必夫妇亲之”[④]。近代以后论家大肆批评“女从男”,以之为男尊

---

① 《荀子·大略》。

② 所谓“别”,一是男女之别,二是内外之别。“礼始于谨夫妇。为宫室,辨内外。男子居外,女子居内,深宫固门,阍寺守之。男不入,女不出。”(《礼记·内则》)如言三是族属之别,即“天地合而后万物兴焉。夫昏礼,万世之始也。取于异姓,所以附远厚别也”。(《礼记·郊特牲》)。

③ 《礼记·郊特牲》。

④ 《礼记·祭统》。

女卑、男女不平等的明证，而忽略了后句中所含的“一体”，即“夫妇相保”[①]之义。常被看作男女不平等明证的“子妇无私货，无私畜，无私器”[②]，须在此“一体”的前提下理解。

家是社会的基础单元，也是包括伦理在内的社会规则的起点，起自婚姻的夫妻关系又是“成家”的起点，所以孔子特重婚礼中的“亲迎”，强调夫妇成“家”的意义之重。[③] 它的制度（亦是社会习惯）渊源有自，见诸《诗·大明》“大邦有子，伣天之妹。文定厥祥，亲迎于渭”。孔子之后亲迎之义代受强调，提供的解说也不一而足。[④]

且由上论可见，家的核心是伦理共同体，可以表现为基于夫妻关系衍生的基本社会单位，与通常说的血亲关系有本质差别。血亲关系是一种“自然”关系，婚姻关系则是“人为”的社会关系。人类社会并不自始存在稳定、明确的夫妻关系，这实是一种社会文化选择的结果。正所谓“古者未有君臣上下之别，未有夫妇妃匹之合，兽处群居，以力相征”[⑤]。遍观人类早期文明，母系社会无稳定的夫妻关系，父系社会中究竟是一夫一妻、一夫多妻、一夫一妻多妾等，并无当然的定制。传统中国以一夫一妻肇始的家为社会基本单元，表面上看是社会结构、经济模式使然，但考虑到能够在变动的经济、政治环境中始终得以保持，文化层面的自觉选择更加重要。这需要结合下述几点方能理解。

其二，家是人伦之始。顺着上一点的思路推展，试想，原本族属殊异，甚至素未谋面的陌生男女，能够一生维系稳定的日常相处，共同养育子女、赡养长辈、礼敬亲族，显然非是两性结合便能自然达

---

① 《韩诗外传》卷三。

② 《礼记·内则》。

③ 参见《公羊传》隐公二年、庄公二十四年。

④ 例如，(1)强调“始”义，如“聘士之义，亲迎之道，重始也”。（《荀子·大略》）(2)强调刚柔平衡，如“男子亲迎，男先于女，刚柔之义也”。（《礼记·郊特牲》）(3)强调阴阳平衡，如“娶妻亲迎何法？法日人，阳下阴也”。（《白虎通·五行》）以及“天子下至士，必亲迎授绥者何？以阳下阴也，欲得其欢心，示亲之心也”。（《白虎通·嫁娶》）这些解释看似不羁，但置于当时的天人观念环境下却显得相当合理。

⑤ 《管子·宙合》。

至，而是一系列社会规则、道德规范与价值观念共同作用的结果。所以说传统社会中的家本身就是道德与价值的基础载体。再加上家是社会结构中的最小单元，且具有创生其他社会单元与关系的起点意义，因此先贤大多目之为人伦之始。之前说到看重亲迎，用意之一正是慎始，如言“聘士之义，亲迎之道，重始也”①。

人伦之始，亦即人道之始，也是一切社会关系、行为规则和道德规范之始，故有言曰：“礼始于谨夫妇。为宫室，辨内外。”②特重慎始以正本的孔子删编《诗经》时定《关雎》为三百之首，同样是在强调夫妇成家的始义。③

以家为始，意味着起始之后将会向外延展。基本的思路如下：

> 敬慎重正而后亲之，礼之大体，而所以成男女之别，而立夫妇之义也。男女有别，而后夫妇有义；夫妇有义，而后父子有亲；父子有亲，而后君臣有正。故曰：昏礼者，礼之本也。（《礼记·昏义》）

古人更是把此人道之始推展到整个宇宙秩序之中加以诠解，如言：

> 君子之道，造端乎夫妇，及其至也，察乎天地。（《礼记·中庸》）

> 有天地，然后有万物；有万物，然后有男女；有男女，然后有夫妇；有夫妇，然后有父子；有父子，然后有君臣；有君臣，然后有上下；有上下，然后礼义有所错。（《周易·序卦》）

准此，天人之间的关系表现为人道与天道感通，或曰人可以起自夫妇的人伦之道达至宇宙秩序完满，或曰感天、化物。例如：

> “夫妇节而天地和，风雨节而五谷孰，衣服节而肌肤和。”（《墨子·辞过》）

> （鲁哀）公曰：“敢问为政如之何？”孔子对曰：“夫妇别，父子亲，君臣严。三者正，则庶物从之矣。”（《礼记·哀公问》）

---

① 《荀子·大略》。

② 《礼记·内则》。

③ 故《诗谱序》言“风之始，所以风天下而正夫妇”。参见李学勤主编：《十三经注疏·毛诗正义》，北京大学出版社 1999 年版，第 14 页。

其三,家提供一以贯之的价值标准、行为原则。家所蕴含的伦理规则既然可以近乎无限地向外推展,直至宇宙秩序的整体,那么它便可至少在伦理内涵和社会结构两个向度上一以贯之。价值标准和伦理规则延展,如首点所述,夫妇、父子、兄弟渐进而推广,及于邻里、乡党乃至君臣。典型的表述如"四体既正,肤革充盈,人之肥也。父子笃,兄弟睦,夫妇和,家之肥也。大臣法,小臣廉,官职相序,君臣相正,国之肥也"①。略加归纳,即所谓七教:父子、兄弟、夫妇、君臣、长幼、朋友、宾客。②

社会构成方式延展,大致表现为家、乡、国、天下同质化的认识。具体的建制方案在《管子》和《周礼》中表现得最为明显:

> 令五家为比,使之相保;五比为闾,使之相爱;四闾为族,使之相葬;五族为党,使之相救;五党为州,使之相赒;五州为乡,使之相宾。(《周礼·大司徒》)
>
> 分国以为五乡,乡为之师;分乡以为五州,州为之长;分州以为十里,里为之尉;分里以为十游,游为之宗。十家为什,五家为伍,什伍皆有长焉。(《管子·立政》)
>
> 五家而伍,十家而连,五连而暴。五暴而长,命之曰某乡。四乡命之曰都,邑制也,邑成而制事。四聚为一离,五离为一制,五制为一田,二田为一夫,三夫为一家,事制也。(《管子·乘马》)③

思想家以这类社会同质推展的社会结构为基础再加发挥,就有了《老子》和《大学》中两段经典表述:

> 善建者不拔,善抱者不脱,子孙以祭祀不辍。修之于身,其德乃真;修之于家,其德乃余;修之于乡,其德乃长;修之于邦,

---

① 《礼记·礼运》。

② 参见《礼记·王制》。

③ 管子中还有两段表述,同样说到了类似的结构,不过由于侧重点在于治术,所以相对而言显得不那么"典型":"以家为乡,乡不可为也。以乡为国,国不可为也。以国为天下,天下不可为也。以家为家,以乡为乡,以国为国,以天下为天下。"(《管子·牧民》)"有闻道而好为家者,一家之人也;有闻道而好为乡者,一乡之人也;有闻道而好为国者,一国之人也;有闻道而好为天下者,天下之人也;有闻道而好定万物者,天下之配也。"(《管子·形势》)

其德乃丰;修之于天下,其德乃普。故以身观身,以家观家,以乡观乡,以邦观邦,以天下观天下。(《老子》第五十四章)

古之欲明明德于天下者,先治其国;欲治其国者,先齐其家;欲齐其家者,先修其身;欲修其身者,先正其心;欲正其心者,先诚其意;欲诚其意者,先致其知,致知在格物。物格而后知至,知至而后意诚,意诚而后心正,心正而后身修,身修而后家齐,家齐而后国治,国治而后天下平。自天子以至于庶人,壹是皆以修身为本。(《礼记·大学》)

《大学》把起点从家向身乃至心收聚,并非意在强调个人的主体性,而是为了讲述"圣人耐以天下为一家"①和"修身及家,平均天下"②的道理。在此意义上,家作为社会基本单元并未因此而被撼动。

正是因为由家渐进至天下的诸层级都同质,因而天下成立的基础与家成立的基础也当不二,所以可说"天下者,国之本也;国者,乡之本也;乡者,家之本也;家者,人之本也;人者,身之本也;身者,治之本也"③。按照这个一以贯之的理路,家价值、意义与邦国、天下同一不二。所以对于政权来说,家从来就不是单纯的私人领域,而自始是政治的一部分。如言"百姓不亲,五品不慎,契教以君臣之义,父子之亲,夫妇之辨,长幼之序"④。再者,这意味着政权的根基与家同质,甚至可以说就是诸家之伦与礼。由此解释了为什么历代王朝如此重视家庭、家族伦理,"十恶"的内容,以及清末修律时礼教派的坚守都是体现。⑤

其四,家为起点的文化构成"礼"的内质。以家为原点拓展而

① 《礼记·礼运》。

② 《礼记·乐记》。

③ 《管子·权修》。

④ 《淮南子·人间训》。

⑤ 现代学者经常把这种坚守,以及礼教派与法理派的交争理解为家族主义与国家主义的"利益"之争,一则悖离了礼教派的原义,忽视了家之伦理内质对政权的重要性,二则利益化的思路正好反映出西方式学理理解的倾向,以及解释中国传统文化时遇到的困境。上述理解方式参见邹小站:《清末修律中的国家主义与家族主义之争》,载《中国文化研究》2017年第2期。

生发出的伦理规则，就是礼。[①] 概言之，如云“礼之于正国家也，如权衡之于轻重也，如绳墨之于曲直也。故人无礼不生，事无礼不成，国家无礼不宁。君臣不得不尊，父子不得不亲，兄弟不得不顺，夫妇不得不驩，少者以长，老者以养。故天地生之，圣人成之”[②]。

基于上述四点分析可知，家对中国传统文化、社会、政治、法律都有着极其重要的意义。它既是社会基本单元，也是伦理基点。由于夫妇关系为其始因和基点，因此家的本质不是血缘共同体。同时，家非只是利益集合体，也并非仅一类“关系”，而是道德实践的单位，或曰伦理共同体。如果抛弃西方式事实、价值两分的认识标准，用中国原生的方式观察和表述，家既是亲缘关系的聚合体，它本身也是道德表征。换句话说，家是传统文化的根基，它的本质是道德，且以夫妻关系为起点。

二、传统时代的家、国立法策略

传统社会家观念在社会生活和法律制度中的实态，不妨以分家与继承为切入点来观察。早年间不少学者对传统社会、传统文化的认识有些武断，例如直言传统中国法律禁止继承，[③]常用的例证有《唐律》明文禁止子孙“异产别户”，违者“徒刑三年”，父死三年丧满后，儿子才能支配处理财产，否则“任杖八十”；以庶冒嫡继承者“徒刑二年”。[④]《大清律例·户律·户役》“别籍异财”律下“条例一”规定：“祖父母、父母在者，子孙不许分财异居。”[⑤]历代律令层面的立法诚是如此，但社会实际运作中远没有做到令行禁止。类似于今

① 这种对“礼”的认识至少晚至西周以后方才成型。考虑到秦汉以后殆至清末，人们对礼的认知大体以春秋战国，尤其是孔子及其后学的阐述为基准，因而此处不讨论“礼”的原初含义，以及在更早的时代所发挥的作用。而礼起源于何时已无定论。战国时人上溯到五帝时代，如曰“故黄帝作为君臣上下之义，父子兄弟之礼，夫妇妃匹之合”。（《商君书·画策》）

② 《荀子·大略》。

③ 参见瞿同祖：《中国法律与中国社会》，商务印书馆2010年版，第15页。

④ 长孙无忌、刘俊文点校：《唐律疏议》，法律出版社1999年版，第236页。

⑤ 田涛、郑秦点校：《大清律例》，法律出版社1999年版，第186页。

人所言“继承”的现象古已有之,[①]细分起来包括两类:一是身份继承,主要是皇位、爵位等。二是财产继承。[②] 这一类用继承并不准确,更合适的说法是分家。[③] 现实中“常见的形式是父母去世前分家”[④],严格遵循不分家原则的大家族远没有官方渲染得那么普遍。[⑤] 大体上从战国中期的秦国以来,分家习惯已成中国传统社会中家产传承领域的主要行为模式。在这一习惯或行为模式中,行为原则、当事人、参与人、效力、财产范围等内容及分家程序等,均具有相当的确定性。在继承事件发生时,人们循此习惯,足以对自己和他人的行为以及行为效果产生相对稳定的预期。这一习惯延续约两千余年,直到近代,仍然看不出有式微之势。[⑥] 国家法禁止分家的原则性规定与日常社会习俗和法律实践之间存在差异甚至悖反,两者各行其是又并行不悖。上述种种造成了帝制时代继承立法与现实运作的“脱节”。

以律令为代表的国家法不认可分家,或者说意识形态层面,政权格外强调家不可分,并用立法加以拱卫,社会生活和司法实践中实际上另有一套稳定而成熟的操作方案。二者虽相背离,但却在两千余年间共同构成了一种平衡且稳定的并存状态。况且,传统社会

---

① 已知最早者大约可上溯至殷商时代,参见李亚农:《殷代社会生活》,上海人民出版社1955年版,第34页。更具体实例见诸张家山汉简,参见臧知非:《张家山汉简所见西汉继承制度初论》,载《文史哲》2003年第6期。唐代的状况也大同小异,参见李淑媛:《争财竞产——唐宋的家产与法律》,台北,五南图书出版股份有限公司2005年版,第75-138页。

② 两类继承制度沿革的概况,参见程维荣:《中国继承制度史》,东方出版中心2006年版。

③ 关于传统中国是否有现代意义的财产继承,学者们仍有争议。李淑媛指出:“有鉴于学界对传统家产继承一词为‘家产分析’或‘遗产继承’之争议,实有厘清之必要。中田薰氏、仁井田陞氏及戴炎辉氏成主张:基于传统家产为家属共有的原理,继受财产的概念不应称遗产继承,当名之曰家产分析较为贴切。戴氏并进一步指出真正可称之遗产继承者,始萌于明清。关键在于明清律已有‘遗产受酌给权’之出现。”参见李淑媛:《争财竞产——唐宋的家产与法律》,北京大学出版社2007年版,第75页。

④ 黄宗智:《法典、习俗与司法实践:清代与民国的比较》,上海书店出版社2003年版,第23页。

⑤ 概况参见邢铁:《唐宋分家制度》,商务印书馆2010年版,第9-14页。

⑥ 俞江:《继承领域内冲突格局的形成——近代中国的分家习惯与继承法移植》,载《中国社会科学》2005年第5期。

中的当权者不会对这种两分毫无察觉,也不可能没有认识到如此“反俗”的立法最终会沦为口号,不切实用,尤其是帝制时代涌现出众多出身低微、熟知民间生活的开国君主。考虑到这些,只能说放任脱节和维持既有的平衡是一种被认可且相当成熟的立法策略的表现。

为什么彼时当权者们要持这种立法策略?背后自当有深层考虑,只说到“法典不时对习俗作出重大让步”①并不足以解释。用现在的眼光来看,法律本身颁而不行,岂不是有损于它的权威性?换言之,既然无法通过立法阻止分家,为何不干脆放下“架子”,直接就既成事实的分家制定一套可行用的法律规范?原因之一是民间关于分家的习惯(或曰习惯法)足用,能够有效维系社会秩序,所以国家法能否事实上指引社会和司法实践变得不甚紧要。原因之二更加重要,说得简单些,国家必须通过立法旗帜鲜明地宣示政权视家为牢不可破的根基。

表面上看,帝制时代王朝立法禁止分家与事实上礼俗、民俗相反而行的状况导致了立法脱节,但这种脱节是官民对家国天下的基本理解和根本价值取向“同质”前提下有意而为之的结果,也可说是王朝通过国家法以劝善的用心所致。这是把握帝制时代立法策略的关键。即便官方明知民间习俗,连同日常的法律实践与国家法之间判然有分,但却能不甚以之为意,这一前提是民众能够在观念上认同国家法所立足和倡导的价值内质与伦理原则,并且社会中践行的分家并不像现代继承发生时那样将只限于财产权变更,用原本属于家庭的财产(现代法律主要观照其中的夫妻共同财产)满足个体利益而置家于不顾。传统的分家析产中,析产只是分家的表象之一,更重要的是立新家。这种分而立新非但不以消解原有的家为必要前提,而且新立之家与被分之家所基础的伦理、价值原则完全同

① 黄宗智:《法典、习俗与司法实践:清代与民国的比较》,上海书店出版社 2007 年版,第 63 页。

质。说得更直白些，分家析产非以家产成就个人，而是以家成家。[①]

所以帝制时代的立法脱节，最大的特质在于官方与民间基于相同的观念基础和价值判断。官方知悉并容忍民间习惯、司法实践与国家法之间的差异。立法者并不尝试通过立法或其他官方行为来强行矫正、扭转民俗，并消弭与国家法之间的脱节现象。国家法作出的是一种明知不会被践行的“高姿态”规定，这一方面是为了宣示意识形态和官方的价值取向，另一方面也意在通过立法来劝善。

---

① 分家的这层义涵，也可以视作“分宗”“别宗”。这是传统社会宗法关系得以成立、赓续的社会基础。宗法关系及其所蕴含的宗亲伦理脱生于血亲关系和血亲伦理，具有强烈的政治性。两者共同构成帝制王朝统治的正当性根基，因而政权并未坚守。但宗亲伦理与家的伦理之间存在冲突和抵牾，使政权不得不提供权宜和调和的方案。对待分家采取的复杂方式与策略，自然也包含这层考虑。

第二章　中国文化中的法概念

话题又回到了“法”是什么？拿出白底红字封皮的《宪法》《刑法》之类的小册子，所有人都会说这是“法”。同是编辑成册的《大清律例》《唐律疏议》，人们也会有同样的看法。可是从秦代实行律制以后，无论汉代的《九章律》、三国的《魏律》、隋朝的《开皇律》还是宋代到清朝的主要法典都不以“法”为名。为什么人们会把它们都看作“法”呢？再有，像说法、方法、办法，还有书法、写法，这些词中也有“法”，它们和那些以律典形式呈现出来的“法”看起来确实大不相同，那么什么样的共性让它们都被冠以了“法”之名？

第一节　字与词

一、灋

要想深入理解上述一系列问题，有必要从“法”的语源开始谈起。近代以来，新式的法学论著中但凡谈到中国古代“法”的词义渊源，大多会追溯到繁体的“灋”字，并且通过其中包含的氵（水）、廌、去3个部首的象征义来推断“法”的概念内涵。这种判断和解释思路无一例外都源自东汉古文经学家许慎在《说文解字》中提供的解说：

> 灋，刑也，刑平如水，从水。廌，所以触不直者去之，从去。法，今文省。佱，古文。①

许慎所言包含了好几层意思：其一，“法”是“灋”的简化写法，更古老的字形也写作“佱”。不过可能是囿于材料所限，许慎对“佱”没有做任何解说。在他看来法、灋、佱形异实同，都是“法”概念的语文载体。其二，“法”与“刑”含义相近，所以用刑来解释法。这句话在后世引发了极大误解。很多人径直把这作为中国古代法文化“重刑”，或者以刑法、刑罚、刑律为主的力证之一。可是人们大多不明白，许慎这里说到的“刑”不是刑罚、刑法的“刑”（荆），而是“幵刂”（“型”），意为规范、模型。先秦时两个“刑”本是不同的字，到了秦统一文字为隶书之后都写作“刑”，语义也随之发生了融会。所谓“刑平如水”，意在形容型范精准，如同水平面一样。若是说刑罚平如水，明显于理不合。后世倒也有很多学者曲加牵合，②但总归难以圆融。许慎这句的意思其实很明确，他解释说“法”是一种像型范那样必须平直公正的规范。其三，“法”的内涵与“廌”，即司法裁判有关。“廌”象征司法裁判来自战国以后逐渐主流化的獬豸传说，最早见于战国之初的《墨子》书中：

> 昔者齐庄君之臣，有所谓王里国、中里徼者，此二子者，讼三年而狱不断。齐君由谦杀之，恐不辜；犹谦释之，恐失有罪。乃使之人共一羊，盟齐之神社。二子许诺。于是泏洫，摽羊而漉其血。读王里国之辞，既已终矣；读中里徼之辞，未半也，羊起而触之，折其脚，祧神之而槁之，殪之盟所。当是时，齐人从者莫不见，远者莫不闻，著在齐之《春秋》。（《墨子·明鬼》）

用现在的话说，文中记载了一场神明裁判。作出裁判的主角是一只受了伤的羊，它能分辨诉讼的两造双方孰为有理，并且把有罪一方的脚顶折了。墨子从齐国的史书中得知此事，而后把它转录在

---

① 参见许慎撰：《说文解字》，中华书局1963年版，第202页。

② 例如，胡大展据字形推论说灋的最初含义应是“判决”，描绘廌触逼人抱器进入流水，去接受神明（流水）的考验。“氵”系实物水。参见胡大展：《“灋”意考辨——兼论“判决”是法的一种起源形式》，载《比较法研究》2003年第6期。

自己的书里。类似这般借助动物的神性作出审判的事上古时代很常见，其他古文明传统中也不乏其例。战国时除了齐国，其他地域也有不少相仿的事例，对秦汉影响最大者当属獬豸。獬豸是一种似羊又似牛的独角神兽，究竟是确有其物还是仅存于观念中，现在业已不可确知。它的能力与《墨子》记载的神羊大同小异。[①] 据说最早用它来断案的是尧舜时期的皋陶，巫风盛行的楚国承续古老传统把它当作司法审判权威的象征。[②] 这种观念自秦汉以后渐成共识，神兽獬豸的形象也逐渐固定下来。

许慎对獬豸的认识基本上合于东汉时代的常识，但他以此来解释“法”的含义时却犯了错误：误把“灋”的部首“廌”当作獬豸，[③]进而将獬豸所象征的司法审判含义注入“灋”义之中。其实两者原本完全不同，廌是一种长于挑选水草的食草善兽；[④]獬豸是食肉的猛兽，这一点从“豸”做部首的豺、豹等可以判断出来。

若是抛开解字法妥当与否不论，许慎的论断至少向我们表明了他本人对“法”义的认识：法是一种可以用于司法裁判的规范、标准，必须公正端直。这个解释与“法”的基本含义相差并不甚远。

许慎寻找“法”的语源时出错，很大程度上要归于他没有看到更古老的西周金文和殷商甲骨文，所以把注意力全都集中在了战国时常用的“灋”上。然而“灋”其实是战国时人借来表示“法”这个概念的字，它的本义有二：一是废除的“废”，二是指“大”，转而为圣洁、尊贵之义，用法如西周金文中常见的成语“灋保先王”，以及《论语》中“法语之言，能无从乎”。这层含义后世也有保留，像寺庙中用的法器之“法”。这两层含义和法律原本没有直接关系。后来由

---

① 《述异记》：“獬豸者，一角之羊也。性知人罪。皋陶治狱，其罪疑者，令羊触之。”陈元龙《格致镜原》引《神异经》：“东北有荒中有兽如羊，一角，毛青，四足，性忠直，见人斗则触不直，闻人论咋不正，名曰獬豸，一名法兽。故立狱皆东北，依所在也。”

② 《后汉书·舆服志下》：“法冠……或谓之獬豸冠。獬豸神羊，能别曲直，楚王尝获之，故以为冠。”

③ 《说文解字·廌部》：“廌，解廌兽也，似山牛，一角；古者决狱，令触不直；象形，从豸省。”参见许慎撰：《说文解字》，中华书局1963年版，第202页。

④ 解释以廌为部首的“薦（荐）”时，许慎说：“薦，兽之所食草，从廌，从草。古者，神人以廌遗黄帝，黄帝曰：何食？何处？曰：食薦。夏处水泽，冬处松柏。”参见许慎撰：《说文解字》，中华书局1963年版，第202页。“薦”的本义是把上好的水草供奉到祭坛上。

于“灋”被借去表达“法”的概念，原本的废除义另外用了一个“廢”字来表示。①

二、佱

既然“灋”是借字，它的部首构成自然与“法”的概念之间不会有许慎说的那些联系。而在战国假借发生之前，自然应有另一个字来对应“法”的概念。这个字是许慎一笔带过的“佱”。东周以前，“佱”才是“法”的正字，也读作“fa”。佱最初由亼形转出，本是指浇筑青铜器时用的模具。② 要注意，模具本身具有标准化的意味，由它抽象出来的“佱”最初的含义也不外是规范、标准。另外有两个旁证：一是东周以前“法”在官方话语系统中无足轻重，这与百工在西周地位低且没有话语权的情况相一致。二是最早予以重视并且把佱的含义从单纯的制造业之规范、标准拓展到政治社会治理规范层面来作理论化创建者，是出身手工业者的墨子。③

基于上面一大段论说，“法”的语源和基本义可以明确了。法最初写作“佱”，是专属于技术人的术语，用以表示铸造规范、标准，是技术人标准化、规范化思维方式的产物。早先法的概念与司法审判，乃至法律全无关系。后来语义逐渐拓展丰富，逐渐延伸到用以指称包括人域在内的一切规则、规范，其中也包括今人习称的法律规范。关键转折发生在战国时期，除了墨子和墨家，还有后来盛极

---

① 相关论证参见李平：《“法”义新论》，载《现代法学》2013年第2期。

② 许进雄在《谈与金有关的字》中指出：“金文的金字，仐仝等，即由甲骨文铸字中的亼形演变而来，表现范与模已套好，待浇铸或已浇铸之状。《说文》对于法的解释，其中铸型之一义是解释其古文字形佱，也是范与模已套好的形状。因为型范也像法规，是规范铸器的准则。……战国中山王墓所出器物以仝、全等字形作为百字使用，也是范与模已套好的形状，因法的发音在某地区与百相近，故而得以借用。法的韵尾是-jwap，百的韵尾是-rwak。本是不同的韵，但谐声中，偶尔会有这种情形，或是某些地区的特殊现象，如依周法高的拟音，……布币上百字写作仐，大半是法字的借用。”参见许进雄：《谈与金有关的字》，载《殷都学刊》1992年第2期。此说甚允。新的证据来自江陵雨台山21号战国楚墓发现4支律管，两支上有墨书佱字，辞作“佱新钟之宫为浊穆”“平皇角为佱文王商”。发掘者隶为“定”字，于义不通。当隶定为“佱”。参见谭维四：《江陵雨台山21号楚墓律管浅论》，载《文物》1988年第5期。

③ 详细论述参见李平：《论墨子与先秦“法”学兴起》，载《法制与社会发展》2014年第2期。

一时的黄老家。

另外前文反复谈到，东周以前“法”在官方话语中不甚重要，甚至根本不用以指称政治社会中的法律；不过这并不意味着当时没有法律和相关概念。那时诸如典、宪、彝、则、礼、刑、常等，都可用于指称国家的制度规范。但当时没有一个固定的语词能像后世的“法”那样用来概称一切规范。人们习惯于根据不同的场景、情势需要使用不同的术语。而王朝层面（包括天子的中央政权和诸侯国政权）也不存在用以统称一切法律、制度的特定概念。这个现象所蕴含的最重要信息在于，当时人们尚不看重规范化社会治理，没有把战国以后共识化的“按法而治”当作国家、社会运行不可或缺的要件。

第二节　法的概念

一、形式：规则

理解法的概念，首先要面对的问题是形式。之前解说“体”和“相”时曾经反复谈到，“相”是世界的形式。人可以通过理性加工，特别是抽象来获得对形式的把握。这意味着认识形式是在具体现象中抽象以获得共性的过程。关于“法”的形式，先来看一些例子：

> 君使人吊。彻帷。主人迎于寝门外，见宾不哭，先入，门右北面。吊者入，升自西阶，东面。主人进中庭，吊者致命。主人哭，拜稽颡，成踊。宾出，主人拜送于外门外。（《仪礼·士丧礼》）
>
> 冶氏为杀矢。刃长寸，围寸，铤十之，重三垸。戈广二寸，内倍之，胡三之，援四之。（《周礼·考工记》）
>
> 县、都官、十二郡免除吏及佐、口官属，以十二月朔日免除，尽三月而止之。其有死亡及故有夬（缺）者，为补之，毋须时。（睡虎地秦简《秦律十八种·置吏律》）
>
> 后世子孙仕宦，有犯赃滥者，不得放归本家；亡殁之后，不得葬于大茔之中。不从吾志，非吾子孙。（吴增《能改斋漫录》

引《包孝肃公家训》)

第一千一百二十一条第一款　继承从被继承人死亡时开始。(《民法典》)

这一系列不同时代、不同内容、不同用途的"法"的共性,或者说形式本质正是"规则"。于是法概念指向了另外一个概念——规则。接下来的问题便转化成:什么是规则?可是如果顺着这个思路继续去做概念游戏,会发现这将是无解的问题。为什么会无解呢?这又涉及前文谈到的"体—相"关系。"体"需要以"在"显化,"相"是"在"的形式。"相"之中又有总相、殊相之分。总相是殊相的共相,类似于西方人本体论意义上的 Being。总相之下有一些除了总相以外不可再分的形式本质,至少包括时、空、质、能、量,另外还必须包含的一个殊相是"法"。

要在"体"和"相"的关系中理解"法"的形式本质,正是因为它是殊相之一,是世界上所有存在者之为存在的基本形式之一。这意味着任何一个存在者都必须具有"法"这个殊相才能表现为存在。所以理解"相"这个层次的"法"时,只能做描述性的解说,不能再抽象了。因此说法是规则,其实是把法"描述"为一种规则。

规则意味着两种规定性,一种是关于过程的规定性,另一种是关于指向的规定性。世界的运行方式、物的存在方式都是法,明显表现出过程的规定性。比如自然规律,按照古人的说法是天法,或者叫自然之法。注意这和西方的"自然法"有区别,千万不要混为一谈,差异稍后会说到。指向的规定性和之前谈的道德指向性一致,意味着任何法都有先天的价值规定性。中国文化中法的终极指向是"善",即世界的完善、至善,所以一切"法"都应是向善的。由此也可以明白,在中国法文化的语境中,任何一个与法相关的话题都既是事实命题,与事实状态有关,同时又和价值(善)有关,两者不可分离。

规则的规定性意味着什么?有两个重点要把握:一是规范化的行为。这意味着任何行为或者任何存在者的存在方式都被规定了,都有标准。二是权威。这要结合"一体分殊"来理解。"一体"显化为诸相,作为相的法具形地表现为存在层面呈现出来的各种各样的规则,因为规则脱生于“体”,具有指向上的规定性,以终极的善为方向,因而它自带价值指向和价值标准。这也就意味着法自始有价值标准,而价值标准源于更上位的体。所以法本身就意味着权威。

以上这些是纯概念上的样态,实践中还有各种各样的曲折,后文还会谈到。接下来看下面这些古人的表述,它们可以印证之前对法概念的解说:

尺寸也、绳墨也、规矩也、衡石也、斗斛也、角量也谓之法。(《管子·七法》)

法律政令者,吏民规矩绳墨也。(《管子·七臣七主》)

循绳而断即不过,悬衡而量即不差。悬古法以类有时,而遂杖格之属,有时而施。(《文子·上德》)

法者,引得失以绳,而明曲直者也。度量已具,则治而制之矣。(《黄帝四经·经法·道法》)

寄治乱于法术,托是非于赏罚,属轻重于权衡。(《慎子·佚文》)

故君子之度己则以绳,接人则用拽。度己以绳,故足以为天下法则矣;接人用拽,故能宽容,因众以成天下之大事矣。(《荀子·非相》)

从中可以看出,古人观念中法的概念本身本质是规矩、规则,它的功能有规范化治理的倾向,甚至把整个社会关系行为都规范化。它最主要的内容是赏罚,这在后世也成了共识,但和形式本质的话题无关。

总的来说,法概念的形式内涵,本质是一种规则,但规则不是“客观”的价值无涉的标准,而是具有规定性和价值指向的标准。既然法是殊相之一,是所有存在者之存在所必需的属性,是故任何具体事件、行为自始都有规则。而规则意味着有某种权威的确定性的行为模式。联系之前的泛政治性和伦理性,任何一种社会关系又都具有政治属性和伦理属性,同样任何一种社会关系都要受某种法的规定,而政治性和血亲、宗亲伦理性都是后来人为贯注其中的,成为了法的内涵。抛掉这些内容,法仍然具有权威的规定性。

除了抽象意义上的形式,法还有表现形式,这时加进了内容,指的是法以什么样的方式表现出来。古代文献中常见的典、宪、彝、常、律、令、刑等属于此类。如果纵向审视，可以套用现在法理学中的“法律渊源”，其中的法律、行政法规、地方性法规、部门规章等，是对法作效力层级划分而得到的不同表现形式。这些表现形式和形式本质意义上的形式是表里关系，更具体但仍不涉及法律的内容。这些形式之所以会有不同，背后隐含特定的划分标准——权威。由权威性的差异会衍生出表现形式和应用方式的差异。权威的来源不同，等级不同，法的表现形式自会不同。而和这类表现形式不同相关联的还有一种不同——载体体例。就像现在说判例法和成文法，它们的区别是载体体例不同。但载体体例之分与形式本质的差异更加疏远，这里暂且不详论。

二、内容

关于法概念的“内容”，需要分作“反思所得之法”和“人为定立之法”两类来讨论。为了理解这两类，必须引入一个重要概念——理性。人所知所用的所有法，都是理性加工产物。有一类法是人通过理性对外界进行认识以后的产物，最典型的实例是自然规律。所以只能说人发现自然规律，但不能创造自然规律。这些古代人称为天法、天文、地理、万物之法、天道等。获得自然规律的过程中，理性能起的作用，或者说人的主动性能起到的作用是认识和抽象。注意，自然规律不是自然现象本身，而是经过理性加工抽象以后的产品。这就是“反思所得之法”。但由于理性只是认识、抽象，不作创造，反思所得之法更加“可靠”。把它们放在天人合一的场景下审视，人的行为和整个宇宙秩序之间应该是和谐的，之前谈到有两种方式，一种叫作相似性，另一种叫作相关性。

随着对于天、地以及万物之法的把握，人获得了一个参照系，人的行为和参照系之间也应该有相似性。于是产生了“法象”思维，取法天、地、万物之法来形成、校验人的行为模式。而法象路径形成以后，意味着理性反思所得的自然规律构成了人的法度的权威性校验标准。上面说到反思所得之法是人为操作空间更少的那一种，也是权威性更稳定更明确的一种。之前谈过占卜、占筮，即在谈论求神问卜和算命的神圣性和有效性差异时也说起过。只不过背后的神圣性，被合理性、正当性等后期的概念替代了，但是思路是一样的。换句话说，人在寻找权威依托、建立终极合理性标准时，会倾向于认为人的主动创制越少越近是。现代人会径直以“客观”作为正确的标准，其实也是同样思路的不同表达。

所谓“人为定立之法”是人创制出来的规则。很明显在这类规则中理性起的作用要大得多，不再是理性通过对对象的认知，抽象而形成的一套规则，而是理性通过对对象的认知和理解创制出新的规则。例如要规范一种社会关系或者一类行为，人们需要认识到：这是一种什么样的行为？是怎么造成的？现在怎么样？应该怎么样？会产生什么影响？这就不仅是认识过程，而是认识与理解的复合。理解以后才会获得一个预期的图景，围绕实现这个图景创造出一套规则。这样才产生人为定立之法。

在这个过程中，自然会涉及创制的合理性问题，而合理性是需要人去提供解释的，诸如为什么要把秩序设置成这样？为什么把行为规范成这样？于是人为定立之法在形成的过程中，还需要和反思所得之法发生关联。但即便是立法过程中参照了反思所得之法，人为定立之法制定出来以后，合理性仍是存疑的，还要人为加以解释。解释意味着要找到权威依托，诸如神圣性、合理性、合法性等说法。这是理性发挥作用过度造成的结果。

人为定立之法主要有 3 个类型，分别是习惯、政治法和技术规则（标准）。当终极权威标准依托祖灵建立，呈现出来的是习惯。之前讲到过祖宗之法。祖宗之法为什么要遵守？不是因为祖宗定立的这套规则效果好，而是因为祖灵（也就是祖先神）为之赋予了神圣性。当然这其中会掺杂很多效率层面的考虑，以及长期使用带来的文化惯性等。至于后来人类学以及近现代的法学经常讲的从习惯到习惯法的那个分判，是首先限定了特定的法律概念之后产生的，其实两者并没有本质区别。

权威性的直接依托在于政权的便是政治法，传统社会中人们习惯称之为“王法”。现代人最常说的法律也属于这一类。按照现在常见的解释，法律是有国家强制力作为保障的行为规则。但用它来界定法的概念显然本末倒置了,有国家强制力只是政治法的内容,不是法律之为法律的原因。此外,这些法律的权威性源于政权就足够了吗？显然非也。为什么现代国家的立法机关制定出的法律要合于超越立法机关之上的机构制定出来的宪法,甚至连政权本身的存在也有赖于宪法？因为作为法律权威依托的政权同样需要权威依托,而宪法正是现代政权的合法性依据。那么宪法是什么？它为什么能提供权威性支撑？按照早期宪制理论,宪法是契约。理论上初代公民立了约,就像卢梭说的那样形成了所谓的公意。作为契约的宪法便是公意,或者叫作人民意愿。所以宪法的权威其实就在于契约蕴含公意,或者叫人民的意志、主权者的意志。

可是为什么茫远的初代公民的公意,也默认当代人会(能)同意,要成为当代人的公意？因为理论上公意所反映的是人们所共同拥有的理性。只要运用理性便会产生类似的公意、合意。作为一种人认识世界、理解世界的手段和工具,所有时代的理性都一致。这是人的资质,每个人都有。可是如果把它作为人之为人的特殊性来看就有问题了。但作为西方宪制模式基础的理性却被认定为人之为人的特殊性。大致的逻辑是人生而为人,具有理性,所以可以基于理性来立约。缔约开始是神和神缔约。典型的是《旧约》中亚伯拉罕家族与耶和华之间的立约行为。这套模式再被复制到人类社会内部,变成人和人立约。在这个意义上理性的本质是神性,是人分有的神性。宪制的基础其实是作为神性的理性,而不是作为人性的理性。

顺着这个差别,才能够理解之前没有展开的一个话题——自然法。西方文化中的 Natural Law 译成"自然法"其实不太准确,因为它根本不"自然"。更准确地说,Nature 的意思是本质、本性。西方的自然法,指的是一种关于本质属性的法则。而世界本质的属性是作为神性的理性。所以西方讲的自然法,其实是理性法,也是世界的本质法。① 它本自神性,由于只有人有理性而在存在界被人专有,

---

① 关于经典自然法理论的批判式反思,参见 John W. Carroll, *Laws of Nature*, Cambridge University Press, 1994, p. 150-181。

以之为世俗的社会规则体系的基础,赋予了所有的政治法以权威性保证和合理性。

但这个思路在中国行不通,因为中国人从来不把理性看作人之为人的最特殊属性,只能把它当作人的一种重要的官能。[①] 如果在中国文化的语境下讨论,政治法显然不能只以契约为依托,哪怕天下所有人都同意了,也不意味着这个法律就有权威性。人之上还有天命,人定法必须要合于天道。所谓的天道、天命归根结底是之前反复说到的"体"。

还有第三类叫作技术标准。比如之前谈到的规矩、尺寸等都属于这类。仔细想来,多长是一尺?凭什么这么长是一尺?仅仅是因为习惯,或者政权规定所致吗?为什么秦始皇统一律度量衡时有那么多人反对?全然是因为生活不便吗?换一个例子就好理解了。中国古代讲究五音六律,这种对声音的规定性源于神。上古时代掌握音律的人们,和那些掌握天文、水土技术的都是一种人,之前谈到过,他们自始就有神性。这些技术人转述出来的一系列技术标准,本质上都是神法。后来政治权力强行去对技术标准作重新规定,实际上是在抢夺神性。这期间的过程非常曲折,总的来说,是因为政治权力必得要宣称政权垄断神圣性。

除了反思所得之法和人为定立之法以外,还存在介乎两者之间的特殊对象,既不能只通过反思获得,又不能纯粹由人来制定规则。这一类特殊的"法",是人基于人的直觉产生出来的作为的规则。比如说喜怒哀乐,这典型属于人的动物性的外发。其他的动物也有这些情绪,也会作出相应的表达,尽管和人的表现存在差异。可是人会去反思,而且基于反思会控制,使情感这种动物性不再仅是纯动物性的自然表达。更重要的是,控制到什么状态属于"善"(或曰"刚刚好")需要诉诸人的道德直觉,所以这种控制的基础是人的独特的主观能动性。动物性本可以以"物"待之,可人的动物性外发又始终有人的特性,但又不能完全视之为"人为",因此就产生了所

① 甚至严格来说不是一种必要条件,因为丧失理性的人同样要被当作"人"来看,而且基于道德责任,理应被给予更多关照。

谓的中间态。这种中间态从根本上说也是“体”的显化，也应该有“法”，即规则。但显然这既不是客观规律，不能纯粹地由反思获得，又不能完全寄托于人来规定。其中最典型的是“礼”。

古人常说“礼”就起于情感外发。如何才算是合于道体的情感外发呢？常见的说法是合于“中”的状态，意思是恰到好处。问题在于这不是理性反思可以获得的，而要基于人不掺杂任何理性考虑，纯粹通过“觉悟”来获得。能够直接觉悟的人就是圣人。举个具体的例子，比如父亲去世了，儿子要守孝 3 年（实际执行 25 个月）。为什么非得是 3 年？孔子曾经给过近似理性化的解释，说小孩生下来 3 年才“免于父母之怀”，所以相对应地服丧也要 3 年。① 其实这只是勉为其难而强为之解的一种说法，实际上没有任何理性的理由能够解释近乎繁文缛节的礼的仪式的必然性、必要性。甚至根本不能用理性去分析它，因为这些基于动物性的情感，到什么程度应当为“止”，本身超越了理性思考的范围，而且理性思考会带来相反的作用。

上章说的礼有文、质。礼的文是“制度之节文”，广义上是法度和行为规则。要注意，这是为了让无法经由觉悟而得“中”的人能够合于“道”地行事的便宜之计。礼文本身是礼质的反映和表现，而礼质，无论是“礼主敬”的敬，还是仁义礼智信、恭谦慧敏让等，是人在行礼文时需要怀有且经由礼文表达出的心理状态。理论上最好的状态是人仅仅通过自己的觉悟把握到情感外发之“中”，而后便能把内心的情感以合于道的方式表达出来。这种恰到好处的文质彬彬的外化表现就是“礼”。换句话说，摒除了一切外部干扰和私心杂念之后，纯粹基于内心的良知、善端去做某一件事情所得到的结果，按理来说应该合礼文。可是现实中人们会发现，即便是努力这么去做了，也会有时合礼，有时有偏差。其中有两个原因，一方

---

① 原文见《论语·阳货》：宰我问：“三年之丧，期已久矣！君子三年不为礼，礼必坏；三年不为乐，乐必崩。旧谷既没，新谷既升，钻燧改火，期可已矣。”子曰：“食夫稻，衣夫锦，于女安乎？”曰：“安！”“女安则为之！夫君子之居丧，食旨不甘，闻乐不乐，居处不安，故不为也。今女安，则为之！”宰我出，子曰：“予之不仁也！子生三年，然后免于父母之怀。夫三年之丧，天下之通丧也。予也有三年之爱于其父母乎！”

面,一般人很难仅仅凭着良知去做判断,而是会自觉不自觉地受到包括理性、功利、感觉等在内的各种各样的干扰。所以被礼文记录下来的那些先圣做到的状态,为后人提供了一个模板。另一方面,礼文仅仅是模板,是人行为的参照系而非标准系。因为即便圣人也是人,是有限的存在者,也是在有限的"诸理竞合"的状态下作出的判断,充其量只能说他的这个判断在当时那个特定场景下最合于天理,却并不意味着相似而不全同的其他场景下也必定是完全相同的行为方式最合理。圣人的方案,也就是礼文,只能为相似场景提供参考。所以孔子一直在强调人既要按照礼文行事,又不可拘泥于礼文,更要去理解、认同并内化礼质。因为礼文本质上可以说是可变的,制度化的礼文只是提供了具有参考价值和典型性的模本。

传统中国人对成文法律制度的理解与对礼的上述看法并无二致。任何一个特定场景下的特定行为对应的能够合于道的"法",都应该是文、质合一,而且是特殊而非普遍的。据此,人类社会中的成文法律制度都只是行为的参照系,而非严格意义上的标准系。换句话说,包含抽象"内容"的规则(形式)都无法为具体行为直接提供合于道的指引。为什么会如此,后文谈"德礼之治"和法律推理中"理一分殊"、殊理关系的章节中还会详细论述。

之前谈到,合于道地生发情感,需要通过去除理性,直接诉诸良知,也就是道德本心才能真正把握"礼"。这就意味着这个过程无法基于理性来做理论诠释和表达。那么人们如何掌握呢?古代人的办法是通过教育熏习来培养。教育之首便是学《诗》,《诗》本和乐相结合,两者同时进行类似于现在说的文化熏陶,力图通过反复熏习使学者获得理性思维难以企及的直觉性"觉悟"。《诗》的本质可以通过《诗经》首篇《关雎》管窥。《关雎》讲的是男女之情如何外发才能尽情又合理。两性之情显然是最有动物性的外发。孔子说"《诗》三百,一言以蔽之,曰:思无邪"[①],可见《诗》教从两性之情这种最典型的动物性,也最难以把握其度的点开始,让学者慢慢地去

---

① 《论语·为政》。

接触、理解、把握、内化那个“度”。这套教育是非理性的教育,用现在的理论话语很难界定,只可意会。

结合前文对法律的本质的解说,可以明确作为现代法学研究对象的实在法处在什么位置。很明显,实在法合于“法”的形式本质,所以实在法是“法”的表现形式之一。它的内容则基本上属于人为定立之法,当然也部分地涉及“礼”的内涵。回头来审视当代法学认识法律的一种堪称“显学”的倾向:把法律当成自足自洽的规范体系来认识,或者认为法律是闭合的规则体系,以此为前提研究法律问题。[①] 可是一旦把法律放到“法”的概念体系,以及“体—相—在”的结构体系中去看,它可能自足吗?显然即便是纯形式意义上也不可能,更何况现在研究的法律都是由内容构成的规则,因此必须置于整个规则体系以及社会环境中才有意义。在这个前提下再来思考:什么是法理?其中包含两个部分,一是法律本身的机理,二是法律蕴含并能呈现出的道理。可是要讨论实在法蕴含的道理,只看到实在法规则体系并且以之为边界显然不够。

第三节　法的器用二重性问题

所谓“法的器用二重性”,[②]核心问题可以转化为:“法”是“东西”,还是“状态”?两重性意味着法既是物(器),又是用(术、状态)。说法是物,它却没有实体,不是具形的物。所有的具形,例如表达法律的文字,抑或一部部的单行法,其实都只是法的载体。说法是状态,是用,它又可以作为实在的有内容的对象。所以说法具有器、用二重性(见图 2-1)。

---

① 最典型的学派就是“分析法学”,概要参见徐爱国:《分析法学》,法律出版社 2005 年版。

② 拉德布鲁赫曾将法律界定为区别于价值(应当)和事实(是)的“实在应当”,是对法的器、用二重性的规范法学式表达。参见[德]拉德布鲁赫:《法哲学导引》,雷磊译,商务印书馆 2021 年版。

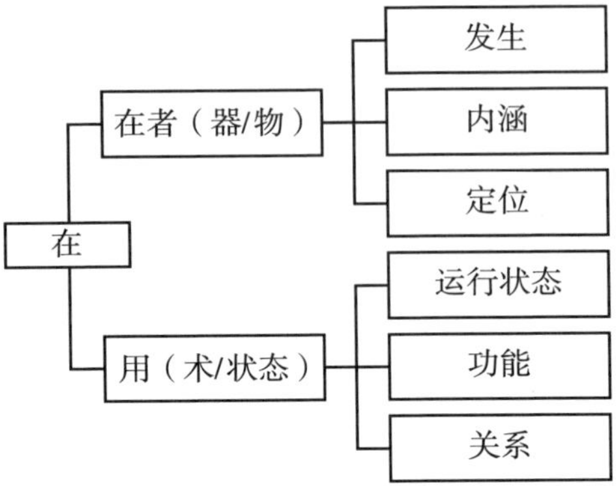

图 2-1　法的器、用二重性

上面这个框架,仍要置于“体—相—在(用)”的大框架之下理解。如果我们只讨论法的形式本质,抽空所有的内容,那么这会讨论到“相”的层次的法,不属于“在”层。这时它是道体显化为具体之在的必要构成,当然也是存在者的属性。“在”的层次的法,既与相不同,又始终与之有关联;同时还要结合作为存在者的法所具有的器用二重属性来理解。

一、作为“术”的法

作为“术”(“用”)的法,即作为治理术的法,侧重法的过程和状态的属性。其中法的运行状态以赏罚机制呈现,被运用于权力运行和社会治理。现代法律体系中,赏罚被包装成权利义务机制,而权利义务机制最终实现靠的同样是利益予夺。不过现代法律中直接的赏很少,因为它已经通过权利把获利的资格分配给了法律主体。这意味着“赏”已经在立法时完成了,只不过分配的不是利益本身,而是法律主体获得利益的资格和可能性,即法定权利。所以从表面上看,法律责任侧重的是罚。支撑法律意义上的赏罚的基础是理性。

作为术的法,基本表现形态是规范和标准。绝大部分文化传统中,能被后人认定为“法律”的制度,最常见的表现形态大多是规范化的条文。为什么会如此不约而同地采用规范化的条文作为法律的表现形态?主要有两个方面的原因:一是效率。规范化是最节约成本且最高效的方法。规范通过抽象的概念,可以获得尽可能大的范围内的适用性,这比一事一发的直接命令要有效率得多。二是理性的考虑。通过规范化和标准化的方式,任何具有理性判断的人,对于同一类对象都能获得相对统一的认识,进而达成一致的行为模式。相比较而言,判例法就要难得多。读完判例之后,第一可能不知道判例的要点在哪,第二即便从中获得了一条行为规则,过程也势必会经过解读者再加工。再加工意味着存在偏差的可能。这会使得标准化效果变差,认知门槛提高,同时效率也较低。所以只有极少的文化传统,出于特定的历史原因才会普遍化地采用判例法。例如英国,以及后来的英联邦成员,包括它的殖民地会广泛使用判例法,背后有着众多复杂、偶然的原因。①

这个意义上的法的基本属性是"术"。若以功能而论,法是一种用以"成器"的治术。"成器"中最重要的内容是结构秩序,或者如今人常说的维护主体的利益、权利。它在运行中有着一套独特的道理和机理。下面引述几则古人的解说:

> 礼法度数,形名比详,治之末也。(《庄子·天道》)
>
> 齐于法而不乱。(《庄子·在宥》)
>
> 一曰不变之法,君臣上下是也;二曰齐俗之法,能鄙同异是也;三曰治众之法,庆赏刑罚是也;四曰平准之法,律度权量是也。(《尹文子·大道上》)
>
> 法者,将立朝廷者也;将立朝廷者,则爵服不可不贵也;爵服加于不义,则民贱其爵服;民贱其爵服,则人主不尊;人主不尊,则令不行矣。法者,将用民力者也;将用民力者,则禄赏不可不重也;禄赏加于无功,则民轻其禄赏;民轻其禄赏,则上无以劝民;上无以劝民,则令不行矣。法者,将用民能者也;将用民能者,则授官不可不审也;授官不审,则民闲其治;民闲其治,则理不上通;理不上通,则下怨其上;下怨其上,则令不行矣。法者,将用民之死命者也;用民之死命者,则刑罚不可不审;刑

---

① 关于判例法传统形成的特殊背景和历程,参见[美]小奥利弗·温德尔·霍姆斯:《普通法》,冉昊、姚中秋译,中国政法大学出版社 2006 年版;[英]哈利·波特:《普通法简史》,武卓韵译,北京大学出版社 2022 年版。

罚不审，则有辟就；有辟就，则杀不辜而赦有罪；杀不辜而赦有罪，则国不免于贼臣矣。（《管子·权修》）

古人对作为治术的法的功能大致达成了基本共识，明确了法是一种制度，是一种治理技术，这种治理的技术为政治运行和社会治理所必需。

不过尽管法是必需的治术，可它又不是一种很“高端”的治术。之所以说它不“高端”，问题就出在标准化。因为法只能规定出标准化的“常”态，而这种“常”只是带有立法者强烈预设和预期的秩序蓝图。规范化表述的过程中，只能借助理性的抽象。要让法律具有广泛的适用性必须抽象，抽象便意味着需要排除具体内容和事物的特殊性。这个过程也可以理解为立法者在类型化的过程中主动抽去具体的社会关系内容，以使之获得规范化的表达，以此保证法律可在尽可能广的范围使用并具有最好的安定性。抽空内容的过程会使得法律规范所构建起来的秩序体系和日常生活中的秩序体系实质上脱节。甚至法律秩序构建得越完善，立法越完备，意味着和日常的生活脱节得越远。规范本身没有办法精确复现或者应对日常具体事务中所面对的问题，而只能提供类似于理想状态的秩序蓝图。接下来的问题是，这样一套提供的理想状态，不能直接落实到社会现实的法律规范如何应用于实践？执法者、司法者，乃至生活于法律秩序中的一般人，面对并不完全吻合的两个秩序应该如何行事？

以上问题类似于当代法学界经常说的事实与规范之间的分隔。按照西方学理，司法者要做的工作是把二者之间的分隔用逻辑推理的方式勾连起来。尽管在很多情况下，法律规范所型构的理想状态是立法者所认可的社会秩序状态，可是这样的理想秩序与社会所能达到的秩序状态完全是两回事，性质上存在区分。立法者希望实现的目的假定为 a 目标，但他无法直接实现，因为直接落实的成本太高了。于是就采用了制定法律规范的方式，用法律规范体系建构起一个理想状态 a’，然后把 a’作为实际的社会秩序 a’’的模型和样板。可是当立法者完成了工作以后，所有人都面对着 a’和 a’’两个秩序，一个是法律规定的秩序，另一个是现实中的秩序；同时所要处理的事实却只有一个。这时要用与社会秩序不同质的法律秩序去框限同样与法律秩序不同质的事实,困境就显现出来了。

不过在绝大部分情况下,人们在判断一个行为是否合法时不需要调用法律规范,于是不会让自己总是陷入上述困境中去。生活中判断日常行为,不需要精确依据法律所构建出来的秩序,也无须具有法律规范的知识,只要有"守法意识"就可以了。然而在官方的司法活动中则要求精确对应和匹配,所以法官的审判越来越成为一种专门性的技术工作,与日常生活中的思维和判断方式脱节。

但即便假定立法者制定了非常完善的法律规范体系,任何行为也都有法律许可或者不许可的规定,当行为者不直接去观察这套规范时,它并不影响或介入行为者的判断和行为;只有当人们去认真研究这一套秩序时,或者说当对于事实的判断、理解,只依赖直觉不足以支撑时,才会去调用法律规范的知识。所以在日常生活中,法律规范和实践行为两者也是分隔的。但是分隔的两者中有一个连接点,这就是人们常说的守法意识。可是如果追问守法意识究竟是什么,以及从何而来,又会陷入新的困境。在这里最重要的是理解两个秩序:由立法者建立出来的法律规范体系,和日常生活中所遇到的经验秩序,两者事实上是脱节的。由于法律与现实之间存在这种脱节,它必须按照专属于它的一套机制去运作才能发挥作用,而这套机制和现实生活中社会运行以及权力运行的机制又存在差异。所以在之前的殊理中事理和法理被分成了两个类。这个意义上的"法理",和当代分析实证主义法学家们讲的法理具有相似性。

二、作为治术对象的法

作为存在者(器)的法是什么?先秦时代人们已经给出了相对明确的解说:

> 法者,天地之正器也。(《鹖冠子·泰鸿》)
>
> 法制度量,王者典器也。(《管子·侈靡》)
>
> 故法者,曲制,官备,主用也。(《鹖冠子·天则》)

以上这些论说其实是把法律规范体系当成一个"东西"来看,类似于现在法教义学的研究对象。法教义学预设法律规范为独立存在的客观对象，只关注法律规范体系之中各种具体规范内容的合理性和交互关系。但在讨论作为“器”的法律时，这显然还不够充分。

按照之前的思路，任何一个法律规范提供的内容，表面上看是行为规则、行为模式；再往深想一步，它又不直接是行为模式。法律规范提供的应该是判断方案，而且是省略了绝大部分场景的判断方案。至于实际上行为人按不按照这个方案去做，那是另外一回事。规范所能直接指引的仅仅是判断。进一步，针对什么做判断，对理解法律规范而言至关重要。事实上没有人可以直接针对事实（或者事件）去作判断，那是不现实的。做判断时人们总会运用理性在事件中提取某些要点，再针对这些要点，而非事实本身进行判断。而法律规范则已经通过对事件类型化提纯过要点了，排除了某一类事件中立法者认为不需要考虑的那一些殊理，只留下事件中被认为属于影响判断的关键信息的殊理。

立法者所做的类型化和提纯工作是在给事实做“减法”。比如法律中出现的侵权行为、合同行为都是类型化的结果。类型化意味着凸显核心要素，背后隐含了对事理进行筛选。通过筛选获得作出判断的关键事理，并以此指明立法者所期许的，要成就的殊理是什么。然后可以获得简明且标准化的取舍方案。

至此仍需要把握，法律直接提供的是判断标准，而非行为的方案。判断得抓住“理”去理解。一个事件中复合了很多殊理，判断者需要把它们析分出来，然后才能作出判断。法律规范所提供的是类似于毛坯式的样板房，至于如何运用这个样板房去判断被住户加工、装修得千差万别的精装修房屋是否与样板房属于同一类房屋，过程中势必要使用大量其他的“术”，也是现在经常讲的法律推理方法、法律解释方法、法律论证方法等。

除了个案判断之外，在更大范围内还要依赖一些治术来使作为规范体系的法能够对秩序运行、型构发挥作用，让处在秩序中的每个人都尽可能地按照法律设定的有序状态生活。所以当讨论作为规范的法律体系时，法律实际上成为术的对象。而当讨论作为“用”的法律时，它本身又是一种术。这是法的器、用二重性特质。

最后还要认识到，作为存在之物的法律，它的基本表现形式是法律规范。法律规范和通常讲的法条还不是一回事。法律条文只是规范的表现形式，有可能一个法条表现一个规范，也有可能几个法条表现一个规范，或者一个法条表现几个规范，还有可能是一个法条不完整地表现一个规范，总之这两者性质不同，不能混淆。法律规范是对法条的形式本质的抽象。这和之前说到的法的特殊性相照应。要获得法律规范，方法必须是理性加工，运用理性从法条中提取获得规范。

三、法律规范

承接上节，接下来得专门谈谈什么是法律规范。这个话题很重要，它涉及实在法的基本构成原件。最常见的说法是："法律规范是指由国家制定认可，并由国家强制力保证实施的行为规则。"如果把其中的限定词都去掉，法律规范是行为规则。再提纯一下，法律规范是规则。借助这个定义仍旧不能知道什么是"规范"，充其量只能算作对法律规范表现形态的描述，明确了法律规范的一些特征，但没有阐明它的本质。再来看一个典型的德国式理论给出的定义：

> 一个完整或独立的法律规范，由构成要件、法律效果，以及把法律效果归入构成要件（效力规定）所结成。法律规范并非在讲是什么或不是什么的叙述文句（例如杀人者已被处罚或不被处罚），而是在讲应该是什么或不应该是什么的效力规定或评价规范（例如杀人者应被处罚）。①

根据这个定义，法律规范包含构成要件、法律效果并把法律效果归入构成要件。构成要件包含了法定权利义务关系，是法律规范的内容。除此之外，还规定了行为人（法律主体）应该做什么，不应该做什么，意味着所有规范提供的都是"应然"状态的行为指引。规范可能从事实中来，但它本身不是事实。虽说它可能会间接导致某种事实后果，但这种事实后果与应然的法律后果也不是一回事。换句话说，法律规范本身不是事实，如果没有人去使用（按照法律规

---

① 参见［德］考夫曼：《法律哲学》，刘幸义等译，法律出版社2004年版，第153页。

范行为，或者依据法律规范来评价行为），则它始终是悬置的、脱离于实然的状态。除了指向法律后果并间接指向事实之外，法律规范还始终指向一种价值——秩序。很明显，所有法律规范都指向某种特定的有序状态，没有一种是指向无序的，只不过是什么样的秩序有差别而已。从这个角度也可以看到，法律规范其实自始就有价值倾向，没有纯粹价值无涉的法律。

回过头来想一想，虽说第二个定义看起来更加严密，但似乎仍然有问题。因为它始终预置“人”参与到法律规范之中。定义中的法律规范指向的是行为和事实，但是如果去掉作为参与者的人，这个指向便不能实现了。法律规范本身提供了行为模式的起点，结合之前说的，只提供了判断的方案，尚且还没有提供判断，因为判断也要人来做。当有人参与进来运用法律规范时，才会形成判断，进而形成行为模式，实现规范中所提供的法律后果。由于人并不蕴含于规范之中，讨论规范本身的定义，按理说应当非常小心地把属于人的作为的部分剥除掉。这么看来，上面这个定义也有问题。

下面再尝试给出一个新的，基于中国传统理论资源的定义：

法律规范是判断如何在诸理竞合情景下选择行为方式的典范。

这里有几个关键信息需要解释。其中“判断”之前谈到过，更准确地说应该是判断方案。要判断的是在诸理竞合情景下如何作出选择。法律规范始终只是一个典范，要和事实区分开。类似于法律规范提供了一个和现实有相似性，但是没有相关性的模型。于是当遇到具体的事件，假使不知道应该如何行为，可以去参考法律规范来获得帮助。但显然任何一个具体事实较之法律规范包含的事理要复杂得多。例如马路上躺了一个老奶奶，有人在犹豫不决，不知道要不要去扶，这时会有很多因素影响判断，比如考虑边上有没有摄像头、马路的危险性、有没有可能被讹，还要考虑当时的症状适不适合扶起来，扶还是打“120”等救护车。甚至还有人会考虑当时的司法状态，法官一贯以来的判决会不会倾向于保护助人为乐者不被讹诈等。这些都是事理的表现。其实任何单一事件，只要愿意发挥主观能动性，会发现有无穷无尽的事理纠缠在其中。可是在绝大部分情况下只能或必须作出唯一的判断。法律规范绝对不可能复现当时的场景,也不可能提供和现实完全吻合且具有相关性的诸理竞合的前提,而只能提供假定出来的简单化事理冲突下的判断方案。所以说法律规范最多只能够提供和现实相似的判断方案模型。这个模型通常只会作为真实场景中的人作出判断所要考虑的诸理之一,即法理。早在古希腊的《理想国》中已经说到了运用法律规范时可能存在的问题。欠人东西要归还,看起来所有的法律都这么规定,可是当事人如果明知道物主会用自己归还给他的那把刀去杀人,这时候是否应该按照法律规范行事呢?相信绝大部分有良知的人此时都会置法律规范于罔顾。由此可见,法律规范提供的只是一个供判断者参考的典范,不会成为人作出判断的唯一标准,规范中的法理通常也只是要加以分辨、权衡的诸理中的一项。

如果把这个状态带入对于法律规范的理解中,很容易明白法律规范并不是行为准则。或者可以说作为行为准则的是守法意识,不是法律规范本身。法律规范呈现出来的行为模式,以及行为方式背后的判断基础,始终只存在于理论的应然层面。有了这个认识以后,再回过头来想,经常讲到的"以事实为依据,以法律为准绳",其实只是一种口号性的标语罢了,实践中它不可能构成真正意义上的准则、准绳。可是法律规范对于行为人作出判断而言又是必需,无论是日常判断还是作出司法裁判,法律规范也确实在被使用。那么法律规范为判断提供的是什么?它提供的是限度。绝大部分情况下,这个限度以一种"常"态的情况表现出来。常态是中间态。比如"杀人者死"是刘邦入关以后约法三章的内容之一,按理来说所有人都须遵守。但是事实上绝无可能做到对所有杀人者都处以死刑。因为众所周知,杀人存在各种各样的情况,有故意,有过失,有意外。当然刘邦本人对这些也理当了然于心,那么他为什么要定出这样一条法律规范来呢?这就需要联系人们对法律规范的理解:这不是严格化的行为标准,而是一种模拟的常态,它提供一个限度,也代表着政权(或曰规范制定者)的态度,即一般情况下杀人者应该偿命。但这只是附加了种种限定,并且不考虑非常态的中间态。现实中考虑诸理竞合而寻求判断时,需要把它当作"法理"代入,使之成为被权衡的诸理之一。至于法理在诸理权衡的过程中扮演的是强势的角色,还是相对弱势的角色,不是法律本身能决定的。起决定作用的是法律之外的诸如政策、情势、政权意图等。所以法律规范只是给日常生活以及司法裁判提供一个法理层面的考虑因素。

除此之外,法律规范还有一个重要功能,即表明立法者的态度。回到“杀人者死”这个立法,无论在什么样的政策环境下,以什么限度被使用,都不妨碍它去表达政权的态度,即政权极度不认同私人间相杀的行为,认为一般情况下杀人有罪,应当受惩罚。后来民间出现“人命关天”的观念,也和这种历代法律规范一以贯之地表达出的政权态度有关。这也意味着法律规范有两层含义:作为存在者(“器”),仅是规范本身在发生作用时,法律规范提供常态化的判断方案;而一旦把它当成“用”来看,提供的是立法者的态度。前者更倾向于“治”,而后者更倾向于“政”。把视野放大到观照整个法律体系,更能体会到它在宣示立法者的态度。

所以对待法律规范,不能仅仅把它当成行为标准或者行为准则来看。这种简单化的理解是希望从法律规范中获得标准化的行为模式,然后直接把它套到案件中使用,就像著名的“自动售货机理论”,大意是直接把案件事实输进去,就可以自动匹配法律规范出结果。于是法官就像自动售货机一样。① 可这在实践中从来都行不通,因为法律规范不是标准答案。一旦试图把法律规范当成严格化的标准代入案件事实中,一定会遇到西方法律方法论经常讨论的事实与规范之间的联结问题。要处理这个联结势必需要把大量和法律规范无关的事实信息,也就是事理排除在外。而一旦这些事理被排除出去,所判断的对象就已经不再是事实本身了,而是经过理性加工抽象以后的所谓“法律事实”。这样的判断最有可能造成的结果是,但凡遇到复杂场景,也是经常说的疑难案件,上述过程就会无法进行。

疑难案件疑难的原因通常有两个:一是事实难以弄清楚。这个问题与主题无关,暂且不去讨论。二是案件中所蕴含的事理太多,

① 关于“自动售货机理论”,参见[德]马克斯·韦伯:《论经济与社会中的法律》,张乃根译,中国大百科全书出版社1998年版,第62页。

事实和法律规范进行适配的过程中难以明确哪些是“不相关”要素，进而无法确定应该适用哪一条法律。有不少人认为出现这种困境的原因在于立法不够完善，这完全没有说服力。事实上原因不在立法者，也不在法官的水平，而是把法律规范当作标准来适配案件的思路自始就有问题。只不过简单案件中问题不容易暴露出来，因为掺杂的事理少，法律规范对实际的判断影响也小，因此规范和事实之间勾连起来的方法权且可用。一旦遇到复杂的事理太多的情况，问题就显露出来了。

顺着这个思路再进一步理解，任何一套法律规范的体系都没有可能成为完善的体系，不可能对所有需要判断的事理都作出规定。同理也没有所谓不完善的体系，只有抽象化程度高一些和抽象化程度低一些的差异而已。抽象程度高一些的，意味着它呈现出的蓝图留白比较多，那么用它去做判断时，相对来说需要发挥的空间就更大。反过来可能规定得细致，蓝图画得更细密一些，用来参考的法律规范限制相对来说多一些。这实际上是效率与分工的差异，立法者做的工作少，判断者的工作就多一些；相反，立法者做的工作多，判断者处理简单的案件就更容易。但遭遇疑难案件时，大家碰到的困境都是一样的，无论立法有多细密，都需要在一众殊理中小心地进行权衡。

以上是关于法律规范的讨论。还需要认识到，对于规范的这些理解，须成为对于法律本身以及作为一种治理技术的法律的理解的前提。

第三章　道法关系:正当性问题

第一节　道与法:道何以生法?

本节将讨论道法关系,换用现代法学常见的表达是法的正当性问题。

一、道如何"生"法

这里涉及"道—法"关系和"道—人(王/政权)—法"关系两个话题。之前反复强调,道体不能自显,不可直接认识,也不可言说。同时体又是世界的本根,所有存在者俱是体的显现。这是非常让人困惑的。相应地,道和法之间的关系也很难说清楚,不过很早就有人在尝试解说,例如战国时的黄老家认为:

道生法。法者,引得失以绳,而明曲直者也。故执道者,生法而弗敢犯也,法立而弗敢废也。故能自引以绳,然后见知天下而不惑矣。(《黄帝四经·经法·道法》)

"道生法"意味着人面对的所有规则都是从"道"那里"生"出来的。"生"不能理解为鸡生蛋的生,而是"化生",意味着所有的法都是"道"化生的显化。"引得失以绳,而明曲直者也"解释的是法的功能,和当时知识界经常用规矩绳墨喻"法"思路一致。再接下来又说"执道者"能"生法",似乎和"道生法”的前提并不一致。原因还要归结到“道”不能认识又不会自我显现，所以对人来说道生法作为一个前提性的命题虽说在理论上成立，但现实中只能曲折地落实。引文中发生的曲折是把“道”的概念由极致抽象的“体”转换成了王道。按照当时思想家的理解，理论上君王应该是圣人，只有这样他才能作为立法者来“生法”。换句话说，执道者生法的意思是圣王把他们理解的“道”用规则化的形式表达出来。这样的“法”定立以后，君王自己不能轻易地违反和废止，也就是“法立而弗敢废也”。

接下来再看一段反向表达：

> 事督乎法，法出乎权，权出乎道。（《管子·心术上》）

字面意思是事情、事务由法督促而成，法由权而生，权从道而来。关键问题在于理解夹在道和法之间的“权”是什么。很明显它和上段引文中的“执道者”生法有关系，只是描述的角度不一样。传统语境中“权”常见的含义有三重：一是权变，二是权力，三是权衡。引文中用的是“权衡”之义，意思是圣王以权衡之“权”经由道而生法。前章谈“礼”的由来时，说到圣人情感外发自然流露正好就合适的状态是礼。但是这也只存在于理论层面。事实上远远没有那么简单，复杂情景下合礼，其实也与生法一样都和“权”有关。至于如何行“权”，后文再作详论。①

再看下面这段论说：

> 贤生圣，圣生道，道生法，法生神，神生明。神明者正之末也，末受之本，是故相保。（《鹖冠子·兵政》）

文中提供的思路兼具正、反两个向度。文中把人—道关系、天人关系的“人”置换成贤人、圣人。圣人通过自我反省以及对外界的认识，即内省和外发以知“道”。“生道”的“生”是表达的意思。当圣人掌握了“道”以后，他可以表达出来，转化为法。有了法度才能知道什么可以做，什么不可以做，做到什么样算是刚刚好，于是便有“神”，也就是权威。有了权威才可以定标准，一切由此都显然分明，所以“神生明”。

---

① 详细论述参见第八章。

以上3种对于道生法的认识具有相当的一致性，反映出先秦时人们对这个命题已经大致有了共识。大家都认同“道生法”，表明都认同了世界上是有唯一真理的，或者说有唯一的终极标准。例如一般老百姓一旦有了不可解的冤情，他会“呼告于天”，因为人们觉得任何事情都应该有天理做支撑，天理就是民间对唯一的道理的表达。下面还有一些类似的表述可以参考：

> 故巧者能生规矩，不能废规矩而正方圜；虽圣人能生法，不能废法而治国。（《管子·法法》）
>
> 有生法，有守法，有法于法。夫生法者君也，守法者臣也，法于法者民也。君臣上下贵贱皆从法，此谓为大治。（《管子·任法》）
>
> 莫不发于气，通于道，约于事，正于时，离于名，成于法者也。法之在此者谓之近，其出化彼谓之远。近而至故谓之神，远而反故谓之明。明者在此，其光照彼，其事形此，其功成彼。从此化彼者法也，生法者我也，成法者彼也。生法者，日在而不厌者也。生成在己，谓之圣人。惟圣人究道之情，唯道之法，公政以明。（《鹖冠子·环流》）
>
> 一为之法，以成其业，故莫不道。一之法立，而万物皆来属。法贵如言，言者万物之宗也。是者，法之所与亲也，非者，法之所与离也。是与法亲故强，非与法离故亡，法不如言故乱其宗。故生法者命也，生于法者亦命也。命者自然者也。（《鹖冠子·环流》）

可是在实践中人和“道”始终没有办法建立起直接联系，没有任何手段直接从“道”那里获得法律，其间一定要依托人的作为。那么产生的问题会集中在依托什么人，以什么样的方式去获得法律。最常见的看法依托两种人：一种是王，另一种是圣人。刚开始人们倾向于认为有可能找到像圣人一样的王作为立法者，并且把这种想法以托古的方式表达出来，比如经过精心改造以后的上古帝王，如尧、舜等，这样在理论上解决了“道生法”过程的问题，但是事实上没那么简单。

《管子·任法》中这一段讲得比较直白，立法者是君，守法者是臣。文中的守法是现在讲的执法的意思。严格依照法律规定去做事的是民。道和法之间的关联在现实政治社会实践中并不直接呈现出来。从孔子以后，思想界开始逐渐认识到圣人和王之间很难统一起来，当时人谈得最多的原因是世道堕落，其中当然有着复杂的理论解释，此处不作展开。总之就现实而论直通道体又和合于道的圣人和现实政治中的王不能化一，最主要的原因是政权和治权私化，所以王在作出任何决定时都会顾虑私利。虽说这个私利不仅是王个人的私利，还包括政权的利益、治权（官吏）的利益，甚至整个政治体的整体性利益，但这些对于“天下”而言只能算是私利。有了这些功利性的考虑，立法肯定会变质、离道，也离禀赋天命之性的本心越来越远。这时需要直通天命的圣人作为校正者。于是被称为“素王”的圣人被塑造出来了，以作为外部第三人的素王（圣人）来作为真理掌握者和道德评判者，为天下立法。孔子本人要扮演的正是这个素王的角色，他亲自立的法是《春秋》。之所以后来儒生们说《春秋》是万世法，道理就在这里。于是《春秋》成为一切人间立法和行为规范的最终参照系。这是传统中国政治社会最终接受了的方案。

当然，除此之外还有两种试错的不成功方案。一种是政权掌握者尝试成为圣人，行为万世立法之事。最著名的实践者无疑是秦始皇，他基于几代秦王积累的家业，通过兼并战争成为唯一的王，建立了大一统的政权。接下来他为天下定立整齐划一的法度，内容几乎涵盖了政治社会生活的所有方面，甚至包括度量衡、文字语言、道路车辙等。这属于“执道者生法”。在秦始皇看来，这种性质的立法只需要而且也只能够由他这个作为执道者的天子进行一次。所以他为后代作为政治职位的“天子”也立了法，废除了曾经的谥号制度，只有他本人才是圣、王合一的“始皇帝”，接下来就只有二世、三世、四世等了，天子只是天下体系中的“备员”和法度的执行者而已。[①] 可实践迅速表明这种模式行不通。之后很多人反思秦王朝覆灭教训时把原因归结到暴政、法令严苛和法家思想，都和汉代初年

① 参见《史记·秦始皇本纪》。

的意识形态有关。可是如果仔细审视,会发现汉人的做法和这些说辞之间有很多矛盾,尤其是汉朝不止沿用秦律,甚至还觉得秦律不够用,把六篇增加到了九篇,[①]说明并非由于秦法严苛细密,而是整个制度的设计理念有问题。其中最大的问题是当把成文的法度严格作为唯一标准时,这些成文的规则对于人来说便客观化和对象化了。这时人的特殊性无法融入规则中,所以刚性的按法而治迅速为传统中国所抛弃。

另一种不成功的方案同样也寻求圣人和王合一,但是不再强调刚性地按法而治,转而采取了柔性的方式进行治理,典型实践者是王莽。王莽称帝之前无论在野还是为官,作为一个君子、道德长者和极力效法孔子的儒生,有着近乎完美的表现;也获得了上自政权,下及民众的普遍认同。可是为什么他一称帝大家就一边倒地反对他呢?问题出在了政权模式而非治理方案。[②] 因为政权是私化的家天下政权,无法作为"道"在人间的代表者。但王莽用到的相对柔性的治理机制却被后来的政权承袭了。按法而治仍然是治权运行的常态,但同时制度性地允许例外存在。现在人们经常会关注传统社会的礼法之争,可这不是礼制和法制两种制度之争,而是对待治理的两种态度之争:究竟是严格按照规矩法度办事,还是有弹性、柔性地按照规矩办事。其中又关乎如何认识"法"。如果把法纯粹作为一种治理工具,那么按法而治是一种治理术,但绝不能是唯一的治理术。最典型的反例是《睡虎地秦简》中的《语书》篇。[③] 文中反映出作为征服者的秦人企图把他们的齐一化的立法以严格按法而治的方式推行于被征服的楚地时所出现的一系列问题。

二、正当性、合理性与合法性

回到"道生法",原则上法和道理(或曰天理、天道)相通且同质。换句话说,法是道理的一种特殊形式的规范、规则表现。这印

---

① 参见《汉书·刑法志》。

② 王莽的事迹,参见张向荣:《祥瑞:王莽和他的时代》,上海人民出版社 2021 年版。

③ 参见李平:《秦"法治"的理论困境透析——以睡虎地秦简〈语书〉、〈为吏之道〉为中心》,载《学术探索》2012 年第 11 期。

证了之前说的,作为“相”的法是规则。可是显化的过程,需要人去认识并转化成一种人能够把握和使用的状态,其中一定有人的作为。关键问题在于人如何起作用,怎么才能获得合于道理的法。通常掌握了权力的立法者可以制定规则,可是如何保证这些规则不是人们常所说的恶法?这时会遇到3个相关概念:

正当性——Orthodoxy

合理性——Reasonability

合法性——Legitimacy

法要合于道,从根本上说是法的正当性要求。其中有3层内涵:决定性、必然性和正确性。之前其实谈到过这个话题,人最早处于泛自然神的观念中,对于人来说正当性基础只能建立在神那里。人类所有行为,包括立法行为在内,必须获得神的许可。当人自觉以后,开始有了自主性,尝试自己去解释世界。在这个过程中,正当性的诉求开始发生变化。最初人仍然承认神对于人的一切事物具有决定性,提供正当性的终极标准。但后来连神本身都被改造了,例如西方文化中自然神被改造成了人格神,人格神由众神过渡到一神,一神又被转换成义理神,再接下来义理神的义理(如绝对、无限、永恒、超越等)径直取代了神。[①] 而在人的世界中不存在绝对、无限、超越,所有存在者都是有限的、相对的。神此时已经被排挤到存在世界之外的超越境界去了,仅仅作为一种终极的正当性标准,到近代以后的西方最终被放弃。西方人宣称“上帝死了”,可以视为绝对性意义上的(或神意义上的)正当性标准被现代人抛弃的标志。于是现代西方文化不再承认世界有终极意义上的真理,他们用合理性替代了正当性。

因为在理性觉醒以后,人开始意识到自己有解释世界,甚至有“通天”的能力。人在某些时候和神很像,看似超越了其他一切存在者。同时人又不如神那么超越,仍然受困于存在者的有限性,始终达不到神的位置。所以人想要取代神,但不完全和神有同等能力。换句话说,人对世界缺乏终极决定能力,所以对自己的一切行

---

① 参见江山:《江山作品系列·13:自然神论》,中国经济出版社2014年版。

为都需要提供解释。这种解释如果不求诸神，那么只能诉诸人的最接近神的能力，而理性在很多文化，特别是西方文化中被当作这种能力。因而出现了以“合理性”作为权威替代正当性的状况。这意味着合于理性是正当的。要注意，合理性的起点在人。

当面对理性不能认识、不能把握、不能解释的事情时，只能假装它不存在，因为一旦将正当性等同于合理性，认识便成了校验正当与否的唯一标准。经由理性解释出来的东西，必须依托人对之再认识进行校验。换句话说，不能再认识的东西就没有合理性，也就会被打上“不真实”的标签。再往深推一步，便会以实践作为检验真理的唯一标准，真理不仅要认识去校验，而且还要能在实践中复现。这样一来，世界上所有的问题都被转成了人的问题，甚至成了人的认知和实践范围内的问题。人成为终极解释者，合理性开始占据主导地位。但这时各个文化传统对于正当性的态度并不一致。现代西方文明比较极端，直接以合理性替换了正当性；有一些文明比较克制，还保留了正当性的一席之地，但大部分也不再以之为人类活动的必要支撑。

而当代更进一步的发展倾向，是以合法性部分地取代、置换合理性。举例来说，刑法以犯罪与刑罚相对应为原则。在这个原则下制定了一系列罪刑相对的法律规则，规定了什么样的罪行对应什么样的惩罚。可是仔细想来，这种对应关系真的“合理”吗？例如故意杀人，情节严重者的要对应死刑，危害公共安全严重者也对应死刑。又如，盗窃情节严重可以判7年有期徒刑，强奸妇女也可以判7年有期徒刑。为什么不同性质的行为可以用等量且同质的惩罚措施来表明对危害性做了对等的报复或惩戒？其实古代也有类似的问题，这与人的作为的“任意”程度有直接关系。刑法自人类社会化以来一直都有，罪与刑的对应关系，除了最早期的同态复仇之外，绝大多数都难以作出“合理”的解释。这种立法设置有没有必然性呢？显然谈不上。合理性可以解释吗？也很困难，甚至连用理性去理解都很困难。这时合理性又退让了，事实上变成了一种为合法性成立作出“狡辩”的工具。再如，国家公权力、立法机关行使权力背后的依托，无论说是公意还是民意等，其实制度上都出自宪法。这意味着合法性事实上在为法律提供正当的依据。

第二节　理一分殊与诸理竞合

可是为什么会出现纯粹依托合法性来支撑的法律？这是不是和之前说的法应该合道相违背？中国人也看重法律要合理，但这个“理”不是理性，而是“理一分殊”意义上的道理与殊理。其中“理”即道体，“分殊”是显化为世界万物。

“理一分殊”侧重的是显化的过程。历史上大致出现了3种理论方案，第一种叫作“月映万川”。好比天上有一个月亮，地下所有的河流中都可以看到月亮的倒影，以此来表明[1]是每个存在者都有“体”在其中。可这只能当作为了便于理解而做的比喻，因为如此一来存在者和体之间成了载体和内容的关系，两分了。这和中国文化一直强调的“一体”的前提不相合。第二种解释叫“流溢”说，体像太阳光一样往外照，照到的越近的地方，存在者分有的体就越多，同理，越远的地方存在者获得的就越少。当然这个解释还是二分的。第三种说法比较少见，可以概括为“借火”说。烧一盆火，每个人拿个木棍来点一下，把火取走。这样一来每人都有火了，却又并不妨碍原来的火还在那里。这同样只能当作比喻来看，不能深究准确性。这三种解释，都是为了彰明所有的存在者都接受了体的规定性且以一体为质。在西方还承认有神、有真理的时代，大家也都这么认为，差别只在于怎么去描述体。

如果暂且不考虑之前谈到的两分问题，只说分殊，“分”本身意味着有限和具形。任何存在者都有限，有边界、具体、具形。从古到今人们一直在追寻通过某些特殊技术手段克服这种有限性，让自己不限于形体、空间、时间、能力。例如古人向往成仙，说成仙以后身体轻盈空灵，无须饮食，长生久视，甚至可以飞来飞去，这就摆脱了

① 新柏拉图主义者普罗提诺提供了最典型的流溢说解释方案，可参见[古罗马]普罗提诺：《九章集》，石敏敏译，中国社会科学出版社2009年版。

时间、空间限制和对外部的资源的依赖，如此“无所待”的状态下人也实现了自足与趋近无限。这种倾向一则反映了人向“道”体还原的“本能”冲动，是存在者先天具有道体的规定性的表现之一；二则此等倾向始终只能存在于观念而非现实中，表明存在者无法于“在”界摆脱有限性。而且还要注意，上面的比喻中，体似乎是个“小”东西，存在者之“中”有“体”；同时还要把体看作一个“大”东西，它无所不在。存在者分有了“体”的属性，所以会表现出各自的规定性，例如自然规律。

可是每个由于诸“相”和合而具形的有限的存在者，在的方式和表现形态都各自不同，所以表现出的规定性也不同，而且都不能“完善”地把体表现出来。说得形象一些，每个存在者都只能表现体的“一部分”。于是“体”之“相”层面的法，到了每个存在者那里表现出的是各自不同的规律性和规定性。也可以说，每个存在者既是一理分殊，同时又有他自己的殊理。

所以古人说万事万物都有理在，尽管各自表现不同，但人可以从中参透到道体的一理。这种通过存在者的殊理去参透一理的方式叫“格物”。[①] 理论上虽是如此，但是真正要践行却困难重重。因为每个存在者的殊理之所以特别，在于诸相和合的方式各不相同。认识者很难仅仅通过存在者本身认识殊相如何和合，受到了哪些局限等。所以由存在者把握体非常困难，同理，由殊理去把握一理也是如此。真正能够做到的人少之又少，通常大家都觉得只有圣人才能如此。而且一般理解中，圣人不是由存在者向道体去体认，而是直接觉悟大道是什么，然后来对世人描述何为大道，例如老子和他的《道德经》。一般人做不到，所以只能沿着相反的路径，在分殊中找共性，然后再通过这些共性去推论那个最极致的共相，或曰总相（“理”）。

可是在认识殊异的存在者，尝试从中推导共相时，势必会遭遇

---

① 格物之说，最早见于《礼记 · 大学》：“古之欲明明德于天下者，先治其国；欲治其国者，先齐其家；欲齐其家者，先修其身；欲修其身者，先正其心；欲正其心者，先诚其意；欲诚其意者，先致其知；致知在格物。”不过真正理论化则有赖宋代理学家，尤其是“二程”、朱熹的创化。

殊理冲突的问题。任何存在者及相互间形成的关系,都包含以上诸多殊理。这种诸理竞合的状态呈现于复合了背景、参与者、行为的“事情”之中。殊理的基本状况,大致如图 3-1 所示。

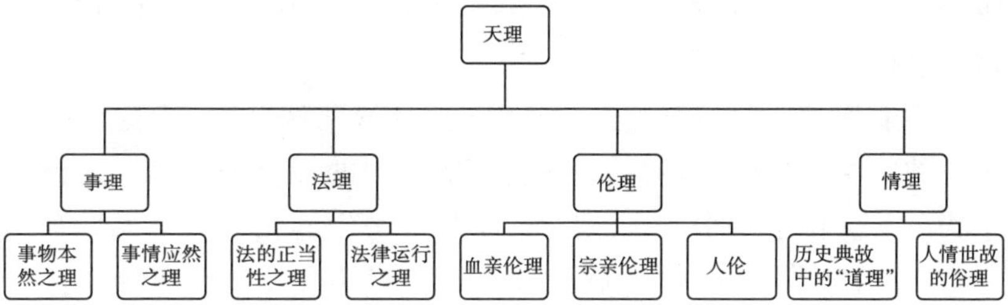

图 3-1　一理与殊理

事理包含两层:一层是事物本然之理,讲的是物本身的当然状态。自然规律就属于这一类。另一层是事情应然之理。说“事情”,意味着“人”的因素介入其中了。有人参与的事情应该怎么样才合理?这时需要考虑“情势”。人所遇到的任何事情都不可以单纯用自然规律来判断,其中所蕴含的情势非常复杂,理解时需要用到人们常说的“具体问题具体分析”。

法理是作为规则的法的理,需要抽掉内容来理解。法理也至少包括了两个层次:一是法所具有、呈现的正当性内涵。二是法自身运行所包含的机理。

伦理,至少包括了血亲伦理、宗亲伦理和后来泛化以后的人伦。要注意人文其实是之前谈到的“礼”之“质”。

情理,这一部分最大的特色是非天然。其中至少包括历史典故中的那些道理,还有人情世故中的那些俗理。这些也可以说是历史传统、文化传统和习惯。

就一件事情而论,始终包含众多殊理,且任何一个殊理又都不独立,它们始终以相互依赖、纠缠的状态融入事件之中,非常难以厘清。现在设身处地想一想,面对一件事情,前提是知道世界有唯一、终极的真理(俗称的天理)。那么要怎样去判断如何作为才算是合于天理?法官审理案件时其实面对的是这个局面。当然人们也可以做最简单化的处理,例如现在经常当作原则来讲的依法裁判,即以事实为依据，以法律为准绳，行不行得通呢？这样做表面上看可以获得合法性，但无法就此获得合“理”性，更遑论正当性了。如果以“天理”唯一为前提，那么就必须考虑所有这些殊理之间的关系，包括它们之间的融会、竞合、冲突等，尔后再作出唯一合理的判断。这个过程就叫作“权”。

之前说到，圣人行权，从中得到的判断是“法”。因为这个合于天理的判断，是这种特定情势下特殊的行为的最合理方式。这相当于为后人提供了一个判例，对之后类似情势中的相近似行为具有指导意义。比如说圣人丧父服丧3年，后来的人丧父也可以比照圣人服丧3年。可是注意，任何一次行权的结果都是针对特定事件作出的特殊判断，原则上它只对这个特定的事件绝对有效。其他的相似事件只是相似，不可能完全相同。这个道理和人们常说的找不到一模一样的两片树叶，五个指头伸出来不一般齐相通。每个事件中所包含的各种各样的殊理以及殊理之间的关系也不完全一样，所以一次行权只能产生一个具有参考意义的判例，但没有绝对普遍有效的判例存在。基于这样的判例，后人可以获得大致的行为样板。一系列这种判例，整合起来会形成一种被称为“常”的秩序状态，也是理论上的常态。这其实与现在通过立法形成的常态化的法律制度是一回事。立法者以规则化的形式建立起来的法律制度，本质上是针对抽象概念型构的常态行为方式和秩序模式，而非针对具体行为。它既不能直接反映天理，本身又有限。甚至可以说，没有任何一种这样制定出来用于指导人的行为的法律当然具有正当性。最多只能经过解释而获得一定程度上的合理性。只有代入到具体的应用场景中去作出的判断，才能讨论正当性和是否合乎天理。

比如曾经对人死后应当对应身份使用什么规格的棺椁有制度性的规定。这个制度合不合理，只有代入具体的事件中去才能判断。如果某人家中非常落魄穷困，他死后他的子孙到了要卖祖宅才能给他置办棺材的地步，这时是否应当遵守制度性规定和制度性规定本身在这个情景中是否合理实际上就成了一个问题，而这个问题必须依赖行权方可获得合理的判断。

所以成文法本身的正当性的问题是可以悬置的。它可以作为一种规范化的制度和秩序蓝图存在,甚至它的内容本身可以看起来很不合理,就像之前谈到的刑法制度。但只要在每一次行权时,能保证代入规则行权所作出的判断合理,成文法就完全可以不被质疑地作为法理的载体存在下去。它更重要的作用是成为一种象征,象征着国家、权威临在,并提供了参考性的规则样本。

法律规则所提供的常态是概念意义上的常态,这是立法者设计秩序时勾勒的蓝图。可是具体情况下怎么用就不一定了,因为情势始终在变动,相应地在实践中"常态"也是可变的,它只是行权时的参照系、参考系而非标准。在行权时只有一个绝对标准——天理,但这个绝对标准又不可直接应用于行权,而只是告诉行权者,权衡的过程必须以是否合乎天理为最终标准。

行权过程中,上述所有殊理没有孰重孰轻的分别。这无疑会给人们理解和操作行权带来巨大困难。已知的行权有两种方案:一种是当下流行的方案,简单地说可谓权衡利益。基本操作是把所有的殊理全部化约成等质而不同量的利益。量化之后,再运用理性去做加减法就好了。另一种方案是诉诸良知。这种方案的前提是殊理不同质,无法运用理性进行量化比较。理性在意义上成为工具,或名曰工具理性,成为辅助行权作出判断的工具之一。把理性当成工具之一,意味着量化也变成了一种方法,但不是唯一方法,不具有决定性,也不应该被用以决定判断结果。对所有殊理作出包括理性分析在内的综合考量之后,再诉诸良知进行判断。

可以设想一下,这两种方案哪一种更准确?几乎所有的现代人都会觉得,按理来说应该是理性计算以后的结果更准确。可是这时是按什么"理"?现代观念中只有理性。而回头去看殊理,其中有很多是理性完全无法计算的,像情理、伦理、事理。作出合理判断最关键的不是规则是否完备,也不是知识和技巧,而是作出判断的人,是人来运用知识背景,运用他对事理的理解,结合实在法,最后求证于良知来作出判断。所以才要强调"有治人,无治法"①"徒法不足

① 《荀子·君道》。

以自行”①等。任何写定了的成文法都不足以直接造成有序的局面。因为一旦具体化情况就变得很复杂,存在法律无法完全对应的诸理竞合局面。与此同时,判断仅仅依赖理性也不够,因为很多对象既无法量化,又无法同质化。

第三节　人定法的正当性问题

接下来要谈谈人定法(实在法)的正当性问题。法律规范提供的是一个秩序图景,它的每一条规范都成为秩序图景的组成部分;但所有这些都只是立法者“想象”出来的。当然这些“想象”背后有事实作为依托,是从现实中来的。可是已经发生的事情是过去式了,法律规范所提供的又是指向应然的判断模式,是将来时。缺少的恰好是现在时,所以法律规范与现实必然是脱节的,它始终基于过去而指向将来。这里就有问题了。连接过去和应然的是立法者,无论是作为立法权的象征的立法者,还是具体去操作制定出各个法律规范的立法者,他们统统都会面对追问:凭什么要这样去立法?

这需要问立法者凭什么要构建出这样一种秩序。具体来说就是凭什么以这一系列判断标准认定行为是否合法。回到曾经反复谈到的大前提:“道生法。”按理来说这是终极正当性依托;可是“天地有大美而不言,四时有明法而不议,万物有成理而不说”②。也就是说,世界本有道理,但道理不会自明,得由人去琢磨才能明白。这个过程中就可能存在义理折损、理解不到位,甚至人会偷偷加工,掺杂私欲私心。如此一来,人定的法律规范不能直接获得终极正当性。于是人立法时需要通过某种方式,来获得终极正当性支撑。一般说来中国文化中有“阴本”和“阳动”两大路径。

一、阴本、阳动两种进路

阴本路径,采用的是“法象”模式。像老子“人法地,地法天,天

① 《孟子·离娄上》。
② 《庄子·知北游》。

法道”[1]之说就很典型。人通过法象,或者说模拟天地运行之态的方式立法,以此获得正当性。有几个很典型的例子。例如《周官》(《周礼》)对官职作了天、地、春、夏、秋、冬六大体系之分,还有像著名的《月令》《夏小正》,具体一些的还有常说的秋后问斩,这些都是法象思路,它们的正当性都通过相似性获得。

还有一种可以称为阳动进路。例如说“通神明之德,类万物之情”[2]。伏羲建立一套叫作八卦的体系,把世界上所有的事、物都类型化为8类而全部纳入。由此形成的是一种新的“类观念”,可以看作人对世界的立法。通过类观念和类与类之间的关系,重新设定人与人的关系,例如通过乾上坤下,确定乾之类的君、父、男在上位,坤之类的臣、子、女在下位。这种立法不基于法象获得,而是在人为创立一套新的规则体系之后通过有效性来反向验证正当性。因为八卦体系是神性的,所以其中规定的内容都有道理。毕竟神性跟天道一样都是终极正当性的称谓。那如何表明它有神性呢?八卦用到的方法说得通俗一些是给人算命,通过可以算准来表现自己“通神明之德”。在这样的思路中,人的作为自始具有主导性。而法象思路中人是被动或者半被动的,因为人必须模仿外部的参照系。可是在没有参照系的情况下,阳动进路中人怎么能获得类观念?这需要依赖立法者的觉悟能力,或者他本人的神性,所以古代人通常都把它寄托在圣人身上。

二、人定法的正当性困境

但凡是人定立的法,都难以获得直接的正当性支撑。无论是阴本还是阳动路径,正当性都是间接的。不过曾经人定法也可以直接获得正当性,最典型的是人格神主导时代的神法,例如神谕、神谶。世界的终极决定者(神)直接告诉人应该做什么,不应该做什么。比如德尔菲神庙的女祭司向斯巴达的流亡的国王吕库古(或译作莱克格斯)转述神的意旨,让他结束流浪,重回斯巴达去立法,还要求

① 《老子》第二十五章。
② 《周易·系辞上》。

立法不能写成文字，只能以口口相传的形式成立。吕库古按照神谕去做，没有受到任何正当性方面的质疑，大家会当然地认同他是国王，应该立法，而且所立的法只能口传，不能写成文字。[①] 可是当人走出了神主宰的时代以后，所有的立法都存在获得正当性的困境，因为神已经隐退了，不再直接主宰或影响人的生活。这时只能以间接的方式为人定法求得正当性依托，这是获得困境。

除了获得困境之外还有呈现困境，因为即便是获得了正当性支撑，也需要展现出来。而展现本身也不容易。尤其是在大的制度调整、立法改革，或者革命以后的新政权建立法度，强烈需要正当性支撑时更是如此。人们为此想了很多办法，最直接的方法是显灵，例如古代常见的祥瑞，用祥瑞应验来显示天道和人的立法活动之间有某种联动关系。可是自启蒙运动开始，特别是进入现代社会以后，人已经主动地，或者说被现代性拉扯而把直接获取来自神的正当性的呈现途径堵死了，取而代之的是采用“解释”这种间接方式。此后人把所有获得终极真理的可能都用理性斩断了，只剩理性之人充当真理的解释者去说明法律的正当性。

在解释的过程中，一定会遭遇校验困境。曾经的校验很简单，比如之前说的八卦体系通过通神的有效性去校验。尽管现代社会中通神的直接路径已经被斩断了，但校验的最好方法仍是实践中的有效性。类似这样的做法古已有之，例如“天听自我民听”[②]，把天命和民心挂钩，就是用民心取代神意来校验正当性。这种说法从西周开始。商人为什么不如此？因为周人没有掌握商人那般高超的神圣技术。在当时的环境下缺少神性，也就意味着行为正当性存在疑问。周人意图以武力颠覆殷商政权，且要宣称革命正当，却又没有神意可以为他们做背书，于是只能人为去“解释”行为的正当性。这时理性开始起主导性作用了。周人解释说，除了神性技术外，还可以通过另一种方式更直接、更有效地知道天命，即考察民心。民心向背成为法律正当性的依托，并可以用来对法律直接进行校验，

① 参见［古希腊］普鲁塔克：《希腊罗马名人传》，席代岳译，吉林出版集团有限责任公司 2009 年版，第 79–113 页。

② 《孟子·万章章句》引《尚书·泰誓中》。

这是典型的理性方案。

可是这样会遭遇一个巨大的难题,在现代社会表露得格外明显。什么是民心?换一个现代语词来设问便是:什么是人民?现在经常说立法保障人民的利益,符合人民的意愿,是法律正当性的标志。可是人民是被人为设定出来的概念,它和一个个的个体之人之间是分离的,与个体的集合体也不同,甚至有可能相冲突。早在西方启蒙时代,思想家已经认识到其中的困境了。他们逻辑推演最原初的立法时,像卢梭用到的词叫作"公意",他认为当时人们订立第一个契约基于公意。公意原则上应该是全体都同意的意思表示。[①]可以假定第一代立法参与者形成公意时确实做到了所有人都同意,可是第二代人为什么要遵守这些法律?他们已经不能再作为个体参与到立约过程中去,此时再说公意是所有人同意的意思表示,并且以之为法律的正当性基础就有问题了。所以在这样的情景下就要建立起一个概念来对抗个体。这也就意味着作为一个秩序的法律规范体系,如果要用现实的效果去校验它的正当性,会遇到类似民心、公意、人民的利益和个体的欲求之间存在冲突的问题。这不是量的冲突,不是大多数人的利益和一部分人利益之间的冲突,而是一个被理性抽象出来的正当性标准和现实之间的冲突。而当曾经的终极正当性被理性切断以后,理性就在不断地建构出概念,以各种各样的方式替换现实中的对象,这种方式有些类似于造神。而这种造神行为的存在,也表明所有的人定法都迫切地需要人造的正当性支撑。这些支撑当然需要在理性上站得住脚,不过支撑的力度有多少就不一定了。

正是存在理性切断神性的转折,造成人定法的正当性困境和解释需求,所以出现了几类补救方案。第一类方案是塑造圣人。如此一来便能给人定法找到圣人定的标准,比如之前讲到孔子的《春秋》。孔子本人其实也经历了一个被造神的过程,而他的《春秋》后来被当作世俗的人定法之上的"万世法",成为人定法具有正当性

---

① 卢梭关于原初状态的假设,以及形成公意,订立契约的论说,见诸《社会契约论》和《论人类不平等的起源》。

的充分且必要条件。第二类方案通过师和学实现。这是一个由下而上的过程，提供或者认可一套本就具有权威的教化方案，指向的是道德教化和塑造。通过教化形成一套道德秩序，每个人都在这套道德秩序里成长，那么立法合于这套道德秩序和人们的道德共识，便具有正当性。还有第三类方案，是从合理性下落到合法性，或者说以合法性替换合理性，甚至正当性。最常见的是现代西方的宪制。人定法的正当性追问被限定在了合宪性，亦即合法性。至于宪法的正当性，被强行设定为除了实在法正当性之外的另一个问题。这种强制方案的好处是避免了对于法律规范正当性和效力渊源的无穷追问和解释。没有人可以超越宪法去追问法律规范的合理性和正当性基础。这对于整个法律规范体系的稳定性来说确实有利。可是其中同样有问题：一旦一套规范体系不能追问合理性和正当性，实际上也就意味着它根本没有终极意义上的合理性，也没有必然性。为什么非得这样立法而不那样立法？已经没有"道理"可说了，带来的结果是整个法律体系内部的自洽性自始存在问题。因为这样已经阻断并且实质上放弃了世界上有唯一真理这个最基本的前提。

如此一来，人在立法的过程中首要考虑的不是立法的必要性或者合理性，而是效果。刚刚已经谈到任何法律规范都会指向具体的效果，要为之提供一个理论上的常态和判断方案。一系列规则产生一系列判断方案，按理说在"道生法"的前提下，应该都合乎天理（"道理"）且能自洽。可是当不再去追问背后的必要性，定立每个法律规范时考虑的只是这条规范要契合哪些立法政策、达到什么效果，至于法律呈现出来的这一系列法律规范整合起来能不能有序，能不能合道不再是最基础、最重要的考量因素，这对于现代社会来说是一个非常严峻的问题。甚至可以说，很多情况下现代的法律只提供具体方案，已经没有整体图景可言，而且更麻烦的是已经不能去追问和质疑它们由此显露出来的正当性困境。

第四章　价值问题

第一节　善

关于善的元问题是为什么会有善恶。老子说："天下皆知美之为美，斯恶已；皆知善之为善，斯不善已。"[1]这句话中隐含了一个深刻的问题：是有人以后才有善恶；还是先天就有善恶，而人只是先天善恶的认识者？按老子所言似乎是有人以后才有善。如果把问题用西方式的话语来表达：善恶究竟是主观的，还是客观的？古代中国人虽说没有主客观之分，但是可以转化为善恶究竟是有人以后才有的，还是没人以前就有？如果善恶是有人以后才有，那么它似乎必然是主观问题，同时也意味着人才是善恶标准的制定者。当然也存在另一种可能，即善恶先天便有，但是除了人以外其他的存在者没有能力认识。

粗看起来人是标准的制定者，甚至只有人才有善恶观念。比如有一只流浪狗抓住一只鸟，在草地里一阵撕咬，结果鸟被咬死了。这件事情有善恶吗？绝大部分人应该会认为没有。可是当人们看到鸟在扑腾，在哀鸣时，会不会觉得鸟有些可怜？还是仅仅觉得很新鲜，很有意思？似乎大部分人会

---

① 《老子》第二章。

觉得残忍，所以古代人说“君子远庖厨”①。可是狗和鸟明明和人没有关系，人为什么会有这样的冲动？西方人的解释理论上主要依据的是人道主义，但显然解释力不足，毕竟对象都不是人。还有一种常见的解释是保护弱者，但也太肤浅了。需要再追问下去：人为什么会有保护弱小的冲动，而且弱小还不仅限于人？换句话说，人为什么会有同情心？孟子称之为“人皆有不忍人之心”②。人为什么会有这样的超越对人的个体生命关怀之外的冲动？孟子认为人的这种“心”不受理性控制，也非后天习得，导致它可以冲破人的欲望和利益的追求。所以即便是跟人没有任何利益关系，对人的生存不发生任何影响的现象，也会引发人的同情心。顺着这个思路，善恶似有先天的意味。但在现代西方语境中，善恶必须是主观的，且属于价值论的“应然”层面。而这种应然状态中的善恶又以一种相对的形式存在，它需要借助判断者。至于主观价值中有没有渗透进客观标准，那是另外一回事，无论如何善恶本身是主观的。再换个角度来看，如果没有人去参与、区分、判断，世界本身似乎没有也无所谓善恶，只有它的本然状态。人是否作出评价对它并没有实质性影响。

人对世界上所有现象的认识，无论对象是主观还是客观，只要是人对它进行的认识，全都借助了人作为起点和基点。即便不承认人是评价者，不承认人对世界的描述带有主观喜好，也不意味着这种认识就符合严格意义上的客观。最简单的证明是，人认识和描述都不得不受制于人的官能和认识能力。所以一旦人描述世界，所展现出来的客观世界一定打上了人的印记，这也就意味着现在讨论到

---

① 《孟子·梁惠王下》。

② 孟子曰：“人皆有不忍人之心。先王有不忍人之心，斯有不忍人之政矣。以不忍人之心，行不忍人之政，治天下可运之掌上。所以谓人皆有不忍人之心者，今人乍见孺子将入于井，皆有怵惕恻隐之心——非所以内交于孺子之父母也，非所以要誉于乡党朋友也，非恶其声而然也。由是观之，无恻隐之心，非人也；无羞恶之心，非人也；无辞让之心，非人也；无是非之心，非人也。恻隐之心，仁之端也；羞恶之心，义之端也；辞让之心，礼之端也；是非之心，智之端也。人之有是四端也，犹其有四体也。有是四端而自谓不能者，自贼者也；谓其君不能者，贼其君者也。凡有四端于我者，知皆扩而充之矣，若火之始然，泉之始达。苟能充之，足以保四海；苟不充之，不足以事父母。”参见《孟子·公孙丑上》。

的任何话题，只要在人能够讨论的范围内，都不能完全排除掉人。即便被认为是最客观的自然规律，当你去观察它时，也已经带入了观察者的印记，更何况规律还是人观察以后描述出来的。

所以之前那个没有人的世界有没有善恶的问题，也可说是在人类的能力范围之外，根本就不能讨论。人在认识世界、参与世界时扮演了很多角色。对于善恶问题而言最重要的角色无疑是作为主体的人，意味着人是标准的建立者，同时是目的。在这个意义上人同时也是现代法律成立的基点。由此，法律被界定为用来保护主体利益的规则。

人自以为作为观察者，声言秉持着客观的甚至价值无涉的立场，不受任何主观和外部因素侵扰地观察、理解“客观”世界。但这种“角色”本身就是人基于自己的主观性和能动性人为设定出来的状态。纯粹意义上的客观、中立根本不存在。

还有作为参与者的人。无论观察不观察，评价不评价，定不定标准，是不是把自己当作目的，人都是世界的参与者。另外人还作为觉悟者。之前也谈到，在古代中国人看来，人是最特殊的存在者。而之所以特殊，在于人不仅仅能认识存在，还能反思并把握到超越存在的绝对、无限、真理。正是因此，从古至今所有的文化都有造神的倾向，造神的目的归根结底都源于一种追问：什么是绝对？什么是超越？世界有没有无限（或曰极限）？人不仅仅会追问，而且还可以把这种对于超越的反思、理解转换到行为上。例如，道教的长生、成仙理论追求通过修炼长生不老，这便是一种对存在状态的超越；或者要“白日飞升”，质言之是对物理空间的超越；还有对生死的超越，追求死后成神也是其表现。

从另外一个角度来说，人有一种反向作为的意识，要让整个世界走向超越。人们常说中国文化有两类传统，一类可以叫作修身（儒）、隐修（道）和自我解脱（小乘佛）传统，另一类可概称为外王（儒）、度人（道）和普度众生（大乘佛），共同的意旨都是要让整个世界经由人的整顿能够趋向于超越和完善。人有这种特殊的能力，因而中国文化视之为觉悟者。在这个思路中，人的觉悟能力，以及随之而来的人对世界所负有的使命、责任，都是先天的。

前面说到主体的视角和主体的身份可以人为设定出来,观察者的视角也是人为设定的结果。人为什么能设定出这两者来?其实都是因为人有觉悟,且人具有因觉悟而主动作为的能力和意识。在思考如何作为以获得超越性认识时,才会产生上述两种身份设定。至于设定对于寻求超越是不是有效,那是另一回事,暂且不论。任何存在者都无时无刻不在参与世界的大化流形,而且参与者只有内部视角,没有"上帝视角",跳脱不开存在界去看待世界。所以,我们会发现所有对善以及和善相关的讨论都和人有关系。因而,理解善必须置于上述背景下,从人开始。

一、体善

世界对于人而言的善恶,理解也有三个层次,最高的层次是"体—相—用"结构中的"体"。可以说世界的本质、性质应该是善的。当然,人在讨论世界的本质是善还是恶时,是从人的本质开始的。人类古今各个传统与之相关的理论阐发,大致可以归纳出四种说法:性善论、性恶论、性不善不恶论、性兼有善恶论。

(一)性善论

性善论最典型的理论表达,是道家的原善论。他们认为世界本身就是善的,因为世界原本完整和谐、有序,所以有善而无恶。往形而上层面推一步,世界为什么本来是善的?因为体,或者说道就是善,而世界就是这个善的"体"的显化。这里的体善之善,含义更加接近完善之善。

那么,世界为什么会有恶呢?道家认为是因为原本完善的世界,有人在其中妄作妄为,破坏了本应有的和谐有序的完善状态。为什么道家会把恶"归罪"于人呢?因为人和其他所有的存在者一样都是有限的,同时还有独特的主观能动性。这在前文中反复说到了,不难理解。当包括人在内的所有存在者都自发地遵循"道"所"自然"呈现的规律生活时,有限的存在者个体可以保持整体上的有序。换句话说,他们个体的有限性此时不会对宇宙整体秩序造成影响,虽说都不完善。可是人是特殊的存在者,他有欲有私。说得细致一些,人有自我觉悟,会为了自我去获取那些超越自我需求外部的资源。也就是说，人的欲求比他的需要以及自然秩序中设定的人的需求要多。所以人就变成了曾经有序、完善的秩序的扰乱者，他们的“人化”作为让世界变得混乱无序。可是除了有欲有私以外，人又有觉悟，会去反思这种人有欲有私造成的不善，并且试图把这些不善连同人的妄作妄为全部去除，让人重新回归到合于道的状态。这是道家的思路。顺着这个思路再推一步，世界本身是善的，人破坏这种完善就是恶；与之相反，人去恶而向着完善还原的行为也是善。所以在道家那里，善、恶不是所谓“主观”的价值判断，而是人主观对道、合道、返道有所把握之后作出的人化表达。

另一种理解来自儒家，最典型的是孟子的性善论。性善论的核心是人性本善，这和道家看起来自始不同。人性原善，本有善端，表现出来的端倪是良知。可是人的善端也好，良知也好，从何而来？归根结底也源自“道”（世界之“体”）。《中庸》说“天命之谓性”讲的就是这个道理。善端、良知是道一体分殊在人身上的显化。这个说法背后的预设和道家一样，都认为世界之“体”本善。引申出来，合于道者、向道而动者为善，背道而驰者为恶。

人是特殊的存在者，且他之于道的禀赋格外明显地呈现出来，即觉悟和良知。人通过反思和自觉把握到了道，所以人之所以为万物之灵秀，换言之也就是人之为人的特殊性在于：人能够格外清晰地呈现出道，而且人还可以反思并且主动地把握道，再接下来还能基于反思与把握主动地涵养道、涵持道，这就是孟子说的“养吾浩然之气”①。这种存心养性还远不止于个体修持，更要向外推展出去。最理想的状态是使浩然之气顺着心、身、家、国扩充到天下。这是“君子”“大丈夫”应有的工夫历程，也可以叫作证道历程。既然是证道，自然上面提到的良知、涵养、扩充、推展等工夫就是对善的践行。

其中的一个问题在于，人的善端是对道的禀赋的征显，而根据理一分殊的前提，其他所有存在者同样也应有此禀赋，为什么孟子要强调善端是人区别于禽兽的“几希”呢？照这个说法，貌似人之

① 《孟子·公孙丑》。

外的存在者没有禀赋道体。若是这样，岂不是与所有存在者俱是大道一体分殊的显化这个大前提相违背了？孟子之所以强调善端、良知专属于人，是其他的存在者虽说同有天命之性的禀赋，但是受限于他们的“气质之性”有偏分，不中正。唯有人的气质之性是中正的，所以人可以主动地意识到自己有善端这种禀赋，并且自觉地反思和作为。其他存在者不行，他们只能因循人们常说的“天性”活着，不能反思，更不能超越。

顺着上面的思路来看，什么是善，什么是恶？“天命之性”是善，是超越有限的完善、至善。有限同时就意味着不完善、有缺陷。以孟子为代表的儒家是把存在者超越有限性和不完善而臻于完善的希望寄托在人上，或者说寄托在人的觉悟与主动作为上。这明显和道家的理解思路不同：虽说理论基点一样，都认为世界有道，且道是至善的；不过道如何显化，显化出来的世界应该怎么判断，人在其中起到的是什么作用，以及如何引领世界以臻至善，这些方面的理解儒道两家很不一样。按照道家的理解，是人应该还原，运用人的基于特殊禀赋而有的觉悟和行为能力，把人同样是基于这种特殊禀赋而产生的自我、私性、私欲和由之而来的妄作妄为去除掉，便可实现和合于道的还原。这个说起来有些悖论味道的还原过程，就是老子所说的“为无为”①。按照儒家的思路，人要无限发挥人的特殊性，以此获得对于道的把握，然后依据人的理解去整顿、重建世界，消除世界的有限性以获得世界整体性的完善。这个过程就是证道。两家理解，都预设了世界本应至善，但现实存在不善，同时世界应该往善的方向运动。

（二）性恶论

性恶论最典型的主张者有两家：一家是荀子，另一家是霍布斯。荀子的性恶论中所说的性是气质之性。后来很多人把荀子的性恶论和孟子的性善论说成是针锋相对的两种不同立场，这是一个关公战秦琼似的理解，因为他们讲的根本不是一种“性”。但是其间的

---

① 《老子》第六十三章。

区别一直到了宋代,准确地说是张载为之区分以后,才解说清楚。[1]孟子讲的性是天命之性,荀子的性恶之性是气质之性。事实上孟、荀两家对世界之体本善的理解是完全一致的。按照孟子的推论,天命之性为善,恶发生于存在界,即天命之性被遮蔽、折损以后。荀子也一样,他认为气质之性是恶的,会遮蔽掉人对天命之性的把握。只不过荀子没有说关于前面一段天命之性的话题,所以人们只看到他明确表达出来的人性为恶。为什么会恶?因为人要为了自己的存在而谋私。[2] 这是非常常见的儒家式表达。两个同宗于孔子的硕儒实际上道同而术殊。荀子的理论同样以向善为旨归,而他的善就是孟子、孔子的善。至于怎么向善,或者说怎么突破存在的有限性,荀子认为关键在于"化性起伪"[3]之"伪"。"伪"的本义就是人为,说得更准确一些是人基于自己独特的智识、觉悟主动作为以化除有限性。

那么为什么原本是性恶的人要去向善?因为人会意识到这是一种有欲有私的过度追求,而这种过度追求会导致世界混乱,同时也会伤害人。所以人要有度,要节制。那么,什么能致人有度且节制呢?礼是制度之节文,用来节制人欲,寻求中和与平衡。如果还原回去,会发现荀子虽然讲的是性恶论,但是他的预设和孟子并无不同,都是世界本应为善,因为过度的不合礼的作为,才让世界显现出恶态。

另一种是霍布斯的性恶论。如果去读《利维坦》会发现霍布斯的讨论起点不是世界,他从认识开始讨论,更具体地说,是从认识的官能开始。从官能到认识,再到人性。顺着这样的思路讨论下来,始终围绕的关键问题是人得生存。或者说在霍布斯那里生存被当作核心命题,所以善恶的基本判别式便是:对生存有利的是善,不利于生存的是恶。霍布斯始终面对的困境是对人的生存有用的资源总量有限且稀缺,这两者被设定为基本前提。所以人能够获取到

---

① 参见张载《正蒙·诚明》所论。

② 参见《荀子·性恶》。

③ 《荀子·性恶》。

的，用以维持生存的资源不仅仅有限，而且是匮乏式的有限。在这个前提下，只有强者才能生存。[①] 这同时也意味着生存和死亡不再是善恶的绝对判断。例如，人杀一只鸡，吃了以后他可以不饿死，对他来说当然是好事，是善。可是对鸡来说好吗？鸡自然不会有舍生取义成就人的想法。当然人也不在乎鸡的想法。同理，也不是所有的人都被关切，只有那部分成为"主体"的人才有资格成为善恶关照的对象。如此一来，善恶命题在霍布斯预设的条件之下已经被转化为了相对问题；他不讨论世界本身的善恶，也没有绝对意义上的善恶。说得通俗一些，世界好不好我不管，管的只是我怎么能活下去。所以他不讨论体善，世界善不善跟他没关系；当然他也讨论不了，因为自始就预设了很多前提。所以这样的性恶论，涉及的不是绝对意义上的世界本身善恶的问题，也不是绝对意义上的人性善恶的问题。因为对霍布斯而言只有一种人性，即人要生存。如果不围绕"主体"来讨论，就无所谓善恶。这样来看，善恶就变成了一个主观的命题。但这并不是因为善恶问题本身主观，而是因为设置了相对意义的起点。现代法学中关于善恶的讨论，理论起点大多在霍布斯这里，所以霍布斯的观点对于理解现代西方法学和整个近代以来的西方思想、政治、社会文化很重要。

（三）性不善不恶论（性兼有善恶论）

性不善不恶论，类似把人性看作一张白纸，原本没有颜色，画黑色它就黑了，画红色就红。主张性不善不恶论的思想家中有一个非常典型的人物叫告子。他有一段和孟子针锋相对的人性论辩论，保留在《孟子·告子》中：

> 告子曰："性犹杞柳也，义犹杯棬也；以人性为仁义，犹以杞柳为杯。"
>
> 告子曰："性犹湍水也，决诸东方则东流，决诸西方则西流。人性之无分于善不善也，犹水之无分于东西也。"
>
> 告子曰："生之谓性。"

告子打比方说性就像水，往东开口子它往东流，往西开口子它

① 参见［英］霍布斯：《利维坦》，黎思复、黎廷弼译，商务印书馆1985年版。

就往西流，所以性不善不恶。孟子反驳他的话也用水做比喻，说尽管水有可能往东流也有可能往西流，但是它一定往下流：

> 孟子曰："水信无分于东西。无分于上下乎？人性之善也，犹水之就下也。人无有不善，水无有不下。今夫水，搏而跃之，可使过颡；激而行之，可使在山。是岂水之性哉？其势则然也。人之可使为不善，其性亦犹是也。"

仅就水之喻来看，似乎告子、孟子的说法都有道理。老子也用水打比方，说"水善利万物而不争"①。这告诉我们一个道理，用比喻来论证是完全没有力量的，它仅能作为阐明意图的补充。

告子说的不善不恶之性，更接近张载说的气质之性，②它是人的"材质"，可以把它塑造得向善，也可以把它塑造得为恶。和告子想法相近的是现在的自然科学，声称只做客观描述，不含有主观判断。他们给人做的设定类似于之前讲到的观察者。观察者只去描述世界是怎么样的，至于世界被人用来干什么，对人来说有什么利害，如何去评价等问题，与观察者没有关系。描述可以看起来很合理、很客观，可是作为描述者的人绝不是单纯的观察者，同时也是参与者。人和其他所有存在者一样参与到世界运行流转之中，只不过比其他的参与者有更多能力，而且用了这种能力来进行描述。可是在用人的特殊能力来描述时势必受限于"人"。人声称不去评论客观事物、事件是善还是恶，只把事情本身描述出来，却避免不了其中始终都有人的影响。而且描述是人做的，描述出来为的是让人了解，所有这些都和主观能动参与的人脱不开关系。这时再来追问观察者本身为什么要观察，为什么要描述，以及观察和描述的对象与观察和描述的结果是不是一致同样会出问题。

康德早已阐明人的经验是不可靠的，因为人始终受制于自己的官能，以及基于官能形成的经验。③ 人看到的世界就像始终戴了有色眼镜一样，所以人不能直接把握世界本身，把握到的只是人通过理解创造出来的自以为客观的对象。不能把握的真正"客观"的事

---

① 《老子》第八章。

② 张载关于"气质之性"和"天地之性"的判分，参见《正蒙·诚明》。

③ 参见[德]康德：《纯粹理性批判》，邓晓芒译，人民出版社2004年版，"导言"。

物本身，按照康德的说法叫“物自体”。[1] 这样一来人描述出来的世界和客观的世界本身有无法弥合的分隔，这使人没有能力去回应世界本身是什么的问题，而只能描述人觉得世界本身应该是什么。

另外还有一种是性兼有善恶论，典型例子来自琐罗亚斯德教的圣书《阿维斯塔》。[2] 书中的先知阿胡拉·马兹达说世界原初就是善恶相生。这是早期文化中最典型的二元论。其他的绝大部分早期善恶二元论都带着一元的色彩，大家似乎对唯一的世界本原念念不忘，无论是在记忆中还是觉悟，认为善、恶二元是一元而后的次生状态。但琐罗亚斯德教比较特殊，他们根本不谈一元，而是认为世界本身即善恶双生，且在演化历程中始终是一种缠绕状态。既然世界的本源是善恶相生的，那么人的行为究竟是应该向善，还是应该向恶？我们凭什么说杀人就不好？似乎这会让人陷入困境，会导致人失去方向，甚至失去秩序。可是如果顺着马兹达的思路来想，人为什么要向善？人为什么要秩序？世界本来就是以善恶相生的方式构成，人为什么要去追求一种特定的秩序？或者人为什么要去追求一种特定的有秩序内涵的价值？人也可以不追求。这种对世界的理解背后隐含的观念非常古老，也非常特别。“一阴一阳之谓道”[3]讲的也是类似的观点。世界是阴阳两成的。把阴阳关系换一下，可以对应刑与德，两者在人的世界必须兼备。与之相应，世界的演化也是春生秋杀。这同样也非常古老，更接近于人原初对于自然神的理解。自然神观念中世界本来是有善有恶的，世界（自然神）对人也有好有坏。人在这样的秩序中应该扮演的角色只是听从神命。

当人从自然神的状态脱身出来以后，人的觉悟和人作为主体在很多文化传统中被凸显出来；但是在琐罗亚斯德教中，凸显的不是人，而是作为整体的世界，人仍然是作为世界的一环参与其中，所以人仍然要听神的话。不过他把自然神改变了，在中间加入了唯一的

---

① 参见［德］康德：《纯粹理性批判》，邓晓芒译，人民出版社2004年版。

② 参见［伊朗］贾利尔·杜斯特哈赫选编：《阿维斯塔——琐罗亚斯德教圣书》，元文琪译，商务印书馆2010年版。

③ 《周易·系辞上》。

中介者,也就是作为先知的阿胡拉·马兹达。当然可以说这是为了宗教的需要作出的转变,但是他的思想代表了一种人对世界以及人对自身设定的理解方式。在这种设定下,人是参与者,不去主动作为。以不去主动作为为前提,世界可以说是阴阳两成,也可说是善恶两成。

再往前推一步,就是之前说到的有无相生的话题。有体和无体不是有,因为他们不"存在",所以也不是简单的有无相生,而是超越了存在之域的有无。当人以"有"为出发点去观察,观察到的是体的"有"的一面;而当体悟到它不存在于世界,便可认识到"无"的一面,在这个意义上体有有无两面。由此看来,在体的层次展开的兼有善恶之性的论说,其实是对体的一种人化描述。相比于告子、霍布斯等囿于材质、经验谈性要深刻得多。

二、德善

第二个层次是德善。德善简单地说是属性之善。例如老子说:"圣人常无心,以百姓心为心。善者,吾善之;不善者,吾亦善之;德善。"[①]老子曾经重新厘定并析分过很多概念,比如上德和下德。为什么要分上下?分的目的就在于德之"相"与"在"分属于不同层次。放到所谓德善层次讨论的是属性之善,属于相善。粗看起来相本身无所谓善恶,转化一下可以表达为:物(存在者)的属性有没有善恶?之前说到流浪狗咬鸟的例子,如果去掉作为出发点的人,狗的行为有没有善恶?对物来说似乎不会有,它们应该只有物本身的属性、特性,只有是否合于物性,没有善恶。关键问题就在这里了。物性一定是在相对的环境下存在的,存在者从根本上说是诸相以某种特定的方式聚合到一起,所有的物都是一"体"分殊的诸相和合的表现,所以一定是关系中的表现。这有些类似于人们常说的事物普遍联系原则。佛教说现象都是假象,判断的思路与此相应,只不过佛家认为相乃是假,是故物亦是假。暂且无论佛家的立场,仅就其所论可知,现象必须置于复杂关系构成的整个存在界中才有意

① 《老子》第四十九章。

义。同理,物的属性同样要放到存在界的整体和关系中审视才有意义。姑且无论谁能发现意义,只谈意义本身。认识到物要表现自己的存在,并且这种表现同时也是"道"的载体,这时它的属性才有意义,才会有所谓德善的判断。这也可以叫作"成物"视角。

换一个角度说,世界上所有的存在者本是互相成就(或曰互养以为在)的状态。那么问题在于什么样的状态是"好"的,或曰"善"的互相成就的状态。按照联系的观点,和谐有序是最基本的价值,这时每个存在者都能充分地表现出它存在的意义。按此,物性就是物德。最典型的表征是万物有德的观念,脱生于更早的泛自然神观念世界中的万物有灵。彼时每个物都是自然神的呈现、有神性,那么整体的秩序环境和物性都是神性呈现。越是完整地呈现神性(物性),便越完善,换句话说也就越"善",反之即"恶"。古代人经常说水德、木德、火德,都是顺着这个思路展开的。

不过对属性之德的思考用到同样作为存在者的人这里会有争议。因为人既是作为"物"的存在者,又是"化物"者,能够主动整饬物和世界秩序,同时又扮演了扰乱者的角色,可以扰乱、破坏秩序和物性的自我呈现;于是到了人这里何为德善又变得相对和不确定起来。

如果不讨论基于主体的相对性,单就存在者本身看人的属性,人的德性是什么?或者说什么是人?儒家认为成"仁"即人,即像人一样地展现自己。所以孔子说:"我欲仁,斯仁至矣。"[①]但是怎么样才能像"人",孔子给出的两个要点是忠、恕。[②] 大意是忠于自己的本心、良知;宽厚对待他人。再解释一下,就是推己及人,是"己所不欲,勿施于人"[③],以成就自己的方式去成就他人。这是人的基本属性,或者说人的德性。当然,如果转化成行为规则、原则只会有变化,因为受制于人的有限性,人通常对自己会更好一点。所以经过反思与自觉之后,对自我的要求要更严格,对他人的要求更宽厚一点,于是成人的行为原则会转化为"严于律己,宽以待人"。所有的

---

① 《论语·述而》。

② 参见《论语·里仁》。

③ 《论语·颜渊》。

这些目的都是成就人性的德善。这种人的道德本性和所有其他存在者都不同。其他存在者,无论是有生命的还是无生命的,都不会以这样的方式去反推。而且即便会有零星存在的利他行为,甚至这种利他可能超越种族;[①]但是这也是偶然现象,行为做出者不会有反思,更不会主动地推而广之。这是与人最大的差别。

三、用善

第三个层次是用善,包括两个维度:一是存在者之善,二是以善为在。这两个维度离开了人都是伪命题,只是有人参与并反思以后才成为值得去讨论的话题。按照荀子的说法,相对于“完善”之“善”来说,所有存在者因其有限性而都有恶性,他们可以部分获得完善的属性,同时也就意味着缺失了一些部分。所以不完善的状态也可说是恶。以此为基础去理解世界,才有所谓善恶的问题。可是除了类似荀子这种判断,绝大部分人理解的是,尽管气质之性有偏分,存在者的存在状态相较于“体”而言有局限,可是存在状态本身不能单独作善恶评论。结论是所谓的客观世界没有善恶,只有附带了特殊的主观设定才有善恶。

所以现在关于存在者之善的讨论,或者在存在界讨论的善恶,都系于某种特定的基点,最多见的是主体;而这样的情况下没有绝对的善恶可言。比如说主体一定会具形化为个体,那么对于个人而言什么是善?按理说生存是善的,或者存在下去是善的。可是对于个人而言生存是不是绝对的善?似乎也不是,还要有尊严地生存,例如有很多人认为苟延残喘是对生命的不尊重。如此一来,个体在被设定为基点时,又不被设定为单独、唯一的基点;因为个体在被看作基点的同时,已经被设定在了社会环境中。即便是用逻辑反推原始状态,哪怕是没有夏娃的亚当,他都不是一个人活着,或者说他不是唯一的存在者,还有耶和华、树、苹果、蛇等。所以所有个体即便作为主体,它也只是一个判断的基点而已。善恶关系需要借助这个

---

① 比如传说中罗慕路斯被狼养大,表明母性可能超越了种族,甚至超越物种。罗慕路斯的传说,参见[古希腊]普鲁塔克:《希腊罗马名人传》,席代岳译,吉林出版集团有限责任公司 2009 年版,第 37-71 页。

基点才能成立，但是并不意味着作为主体的个人或者说作为世界目的的单一个人一定是善的标准。这时讨论善会遇到对于一个个人来说有利于他的行为和事件，这些大致可以判断为对他而言是善的。同时利他的行为也会被判断为善，这正是个体背后的社会环境（尤其是多人集合状态）使然。所以在用的层次理解的善恶，即便是以主体为基点，也必须在相互关系中理解。这样意味着用的层次的善恶始终是一种相对且变动的状态。

联系前文所说，“用”之中就含有“动”义。既如此，便没有唯一衡定的标准可言。人们遇到价值问题很难判断，变动不定便是原因之一。总体来说，问题在于基点一定，但标准变动，影响作出判断的各种外部因素也在变动。因为交互关系很复杂，这会造成人为了便宜不得不先预设某些善恶标准，然后在事件中作出调整。

预设的标准中有两个不变的原则。第一个原则是利己。利己是为了个体生存。第二个原则是利他。对作为主体的人来说的善始终是这两者同时存在，而这两者在很多情况下还相互矛盾，且所有关于善恶的评价原则、评价标准，其实都是在这两者之间做平衡。之所以会有这种困境，最根本的是个体生存被当作不变的基点。

如果抛开生存不论，再来看对于一个作为存在者的人来说什么是善，就会面对很多人都在追问的根本问题：生命的意义是什么？有一种说法叫作舍生取义，很明显意味着生命变得不那么重要了，或者说在生命之外还有更重要的东西。还有一种行为叫作自杀。为什么人会自杀？显然是因为人会意识到个体生存、生命不是生命的终极意义所在。于是会演化出一些超越存在，同时也超越社会的道德标准，亦即善恶标准。这些标准超过了世俗的基于政权制定的法律，有很多存在于宗教教义和行为中。像佛教中有个经典故事，说释迦牟尼看到老虎饿了，于是割了自己的肉给它吃，[①]这被佛教认为是一种行善的行为。背后的道理是作为个体的人有超越性的善的标准的指引，所以可以不囿于存在的限制。这也是为什么到现在为止，很多宗教的法则和教理仍然在起作用，因为它们抓住了超越

---

① 故事出自《贤愚经》卷一《摩诃萨埵以身施虎品》。

性。之前反复谈到，人是有超越性的，只有人会追问终极问题，寻求超越生存的终极意义，并且把问题转化为人的使命、世界的绝对、真理等。以超越性指引人，为人的行为建立善的标准，这时善脱离了相对性。

法律直接关涉的是非常有限的善。在有限中，法律需要去平衡的是利己和利他，也就是平衡个体和个体之间的关系，个体和群体之间的关系，以及个体和社会之间的关系。法律要考虑的是在平衡中如何能呈现出善。而在很多时候由于背后的善本身缺乏明确且可以固定的标准，不能直接落实为规则，大部分实证主义法学家直接把善恶问题排除在对实在法的讨论之外。

四、恶与罪

接下来谈和法律更相关的另一个话题：为什么会有恶？其实刚刚已经谈到，可以把善和恶当作阴和阳两面相生相成来看，也可以把恶直接归于存在者存在的有限性。可是另外一组话题就不好理解了：为什么会有罪？如果认为所有存在者因有限性而都有恶，那为什么这些原生的“恶”要被判定为“罪”呢？这对法律影响很大。问题可以收束为：作为有限的存在者的有限性是恶，还是人为扰乱原生秩序是恶？

现在关于罪的缘起理论，最著名者无疑是基督教的原罪论。按之，人生来就有罪，于是人整个生命过程的最大意义在于赎罪。再往回推一步，人为什么会被认为有原罪？是因为人吃了那个苹果吗？是贪吃造成有罪，还是动了贪吃的念头造成有罪，还是人信了蛇的话有罪，抑或蛇有罪并把罪传递给了人，还是上帝在造人时就给人注入了罪？把上面一众问题收束一下，可以归结为：究竟是人本性有罪，还是人的本性为人后来犯罪提供了资质和材质？当然这些问题有争论，并不妨碍基督教世界接受人有罪的既定前提，所以人要赎罪；必须赎罪意味着要向善，要做善事。做善事是为了把自己原来的罪给赎干净，死后可以进天堂。这种理论逻辑上讲是没问题的，可是最后涉及评价时却很复杂，哪一类事情被认为是善事？显然这些用来赎罪的事情应该和原罪相反。可是哪些事情是相反的？活着是不是相反？有没有一个状态是亚当活着但没有原罪的？似乎没有，他一开始就有原罪了。那么他有原罪时活着，赎罪时也应该活着吗？如果是这样的话，为什么基督教不让人自杀？这样一来就说不通了，因为基督教强烈反对自杀，认为这同样是一种罪。由此可以判定，存在的状态无罪。按照西方的说法，人有理性，是因为亚当吃了智慧果，也因此有了原罪。其实西方传统中一直以来都主张人的理性智慧是从神那里分有的，所以把从神那里分有的官能、属性理解为原罪肯定有问题。人为了自己，而非为了服从、取悦神而运用分有自神的智慧，这才是人的原罪。

报应自人的生命开始便已经注入了，以有限性为表现。这其实也是一个契约，用会死换取人的独立性，即后来说的人的主体性。经过了这个阶段，人开始背上了原罪，其中包含非常强烈的两点表现：一是反神，二是反对原初秩序，开始建立一套人化秩序。既然如此，人所有的行为都打上了罪的印记，同时人又要通过自己的行为去赎罪。那么人怎么才能赎罪？至此只剩了一种方法，和《阿维斯塔》中提供的方法一样，人只有无条件地相信神，而不相信人自己，完全按照神意去行为，才能赎罪。这是基督教的观念。

到了近代启蒙运动以后，基督教对于世界的这套解释实际上以变换形态的方式保留了下来。现在人们已经不再完全恪守原罪和赎罪观念，但人要主动向善地去作为，这个原动力还在，只不过善的标准人化、相对化了。这个意义上的善的基本原则被理性地设置为了利他。人要去做利他的行为来抵消由于利己而做出来的恶。早在像福音书、使徒书信等中，提供的指引和《旧约》非常不同：它们指示人要利他，像著名的“博爱”等观念其实都跟利他有关；而这在近代以后被放大，也被改造，此后人不再去怀疑主体性，也不再怀疑人的作为本身的属性问题，转而讨论在利己和利他中间如何取舍，认为人有原罪一定是过度利己造成的不良后果。有了这样的观念以后，问题变得好解决了，既然人在利己和利他中间画了一条线，那么所有的情况都可以用利益来计算，善和恶变成一个可计算的问题。后来功利主义之所以被当成一种合理的理论拿上台面，就在于基本善恶观念被改造了，改造成可以用利己利他来衡量。

中国古代也有一种类似的赎罪理论，叫“承负”说，后来被道教吸收了。东汉末年张角的太平道使用的《太平经》中就有承负说，[1]不过观念渊源更古老。承负是说人一生下来就要赎罪，因为即便自己不作恶，每个人也都背负了祖先作的恶，所以要不断地赎罪才能让自己和下一代少背负一点罪恶。当然其中也有个元问题：第一代祖先为什么以及怎么会作恶？这和早期道家的思想相连。道家认为原本宇宙是完善有序的，但人出现以后，人的主动为私的行为会造成对原初秩序的悖反，这就是作恶。因此人要去做善事来抵消已经做下的恶。这个说法在中国流传了很久。

还有一种是来自印度的轮回观念，佛教中讲得特别多。轮回观念最大的特点在于时间不是线性的，而是始终在循环。循环意味着没有起点也没有终点。在这个过程中，人只是各种各样的因缘和合以后产生的假象，物也是如此。这就是佛教说的诸法无自性，只有空性才是真的。一切存在者都只是在时间循环中幻化出来的显形而已。在这样的前提下，再去讨论人应该做什么和不应该做什么时，也就无所谓绝对的善和恶。只要显现出来的都是恶，或者说都有恶，因为存在者是对于空性的真如之体的假的反映。这就意味着整个存在界没有基于自身的终极目的，去除虚假的自我认知和自性之恶才是存在的目的。

这是几种比较典型的原罪理论。从这些理论中可以看到的共性是，不管基于什么样的理论基础，都认为利己和恶的关系比较大，而这种利己造成的恶和罪的关联更紧密。其中会产生性质之分：什么样的情况算是恶，什么样的情况算是罪？如果按照前面讲的几种

---

① 关于《太平经》的承负说，研究成果颇多，对于基本内涵学界基本达成了共识。陈焜概括为五种类型：后人为前人“承负”、人为天地“承负”、自然界事物的“承负”、后人为前人邪说“承负”、后主为先主“承负”。参见陈焜：《试论〈太平经〉中之承负说》，载《宗教学研究》2002 年第 4 期。并可参见卿希泰主编：《中国道教史》（第 1 卷）（修订本），四川人民出版社 1996 年版，第 133 页；陈静：《〈太平经〉中的承负报应思想》，载《宗教学研究》1986 年第 0 期；刘昭瑞：《“承负说”缘起论》，载《世界宗教研究》1995 年第 4 期；韩吉绍：《“承负说”与两汉灾异论》，载《史学月刊》2007 年第 12 期；黄景春：《“承负说”源流考——兼谈汉魏时期解除“重复”法术》，载《华东师范大学学报（哲学社会科学版）》2009 年第 6 期。

宗教性的说法,所有的作恶行为都是罪。可是在一个世俗化的社会环境下,恶和罪是要区分的,也包括意外、过失、犯罪等。

最典型的区分原则叫作“原心”,根据行为人的意图与心思动机是什么来判断是罪还是过失、过错。这种认定造成的结果有赎罪和赎刑之分。如果把过和罪看作程度之差,那么演化出来的是赎罪观念,它们的性质本来都一样。赎罪的方式大多是行善,思路大抵是用善的行为去弥补或折抵既有的罪恶。如果认为恶和罪存在性质上的差异,恶尚且是可原谅的,罪则不可原谅,这就会导出罪与刑的关联。也就是说,作恶到了犯罪的程度,需要通过“以恶制恶”的惩罚来处置,而非以善赎恶。这是现代刑法最常采用的方案。而正是由于止罪的方法本质上也是“恶”,各国刑法对于罪与非罪都有明确的判定标准,意在限制止罪之“恶”被滥用。

如果去观察各种法律文化对恶与罪的不同认定,可以反推出他们如何认识人。在早期中国,只有赎刑没有赎罪。赎罪观念和赎罪意识至少到了东汉晚期以后,道教和佛教两家交相影响才出现。

五、善恶与法

(一)什么是“善法”

顺着罪的问题,还需要讨论善、恶,以及罪与法的关系。其中要解决的第一个问题是什么是善法。现在很多论著把这个问题柔化成什么是良法。西方专门讨论良法问题的理论源头是亚里士多德;之前虽说也曾有人论及,但是没有把它当成一个专门的抽象问题来论说。

与良法相对的问题同样重要:什么样的法律是恶法?支持大屠杀的法律是善法还是恶法?所有人都觉得像希特勒制定的那些支持大屠杀和种族灭绝的法律是恶法,判断的理由是良知和人性。反人性的法律,都会被看成当然的恶法,那么也意味着避免了这些才有可能是善法。有很多人在讨论所谓法律的道德底线或者法律的良知底线究竟是什么:是人伦、人性吗?可问题是法律是一种具有并且必须明确标准的治理手段,在法律之上又没有可凭借的明确的善恶标准,而且又必须有对于法律的约束。人有向善的需求,可是现在找不到一种非常明确的机制，在法律制定之前就保证它是善法，所以我们现在对于法律善恶的评价只能做事后的讨论。这意味着当面对一个法律规范体系或者一条法律规则时，不能当然判断善恶，需要看规范本身的内容，同时要把它放到整个规范体系、运行环境中，才能分辨善法还是恶法。这是对于法的善恶的基本的理解。

举个例子，如果有朝一日大家觉得四大洋的渔业环境出了严重问题，必须保护物种，所以各国共同宣布立法在海洋中禁止捕鱼。这究竟是反人类的，还是为了人类更长远利益制定的法律？或者说这是善法还是恶法呢？由于最近的法律理论中，主体逐渐不再完全被限制在人上，已经开始发生超越人类的扩张，再简单地说反人类的是恶法，似乎越来越行不通了。这个例子告诉我们，由于所有的善恶现在在法律体系中都系于主体，主体本身的确定性，主体的边界以及主体之间的互动模式，会造就善恶标准变化。而主体之间的互动模式又由法律规定出来，因此在理论中会变成循环论证；这就是为什么很多实证主义者在讨论时，希望把善恶问题全部排除掉，他们觉得这样势必会陷入逻辑上的死循环。所以，当下很多法律理论把善法和恶法的问题悬置了起来。

（二）法如何成善

现在常见的以规范形式呈现出来的法律，能不能直接呈现“体善”的要求？按照前文所说，似乎它们隔得很远。如果说法律能够合于体之善，所能呈现的最多也只是秩序层面，是能够建立有序的环境，或者形成接近于有序的社会关系和行为模式。也正因如此，所有法律都会把秩序作为它的核心要求之一，或者说秩序成为法律的价值追求。无论是法律所规制的对象，是社会秩序还是法律体系本身，都有有序性的要求，这是法律之善的表现之一。

绝大部分能够很好地运行的法律，都在主体利己和利他之间求得了平衡，通过权利义务对等机制来体现。按现在的法律理论，基于平等地给每个主体的权利和义务都是对的，①以这样的方式来实

① 其实严格说来主体平等这个前提非常复杂，后章再细说。

现一种平衡,即互利、有度、有节制的状态,依托的是权利义务关系的设定,这是一种成善的表现。

当涉及法律具体内容时,便已经不能再用利己还是利他、完善还是不完善去评价了。此时主体的角色已经转化成标准,具体到任何一条法律,如果损害主体权益,现在会被当然地判为不合法。例如美国的违宪审查案例中,但凡是判为违宪的法律,统统都存在对主体不利的情况。基于以上方面,法律体现出作为成善的功能是秩序和分配,互利的分配机制和对主体的成就,是我们可以期望法律实现的关于善的价值。比如著名的"常回家看看"立法,[①]立法者希望用立法的方式,通过权利义务这种机制来让人有孝心。可结果是那些原本不愿意回家而被起诉并强制执行的子女就站在家门口看看。这是立法者对于法律机制本身能够实现的价值的理解出了问题。

第二节　道德与法

一、德

几乎所有文化传统都认为法律和道德有关,也都会讨论法律和道德之间的关系。但他们讨论法律、道德以及这两者之间的关系又都有差异。这使从理论上去审视道德和法律的关系变得格外复杂且困难。

首先得从"德"这个词开始认识。最早中国人讲的"道德",是战国以后把"道"和"德"两个词合起来形成的合成词。它们会被拼到一起,是因为有老子。老子写的五千言,一篇叫《道经》,另一篇叫《德经》。后来的人们把老子当作理论起点来讨论问题,于是才会产生"道德"。"道"的含义之前已经谈过,是"体"。至于德,如果

---

① 《老年人权益保障法》第18条前两款规定:"家庭成员应当关心老年人的精神需求,不得忽视、冷落老年人。与老年人分开居住的家庭成员,应当经常看望或者问候老年人。"这被通俗地称为"常回家看看"。

从文字上考察，现在能见到的最早形态是甲骨文中的。左边的双人旁，指的是路。右边比较形象，是个眼睛。有的人说甲骨文的德字也是循字，有循视、循查、审查的意思。或者说，德和循最开始是一个字、一个词，主要的含义与人的观察、认识、反思有关。后来德和循的含义分开了，用了两个不同的字去表义。不过从还未分化的状态我们可以了解到，德的原义和针对对象的观察、认识有关。西周有了明显的变化，德已经写成了，在甲骨文的下面加上了一个部首“心”。在这之后字形基本固定下来，战国以后的篆书写作，和西周没有根本性区别。西周为什么要给德加个“心”旁？显然这是一种有目的的行为，表明原来字形表义已然不足。这个变化和德的含义在西周时发生的变化有关。为了深入理解，接下来要先把早期德的含义演化大致梳理一番（见图 4-1）。

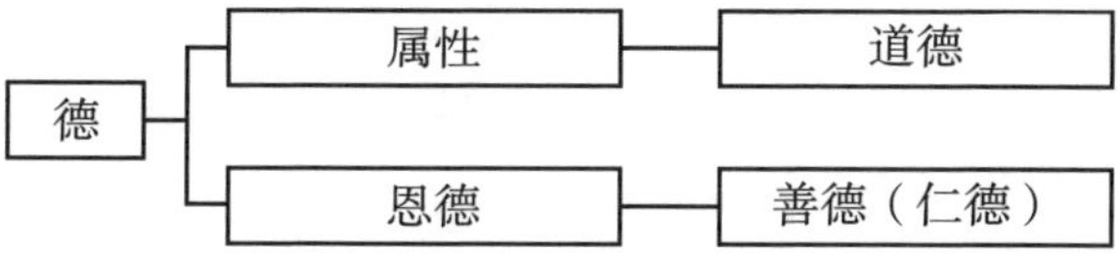

图 4-1　德义结构

在甲骨文里虽然看到德字，但是已经不知道是怎么用的，因为能认出来的大多是专属名词，如人名、族名和地名，例如商王朝有一个方国的名字叫德方。甲骨文中这类德没有实质性内容，所以对商代及之前德的概念的理解只能借助传世文献。从最早的传世文献《尚书》记载的尧舜时代开始，一直到西周以前，几乎所有的德的主含义指的都是属性、品质。物或者人所具有的属性和品质是他的德。属性和品质需要通过观察、反思才能把握到；因为它内在于物和人，所以德的含义可以从之前说到的循视、观察等义转生出来。

尔后这种德义开始出现变化，主要是因为人们认识到人是特殊的存在者。物的品质、属性自然生成，不会改变，但是人不一样。人的品质和属性可以塑造，还可以用来改变所处的外部环境。这时品质引申出两个含义：一个叫作品性，另一个叫作品行。这两者可以不统一，也就是说人的属性和基于属性所表现出来的状态可以不统一。而物就没有这二分，它们始终是统一的。之所以会不统一，是人的品性中包含才性，是人的属性之一；其中最引人注目的是技能、技术能力，类似于现在人们说的才能。

回顾之前讲的人最初处于自然神支配的阶段，主导性源于神。按当时人们的理解，是人具有某种特殊的禀赋，所以才有了通神能力，因而能够掌握原本属于神的技术，然后方能具有某种才能，这种技术性的才能和人的品性有关系。当然也可以反过去推：人表现出什么样的状态和他的能力直接相关，而这种能力又和他的技术属性相关，技术属性则从神那里来，是人源于神的禀赋。

直到一个特定的时间节点，这种观念才被打破。转折发生在五帝时代，最集中地体现在五帝之末的尧舜时期。尧和舜最主要的工作是把才性分成了才和德。[①] 不过当时叫不叫“德”不好说，但是按照后来的理解，“德”的含义从此以后便和“才”分开了。换句话说，之前所有的品性、品行都是德，因为德是属性。但是到了尧以后，有一部分内涵从“德”里分出去了，被称为“才”。从这时起品行和德挂钩了。也可说德是人的品行，而才是人的才能。为了固化“才”的概念，以及和德之间的分判，“才”又被分成了“才”和“材”：材指材质，才专指才能。人有特殊的材质，所以他可以展现出特殊的才能，但是这已然和德性、品行不相属了。后来人们经常讲德才兼备，追溯源头就出自这里。

可是这种特殊的品行是什么？其实内涵不外是后来经常说的仁、义、恭、谦、慧、敏、让等，不过孔子之前人们还没有归纳得这么清楚。《尚书·虞夏书》各篇中也出现了一些枚举，但有可能是后世史官重述时加工以后的状态。总体来说品行接近于现在人说的品德，那些处理外界事物、对象的能力则被归到才。有了这个分判，对人的评价方式开始出现了变化。

原先无论是有才还是有德，任取其一便可以让人显得“出色”。可是到了后来就要讲德才兼备了；甚至自尧、舜起还强调在德才兼备的同时以德为先。这种人为的设定具有强烈的政治动机和目的，例如舜“流四凶”的作为，本是一场具有强烈标志性和象征性的政

① 参见李平：《早期中国的法律世界》，法律出版社 2023 年版。

治审判。四凶中的鲧、共工、驩兜、三苗都是曾经掌握技术的部族的首领。他们之所以被流放，罪名便是失德。[①] 可是如果按照之前的标准，这些人都非常有才；而且才（技术）本应成为他们掌握权力的基础。也正是因为有才，他们才会表现出对政权的不恭敬，甚至每每产生颠覆、侵夺政权的动向。像著名的共工与颛顼争帝的传说就是例证。[②] 到了尧舜以后，为了让政权专属于炎黄部族，不至于被这些掌握技术的家族夺取，新的用人标准开始建立起来，这样可以打压掉一大批掌握技术且恃才放旷的不服从者。

才德两分以后，才开始被排除在德的概念之外。和才能同时被排除出去的还有材质。材质本就可以不专属于人，物也有材质，比如后来讲五行，说木性、水性、土性、火性如何，指的是它们各自的材质。尧舜以后的主流知识界，开始只在人的品性、品行层面去讲德，而把人的才能以及物的材质全部排到德义之外。顺着这样的思路，掌握政治权力和有德又被紧密地关联在一起。之前讲过，中国文化的特性之一是泛政治性，它在任何一个细节上都体现出了政治意图，对“德”义的改造也不例外。

“德”的概念形成以后，第一次大的意义转折出现在商汤时代。因为商汤干了一件不道德的事情，他借助武力征服的方式颠覆了夏王朝，把天子夏桀流放到南巢去了。商汤作为战胜者，建立起了一个取代夏的新王朝，他必须为新的王朝以及建立新王朝的战争行为作出一番正当性解释。而且根据尧舜以来德主才辅、德才兼备的传统，解释还不能建立在承认战争行为失德的基础上。商汤这时展示出了他的绝顶聪明，他说“德”中最重要的内涵是责任，而且还不是一般的责任，最大的“德”是对天下承担责任，而且是主动承担责任。所以商汤看到夏王朝衰落，夏桀失德了，方才主动地去承担起挽救天下的责任，进而不得不颠覆夏王朝。[③] 主动承担责任的含义要仔细理解。主动意味着人化，表明道德必得通过人化行为表现，专属于人。它不是听了神的命令的结果，也不是先天的身份地位对

---

① 参见《尚书·舜典》。

② 参见《淮南子·天文训》。

③ 参见《尚书·汤誓》。

应所致,而是基于人对于世界的主动认识和把握产生的创造性的作为。于是在商汤以后开始被限定下来,能够主动承担责任是有德的表现。

可是这样改造以后的“德”对于政权来说非常不利。既然商汤能因为夏桀失德就起来承担责任,万一商代的后王们也失了德,是不是可以有别的人合理合法地起来承担责任,名正言顺地颠覆商王朝?鉴于此,商人在创转了“德”义之后,并没有将政权的正当性建立在“德”上。相反,革命完成,政权建立以后,德就被淡化了。真正用来型构并巩固政权正当性的是商人掌握的神圣技术,海量的甲骨卜辞是非常直接的例证。殷墟的甲骨文全部是占卜的结果,从这些记载中可知,商王几乎什么事情都要占卜,换句话说任何行为都要获得神意授权。对于一位商王来说,在位期间最重要的事务是占卜和祭祀。商王的祭祀是周祭,意思是每一年的每一天都有不同的祭祀仪式。[①] 商人借助神意巩固政权,另外一个巧妙之处在于塑造出一个抽象的至上神——帝。之前都是自然神,商人则在所有的自然神之上塑造出一个凌驾性的、纯粹抽象的“帝”。没有人可以直接祭祀帝,只能以间接的方式把商王的欲求转达给他,然后再由中介神转述出帝的最高指令。在商人精心建构的神圣格局中,只有商王的祖灵,包括先王、先公、先妣们可以充当上帝和人的中介。在这样的场景下,造反者凭什么造反?这时候再主动承担责任就不合适了。因为神决定了政权的归属。而上帝又只眷顾商王的祖灵,言下之意商王和他们的政权天然地拥有上帝的青睐和认可。

正是由于商人这种精巧的设计,以及垄断了高超的神圣技术,周文王想要革命时,要找到正当性显得非常困难。首先周人没有占卜技术,想要以商人的方式和话语去反对商人完全不现实。周文王当时还曾派人到朝歌去学占卜,但是没有成功,后来只能另起炉灶。这时商汤曾经的作为最有可能提供文王所需的理论资源。

于是周人在意识形态建构的过程中特别推崇两类人,一是商汤,二是尧舜,他们都和德有关。所以很明显周人是要在德上做文

---

① 参见常玉芝:《商代周祭制度》,中国社会科学出版社1987年版。

章，其中最直接的用意是要把主动承担责任这个商人自己推崇过的信条凸显出来，以此来取代专属于商王的帝命的绝对性。

而在商周代际革命期间，周人喜欢讲的是天。可是商人从来不说天。商代甲骨卜辞中对于他们头顶上那一块穹庐没有一个像后来的天那样的抽象概念去指称。有的只是作为自然神的八方风、日月星辰、云雨雷电等，以及那个难以把握的至上神——帝。周人则创造了“天”去替代商人的帝。[①] 当然最开始周人为了让人们接受这种创化，有意去混同“天”与“帝”两个概念。这么做的目的是支撑他们的“配天”说，言下之意，既然天、帝是同一的，配天就是配帝。配天的“配”，最主要的含义是主动承担责任，实践中的最主要表现就是崇“德”。所以周人在革命期间以及王朝建立的过程中格外强调德，尤其以文王和周公为甚。大致的思路是周王有德，品行好，而且他能把这种品行以德政的方式表现出来，让所有人都感受到。做到这一点，就获得配天的可能性，而不再需要祖灵作为中介。

问题是这样一种品行和品性，怎么能让所有的人都感受到？或者凭什么让大家说周文王有德？为此引申出来的概念是恩德。一个人有德，需要通过做出让其他人受益的行为来获得认同。恩德表现为恩赏、恩待，实质上是现在说的利他行为。后来周公讲德政，基础便建立在恩德之上。天下之人都能感受到周文王有德，都称赞文王，意味着万民归心了。万民归心也就意味着周文王能以他的德配天。这是周人建构起来的一套逻辑。支撑这套逻辑的是“天—王—民”之间的关系模式。王给民恩德，民有得于王。民心等于天意，这是周人塑造出来的，所以“天听自我民听”[②]。既然如此，万民归心于文王，便意味着天命在周。因此，王可以从天那里“得”天命。到了战国时还有人说“德者，得也”[③]，就是在这个意义上成立。简单地说，一方面民是从王那里得到恩德，另一方面王是从天那里得到政权的正当性，亦即天命。这是周人精心设计出来的模式，直接目的是颠覆商人政权的正当性，尤其是看似坚不可摧的帝命与商王之

---

① 参见郭鼎堂：《先秦天道观之进展》，商务印书馆 1936 年版。

② 《尚书·泰誓中》。

③ 《韩非子·解老》。

间的纽带。结果是到了周代以后,恩德开始被注入德的概念之中。

恩德很明显具有强烈的利他意味,其中两方面的含义最为特殊:一是他者,表明德不是利己;二是德的实现通过利益的方式。这似乎和后来的理解不太一样。尤其是战国儒生拼命强调义利之辨,意在弱化德中"利"的内涵,这个变化与孔子以后儒生对德义的再次改造有关。可是周代之初,利是德最重要的表现形式。

同时周人还面对另外一个问题,商人其实同样遇到过:通过主动承担责任,以施与民恩德的方式建立起来的政权正当性,有可能会被其他更有德之人抢走。现实中总难免出现堕落失德的天子,接下来就会不可避免地出现其他更能够配天的人声称自己拥有天命。怎么防止这样的局面出现?曾经有一个成功的方案来自商人,他们转道借助神性技术绕开了问题。可是周人不能如此,他们从一开始就反对了这种方式,而且也没有像商人那般卓越的占卜和祭祀技术来实现。于是周人只能强调"自律"。周公说"战战兢兢,如履薄冰"①,为什么要战战兢兢,是怕有一天统治者自己放纵淫佚,失德而致政权被颠覆。由此"自律"表现出的个人修为、品行也成为德的内涵。

可是周人把有德寄托在自律上,留下了一个永久性缺口。当天子不自律而失德到了一定程度时,其他任何人都能通过主动地广施恩德去得民心并配天命,以此来颠覆既有政权的正当性。中国历史上反反复复出现的革命行为,其实都可以被看作周文王、周武王革命的重演。这也说明周人建构起来的这套观念被认同了。

综上可见,周人改造以后的德义包含了几大要素:主动、责任、自律、恩德。一直到东周,这都是主流的德义。下一次对德义的重要反思和改造出现在东周。背景是当时人们都认识到周王朝之德出了问题。最典型的是周幽王失德,导致他身死而西周覆灭。虽说名义上周王朝被郑、晋、秦等诸侯国合力挽救回来了,但是周人所设计的以恩德为基础的政权正当性开始被人反思。当时主要的反思有两种倾向:一种倾向于认为周王朝之所以出现重大变故,问题出

---

① 《诗经·小宛》。

在周王个人不自律上。换句话说，不是文王、周公们的政治理论和制度设置有问题，而是执行不力。这是在春秋时代比较主流的意见。另一种看法认为，周人一开始就设计了一个大谎言，所有的意识形态和制度都是骗局，甚至从尧舜时就已经出现了方向性偏差。所有问题的核心在于他们强调“人为”。以人的主观、主动性而非“道”体本身为起点参与世界、建构制度，所以方向自始就错了。如果要匡复正道，应该把所有这些人所造作、妄为出来的制度、文化、思想全部推翻。持这类看法的代表人物无疑是老子。他说“大道废有仁义，智慧出有大伪”[①]，原因即在此。于是老子说世界有两种德：上德和下德。什么是上德？合于道的本身的世界本然状态是上德。也可以说，上德就是道的属性，也是道之德，亦即狭义上的“道德”。如果不能遵循道本然的状态生活，而是依赖智慧和造作，便是妄作妄为。当然，并不是智慧本身出了问题，而是人基于私心、私欲去使用智慧和能动性，才算“伪”。所以在老子看来，只有把这些伪，连同私心、私欲统统去掉才能合于道德。可是一般的“民”做不到这一点，那么遵循圣人提供的法则，“虚其心，实其腹”[②]就好了。老子关于社会治理的思路可不可行暂且不说，但他对尧舜、文王、周公建构起来的一套德观念批判得非常彻底自无可疑。

出现这样的理论，对于当时的知识界必然会产生近乎爆炸性的影响。况且老子建起来的理论制高点，也就是他的“道”论颠扑不破。老子以后的所有人，只要讨论世界之体的问题，都在讲道，都要把老子当作理论起点。而且老子讲的道德实际上还原回了最早的德义，也是“品质”。这意味着既有人德，又有物德。老子的物德也可以看作从万物有灵脱生出来，转而成为万物有德。而人要想知道自己如何有德，最直接的方法便是参考物德。这是“法象”说的基础，例如说“人法地，地法天”[③]等。为什么要取法？因为人的德和物的德是同质的，都是道之德的显现。物不会妄为，所以它们本身就自发地合于道。只有人才会受私欲的影响妄为，于是要自我克

---

① 《老子》第十八章。

② 《老子》第三章。

③ 《老子》第二十五章。

制,要取法于物德来获得自我矫正的标准。

这时开始有了一个新的“德”,完全不同于周人的恩德,而是基于德的属性之义衍生出的“道德”。尽管《老子》书中从来没有直接谈论道德,只分别说道说德,但是实际上他的“上德”就是道之德。这种道德观提供的是一条退守的进路,把一切人的妄为都去掉,仅仅通过法象物德来实现合道。如果用阴阳两分来说,老子的德是属阴的,也可以称为“阴德”。这种阴德的核心含义是“生生”。在老子看来,天地的品性中最重要的是化生万物、生养万物。生生的阴德中同样是有规定性的,按照合于道的方式存在才是有德的状态。可是其中有一个问题解释不了,老子似乎也意识到了,但他没有直接回应。简单地说,“智慧出有大伪”[①],意味着因为有了智慧所以人才妄为。可是按照老子的道论,万物从道化生而成,所有的存在者都是道的显化。那么,智慧不也是道的显现吗？同理,人的一切思想、行为按理说也是道的显现。可是人妄为为什么就不是道德显现？这似乎就说不通了。

这个漏洞被孔子抓住了。孔子顺着老子的道论,对人做了重新定位。人是世界上特殊的存在者,人的特殊表现在人可以主动作为,可以创化世界,这一点当时人们都认同。只不过老子认为人的主动创化能力加上人的私心是妄为。孔子却在这里做了区分:人的主动作为的能力本身没有问题,这也是道的显化。妄为确实有问题,或者说为私有问题。人为什么会为私？因为人具有有限性,是有限的存在者,是道体的不完善的显化。同时和人一样,一切的存在者也都具有有限性,都是道体的不完善显化。所以老子看到的问题其实并不专属于人,物从本质上说也是一样。这就给人的主观能动性解脱了“罪名”。而且恰恰相反,孔子认为专属于人的主观能动性,是人能够实现自身,乃至整个有限的存在世界整体性地超越有限,实现和合于道(或曰证道)的唯一可能性和基础。换句话说,老子认为人为和为私都要去除。而孔子做的新界定是只有人主动为私。为私不专属于人,所有的生物都为私,都有欲有私,只不过它

① 《老子》第十八章。

们没有主动性,只能处于一种自发的为私状态;人则既可以自发,又可以自觉为私。此外人还可以自觉地反私为公,这才是人之为万物灵秀的要义所在。

接下来,孔子做的工作是一面取了老子的道论,去掉了他的德论;另一面取了周人的德论,但抽去了其中强调恩德、重利的内涵,创化出了一个全新的“善德”理论。这是德义的又一大转折。注意,到孔子这里“德”又开始专属于人,被设定为基于人的特殊能力表现出来的向善的状态。这种状态的核心不再是利他,因为利益被有意识地弱化了。善德的核心转变为去私,而去私的终极目的乃是去除存在者的有限性。人通过层层扩展来呈现这种反私而致的善德。作为天命之性的具化的良知类似于“种子”。扩展良知,是以一系列的行为表现出对于有限性的反对。后来讲的仁、义、礼、智、信,恭、谦、慧、敏、让,还有孝、悌等行为都是德的表现,但它们不是德本身,而是德在相对关系中展现出的去除自我有限性的表达。那么顺着这样的理解,曾经恩德的核心内涵——利本身也被改造了,典型的表述是“利者义之和也”①。换句话说,孔子借此重新界定了什么是“有利”。

当然,善德观念中仍然承袭了曾经的一系列内涵,比如人的主动性、自律。后来宋明理学家说“存天理,灭人欲”②,去人欲其实是去私欲,是自律的表现。这话本身是没错的,不过后来被人理解歪了。责任当然也在德义之中。特别是强调天命之性,意味着人自始就有“对世责任”,是说人生到世界上,自然背负了对于世界的责任。因为人是世界上最特殊的存在者,有着最特殊的禀赋和独一无二的主观能动性,所以每个人生下来都承担着引领世界去除有限性,向道还原的责任。只不过每个人的才能大小有别,可以发挥的作用不同。这和人处于什么“位”有关,亦即具体的身份位置有关。换句话说,每个人基于自己的禀赋承担着对世责任,匹配到各人的才能获得在世界上所处的一个恰当位置,进而根据位置去发挥相应

① 《周易·乾·文言传》。

② 程颐撰:《周易程氏传·无妄》,中华书局2016年版。

的作用，承担具体的责任。一切具体责任都是基于对世责任做“减法”。人本来对整个世界都负有责任，只是个人的才能少，所以就少做点事情。相反地，以西方文化为基础的现代社会都是做“加法”。每个人扮演一个角色，才相应地承担一点责任。按照西方的逻辑，每个人降生到这个世界，所拥有的只是天赋人权，没有“先天”的责任。当有了某些社会身份，参与到具体的社会关系中以后，才承担责任。言下之意，义务和责任是次生的，权利是原生的。但是在孔子的理论中责任是原生的，而且是全体性的责任。

之前说到，孔子的理论取了老子的“道”论，但也有一个不相契合之处，是尚“阳”。孔子特别看重《周易》。《周易》的第一卦是乾卦，乾卦讲的是阳德，例如说“天行健，君子以自强不息”①“君子终日乾乾”②，每天都在努力奋斗。这不是和老子强调的因循顺守退让的阴本正好相反吗？“阳”最开始是以一种破坏性的状态出现的，呈现出来的是主动、造作。但讲阳德时自然不能推崇破坏性这一面，于是就需要在解释上做些文章了。之前老子那里阴德是生生和化成万物之义。可是孔子依托易理，把阴德改造成了“成”义，而把“生”义归于“阳德”。世界以阳动造作的方式创生出来，而又以阴本的方式养成。这样一来，乾、阳相对于坤、阴就具有了主导性和凌驾性。至此，阴阳两种德被圆融地安放到了一个体系中。

孔子的德论对后世影响空前巨大，绵延至今。这种善德观中最核心的表达是仁和义。再往深说一步，仁义背后的核心是反思，是去除自我，或者说消解自我，消解存在者的有限性。

> 和顺于道德而理于义。（《周易·说卦传》）
>
> 道德有常。（《管子·宙合》）
>
> 道德当身故不以物惑。（《管子·戒》）
>
> 道德不废，安取仁义。（《庄子·马蹄》）
>
> 《礼》者，法之大分，类之纲纪也，故学至乎《礼》而止矣。夫是之谓道德之极。（《荀子·劝学》）

---

① 《周易·乾·象传》。

② 《周易·乾·九三》。

言道德之求,不二后王。(《荀子·儒效》)

全道德,致隆高,綦文理,一天下,振毫末,使天下莫不顺比从服,天王之事也。(《荀子·王制》)

于是有能化善、修身、正行、积礼义、尊道德,百姓莫不贵敬,莫不亲誉。(《荀子·议兵》)

上古竞于道德,中世逐于智谋,当今争于气力。(《韩非子·五蠹》)

臣闻仁义兴则道德昌,道德昌则政化明,政化明而万姓宁。(《后汉书·张王种陈列传》)

凡吾所谓道德云者,合仁与义言之也,天下之公言也。(韩愈《原道》)

所有这些表述都出现在战国以后。荀子说“法之大分,类之纲纪”“学至乎礼而止”,意思是“礼”是道德之“极”。可见道德的内涵中包括了礼,或者也可以说礼是道德的一种表现。而“化善、修身、正行、积礼义、尊道德”说的是礼运行的模式,也即中国人说的“工夫”。按韩非的说法,理想化的三皇五帝时代只讲道德就够了,到了中世要开始运用理性。东周以后的乱世靠的是力能。从中可以看出,春秋战国时人们对道德的理解并不统一,也没有达成共识性的道德概念,甚至有时相互抵触。到了汉代以后,仁义和道德关系开始理顺了,道德概念范畴包含了仁义。这是一个非常明确的变化。到了唐代,仁与义成了道德的最核心内涵,这成为传统中国主流的知识界对于道德的基本界定。

总结一下:中国人讲的道德是什么?如果按照传统语境来说,道德是至善,也是道本身的人化的表达。它可以是一种纯价值化的表现,比如仁义礼智,也具体到制度文化,甚至可以是具体行为。

二、道德与法律

接着来谈道德和法律的关系,其实这在之前已经谈到了很大一部分了。这曾经是个很理所当然的话题。法律要成为正当的法律,理应合于道德。可是后来法律与道德的关系变成被争论甚至被质疑的话题,这种变化本身其实就大有“问题”。为了深入理解,还是要从西方对于法律和道德的理解的变化开始说起。

(一)反思西方学理

从古希腊智者时代直到启蒙运动这么长的一段时间内,几乎所有人都认为道德上位于法律,因此法律要能成其为法律,前提之一是要合于道德的要求。从柏拉图开始确实对道德和法律的关系有讨论,他似乎更愿意去寻找一个道德制高点,先建立一套超越世界的完美道德标准的道德,然后去审视人世中的法律。而他的学生亚里士多德则更愿意在实践的经验中观察、归纳出道德规律,认为道德规则、道德原则的性质是实践的,而不是纯理性的,也就是说没有先天的道德。

到了亚里士多德以后,人们大致有了比较共识性的认识,道德的具体内容可以在实践中找到,并在实践中作出调整。由这些具体内容引申出来的道德原则和道德规则自然也可以调整,不过其中有三个大原则是不变的:一是利他,二是节制,三是理性。大家不再去强行追问道德的理想型是什么,以及理想型如何直接映射到现实中。柏拉图的那一套理论,至少在一般的学说中(不在纯形而上的层面)被放弃了。顺着这个趋势,作为一种实践中产生的,用于调整社会关系的手段的法律,当然是道德的载体,它要以某种方式去承载显现以及实现道德。这是西方古典时代道德和法律关系的基本判定。可以西塞罗的著名论断为例:

> 法律乃是自然中固有的最高理性。它允许做应该做的事情,禁止相反的行为。当这种理性确立于人的心智并得到实现,便是法律。他们认为,法律即智慧,其自然功能是要求人们正确地行为,禁止错误的行为……正义之源在于法律,因为法律是一种自然的力量;它是智慧之士的心智和理性,依此甄别义与不义……在确定何谓正义的过程中,我们可以从那种最高的法律开始,这种法律比任何存在过的成文法或任何出现过的国家,都有更悠久的根源。(西塞罗《法律篇》1, 6, 18-19)

之后出现的一大转折是基督教和哲学经院化。其间最大的变化是柏拉图的先天的道德被神意置换,或者说先天道德以披着神意的外衣复活了。曾经古希腊思想中道德是一系列的理性规则,可是到了基督教时代,理性不再意味着最高决定性,取而代之的是神意和神命。只有非常接近于神的人,也就是教会和教权才有资格来发布道德指令。于是基督教教会强势成为道德标准制定者,甚至立法者。此时道德开始变成了具有神性的权力符号。权力属性和神意捆绑在一起,使得道德变成了有至上权威支撑的一系列的行为原则和规则,与神法非常接近。

以上这些共同构成了启蒙时代重新反思道德的文化背景。表面上启蒙思想家声称要重新回到古典时代,开启人的智慧,弘扬人的理性;其实整个启蒙运动是基于一个敌人而存在,这个敌人正是当时代表了全知全能、无所不在、不可挑战权威的教会。启蒙的现实目的在于颠覆教会,夺取被教会掌握的权力和权威;其中既包括话语权,又包括以立法权为代表的政治权力。在这样的背景下,启蒙时代开始有人在道德问题上大做文章,现实性的目的是要建立一套新的道德基点、原则和规则,以此来对抗教会发布的一系列带有教权属性的道德原则和规则。这实际上是话语权斗争。作为斗争的副产品,道德开始被支离了。因为如果用曾经的道德观念去讨论理性、社会制度、社会形态,很容易被教会所发布的一系列道德规则限制;所以为了避免这种情况,把道德的问题支离出政治、社会、经济、法律之外,以规避教会话语权的支配,这是启蒙时代的思想家们用到的策略。

按此,无论是讨论认识论、本体论还是社会问题,人们开始把问题一个个分解。结果是道德开始变成了一种专门性的问题,同时又在经验论的强势的话语下被归入应然层面。[①] 此时所有道德被定性为和价值有关的话题,不存在于实然的世界中,也没有实然的标准。这样一来,就从经验领域排除了道德。既然是应然的,就和实践领域没有直接关系,只有间接关联,意味着道德问题不能被"科学"地讨论,不能实证也没有确定性,而只有相对性。此时大家不再返回到柏拉图,这种相对又只能在经验中找寻基点。不可确定意味着不能形成明确的标准和行为规则,这种认识恰好又和近代以来人们对

① 参见[英]休谟:《道德原则研究》,曾晓平译,商务印书馆 2001 年版。

于法律的认识和要求产生了非常明显的分裂。现代以后人们越来越倾向于把法律当成“实在”的对象看待。大致思路类似于在现实中通过理性的分析、归纳确定某些实在的东西“是”法律，然后去讨论它的内容、特质以及如何运行。所以法律是实然的，而道德是应然的，两者不属于一个层次。人们承认法律在某些时候反映了道德，或者有时具有道德属性；但前提是法律和道德是两种性质、状态完全不同的东西，法律是一个实然的规范体系，而道德是一个应然的价值体系。至于二者具体怎么相关暂且不论，但是可以肯定此时道德已经不再具有直接上位于法律的决定性。于是会引发出一系列的话题，例如法律如何与道德相关，纯粹道德无涉的法律是不是存在、有没有正当性等。

而在进入下一个阶段，也就是之前谈到的当合法性替代了正当性以后，道德可以完全被排除在对实在法的研究之外，因为法学家不需要再讨论法律是否正当的问题，只需关注法律是不是合法。此时道德没有资格直接作为法律正当性的基础。与之相应，现在实证主义法学的基本立场是：严格按照实在法的范围，用科学的方法去观察法律，那种无法确定的带有各种各样主观因素和价值诉求的道德，应该排除在法学之外。① 道德无涉开始被当作法学和法律思维的前提。可是如人们顺着这样的路径就会抽空法律的道德性。这直到“二战”后的著名的纽伦堡审判时开始引起了西方学界的广泛反思，②之后出现了新自然法学派，重新开始强调法律要有道德底线。最著名的是德国法学家拉德布鲁赫。他在“二战”前后表现出来的立场完全不一样。之前他是非常典型的法律实证主义者，经受了“二战”冲击以后反思了法律与道德关系的问题。但是他的反思并没有改变前提和对于道德的基本判断，只是开始去关注在实证的规范体系内部如何容纳道德，或曰如何把道德重新引入法律体系中。③

所以现在的局面很纠结：一方面大家都认识到法律和道德不能

---

① 参见[英]约翰·奥斯丁：《法理学的范围》，刘星译，商务印书馆2021年版。

② 参见[英]保罗·罗兰德：《纽伦堡审判》，曹永毅译，青岛出版社2015年版；[美]约瑟夫·E. 珀西科：《纽伦堡大审判》，刘巍等译，上海人民出版社2000年版。

③ 参见[德]拉德布鲁赫：《法学导论》，米健译，商务印书馆2013年版。

分开,法律一旦丧失了道德属性,有可能会走向极端;另一方面按照当代以实证理论为基础的法学理论,道德又难以被安置进实证化的法学理论。于是法学家在做各种各样的尝试,为的是既要把道德容纳进来,同时又不突破客观、实证的底线,还要保证法律被当成一个逻辑体系的全体。结果是近十几年来的法理学,关于法律和道德的讨论显得非常扭曲且无力。

(二)重识道德与法律关系

接下来抛开西方学理的束缚来讨论道德和法律的关系。这仍然要从道德的先天属性开始谈起,回到之前反复说的道德本心。尽管现在没有办法以实证的方式证明,但是我们不得不承认无论是孟子还是康德都意识到的前提:人天生就有道德属性,无论是称为良知、善端,还是先天道德律。这种先天属性体现出来最大的特点恰好是反私。而人的另外一种也是所有存在者共有的先天属性是成私,表现为欲望,目的是生存。人的特别之处恰恰在于能够基于智慧与能动做出反私的认识和行为。这是我们理解道德的起点,也是构成人的社会的前提。

所有的社会中都可以观察到它既包含了社会成员的自我成就,又指向超越个体。换句话说,形成社会不仅仅是为了个人,社会、秩序本身也有它的价值。这和刚刚谈到的公共化诉求相关,也表明人在参与到世界中的过程中,自始有两个力量在发挥作用:一个是私的,最直接的表现是私欲;另一个是反私的,或者说为"公"的。反私意味着有利于他者生存,也有利于社会整体。在任何一个稳定的社会结构中,一定是这两种属性和诉求达到平衡的状态。

私的强化表现为主体性,主体如果强化到极端的话会收聚到个人自我成就上;而反私强调的是关系,像血亲关系、宗亲关系、家族关系、政治关系、社会关系,它们的纽带之一就是反私。这也就意味着任何人的群体和社会,无论社会表现形态如何,自始都有道德属性。这是我们理解法律和道德关系的前提。

接下来看道德的呈现方式。现在讲的道德是一个抽象对象。用西方式的话语来说,它具有应然的价值属性,不是一个实实在在的"东西",所以没有办法放到实证领域来讨论。为此,理解时需要通过其他的存在者和存在样态所表现出来的状态来把握。因此道德一定有实在的载体,包括器物、制度、思想和行为。再说得具体一点,道德和法律的关系可以从两个不同的角度去看:以法律为出发点来思考,为什么道德含义需要或者必须法律化,或者说法律能给道德带来什么?最直接相关的话题是法律能给道德带来具有强制力的实现保证。所以一旦道德诉求以其他的方式没有办法落实,可以用法律的强制力来帮助实现。除了这一层外,道德还关乎法律的正当性。

除了法律外,道德还有没有别的实现方式?经常说的社会舆论、风俗习惯还有教育教化都是。可是现实中的情况是纯粹教化是肯定不够的。通过接受教化、反思,自觉地获得一套合于道德的行为模式,在任何时代都不可能期待全体社会成员都能做到。因为私和反私这一对紧张关系始终存在,而且很多情况下私起到的作用更大,对个人更有支配性。于是在社会实践中需要一种他律的方式甚至是一种强制的他律方式来促成自律。在这个意义上,法律提供了必不可少的辅助机制,实际上也是社会整体教化的环节之一,只不过这种教化更强势一些。同时法律可以提供一套相对来说更精确的行为规则,可以让道德呈现它的底线,而这也清晰地表明社会容忍程度的底线。底线如何成立需要有可行性方面的考虑。如果一般人做不到,那么法律规则实际上是无效的。所以法律呈现的是一种多重平衡之后的社会底线。所有的道德要求、道德原则都可以在这个底线之上成立,而且可以获得他律的规则来辅成自律,所以法律会成为道德必不可少的实现手段。

再看另外一个问题:站在道德的视角来看法律,道德需要什么样的法律?说得简单一点,就是需要一种合于并能促成道德实现的法律。举个例子来看。春秋时期有个著名的事件叫作子产铸刑书,大意是郑国的执政子产是把类似于刑事法典的刑书刻写在鼎上,并且公之于众。[1] 之后又有晋国的大夫赵鞅、荀寅做了类似的举动,叫

---

① 参见《左传》昭公六年。

作铸刑鼎。[①] 当时的著名人物叔向和后来的孔子对这类举措颇有微词。反对的原因并非像近代以后学者解释的那样,说是他们公布了成文法。近现代很多中国法律史学者认为在这之前中国的政权不公布法律,成文法都秘不示人,只有贵族才知道,直到春秋时期这两次铸刑书于鼎才开始将成文法公布出来。这个判断基本上可说完全错误。[②] 事实上孔子关注的核心在于,任何政权发布出来的法律,都先天地具有了政治象征性,代表了政权的态度。而政权的态度又和政权的正当性以及政权的使命联系在一起。[③] 当政权意图通过道德性来确立自己的正当性时,应该首先推崇的是教化,要导民向善,提供利他、反私、为公、成德的指引。在这个前提性背景下,忽然一日郑国的执政在大庭广众之下拿一个铸有刑书的大铁鼎来,无疑会让人认为政权不再以成德向善为旨归。再说得通俗一些,就好比在进行道德教育的课堂上,一上来就给学生读刑法,这会给人造成怎样的印象不难想见。

公布法律的目的是要让国家的基本态度和立法精神而非具体的法条能为天下万民知悉。具体的法律规范也发布,但通常只在官方流通,老百姓一般不需要知道这些细节。对于一般老百姓而言,繁文缛节的规则公布出来似乎也没有太多好处。当然这种方案现在已经行不通了,不过它提供的思路仍然大有值得反思和借鉴的地方。

看一个例子,《民法典》第1127条第1~4款规定:

> 遗产按照下列顺序继承:
>
> (一)第一顺序:配偶、子女、父母;
>
> (二)第二顺序:兄弟姐妹、祖父母、外祖父母。
>
> 继承开始后,由第一顺序继承人继承,第二顺序继承人不继承;没有第一顺序继承人继承的,由第二顺序继承人继承。
>
> 本编所称子女,包括婚生子女、非婚生子女、养子女和有扶

---

① 参见《左传》昭公二十九年。

② 参见李平:《早期中国的法律世界》,法律出版社2023年版,第247页。

③ 这涉及对政权、政治正当性、使命的理解,中西方的差异巨大,详见本书第一章的论述。

养关系的继子女。

本编所称父母，包括生父母、养父母和有扶养关系的继父母。

假定一个男子在没有立遗嘱的情况下去世了，他的妻子、儿女和父母俱健在，那么从他死亡的那一刻开始就按照法条中的第一顺序发生法定继承。如果夫妻共同财产总共100万元，那么除去等比分割给妻子的50万元，还剩50万元用来继承，在配偶、子女、父母第一顺序中均分。这样正常吗？通常现在中国社会中的情况是夫妻双方还有一人健在时，并不发生继承。比如说，父母或者爷爷奶奶走了一位，还有一位健在的情况下，通常情况是不讨论继承的。直到二老都亡故之后，亲人才会开始继承。这才是中国社会认同的习惯性行为模式和观念认同。因为对中国人来说，继承不仅是分财，背后还有“分家”的意味。

但是《民法典》的规定却与之相左。法律规定明确地告诉人们夫妻一方死去后就应该发生继承；背后的理据在于，按照现代民法，配偶、父母、子女都是独立的主体，相互之间都是平等的，更加体现财产关系和归属对于社会秩序稳定的作用。现在讨论法律与道德的关系，尤其是法律如何实现道德时，绝大部分情况下大家忽视了政治象征和展示的重要性。把法律当成政治行为的一部分来看，会发现法律的很多内容以及法律的形式，包括它的载体相关的环节，其实都和道德诉求有关。①

下面再来谈谈法律在实现道德时的局限。局限之一，法律是一种基于理性的社会调整形式，无论是权利义务机制，还是传统中国常见的赏罚机制，始终都以理性为前提。这意味着只有理性化的人和可理性化的行为才受法律调整和约束。而这种状态和道德的起点是不一样的。道德诉求和评价机制中，非理性的、不受功利计算支配的那一部分被法律排除在外了。现代法律只能以计利的方式或者叫互利的方式来实现它的调整目标。并且法律的内容有特定的范围，所以它只能部分实现道德诉求的目标。当人们要真正去建

---

① 这个话题现在讨论起来比较复杂，这里不细致展开了。

构一种广泛道德化的社会，或者道德水准很高的社会，法律只能提供一个底线，它带来的校正方案也只能处于非常低的层次。

同时，法律提供的是严格的规则化治理机制，它和实践中道德呈现出来的状态之间是有冲突的。之前谈到过"权"，实践中的任何一个场景都是复杂的诸理竞合的状态，但是法律能提供的只有严格的规则。规则化意味着所有判断都必须建立在抽象和提纯的基础上。因此审判事实上并不是在对事情本身作判断，而是在对事情所含有的和法律规范相关的要点作判断。规则化带来的是抽象和抽空内容。但讲道德时看重的是内容，以此来呈现出善的状态，只有善的内容才是真实的。

还有一个困境来自出发点。法律的出发点是有限之私和有限之公。法律主体的基本属性是私，法律要明确私的主体之间的关系，并为之建立起确定行为规则。无论立法者秉持什么立场、什么态度，法律能提供的是以私主体为基点的一套行为规则，以此来建构秩序。这意味着任何一种法律秩序都必须承认并借助利己、为私的行为，在私的基础上去实现有限的公共化。所以私是一个绕不过去的前提。法律在原点上已经设定了私的合法性，以此为前提主张公共化，无论如何实现，范围有多大，都无法突破这个前提。所以整个现代的法律，尽管不断呈现出主体泛化、弱化，公共化的趋势越来越强，包括无过错责任涉及的范围越来越多，但仍绕不开私的基点。背后支撑私的原始冲动和道德本性是相反的，这是比之前的机制上的困境更严重的问题。

第三节　义与正义

法的价值中的第三个需要专门讨论的话题是义和正义，它们对于理解法律的功能和价值很重要。事实上这是两个差别很大的概念，两者内涵确有交叠之处，但性质上存在显著差异。可是现在很大一部分人却把它们混而用之。

一、正义

(一) 价值序列中的正义

为了便于理解，首先我们要对正义的定位有一个全局式的把握。先从图 4-2 这个示意图说起。

图 4-2　价值序列中的正义

最上层，也是最根本的自然是“道”。前文谈到作为本体、本原的道无所不在、无所不是，同时又不“存在”且无法直接认识、把握。它的最完整呈现便是至善(或曰完善、全善)。但这同样只能在理论层面把握住，现实存在的世界由于存在本身的有限性，至善无法直接、完整地表现。换句话说，现实世界中表现出来的善，都是至善的有限、部分或者说折损状态。暂且无论其他存在者，专就人而言，至善在人这里最极致的表现应该是孟子说的“良知”的纯粹表达。所谓“良知”就是善端，是人能够区分善恶，并向善而行的端绪和根本。如果按照一体分殊的理论，良知是以人的特殊性表现出来的道体，或者也可以说是道体在人身上的体现，所以后来宋明理学说它是人所禀赋的天命之性。

良知本身其实也不能直接表现出来，人们之所以认识到良知是基于对良知外发出来的行为的反思。良知外发是在遭遇外部世界时，用言、行将良知表达出来的过程。注意这里有两个重要信息：一是遭遇外部世界，二是人的作为。遭遇外部世界使外发有了必要性，同时也意味着良知要“屈就”其他存在者的存在状态，不可能被完整地表达出来。这需要结合之前论述过的存在者的有限性和诸理竞合来理解。人的作为意味着外发过程基于人的觉悟、理解和主动作为,同时又受到人作为存在者的物理特性和能力的限制。其中能力又包括智识和实践。这一方面会造成良知外发不完整,另一方面也使所有外发自始都带有人的印记,包括理解者、行为者的个性,也包括人区别于其他存在者的特殊性。而这种具有人的印记的良知外发,呈现于行为之中的便是道德。

按照前节所说,“道德”这个词可以做多重理解;最狭义的解释是道之德,即道的属性。一般而言的道德取最常用的一般义,即人伦,被细化之后是一系列道德原则。这些原则指明良知在特定情景中在人身上的表现样态,也是部分地呈现了良知和善。要注意,所有道德原则都倾向于排斥功利理性考量。[①] 它涉及行为者应当如何作为方可实现善,并不涉及行为的对象、场景和利益诉求等,只把人当作一个纯粹的“人”,理应通过自己行为尽可能表达出至善并合于道的“单元”来看待。可是现实中人的判断、行为会不可避免地受到各种功利诉求的影响。从最低限度上说,这是因为人作为存在者要维系自己的存在状态,这势必造成现实中不可能要求人只依从于道德本心行事。当然这不是说人不应该、不可以如此,而是在社会化的情景中,对所有人做如此之高的道德要求不太现实。所以我们会看到再一次下落或者说折损、折中以后的善的呈现形式,即正义。是故也可说正义是对道德伦理原则更曲折的表现,它是一种价值性的标准,具有善的内涵,载体之一便是与具体的日常行为和事物相关的法律。所以法律规则又是对正义的曲折呈现,因为法律既不仅仅又不完全表达正义。法律的终极价值,尤其是实在法的终极价值,也是它能直接实现的最高价值,其实是也只能是正义。如果从这个长的链条上来看,理论上任何法律最终极的正当性依托当然应该是善,或者说应该是合于道,但法律所能直接呈现出来的只能是正义。

---

① 功利主义者如边沁等的道德观是一个例外。参见[英]边沁:《道德与立法原理导论》,时殷弘译,商务印书馆 2000 年版。

由于与法律有如此直接且重要的关联，需要格外细致地说清正义究竟是什么。现在汉语学界说到的正义其实是纯粹的西方概念justice。近代以前的传统中国人从来不在这个意义上使用正义这个词，也没有与justice完全对应或者重合的概念、语词。和其他很多汉语中的法律概念一样，“正义”是近代“和制汉语”的产物。

“和制汉语”的发明者是著名的梁启超。据说他在去日本的轮船上一个星期就学会了日语，方法是掌握基本的语法之后，把日语中的汉字直接对应汉语中的字词来理解。例如，日语中的“正义”，用这种方法来理解就是传统语境中“正”和“义”两重含义混合在一起。[①] 最早国人对这个概念的印象大致接近公正且合于义。至于日语中的“正义”究竟是什么意思，为什么日本人要用这两个字去对应西语里justice这个概念，当时的那批留日学生并没有真正弄清。[②] 重新还原到西方正义概念，理解他们在什么情景下提出这样的概念，概念的源流是什么，内涵究竟是什么，这些工作很久以后才被国人认真对待，最开始留日学生们更多是为了引进一种意识形态符号和政治口号。至于他们本人，以及他们的受众，对于正义概念本身理不理解，理解到什么程度，不是当时人们关心的重点。这个模式一方面迅速为中国的法学界和政治学界建构了一套话语体系，并且一直沿用到现在；另一方面也造成了长期以来挥之不去的误解。所以大家很习惯用这种“格义”[③]的方式把一些传统观念、概念的内涵比附到“和制”而来的新语词中去，造成了对舶来概念不土

① 近年来学界对近代法律术语已有相当数量的研究，诸如魏亚坤：《“和制汉语”的形成与发展——从近代中日词汇交流史角度分析幕末、明治时期的翻译词》，对外经济贸易大学2006年硕士学位论文；崔军民：《萌芽期的现代法律新词研究》，四川大学2007年博士学位论文；屈文生：《早期英文法律词语的汉译研究——以19世纪中叶前后若干传教士著译书为考察对象》，载《中国翻译》2012年第1期；郑燕：《清末中日法律用语的交流与借用》，北京外国语大学2015年博士学位论文；廖敏：《以“jury”的译介浅析清末法律翻译对法律移植的影响》，华东政法大学2015年硕士学位论文，第15-16页，等等。

② “和制汉语”对中文造成的直接影响，可参见魏亚坤：《“和制汉语”的形成与发展——从近代中日词汇交流史角度分析幕末、明治时期的翻译词》，对外经济贸易大学2006年硕士学位论文，第23-27页。

③ 格义，参见汤用彤：《论格义——最早一种融合印度佛教和中国思想的方法》，载汤用彤：《理学、佛学、玄学》，北京大学出版社1991年版。

不洋、既土又洋的理解。这种状态困扰了近代思想界很久,直到后来人们慢慢对于这些词背后的西方的概念有所了解,而后又经历了很长一段时间来改造完善。但是很多术语和概念的对应却被习以为常地沿袭下来了,正义就是其中之一。

(二)西方语境中的正义

由前文可知,需要把正义当作纯粹的西方概念来理解,更要注意正义是在“关系”中成立的概念,所以它永远都是相对的。也就是说,单独一个人是没有正义的,只有在与某人、某事的相对关系中,个人做出某一种行为或言论对相对人产生了关联、影响以后,才能去评价行为本身,以及做出行为的人是否正义。这也就意味着找不到绝对的,超出一切关系之外的纯粹、绝对的正义。而这种对纯粹、绝对正义的探寻,却正是柏拉图对正义的探寻方式和方向。《理想国》中论证过程的核心便是在追问什么是正义。更准确地说,什么是正义的“纯粹形式”(也就是 idea),超验世界的绝对的正义的内涵又是什么。

按照柏拉图的想法,任何现实中的概念,都应该有超验、绝对的概念和它对应。这些超验概念是世界的“形式”,人世间的具体概念都是这些超验的概念的投射,是它们的不完美的表现。按照这个思路,正义也应该有超验的、完美的纯“形式”。可是在追问何为正义的纯“形式”的过程中,《理想国》却把话题转向了城邦。这是因为柏拉图认为只有放置于城邦中,什么是正义才能说清楚。可是为什么不能直接描述正义的纯粹形式,而非得借助非常具体地讨论什么是合于城邦的组织形态来为之展现?这就是前文谈到的,正义是相对的,必须在相对关系中才能说清。

柏拉图在说城邦时强调了城邦里有三种人,分别是一般的劳动者、军人和王。这三种人又对应三种金属——铁、银和金。三种人意味着在城邦中的三类职分:做王的人负责统治和治理,军人负责打仗,其他人负责生产。不同的职分对应不同的社会地位、不同的职责,人们对应各自角色相匹配的身份地位安顿在城邦里,过着与他们的“类”相适应的生活。为什么要有这种安顿?因为人的先天禀赋不同,拥有不同的能力,也展现出不同的气质,所以理所当然地会有不同的处境、地位和生活方式,且在特定的城邦中扮演不同的角色。当这些不同禀赋的人都在一个城邦中合宜地安顿下来,城邦就获得了稳定秩序,每个人也能各安其分、各得其所,如此呈现的就是一种正义的状态。尽管柏拉图并没有很清晰地定义什么是正义,但后来的研究者倾向于用各得其所、各安其分来概括。这种正义对应的是相对而言和谐、稳定、有序的状态。可是和谐是正义吗?有序是正义吗?稳定是正义吗?依然不是。除此之外,正义显然还有其他的内涵。

刚刚谈到的三种状态,三种角色,如果收束到个人来看,就是灵魂中的三种禀赋(或者说是三种属性):理智、激情和欲望,三者共同构成了人之为人的基础。就像城邦中的三类人一样,理性、激情和欲望以一种特定的方式呈现出来,才能算是合于正义的状态。像正义的城邦一样,各安其分、有序和谐只是状态描述,问题在于这个状态究竟是什么,又怎么实现?在柏拉图看来,三种禀赋中只有理性能够先天地导向和谐,而其他两种任由其发挥必然导向不和谐,产生冲突和混乱。所以要达到和谐有序、各安其分,也就是实现正义,必得是由理性控制三者协调运作的状态。哲学王就是理性王,能够运用纯粹的理性去设计秩序、控制秩序。于是可以明确,正义是一种由理性控制达至的人的平衡状态,换句话说就是能够运用理智调动激情、满足欲望。而无论是理性运用还是激情和欲望外发都是有所求的,就像前文反复谈到的那样,人作为生命体、存在者不能自足,一定要向外摄取资源以维系存在。并且由于人先天的社会属性,人在向外摄取时又始终需要参与到特定的群体之中,人的一切外向行为都与群体成员和群体之外的外部世界有关。欲望要向外摄取,激情也要外发,欲望外发的直接目的无非是要为存在者摄取资源,这些资源对于摄取者而言就是利益。推而广之,一切对于人之生存、存续、摄养而言有益的都是利益,包括物质,也包括声望、财富等。理性要让欲望和激情安顿下来,也必须向外摄取。

可是在向外摄取过程中为什么需要理性去控制?换句话说,为什么要用理性节制其他二者才算得上正义?现在暂且不考虑人类社群的和谐有序问题,仅收束到人来看。比如一个人看见了好吃的就想吃,要去得到、吃到,这是欲望使然。而无限度满足欲望的结果,只可能与欲望存在的根本原因即维系生存恰恰相反。先秦时道家人物对这个话题也谈得格外多,只有理性知道要节制欲望才能真正地养生全性。正是理性可以节制欲望和激情,以适当的方式运用二者来获取人之所需利益的最大化,所以理性必须发挥主导作用,方能使人本身以及人的群体真正受益且和谐存续。而对个人来说,理性支配的直接结果就是有节制地生活。如果一个社会中每个人的思想、行为都由理性绝对支配,所达成的状态就是正义。必须注意,柏拉图谈到的"纯粹"的理性,不是被欲望和激情控制了以后的用讲本图利的方式满足欲望和激情的"工具理性"。而且在古希腊思想传统中,这样一种纯粹的理性是通神的,或者被认为是来源于神,且为人所秉受,具有神性的质素。在古希腊思想家看来,这正是人能够通神,甚至取代神,并成为世界万物"主宰"的根本原因。

理性的呈现方式是有节制地获得利益。顺着这个话题,如果城邦中的所有人都具有这种理性,且都能以之支配行为,这就是正义的生活方式。此时城邦不需要其他的规则了,因为人人都遵循纯粹理性所蕴含的法则,亦即斯多葛学派之后被推崇的"自然法"。[①] 可问题在于这种理想状态不能也从未彻底实现,而且不可能要求每个人都能有此等自觉。绝大部分人的理性都和欲望、激情混杂在一起,并且很容易被欲望和激情支配,将理性工具化,并以之作为谋利手段。所以在社会中需要有外部化的规则来约制这些不纯粹的理性,或者说不纯粹的理性的主体。这同样也是人的先天禀赋不同造成的差异,类似传统中国对人的气质之性差异的理解。所以能自觉于理性并完全按之行事者才叫作哲学王,但毕竟这样的人可遇不可求;一旦有这么一位,他就应该且有责任成为城邦的王,为全体城邦成员立法。如此一来,正义既是个人问题,同时又是社会问题。这是柏拉图在《理想国》中作出的讨论。他把正义是什么化约成了纯粹理性的问题,去追问的正义本质上是以纯粹合于理性的真知指引的生活状态。

---

① 自然法(natural law)的本义是理性法,而不是常被国人误解的自然法则。

在他的学生亚里士多德看来,柏拉图寻求纯粹正义的“理想型”非常不现实,甚至思考的方向上都出现了错误,因为这样推导出来的正义不能在经验世界中获得验证。将先验还是经验设为出发点是柏拉图和亚里士多德最大的不同,这种差异其实也可以理解成天才和聪明人之间的差别。当然亚里士多德极其聪明,表现之一是他能把任何复杂的事物概念化,并用非常清晰的框架分类。现代的学科分类正是以亚里士多德的类型化为基础,例如他分出的形而上学、物理学、逻辑学、政治学、伦理学等成为后世学术分科的基本规模,至今人们仍旧是在这个框架下不断细分。

亚里士多德对正义的讨论排斥先验与超验,转而只基于现实的经验世界展开。由此正义的论域跌入了纯经验性的社会关系中,其中最基础的是主体和主体之间的实践关系。对于亚里士多德来说只有城邦的公民才是主体,而正义基于他们之间的关系来呈现。为什么要限制在城邦公民的关系中?因为城邦意味着内部和外部的划分,也意味着为世界设定了有限性。据此,主体成员也是有限的。正义涉及的是有限的主体成员面对有限的内部和外部世界,同时也包括既得和未得的资源,如何去行为,即分配既得资源和摄取未得资源。其中首先被讨论的,也是最重要的论题是城邦内部的资源如何分配。可是为什么分配资源如此重要,甚至所有的话题都和分配资源有关?因为之前已经谈到,在西方文化中生存是所有主体最核心的任务,这与西方文化的特质,以及整个亚欧大陆文明带西段的生存状态和生活方式有关。[①] 换言之,对主体而言最重要的任务是活着,一切活动首先都是围绕活着展开,而要活着就必须向外摄取,内容包括占有资源,也包括获得占有资源的可能性,例如资格、地位以及权利。通过这些,主体才能生存下去,并实现自我成就。当然获得的越多,生存就越有保障。

无论城邦或其他形式的政治体大到什么程度,内部可供分配的资源总量始终是有限的,这就意味着所有主体都面对总量有限的资源做分配。于是问题集中到了如何分配这些有限的资源。用最简

---

① 参见江山:《再说正义》,载《中国社会科学》2001 年第 4 期。

单的话说,分得好,或者大家都满意就是正义,因为这可以让城邦和谐有序,使它以健康且可持续发展的状态存续下去。因此在亚里士多德看来,第一位的正义就是著名的分配正义。而从分配正义中可以引申出两个话题:一是对主体个人而言分配是否正义;二是对主体构成的群体而言是否正义。这两种正义的区分在柏拉图那里并不存在,因为他预设有一种正义的理想型,能让所有主体各得其所、各安其分,且城邦和谐有序,因此理想状态下个体的正义诉求与城邦诉求理应是统一的。可现实中却不是如此,因为主体对资源的需求总是倾向于最大化,即无限;而城邦的资源总量却始终有限。要想让所有的主体都完全满意,除非物质资源极大丰富,资源总量的有限性不复存在,但这同样不现实。也就是说,要在资源总量上做文章以消除人的生存焦虑无法实现,所谓正义只能在现实的、有限的前提下讨论。这时就需要依赖主体的理性,因为理性使人会计算、权衡并自我节制;同时使人能意识到并接受有限性的前提,以及人与人必须合作。

分配的标准又有两个指向:一是如何区分主体,二是如何设定分配的方案。在亚里士多德所处的时代,对主体大概有两种类分标准:一类是以身份为标准划分出贵族和平民。贵族之所以为贵族,归根结底是他们的血缘和神有关,因为所有的贵族血统向上追溯都可以溯诸英雄,即神人结合的后代。那些和神没有血缘关系的则属于平民。注意,身份标准是先天的。因此在当时的观念世界,按照这种标准来对人进行分判,并据之形成分配方案自始具有正当性。除此之外,还有依照能力、财富等后天标准作出的分判。但至少在当时,这些只能用以辅成身份标准。任何一种后天设定的标准都不是第一性的标准,而在设定分配方案时第一性标准必须是先天的。亚里士多德的基础方案便是根据先天的不同身份,以及不同能力,给予人不同的资质或者资格,在这个资格的基础上参与城邦,按照不同比例分配资源。不过这种分配不能直接与资源挂钩,而只是参与分配、获得资源的资格。所以主体分配到的是权利,即主体通过自己行为获得资源的资格和可能性。把参与分配的主体的分配标准问题解决以后,就形成了基本的分配格局。每个人可以根据自己的身份获得参与分配的资格和潜在可能性。而分配的对象,也就是与主体相对,作为客体的“资源”,包括的范围非常广泛,几乎涵盖了对主体有“好处”的一切有形、无形之物,如财富、荣誉、声望、职位、身份、参与公权力的资格等,甚至也包括不具有主体身份的人(如奴隶)。

也正是因为分配标准或多或少会掺入一些后天的因素,并且这些因素在涉及分配时所占的比重存在任意性,所以针对主体个人而言,所面对的分配制度是人为设计出来的。既然有人为设计、建构的成分在其中,具体如何分配的方案就会涉及“合理”与否的问题。而这个合理,表现在分配正义里的核心价值内涵就是公平。理论上说,公平的分配应该意味着,每个主体被安设在城邦中的位置以及被寄予的获得利益的资格都能基本公平。简单地说,同样身份的人具有相同的权利,且不同身份者的资格差异要在时人看来“合理”的范围之内。这种分配格局也可以造就城邦主体各得其所,各安其分的状态;对于整个城邦而言,当然也就是正义的状态。只不过这种正义不能单独拿城邦来看,还要看城邦中的主体们在交往关系中是否都觉得公平。所以说正义是相对的,必须在关系中成立。这也意味着城邦主体构成的集合式“群体”而不是“整体”,群体意味着是一个个独立且本身具有意义的主体构成的集合体。

总而言之,分配正义是第一性的正义。按照亚里士多德的思路,它只在现实世界中成立,没有理想型。没有理想型意味着在经验世界中不可能存在纯粹由先天标准决定的分配正义。所有的分配标准都裹杂了人为因素,其中包括社会习惯、传统等方面。也不可能存在所有人都安于自己由先天标准设定出来的身份(或曰位置)去行为,其间一定会掺杂其他的因素。这些非先天的标准即便制定时合理,也有可能因时易世变而变得不合理,会受到质疑,结果是预设的分配模式不足以保证城邦中的每个个体的所有行为按之而行都合于正义。如果要追求群体中所有个体都感到公平,而一旦分配本身不能完整实现正义时,就需要有补偿性的方案。

常见的补偿方案有两种。一种是通过预设性的补充规则去修正普遍化的分配正义规则。比如针对在战争中或者日常生活中有突出贡献的人多分配一些资源。另一种情况是针对那些不安分守己、违背普遍分配规则的人,要勒令他赔偿,甚至给予惩罚。于是产生一系列矫正性的方案。通过特别的补充方案来修正、补足分配正义,在亚里士多德看来都属于逻辑上第二性的正义,即矫正正义。

除了分配正义和矫正正义两种以外,在希腊世界中还存在另外一种正义形式,它与古希腊的特殊生活方式密切相关。众所周知,古希腊的农业尤其是粮食生产能力非常有限,用以维系城邦存续的主要产业是商业,说白了就是通过倒买倒卖获利。而商业中有一种最极端的模式,完全脱离了商品交易,类似于现在的金融业,仅仅依赖借贷利息获利。在以商业为支柱的社会中,这会造成不得不解决的社会问题。因为有的人能占有特别多的资源,不是血缘、身份等先天原因,也不是他的能力超强,只是因为他祖上特别有钱,而他可以拿着这些钱来放贷生钱。这个状况对于所有依靠自己的身份、能力或劳动付出参与分配的人来说都是不公平的。面对这样一种自始就存在不公平属性的状况,要在承认它存在的前提下谈正义,之前说的分配正义和矫正正义其实都不是太合用,于是就需要引入交往正义来作出权衡调整。当然,这个做法也可算作对本就不正义、不公平的社会现状的变相认可和妥协。

交往正义不讨论对于城邦的资源总量如何分配,只涉及单个的交易行为是否公平,包括交易行为本身,是不是双方都同意,有没有一方是被迫的,是否存在欺诈等。这正是现代社会意思表示自由和所谓契约精神的基础。契约精神的核心是什么?什么样的契约是公平的契约?按照一般共识,根据每个主体的自由意志,自愿参与的,诚信的契约,就是公平的。至于契约的内容如何变得不甚重要了,甚至可以完全不用去考虑。而订约的双方或多方严格遵守契约行为,就合于交往正义。这是基于古希腊时代的现实状况演生出来的特殊正义形态;它既不合于分配正义,又不合于补偿性的矫正正义,甚至还会引发大量的不公平。这时还需要引入补偿正义来矫正它。①

---

① 类似这种情况现在法律里叫作显失公平,而这类显失公平的契约通常会被认定为自始无效。

以上表明分配正义是包括交往正义在内的一切衍生正义的基底，大致上确定了正义的底线。但是它既不绝对，又不是正义的理想型。一旦承认了交往正义，也就意味着正义不能直接在总量上观察，也不能以群体的整体呈现。分配正义、补偿正义、矫正正义、交往正义混成的正义现实状态，实际上损害的是群体，或者说是城邦整体性的公平的属性。所以作为政治体，它又会试图针对这些具体的正义作出校正，产生一种叫作社会公平或者社会正义的追求。像现在法律中仍有的保护弱者、保护妇女儿童，以及社会救助法案等，都属于这一类。

由上述可见，亚里士多德的正义包括了四个层次，分别是分配正义、矫正正义、交往正义和社会正义。实际上后来整个西方的正义理论的主要架构至此已经形成了。之后无论哪一家再去讨论正义，都是在这四个层次的基础上调整、修正或者细化。比较大的差别是分配理论中如何分配的具体方案。因为从亚里士多德开始，理论上的分配方案就已经破产了，纯粹按照先天的禀赋和先天的身份来分配，在现实中不可能完全落实。换句话说，人越是远离神的时代，摆脱神的控制，分配中的先天性标准就越不起作用。并且即便是在人神关系尚且密切的古希腊，现实中的分配方案也都包含了人的主动作为、创制。人的作为到了近代以后又被近乎无限地放大了，因为先天的身份已经不被承认，甚至连先天的禀赋也慢慢地被消解了；随后便人为设定出来一个新的理论起点叫作人人平等。①

人人平等的预设意味着人和人之间的个体性差异被人为地忽略不计，每个有理性的人格对应的个人都被视为平等。那么此时理论上平等的个体之间如何分配？究竟按照人头等分，还是按照劳动、付出等的比例来分，还是按照机会来分，抑或按照效率来分？最公平的分配方案究竟是什么？既然每个人都平等，那么粗看起来最公平的方案似乎应是等分，把所有的社会资源等分给每个主体。可事实上等分不现实，且即便是等分，仍然存在不公平、不正义；因为

---

① 平等的话题非常复杂，留待本章第五节中再加详论。这里只需认识到西方近代学理和政治口号中的人人平等、生而平等等，只不过是人为设定且有条件的人与人之间的法律人格平等而已。

分配的对象不可能始终是既得资源，有一些需要付出劳动，通过各种各样的作为才能获得，属于潜在的资源。如果再结合之前谈到的始终存在于西方文化中的生存焦虑，一旦生产停止，资源就必将不够。假如所有资源都等分，对于那些在生产中付出劳动更多的人显然不公平。所以有必要引入针对潜在价值和利益的公平的分配方案。现在最常见的方案有两种：一种是机会，另一种是效率。按机会分配意味着每个主体获得利益的机会平等，这本质上也是等分；但是等分的不是资源，而是机会，即潜在的可能性。这种方式已经在法律上落实了，就是权利等分，即通过法律规定每个人拥有的权利是同等的。至于有了机会以后是否通过实践来获得利益则全由机会享有者自己决定。

可是机会平等也不是绝对化的正义方案，它仍然会造成不公平。就像前文谈到的，每个主体的机会都一样，但是有的人会用这个机会，有的人不会使用，这是一种情况。还有一种情况是基于现实条件的限制，有的人可以用到这个机会，有的人虽有机会但实际上根本没有条件使用。换句话说，机会对于每个人来说是公平的，但是实现机会的条件却不公平。

更简单的方案是以效率为标准，对应的基本方案即多劳多得。针对个体而言，效率高，也就意味着创造的价值和利益多，获得也就多；对于社会资源总量提升越有帮助的人，能够获得的利益就越多。这看起来也是公平的。后来的功利主义者最看重的就是这一点；因为讲求效率对于社会资源总量提升最有帮助，而且以效率为标准建构一套分配方案貌似也可以导向一种分配上的公平状态。可问题在于现实的情况是，华尔街从事金融行业的分析师们，他们产生的利益和财富，对于社会财富总量来说真的比产业工人要高得多吗？如果不是，为什么他们的获得要多得多呢？当把所有的社会资源以及所有的付出都等质以后，也就是把所有的行为都同质化以后，才能进行量化分析和比较。只有这种情况下，效率公平才能获得唯一的标准，并在全社会中普遍化推行。可事实上在社会中有很多行为是不能够同质化的，自然也就无法做量化分析和比对；这时效率标准建立不起来，按照效率分配也随之成了伪命题。甚至之前说到的社会资源、财富总量，同样也是个伪命题。因为不同质的对象无法量化加和，自然根本没有总量可言，尤其是在精神文化层面。比如说诗人、艺术家，他们对于社会财富的总量有什么增益？如何衡量？所以一旦把效率当成分配的支柱性原则，一定会遇到无法同质和难以量化的问题。

现在西方正义理论中常见的解决方案是，既然哪个标准都不够好，那就把所有的方案都拼到一起，整合出一个混合型方案来。所以研究的重心转向讨论三种方案哪个作为主导，互相之间如何配合，更极端一些的讨论如何把所有不同性质利益等质化，再设定量化方案。近年来很流行的法经济学讨论的就是这个量化问题，最典型的便是波斯纳的理论。①

总体上说，西方语境中讲的正义，归根结底都是资源分配的问题。回过头来看：什么叫正义？对于资源分配能够达到某种适当状态就是正义。但这个状态究竟是对于个体而言，还是对于集体而言，抑或对作为整体的社会而言是正义的，这在西方理论里永远不可调和。换句话说，究竟是基于个体来讨论正义，还是站在作为个体集合的集体的立场上讨论，又或者是站在整体立场上讨论，获得的分配和矫正方案完全不一样。举个很简单的例子，对于这个地球上所有的存在者而言，现代社会正义吗？显然不正义。经常被谈及的物种大灭绝、森林消退、气候变暖、环境污染、冰川消融，都是现代社会中人的作为的后果。站在世界的整体的立场上来看，这些作为都是不正义的。可是顺着西方的理论路径思考不难发现，作为整体的世界根本没有资格讨论人之所谓正义与否的问题，因为它根本不能成为“主体”。再以集体为出发点去看，理论上能让集体的所有成员都各尽其才、各安其分且有幸福感，才算得上正义。但现实中不可能实现，只能退而求其次，保证集体中的绝大多数成员处于公平的环境中。而在这退而求其次中，正义已经折损了。

同时任何基于集体的讨论都涉及和其他的集体之间的关系，也

① 参见[美]理查德·波斯纳：《法律的经济分析》(第7版)(中文第2版)，蒋兆康译，法律出版社2012年版。

会陷入类似个体和个体之间关系的讨论。最典型的例子是现代的国际法。现代的“国际”格局,是近代西方的思想家们“想象”出了曾经的原初状态以后,逻辑推演个体怎么样结成社会,如何运用理性建构人与人之间的行为规则;①然后西方社会以强者的姿态,按照曾经的想象,把所谓的主权国家当成了曾经的个人,以主权国家作为“主体”单元,在法律人格平等的前提下型构一种基于理性的契约式国际关系。其中平等正是前文谈到的资格平等和机会平等。理论上平等的主权国家,基于自己的自由意志参与到这个秩序中去,通过立约形成一套秩序。这个秩序中公平、正义与否,看似所指都是国家和国家的作为,但本质上是将主权国家拟制为个体,只不过主体的所指变了。

为什么在西方社会中的很多人,尤其是自由主义学者们,会对集体主义有天然的恐惧感?这个恐惧感一直延伸到了对于集权、专制以及帝国的恐惧。在他们的潜意识中,一旦以集体为出发点便会导向总量追求且被效率支配,也就意味着总有一批个体的正义诉求(或者公平诉求)没有办法保障,甚至会被牺牲掉。作为个体加和的集体和作为集体成员的个体两者是对立关系,所以一旦讲求集体,每个个体都会感到岌岌可危。当然这也可以看作深层的生存危机意识的又一种形式的彰显。因此现代西方学界主流的正义理论,大多站在个体的角度。类似边沁那种功利主义追求量化、追求社会价值总量增加的思路被延续下来,但是他的分配方案没有被主流的西方话语接受,更不用说集体主义的立场了。

当代西方还出现了更加激进的理论,试图以世界整体为出发点来阐发正义理论。最典型的表现是出现了诸如动物权利、环境权利、环境正义等提法。最开始讨论这些问题时学者们还受制于传统理论,以个人主体为出发点。可是这在解释为什么要保护环境时遇到了困难,因为环境危机并不会给每个人带来切身感受到的紧迫的生存危机。于是引入了新的概念,虽然主体都受生命长度限制,环

---

① 格劳秀斯、霍布斯、卢梭、康德对原初状态、国际法和国际社会的理解形异实同,本质上都合于文中说到的这个理解模式。

境问题看起来没有大的危机,但是有个代际问题。人类有繁衍的需求,那些尚未被繁衍出来的子子孙孙们的潜在生存需求也应当被考虑,否则现在人们的作为对于后代来说就是不公平、不正义的。这种正义叫作代际正义。再往后大家觉得人站在人类中心主义的立场上,只考虑人的生存需要,对于其他存在者而言也不公平,于是开始有了动物权利的说法。但整个西方的法律和文化传统中,似乎除了权利之外没有别的工具能够用以保护利益,所以只好把像人一样的权利赋予动物、植物乃至环境本身,以这种拟人的方式来迁就现代西方的法律体系和治理机制。但是所有这些的基点仍然是个体,改变只不过是把其他的存在者也拟制成和人一样的主体,然后重新来讨论分配的方案对于这些拟制的主体而言是不是公平。这种虚拟的方式在很早就出现了,最典型的是法人。当然,这种迁就既有法律文化的权宜方案本身充满了问题和缺陷,其中非常突出的一点是被拟定为权利主体的动物、植物、环境等,它们没有意志,无法主动地主张权利。所以即便被赋予了权利,它们如何受益仍旧只能被动地依赖于人。

回过头来看,正义是主体之间相对关系中所呈现出来的,对于参与到关系中的各个主体而言,公平的利益分配方式和状态。这个分配公平可以用更中国化一些的词来表达,即分配得合宜、合理、妥当。大到整个社会的利益分配方案,具体到每个行为、每一段关系中都可以去讨论正义不正义的问题,但是总归是在关系中进行讨论。

(三)法律与正义

至于法律和正义的关系,现在最常见的一种说法是:正义是法律所能实现的最高价值;另一种说法是:正义是法律的价值内涵。这两种表述的含义存在差别,体现了对于法律的两种不同角度的认识。前者是作为秩序的法律,后者是作为利益分配方案的法律。从本质上说,现代社会中所有的法律都是分配规则,说得更具体一些是为主体分配权利的规则。比如民法典,实际上是在用一条一条的法律规范去建构民事生活的秩序,或者说去建构市民社会的生活方式。这套规则的核心内容就是分配权利,规定什么样的人在什么情境下,以什么行为模式参与到什么社会关系中去,有怎样的资格和机会去获得利益。

问题是有没有好的秩序和坏的秩序，有没有当然（或必然）好的秩序。如果往根上去追问的话，又会追问到柏拉图的问题：有没有民法和市民社会的理想型？比如民法典，是不是应该越接近理想型的民法典越好？现代西方法律和制度建构在实践层面放弃了柏拉图模式，也放弃了这个追问，意味着现在讨论的作为一种由分配而建构起秩序的法律，没有先天的正义与非正义，而只有合于时宜与否、合用不合用之别。

虽说正义并不和至善、良知直接相连，但它终归是善的表达式，尽管是曲折呈现的状态。因此，虽说按照西方的学理进路很难作出具有先天正义的秩序、法律之类的判断，但法律所呈现的正义应该且事实上也在不断地“向善”是可以肯定的。只是放在具体调整的各种关系中去看，只能作出正义与否而非是否至善的判断。认识到至善、伦理之善和正义分属于不同的层次，法律所能直接实现的仅仅是正义这一层。

顺着这个话题引申，秩序里的基础性问题在于有没有先天正义的政体，或者说有没有先天正义的政治秩序。对于政体的清晰类分，也基本定型于亚里士多德。在他看来，君主制是常态，变态的是僭主制；贵族制是常态，变态是寡头制；贵族制度是少部分人成为公权力的掌握者和规则制定者，统治大部分人。君主制是个别的君主统治所有人。民主制是大部分人（约等于所有人）统治所有人。民主制的变态暴民制是大部分不明事理的人去统治大部分人。除了上述六类之外，还有混合制，就是兼有三种常态政体的质素而形成的混合政体样态。① 其实古希腊绝大部分的政体都是混合制，现代西方社会也还是如此。比如现在美国的政体，他们标榜自己是民主的国家，其中确实没有君主了，但事实上仍有贵族，只不过贵族的表现形态由世袭罔替的神/英雄后裔变形为了所谓的政治精英以及他们背后的大财团，他们掌控着议会。此外，还有行使司法权的法官显然也在民主制之外，他们不是民选的，在其政体的结构中，对于政

① 参见［古希腊］亚里士多德：《政治学》，吴寿彭译，商务印书馆 1965 年版。

治影响巨大的联邦最高法院大法官是由总统提名，参议院投票通过以后一任终身的。这样一种机制如果向上追溯应是源自斯巴达的选举制和代议制。[①] 其实除了美国外，现代西方世界绝大部分的政体都是混合制，这也印证了亚里士多德的天才预言，他说只有混合制的政体才足以稳定。

回到之前的那个问题：政体有没有正义与非正义之分？现在人们的印象是民主制是好的，这是经过了长达二百余年的西方意识形态渲染以后，被刻意塑造出来的观念认同。[②] 与之相对的是暴君制，特别是西方人最讨厌的专制帝制。其中第一层是之前谈到的对集体主义的厌恶，第二个来源是他们对人性的认识。西方人讨论的人的本性基础是人的自然属性，包括动物性。这在近代以来西方的理论界构成了一个大悖论：一方面要说人的本性是理性；另一方面在建立政治理论时，人的本性又包含了动物性（或曰生物性）。动物性意味着所有人都要为了自己的生存去拓展私欲。基于这样一种为私的本性，每个人天然地会谋私。一旦人掌握了绝对权力，就会绝对地谋私。在资源总量有限的情况下，产生的后果自然是无限侵夺其他主体的利益。所以君主制尤其是专制是最恐怖的。除了上述两层之外，还有一种来自历史感的恐惧，源于古老的希波战争。[③] 那些分布于各个城邦、零零散散难以聚集起来的希腊人，看到强大的具有非常恐怖凝聚力的波斯帝国时的恐惧感，构成了西方人眼中东方专制主义的来源。而且在他们看来，东方专制主义自始就以侵夺甚至颠覆、毁灭西方世界的“文明”为目的。[④]

抛开这些，其实任何一种政体都和正义与非正义的问题没有直

---

① 参见《希腊罗马名人传》中关于莱克格斯（吕库古）事迹的记载。

② 在西方历史上的绝大多数时间里，从古希腊开始一直到启蒙时代以前，甚至一直到托克维尔以前，民主都是贬义词。民主绝大部分时候呈现出来的都是暴民状态，包括那个没有被理想化加工的雅典。这在柏拉图的作品中有非常直接的评论，不烦赘述。参见王绍光：《民主四讲》，生活·读书·新知三联书店2008年版，第一讲“民主的起源与演化”。

③ 希腊人对波斯的印象，参见［古希腊］希罗多德：《历史》，王嘉隽译，商务印书馆1959年版。

④ 毕竟在希腊人眼中，这个世界只有希腊人的“文明”和其他人的野蛮之分。

接联系，也就没有当然正义或非正义的政体。西方语境中的政体意味着权力的分配方式，也可说本质上是一种权力秩序。如果从现象上看，只有有序、无序的状态之分。其中所能成就的各种各样的社会关系中的具体行为才涉及正义与不正义的分判。就像不能说专制政体中制定出来的法律就一定是正义的或者一定是不正义的，只有下落到具体的关系中才能讨论。

同时不能直接用正义与非正义去评价作为一种治理工具的法律，甚至对这个意义上的法律所型构出来的秩序本身也不能直接做正义与否的评价。法律作为一种治理工具，涉及两个方面：一是治理工具能不能实现正义这种价值，这是要去讨论的问题；二是治理工具本身有没有正义与非正义之分。

接下来的问题是这些治理术如何实现正义。再细化一步，当讨论法律正义与否时，讨论的实际上是作为一种治理术的法律如何能够实现具体社会关系中的正义。这又涉及两个方面的话题：一是一条法律规范是否能够呈现出正义。二是在运用具体的这一条法律规范时，无论是在型构社会关系时，还是在校正某一种变态的社会关系时，能够多大程度上实现正义预期。在讨论社会机制时，包括权力运行机制、治理方式等会有相匹配的问题。也就是说，问题不在于作为整体的法律秩序本身是不是正义的，而在于它们所形成的一套治理机制和所要实现的具体社会关系的正义诉求之间能不能匹配。如果分开看都谈不上正义；但是一旦把它联结起来，在动态的场景中审视，就有正义不正义之分了。有的情况下具体的法律规则制定得很好，立法者想得很周全，分配方案也做得很好，但是没有机制来实现。比如欠债还钱，每个文化传统的法律都有相关规定，可是有的情况下，欠债还钱会导致不正义。像人死以后，他欠的债应不应该由他的子女来偿还？像中国古代认为这是天经地义的事，但是现代西方社会却并不认同。很明显这里没有先天的正义和不正义之分，只有适合不适合文化环境之别。所以法律规定的内容是否正义，还得放到文化环境中、社会机制中去看。

二、义

（一）什么是“义”

通过上个小节，可以知道正义是一个非常典型的西方命题、西方概念和价值追求，而且基本上可以确定是现代法律能够追求和直接实现的最高价值。其中一个核心特质是正义必是在某种相对关系中成立的价值，意味着没有绝对的正义。

前文已经谈到，正义这个概念在近代以后经常被国人拿来和传统语境中的“义”混用，也有很多人尝试讨论中国古代的正义观之类的话题。但是如果细究的话，就会发现古代中国人根本不讲正义，甚至连这个概念都没有。古代中国人只讲“义”，而“义”这个概念和现代语境中的正义存在复杂的异同关系；因此需要详细说明两者之间的关系如何，区别在哪。

传统语境中的“义”可能是本书中所要讲的一系列价值中最难说清楚，含义最不清晰的一个。为什么最难说清？举个例子来说，比如义气、仁义、信义、道义这些词，还有孟子说的“春秋无义战”里都有“义”，可是他们各自表达的含义差异又很大。从这些语词的共性上去理解，可以隐约感觉到其中都包含对人的要求和约束，但是真正要说清时又会遇到很大困难。问题出在“义”没有参照系，也不是具有实体意义的价值。

先来看“义”的繁体写法“義”这个字，上半部分是“羊”，下半部分是“我”。另外除了“義”，还有诸如羞、美、善、鲜等字都以羊为部首，且它们还有一个词义上的共性，即都有善好的含义。换个角度来想，为什么表达美好价值的词都有羊做部首？这个话题要联系同样有羊部的“羌”来理解。在中国文明起源之初，后来羌人生活的西北一带是文明起源的核心区之一，也是之后炎黄文化的源头。据传早年间女娲、伏羲生活的地方，就在现在甘肃、陕西西北部、宁夏东部，是上古中国三大文明板块之一的西部集团的根据地。这个地方的人群有两个比较明显的特质：一是他们接近于游牧生活和农耕生活的结合部，所以这里的人很擅长包括养羊在内的畜牧业。二是他们最早开始形成了有政治性的社会。伏羲的传说与考古学发掘的新石器时代后期仰韶文化类型时间、地望和文明形态都大致相合。仰韶文化的遗址中出现了明显的向心化的聚落。遗址通常有一个中心区,它是一个活动场,用以举行祭祀和公共活动。中心区周边一大圈是族群成员日常居住的房屋,最大的特色在于所有的房屋开门都指向这个中心区。这已然说明这样的聚落在当时已经有了明显的向心意识。而我们去理解古人遗迹时有一个原则,一旦它不以实用为目的而大费周章,那么很可能它就具有某种政治/宗教目的。

形成了政治向心力意味着政治权力开始对人的思想观念和生活方式有约束,有了指引作用。这种约束不仅对人的生活模式起作用,还对观念有影响,表现之一是设定价值标准。由政治权力来设定什么东西是好的、什么叫作善、什么是美的,所以鲜、美、善、义作为官方认定的价值标准在这个过程中被设定出来了。权力要给设定出的概念打上自己的印记,有些类似后来的图腾之类。就像前文谈到的,"羊"很有可能就是伏羲部族为这些价值标准打的印记,所以好的价值指向的词对应的字都有羊部。由此可以看出,"义"所承载的意义,一则具有外部约束,它是被设定出来的概念;二则自始就表达了一种价值追求。

"義"中的"我"部提供了一种实质性的意义规定,意味着义的内涵与自我、自身有关。如果从文字象形的角度去理解,大概可以直观地读到以上两层意思。可是义和自我是什么关系呢?其中蕴含的价值指向或者价值标准具体是什么?这在字形里看不出来,需要借助义理阐释:

> 义,宜也。裁制事物,使各宜也。(《释名》)
>
> 元者,善之长也,亨者,嘉之会也,利者,义之和也,贞者,事之干也。君子体仁,足以长人;嘉会,足以合礼;利物,足以和义;贞固,足以干事。君子行此四者,故曰:乾,元亨利贞。(《周易·乾·文言》)
>
> 仁者,人也;义者,我也。(《春秋繁露·仁义法》)
>
> 仁者,人也,亲亲为大;义者,宜也,尊贤为大。(《中庸》)

"义,宜也"是被广泛接受的一种说法,大意是说"义"是一种恰到好处的合宜状态。如何使事物合宜,关键在于“裁制”,很明显这是人加诸事物的作为。换句话说,人的实践是使物合宜的必要条件。这里隐含了一个前提:“制”和物原本不合一,也就是物原本并不当然的“至善”,所以要经过人的裁制才能让它们归于合道。

《周易·乾·文言》里的表述后来引用得也很多,①这大致可以看作合于孔子的理解。“利者义之和”的“和”有两种解释:一种是调和,另一种解释是综合。按此,利益是能够调和所有的义。“利物足以和义”当然是人利物,和前面的“裁制”一理相通。“利物足以和义”的出发点是人,对象是物,中间的手段是人对物施以利,即给物好处,做到这样叫作合于义。

上面两个说法不涉及人和人的关系,而通常说的仁义、道义、义气则都是人和人之间的关系。到了汉代董仲舒归纳出,“仁者人也,义者我也”,换个说法就是仁以对待他人,义以要求自我。这是非常典型的儒家态度,类似“宽以待人,严于律己”的意思。其中透露出义有较强的自我约束的意味。这层含义就和字形中的部首“我”联系起来了。

《中庸》里的“仁者,人也,亲亲为大;义者,宜也,尊贤为大”和董仲舒分表仁义的说法很相近,但侧重不同。“仁者人也”重在说“仁”的核心内涵是人伦,所以“亲亲为大”。“义”的核心要义是“宜”,与前引《释名》中“义,宜也。裁制事物,使各宜也”同义。《中庸》的拓展是将这种义理内涵的践行收聚到了“尊贤”上。这里含有一点:之所以会尊贤,即发现他人之所长,并敬重厚待之,根源在于其人能够自省和自我反思。所以外发出来的尊贤背后的支撑同样是自我约束和律己。这就和董仲舒之论相合了。

以上面四段论说为基础,才能把握“义”的深层含义。理解“义”最重要的观念前提在于,世界中的存在者,如果不加以人为裁制、规整,它就不合于义,即不合宜。这类非常儒家式的预设和道家、黄老家、道教的基础认识有根本性差异。彼三家认为世界本来

---

① 实际上这个说法早在春秋中期就有了,《左传》中的表述稍有出入。后来孔子的学生在总结孔子对《周易》的理解时,引用了这个说法并略作调整。

是和谐的,人的造作导致了混乱。儒家主导的观念认为这个世界原本就不至善(或曰完善),也不当然地合于义。之前一直在说人是很特殊的存在者,拥有特殊的智能和能动性,可以主动地作为,能够改变自然状态中各种事物不合宜的存在方式,把它们规整到合于道的状态中去。这个理解其实是沿着儒家对于整个世界和人的定位展开的。顺着这个思路,世界原本是乱序的,[①]人以引领者和实践者的姿态参与到这个世界中。这时人的参与、实践方式与人的使命联系在一起。人主要的使命是要让乱序而不够完善的世界变得有序、合宜,这意味着人需要去整顿所有的存在者,包括人也包括物。"裁制事物,使各宜也"在这个前提下才能成立。

在整顿过程中,人要按照一定的标准进行实践,这个标准就和"义"有关了。在前引的四段表述中,能够直接把握到的其实只有一个标准:所有的物理应又都各自有适宜的存在状态。这类似于后来人们常说的世界的应然状态。这个应然的合宜状态意味着每一种存在者都有在这个世界上的特定安顿方式,人应该把世界整顿成这样。安顿、自得的状态就是合宜,而合宜便是合"义"。但要注意,这种状态不是静态的理想型,而是动态变动的历程。

这种对世界的理解和西方文化很不一样。西方人大多认为世界以生存为中心,所有存在者的第一目的是生存,与之相伴随的是资源有限甚至资源稀缺。所以,人和其他存在者的基本行为模式都是抢夺、占有生存资源。比如,狮子捕食斑马是自然状态,可是对斑马来说这个状态合义吗?又如,说人通过战争获取奴隶,强迫奴隶劳作,对奴隶而言合于义吗?可是如果以生存为中心,以资源稀缺为前提来思考的话,这就无所谓合不合义了,因为他们不是"主体"。当然西方也没有中国人观念中的"义",他们只讲"正义",而正义只在主体的相对关系中成立。可是在中国人看来,世界本不存在资源稀缺的问题,所有存在者原本都应该以合宜的方式在这个世界上找到安顿。只不过这尚且只是应然状态,需待人加以整顿之后方可实现。这是人才有的使命和责任。那么人为什么能知道自己

---

① 或者至少是不够完善有序。

的使命？是因为人有觉悟。不过一般人没有觉悟，有觉悟的圣人应该成为所有人的引领者、教化者，当然理想状态下也应该成为立法者，由他来指引人们去化成世界。

在这个实现的过程中，有两个问题需要解释。第一个问题是，人既是引领者，同时又是一个存在者，也面临着欲望、生存等问题，也就是有着所有存在者都固有的局限性。之前也说到过，由于人有特殊的能动性，人可以用非常特殊的人化的方式来实现自我利益最大化。这和西方人的理解并无二致。换句话说，人可以发挥自己的主观能动性，做其他的存在者都做不到的事情来满足自己。这种以自我满足、自我实现为目的的行为一旦融入了人的特殊主观能动性，便意味着一种"反自然"的为"私"的状态。这在传统中国思想界的各家看来，都是极为严重的人扰乱而非化成世界的作为方式。人应该如何化除自己作为一个存在者的天然的欲望、私欲，而只以化成世界为旨归行为，这乃是关于"义"的最核心的论题。

第二个需要思考的问题是，在这样一种乱象之下，如何能够把握到什么才是合于大道的至善状态？毕竟这个状态从来不曾在历史和现实中落实过。就好比狮子吃斑马，老虎抓野猪，通常都认为这是先天的禀赋使然，也是生存所必需的动物本能，无所谓善恶、义与不义。可是人为了自己的生存去捕杀、猎食、抢夺甚至战争算不算是这种本能？哪类摄取其他的存在者以维持自己的生存的行为应该排除在义与不义的评价之外？或者说应该如何区分人的本能行为与基于人的特殊性主动作为（或曰主动为私）？

前一重问题的基本解决方案，是在"我"上做文章，限制、控制自我的欲望。能控制住自我作为存在者向外摄取的欲望，才可获得裁制万物的资格。反过来，如果纯粹以自我为目的，万物对人来说都仅仅是被摄取的对象，自然谈不到化成世界。只有当人控制了自我以后，才能考虑什么状态能让包括人在内其他的存在者都合于义。通常情况下，人进行这种实践要从身边最亲密的人开始，而后渐次向外推展，所以儒家反复强调心、身、家、国、天下的脉络，也就是成己、成人、成物、成天。

成就他人的过程包括了自然意义上的人性，例如"亲亲"。但这仍然有私欲的成分在其中，甚至可以说是以自我之私为起点往外推。如果要成物的话，和成人的思路又不完全一样。人要站在物的角度，或者站在世界整体秩序的角度去思考什么情况对于某一种物来说最合宜。同时人所处的是变动的环境，也就是“大化流形”之中，且物作为存在者，基于各自的有限性，互相之间充满了复杂的关联和冲突。当这些复杂的关联交织在一起时，呈现出的是之前谈到的诸理竞合的局面，没有一定之理，也没有单一标准，因此也无法得到静态的理想秩序蓝图。合不合宜都要在动态情景、场景中去判断。这就使物之宜亦即成物非常不好把握。

不妨与正义相比较。正义讲的是人和人之间的关系，或者更准确地说是主体和主体之间的关系。其中也有合宜、合义的意味，可以表现为公平，也有各安其分、各得其所的效果；不过所有这些都只能在主体的范围内成立，推不到更广的成人、成物范围。而中国文化的义是在世界整体秩序或者整体生存状态的意义上讲的，包括但不限于正义；也可以说正义是义的一种有限、曲折的实现形式。之所以有限、曲折，其要在于义的内涵以及它的追求比正义层次更高，因为它不局限于主体，也不局限于某个作为人的主体的自我实现；义的基点是世界整体。

但是“义”和“合宜”的表现，在理解上会遇到的最大困难在于缺少既定、一定的标准。举个例子来说，春秋时齐国国君齐顷公在位时，晋国很强势，齐顷公对晋国一系列欺凌弱小的行为隐忍了很久，终于还是和晋国打了一仗。晋国不屑于出动国君，派了一帮卿大夫出战。春秋时都是车战，齐顷公坐在中间，驾车人在左，护卫在右。结果刚刚交战齐国就溃败了。齐顷公跑到一个地方歇脚，这时晋国军队追赶上来了。齐顷公的随从中有一个人叫作逄丑父，他和齐顷公长得非常像。逄丑父假意呵斥齐顷公去给自己取水，实则让齐顷公逃走，自己装作发号施令者的样子。晋军误以为逄丑父是齐顷公，把他俘虏了。[①] 很明显，逄丑父所为是为了救齐顷公，粗看起来很有舍生取义的意味。可是关于他的行为是否合于义，却有旷日

---

① 此事即发生在公元前589年的鞌之战。参见《左传》成公二年。

持久的争论,而且持否定意见者占据了大多数。否定者认为,虽说逄丑父本心是舍身救主,但他的行为实际上是在陷自己的国君齐顷公于不义。① 逄丑父被抓以后的结局有两种说法:一种说法是,当时晋君觉得被欺骗了,非常生气,于是把他杀了。另一种说法是,晋君认为逄丑父这个人仁义,能够舍身保护自己的国君,结果把他放了。究竟哪一种结局合于史实现在已经无法考详,但是对于结局的两个不同的记载足以说明,当时人们对逄丑父的行为已经有了义与不义两种完全不同的评价。

关于一个特定行为是否合于"义"为什么会有截然不同的评价?直接原因是义没有绝对不变的标准,它始终在情景中成立。唯一能确定的是人,包括作出评价的人以及做出行为的人。而人要对一个行为作出评价,以及思考决断应该如何做出行为,所考虑到的永远不可能是世界的整体以及需要考虑的所有关系,而只可能虑及每个人力所能及的因素,因为每个人的知识、认识能力、实践能力都有限。这意味着人最终只可能考虑到一部分关系,在一部分关系中做出权宜的决断和行为。因此我们就会看到对于同一个事件,由于行为人(或评价者)所考虑的范围、对象和涉及的关系不同,得出来的结论存在差异。

但是回过头来想,对于逄丑父义不义的评价,揪住的核心问题其实都是一样的。这个核心问题是逄丑父的行为有没有使齐顷公的行为和他国君的身份之间对应上。因为在传统社会里所有的人都不以纯粹的人出现,他们都在不同的关系中对应到不同的身份;每一种身份有不同的责任,也有不同的使命。是故对于个人来说合义是做与身份相对应的事情。例如作为国君,在战争场景中就要做一个国君在战争中该做的事,没有做到就是不义;而作为臣子,同样应该做臣子该做的事情。据此,假扮国君就不义。而且更严重的是,逄丑父与身份不匹配的行为还会陷他的国君于不义,使齐顷公不能做出与国君身份相匹配的行为。

---

① 按照春秋时期的规矩,国君战败时于理应当"死国",也就是奋战致死。逃遁、投降都属于不义。后来孔子在《春秋》经中强化了这种规定性,并且被后世的公羊家、谷梁家承袭并进一步做了发挥。

这是从整体性的义的含义中抽离出来的比较简单的实践的原则,但这充其量只是指引性的实践原则。至于具体来说义的标准是什么却仍然不能精确地呈现,只能明确要限制自我的欲望、私欲,这是成就万物、化成世界的必要前提。可是,究竟如何自我约束同样没有明确标准。由此又产生了两种完全不同的理论思路。一种理解叫作“义外”说,意思是“义”本有外部化的标准,所以人要合于义,须得参照外部的准则去限制自我。外部准则大致包括圣人的言论、圣王的法度(如文王之法、周公之礼)等。如果顺着这个思路,法律扮演的正是外部化规则的角色,那么广义上的法律应该提供合于义的规则体系。但这和之前说的“义”的内涵之间存在冲突,因为根本没有办法获得静态意义上的合于义的理想的规则体系,义必须在变动的复杂场景中才能认识和把握;一旦简单化了,或者一旦使它脱离场景的规则化、标准化,就会偏离“义”的本义而致不合宜。

再举一个例子来说明。中国古代人特重复仇,尤其是杀父之仇,人们经常说“杀父之仇不共戴天”。接下来要说的故事也发生在春秋时期,不过事情的缘起则要上溯到西周。当时齐国第五代国君齐哀公和纪国的国君都在西周的镐京给周夷王做辅臣。那时纪侯给周天子打小报告,说了不少齐侯的坏话,导致周天子大怒,把齐侯烹了。这对齐侯的子嗣来说是杀父之仇,理当不共戴天。虽说齐哀公死在周天子手上,但始作俑者是纪侯,这和现在教唆犯罪中教唆犯是主犯的原理一致。按理来说,齐哀公的儿子应该找纪侯复仇。可是实际上是周天子以王命处死齐侯;作为周天子的臣子,齐侯的后人如果复仇,便是违反了王命,视同违法。于是这就陷入了困境:不复仇是为人子不义,复仇则为人臣不义。很明显,在这样的复杂场景中,没有简单的标准化行为规则、法度可以提供合义的行为模式。因此需要行为人去行“权”以获得合宜的方案。齐国人为了获得一个合宜的复仇机会,等了九代。到了齐襄公时,周王朝已经东迁了。这时周平王俨然没有了西周时的权威,支配不了诸侯,属于上无明天子,下无方伯(诸侯联盟的领袖、霸主)的“据乱世”,没人能够合理合法地成为诸侯之上的审判者或曰公道主持者。这时私力救济，也就是自行复仇才算合法。于是齐襄公趁着这个时机灭掉了纪国，以此来合于义地报九世之仇。① 这个例子告诉我们，试图去外部找义的标准不现实。

另外一种理解是“义内”说，意思是义的标准内在于我，也可以说义没有客观化的外部标准，我（内心）是作出判断的基点，没有既成标准可循。② 可如果没有外部标准，那些先王之法、圣人之道，还有现实中的实在法起什么作用呢？虽说标准内在于我，但不是我觉得应该怎么做就怎么做。这又要回到之前讲的“我”的问题。作为起点的自我，是已经自我约束过的我；说得更具体一些，是能够去除掉所有的生物属性，纯粹作为天命之性禀赋者的道德本心。这个状态的我才可以成为合义与否的判断者。同时这样的自我面对外部事物作出判断时，除了依靠道德本心外，还要依靠知识，因为判断还涉及利物。

获得对于所要判断的对象来说最合义的状态，不是本着道德本心或曰良知就足够了，好心办坏事的情况不胜枚举。其中很多是因为缺乏知识，没有掌握物理、事理、情理等，或者没有考虑到时、运、势、命这些因素。正是因为判断者需要对自我而言外部化的知识，所以要有参考系。先王之法、圣人之教，也包括实在法，乃至其他类型的知识，其实都是在为判断者提供参照系。有了参照系，一方面降低了对判断者“人皆可尧舜”般的高要求，另一方面也提供了知识性的便利，让人知道在大致相同的情景下，那些圣人、圣王、贤者以及立法者们曾经作出，或者希望看到怎样的判断和行为模式。不过任何外部化的规则即便经过抽象，也只反映立法者当时所能考虑到的情况。立法者受知识、视野、理解能力等的限制没有考虑到的

---

① 齐襄公灭纪复仇，参见《春秋公羊传》庄公四年。

② 见《孟子·告子章句上凡二十章》。孟季子问公都子曰：“何以谓义内也？”曰：“行吾敬，故谓之内也。”“乡人长于伯兄一岁，则谁敬？”曰：“敬兄。”“酌则谁先？”曰：“先酌乡人。”“所敬在此，所长在彼，果在外，非由内也。”公都子不能答，以告孟子。孟子曰：“‘敬叔父乎？敬弟乎？’彼将曰：‘敬叔父。’曰：‘弟为尸，则谁敬？’彼将曰：‘敬弟。’子曰：‘恶在其敬叔父也？’彼将曰：‘在位故也。’子亦曰：‘在位故也。庸敬在兄，斯须之敬在乡人。’”季子闻之，曰：“敬叔父则敬，敬弟则敬，果在外，非由内也。”公都子曰：“冬日则饮汤，夏日则饮水，然则饮食亦在外也？”

情况，仍然要判断者再去进行判断。所以外部规则提供的始终不是硬性标准，否则日常的司法中就不会有疑难案件了。

（二）义利之辨

接下来顺着“义”的话题来讨论著名的“义利之辨”问题。上节说到义的核心表现之一是利物，即通过人的作为使物能合义。作为存在者的人也是广义上的物，所以人除了利他之外也要自利，否则不能生存下去。可之前谈义时，一则讲的是世界整体合于义，二则谈人在消解了自我中心的前提下，作出合义、利物的判断和行为。这两种情况下自我其实都不存在。可是现实中自我的利益诉求又不得不顾及。也就是说，人在义内的前提下，形成利他的行为准则的同时，也需考虑利己，只不过利己是把自我也当成了物之一来看待。对于一般人而言其中不免有矛盾，特别是自利和利他的平衡或者边界，所以会引出义利之辨。

> 子曰：“饭疏食饮水，曲肱而枕之，乐亦在其中矣。不义而富且贵，于我如浮云。”（《论语·述而》）

孔子这话看起来并不难懂，但是落到实践中却既难又复杂。孔子以后这个话题被反复谈论，而且被扩大了。有很大一部分原因是当时的知识界所处的环境，有两个特别严重的“堕落”倾向，一个倾向是私化，或者说私权化。从春秋开始出现礼崩乐坏，原先最高权力在天子的局面支撑不住了，主导权落到了诸侯手中。接着诸侯国君也把持不住，权力下落到卿大夫那里，再接下来又从卿大夫下落到了陪臣专权。[①] 再到战国时出现大量的游士，径直以操弄权力成就私欲，获得私利为目的，著名的苏秦、张仪、公孙衍之流都是此类。也有人说这是人本主义和自我意识觉醒的表现。若根据现象看上述私化确实很像西方以自我为中心的世界观。问题是，传统中国一直将这种状况视为须当克服、矫正的“变态”。老子、孔子及之后的战国诸子无一例外地反对私权化、私欲膨胀，核心正是反对自我中心。个中原因前章中已有详论，此处从略。

---

① 孔子曰：“天下有道，则礼乐征伐自天子出；天下无道，则礼乐征伐自诸侯出。自诸侯出，盖十世希不失矣；自大夫出，五世希不失矣；陪臣执国命，三世希不失矣。天下有道，则政不在大夫。天下有道，则庶人不议。”参见《论语·季氏》。

另一个倾向是功利化。自我中心与私欲私利互相促成。当意识到自我即中心，势必会以自我成就为一切行动的旨归，这时便会发现最好的自我满足乃是将一切于己有用的外物都视为利益，并最大化地加以占有，其中既包括实体的物、人，又包括权力、声望、地位等。所以大家都去谋利，把所有的对象都功利化、利益化之后，反过来又会刺激私化，带来的后果是“义”完全丧失了实现的可能。因为没有人再去照顾自我之外的物、人、事是否合义、合宜。

事实证明这样一种人人都以自我利益最大化为目标的状况，带来的只可能是有限的秩序和无限的纷争。战国是一种混乱，西方主导的现代社会也是一种混乱。现在人们经常说现代社会让大家都过得更好，生活质量较之古代提高了很多，可是这种以自我为中心的观感恰恰忽略了那些自我之外的存在者，例如大量灭绝的野生动物、植物，被严重破坏的环境等。反过来，将基于自我的生物性的利益需求放到反面，尽可能地化除，这才是传统中国义利之辨的核心。但这又不意味着，实际上也无法完全消弭人的利益诉求，毕竟人本身具有动物性，是一个生命体。所以化除的其实是自我中心意识，强调不能以自我为中心来思考行为的方式和准则，也不能以自我为中心建立价值标准。一旦以自我为中心，就会堕入功利化和私化，往大了说会造成世界混乱，因为一旦为此，便是不义。

孟子说“春秋无义战”[①]，羞言齐桓、晋文之事，[②]也在这个意义上成立。当时各个诸侯国打着各种各样行“义”举的幌子去成就自己的私利，最典型者莫过于齐桓公的“尊王攘夷”，以及要求各国讲信修睦而订立的种种盟约，背后都有齐国自利之私的动机，带来的结果自然是短暂有序之后更加严重的混乱和失序。所以必须约制自我中心意识，但是这种约制又无法仅仅通过外部化的方式实现，须得依赖自觉的自我约束和限制才能达成。儒家一直在义利之辨的话题中强调义先利后，要求人自觉地守义，原因即在于此。

后来很多人把这个命题解释偏了，认为传统中国之所以经济、

---

① 《孟子·尽心下》。

② 齐宣王问曰：“齐桓、晋文之事可得闻乎？”孟子对曰：“仲尼之徒无道桓文之事者，是以后世无传焉。臣未之闻也。无以，则王乎，就说乎？”参见《孟子·梁惠王上》。

技术最终会落后于西方社会，是我们的先祖们讲义而不重利，甚至反对谋利。其实自古以来从没有人反对谋利，也没有人反对自我成就和自我实现，反对的只是把自我当作目的，或者把谋利为私当作目的。所以无论是早期儒家，还是后来整个传统中国的正统文化中，最先讲的都是自我约束。例如说“义以待己，仁以待人”，说得直白一点即严于律己，宽以待人。

为什么强调人要自我约束？这与人在世界上的角色设定，以及他的责任和使命感有关。之前反复谈到，在中国文化中，人是有先天责任的，甚至可说人生下来就有对世责任，要对整个世界负责。所有人的行为方式、价值指标都要建立在这个对世责任的基础上。以此为前提，再根据每个人在不同场景中的不同身份，设定出具体行为对应的不同责任。一旦抛弃了对世责任，就等于失掉了人之为人的基础。所以理解义，须得嵌入传统中国的一整套观念中去，单独支离出任何单一的概念、观念都无法获得义理层面的完整把握。例如拿掉对人的角色设定，对世界的基本理解方式，以及对世责任的前提，无论是义利之辨，还是“义”的内涵都很难解释得通。

（三）义与法

如何合义地用法，其实在上节中已经讨论到了，是要把法律当成外部的知识和参照系。除此之外还需要讨论，法本身如何合义？为此，要把法做重新的定位和角色分判以后才能理解清楚。

首先要看的是作为秩序的法。之前一直在说，法律实际上在提供一种秩序，方式可以是建构一套秩序，也可以是以合法化的方式甄选既有的社会秩序，即通过立法判定曾经一部分行为模式合法，另一部分不合法或者排除在法律之外。这些法定行为规范体系共同构成并展现出来的是一套秩序蓝图。问题在于，我们能不能找到一个完全合于义的秩序蓝图（或曰法律规范体系）。换一个角度来想这个问题，能不能尝试建构一种闭合且“完善”的法律规范体系，就像现在主流的法律实证主义那样？或者说，立法者用以建构秩序的法律规范，能不能都合义？如果不能都合义，或根本就无法指望它能提供一种合于义的秩序蓝图，那么法律应该扮演什么角色？

参照前节谈到的“义内”与“义外”之分，如果只取义内作为起点，外部的规则不可能提供完善且合义的行为标准，因为合义与否始终是在场景和动态过程中成立，而法律规范只能是静态的秩序。如果按照这个思路，法律规范不可能当然合义，也不可能成为合义与否的评价标准。这时法律应该扮演什么角色？显然立法者不应该尝试用法律化去构建一个起到标准化作用的理想的秩序蓝图。同时这也意味着立法本身不是高位的，无法直接指向理想秩序，只能作为一种承认式的规则，去承认哪些既有的行为模式和秩序状态合法。换句话说，是用法律来确定哪些既有的行为模式更加容易指引人的行为合义。按此，立法者提供的更像是一套知识，以之作为人们作出判断和行为的参考。当遇到特定情况无法当然知晓如何应对方才合义时，法律规范可以给人一个比较具有普遍意义的参考，告诉人们在一般情况下应当如何判断和行为。

除此之外，立法者需要通过法律规范为人提供一种指向合义的正向指引。也就是说，法律即便不能直接合义成善，也至少能起到止恶和防限不义的作用。人们经常说法律是社会的底线规则，在这个意义上可以成立。

现代社会所有法律的实质性内容都是权利义务关系，立法行为本质上是把社会关系转化为法律关系，以权利义务关系的模式确定下来；然后再用权利和义务去调动、指引人的行为，并建立判断标准。其中的核心是权利本位，它的渊源是非常西方化的主体构成式文化，第一步是明确主体，确定了主体以后要确定的是主体有哪些权利；第二步是告诉主体这些权利有什么边界；第三步是明确在边界之内行使权利时，针对其他主体会有什么义务。所以对于现代法律来说义务是第三位的。再接下来才是第四位的责任，即违反义务时要付出的代价。这是现代法律的逻辑。之所以要强调权利本位，是凸显自我中心主义（或曰主体中心主义）。理论前提是主体即世界的中心，本可以为所欲为；无奈主体并非一人，没有办法在社会环境中实现，所以每个主体都要在相对于其他主体的关系中受限制，也就是主体和主体之间要有义务，违反了还要负责任。而义务和责任只对与自我资格相同的其他主体成立，主体对非主体的人、事、物毫无义务和责任可言。这样的思路显然和“义”根本不在同一个基础上成立。可问题是现在法律就是这样一套以权利义务为内容和调整方式形成的机制,若强行为了求“义”而将之全盘弃之不用,显然既不合时宜,又会造成过高的代价,甚至导致社会失序。所以只能在理论上寻求改良方案。

换一个视角来观察,第一步可以看到现代法律对于所有的主体提供的是明确的“私”的限度;第二步可以明确它提供的是“为私”的限度。这和前文谈到的权利的边界其实是一回事。这两点都与传统法文化中强调限制、约束自我相合,当然前提是把西方文化为现代法律设置的自我中心这个理论起点略去。在这个基础上,法律秩序的参与者不再是作为目的的主体,尽管名义上仍然叫作“法律主体”。权利的目的是要让作为法律主体的人能够最低限度地利己,以实现自我存续。要像利物一样利己,这是合于义必需的限度。也就是说,权利提供的不是自我利益最大化的可能性,而是为生存、生活而利己的限度,再附加权利义务对等关系。与此同时,更重要的是通过法律的形式确定超越权利义务关系的责任。其实当代法律中已经有了这类责任,例如公共责任,环境保护法中经常出现的无过错责任,还有道义责任等。顺着这种方式去重构现代法律,它也可能成为求得合义的手段,只是这时会对执法者和司法者提出更高的要求。

讨论了作为整体的法律规范体系如何合义,接下来可以再针对具体的法律规范如何助成合义做一观察。每条法律规范都针对一种法律关系,而法律关系又是针对一类社会关系作出的抽象化归纳。这就需要去判断每一个法律条文背后的法律关系,以及调整这个法律关系的方式是不是合义。可是法律规范中的法律关系始终是抽象的,虽说它们都源自切实存在的社会关系和社会事实,但由于规范化加工,法律关系的起点其实是概念而非事实。抽象带来的问题是实际上抽去了具体的事实、情理和具体情境。这时要依据本自概念而来的抽象法律关系去判断它本身是否合义就不容易了。甚至可以说,迄今没有一种成熟的方案能够仅依据法律规范本身判断是否合义。而立法者之所以制定出某一条法律规范,在其中提供某种行为模式指引,其实是立法者基于他预置的具体情景作出的判断。说得再具体些，在立法时立法者们脑子里想到的是实际的事物或行为，但是他们以抽象的方式去表达出来。可是法律文本的读者不具有同样的情景，不面对与立法者完全相同的具体事物，自然也就无法完全地还原立法者原意。

第四节 公

一、“公”义

“公”是传统法文化，也是整个中国文化的基本价值内涵和指向，尤其是在与西方文明两相对比的局面中显得格外突出。明白了什么是“公”，为什么要推崇“公”，方可明白为什么传统法文化不看重，甚至多少有些轻视“私”。而理解中国文化为何将“公”推至近乎无以复加的高度，把握“公”义与“道”和“证道”之间的关系是关键。首先仍需要从概念本身说起。

与“法”的情况相似，战国以前“公”是一个含义非常狭窄的概念，它的字源、辞源至今仍有争论。对“公”以及与之相对的“私”，韩非曾做过一个著名的解说，即《五蠹》篇之“古者苍颉之作书也，自环者谓之厶（私），背厶（私）谓之公。公，厶（私）之相背也，乃苍颉固以知之矣。今以为同利者，不察之患也”。这段话后来被许慎引在《说文解字》中作“自营为厶（私）”①。尽管在很长一段时间内，这个说法被认为是“公”“私”两字字源辞源的不二解说，但现在的古文字学研究已经证明了它属于臆测，②只能视为韩非对“公”

① 关于“营”“环”孰为本字，不乏聚讼。陈奇猷引《韩非子·人主》篇“当途之臣得势擅事以环其私”，主“环”为本字，或是。参见陈奇猷校注：《韩非子新校注》，上海古籍出版社2000年版，第1107页。

② 相关论述为数众多，参见徐中舒：《徐中舒历史论文选辑》，中华书局1998年版，第93、1141页；康殷释辑：《文字源流浅说：释例篇》，荣宝斋1979年版，第491页；董楚平：《〈说文〉“公”字的训诂问题》，载《浙江学刊》1985年第6期；宋金兰：《“私（厶）”字的语源及嬗变——兼论“私”所引发的先秦思想观念之变革》，载《汉字文化》2008年第2期；等等。

“私”二词的猜测。

有人推断“公”的本义可能是对人的尊称，最早是称呼部落首领，后称贵族和诸侯。它随私有权的产生而产生，[①]因为西周时“公”的用法已经相对确定。西周金文和传世文献中的“公”的内涵有二：一是指周天子或王室近臣对其祖先的尊称，继承了商代诸王对建国以前的先祖尊称为“公”的习惯。……对祖先称“公”的情况并非周天子的专利，金文中有很多王室近臣甚至是王室近臣的世袭家臣也对部分男性祖先尊称为“公”。这些被尊称为“公”的人均是所在家族的族长。二是西周的“公”也用作王室执政大臣的称谓及少数诸侯的爵位，并由此引申为对执政大臣家族的称呼，是一个集体概念。[②]

从春秋到战国是“公”的含义价值化延伸并不断丰富的时期。西周时期的公私基本是社会身份为主，大体在具象范围内，到春秋战国时期“公”“私”的含义像连续乘方一样大扩张。[③] 在此期间“公”“私”二字一反被用于社会身份及人身称谓的常态，变为价值判断之辞，含有强烈的公共理性意义上的社会诉求。与公私相搭配的词汇大量涌现。这种语言骤变，无疑是与先秦圣化思潮与君主权力强化同步的。[④]

与“公”义演变相伴，“私”的概念也在发生类似的转化。有一说认为“公”可分为道德含义的公平、公正和政治含义的国君、贵族、政府两种含义渊源。[⑤] 不过从文字学上看并不可靠。在春秋战国时期表现出来的“公”的两种含义，是不是同源异化，即道德化和政治化仍然有待研究。

到了战国中后期，“公”的含义已经变得非常复杂，大体可分作

---

① 王中江：《中国哲学中的“公私之辨”》，载《中州学刊》1995 年第 6 期。

② 参见柳腊梅：《春秋时期“公”、“私”概念及其范畴研究》，陕西师范大学 2010 年硕士学位论文，第 7 页。

③ 参见刘泽华：《春秋战国的“立公灭私”观念与社会整合（上）》，载《南开学报》2003 年第 4 期。

④ 参见刘畅：《“自环为厶，背厶为公”辨析》，载《内蒙古大学学报（人文社会科学版）》2004 年第 2 期。

⑤ 参见董楚平：《〈说文〉“公”字的训诂问题》，载《浙江学刊》1985 年第 6 期。

政治身份意义的“公”和价值意义的“公”两个大类。各家对这两分的意见比较一致，如沟口雄三认为“公”指公平、平分之意，又有君主之“公”的意思，“私”指偏私之意。① 政治身份意义的“公”可以认为保留了早期“公”义，这类用法在春秋战国时期出现频率仍然很高，战国中期以前的文献中甚至占据绝大多数。其中分化的情况也渐有表现，例如由爵名向姓氏的分化等。

“公”成为备受推崇的价值被普遍接受是在战国晚期，按照黄俊杰的看法：战国时期从具体义走向抽象价值意义，发展为以“公”克“私”。② “公”“私”是具有高度相对性而不断开展的多层次的同心圆。家庭为“公”则个人为“私”，家庭为“私”则国家社会为“公”，“公”“私”领域中的德性常通过“公”领域体现出来。③ 价值化的过程带来了政治身份的“公”义弱化，如《尸子·劝学》说“爵列，私贵也；德行，公贵也”。此时的“私”有两类语义：一是利己，这是自“身”出发推衍出来的含义；④二是偏颇。与此同时，战国后期“私”开始具有了贬义，日益被丑恶化，“私”的含义的这种嬗变有着深刻的社会背景和思想动因。⑤ 与“私”相对应，“公”发展出两类内涵：第一，对应利己的利他之公，由此推出公共之义；第二，对应偏颇之私的不偏之义，此类“公”又包含两类含义，一是中正，二是全面。

---

① 参见［日］沟口雄三、汪婉：《中国公私概念的发展》，载《国外社会科学》1998 年第 1 期。

② 参见黄俊杰：《东亚近世儒者对“公”“私”领域分际的思考——从孟子与桃应的对话出发》，载《江海学刊》2005 年第 4 期。

③ 参见黄俊杰主编：《公私领域新探：东亚与西方观点之比较》，华东师范大学出版社 2008 年版，第 97 页。

④ 宋金兰说：“厶”与“自”古音相近，“厶”字上古音属心母脂部，“自”字的上古音属从母质部，二者系准双声、阴入对转。据此可以认为，“厶”是“自”的音变派生词，“厶”字的古音形式完全是由其字根“自”的读音所决定的，换言之，“私”的语音形式源于“自”，……“厶”字与“自”字的同源关系，既明示了二者在语义上的相互关联，又暗示了“厶”字的构形理据。……“自”字的本义是指人的鼻子，引申为第一人称代词，指称自己。“厶”字的本义与“自”字的这一引申义一脉相承，侧重于表示个人领属关系，凡属于一己者皆曰私，相当于“个人的”“属于自己的”。参见宋金兰：《“私（厶）”字的语源及嬗变——兼论“私”所引发的先秦思想观念之变革》，载《汉字文化》2008 年第 2 期。

⑤ 参见宋金兰：《“私（厶）”字的语源及嬗变——兼论“私”所引发的先秦思想观念之变革》，载《汉字文化》2008 年第 2 期。

下面略举例以分疏。

1. 公共之“公”。《荀子·荣辱》云：“然而人力为此而寡为彼，何也？曰：陋也。陋也者，天下之公患也，人之大殃大害也。”这个“公”有公共的意思。如《商君书·壹言》“上开公利而塞私门”，《庄子·天运》“名，公器也，不可多取”的“公”，也是此义。

2. 不偏之“公”，即《韩非子·解老》所谓“所谓直者，义必公正，公心不偏党也”。

3. 中正之“公”。例如，《荀子·荣辱》“政令法，举措时，听断公”的“公”；《王制》说得更明白，专门提出“公平”的概念，文曰“故公平者，听之衡也；中和者，听之绳也”。又如，《管子·版法解》之“操持不正，则听治不公”，《明法解》“公平而无所偏”；《文子·九守》“智公则心平”等。

4. 至全之“公”。这个“公”义首见于《老子》第十六章：“知常容，容乃公，公乃全，全乃天，天乃道。”如果从义理上考察，老子之“公”可以称为“至公”，是“公”义的最高层次。这层含义自老子提出之后，迅速得到了认同，并在此后被普遍接受为“公”义的制高点。这与之前谈到的“道”的义理创化非常类似，借此亦可管窥老子何以被后人目之为“圣人”。相同的用法又见于《黄帝四经·经法·道法》的“公者明，至明者有功”。是如陈鼓应指出，“公”的思想，首先由老子提出，并成为黄老学派和法家颇为重要的主张，此外对儒家和宋明理学也有所影响。①

正是“至公”的内涵与“道”契合，或者说“公”被看作“道”的价值表现，故被用来作为理论上的“道”所生之“法”的必要属性，用以提供“法”的正当性的现实标准。对此《慎子·威德》有一段典型的表达：

> 法虽不善，犹愈于无法，所以一人心也。夫投钩以分财，投策以分马，非钩策为均也。使得美者，不知所以德；使得恶者，不知所以怨，此所以塞愿望也。故蓍龟，所以立公识也；权衡，

① 参见陈鼓应注译：《黄帝四经今注今译》（参照简帛本最新修订版），商务印书馆2016年版，第17页。

所以立公正也;书契,所以立公信也;度量,所以立公审也;法制礼籍,所以立公义也。凡立公,所以弃私也。[①]

可见“法”的正当性问题被很自然地与“公”联系起来。事实上这种联结经历了漫长的过程,下面略作敷陈。

二、法、道法、公法

关于“法”与“公”的关系,基本上在战国晚期已经达成了共识,成为之后两千余年的定论。下面做一简要叙述。最初将“法”这个语词和概念引入治术领域的《墨子》关注的重心在于“法”所提供的规范化、标准化、程式化治理的思路。墨子对“法”的功能做了类推式的拓展,即从百工从事者的规矩绳墨之“法”,类推到士之为将相者皆有法。如此一来,“法”这个技术知识范畴的概念,便自然而然地被移植到社会政治领域,成为人域治理之学中的关键之一。而“有法所度”这个技术人的常识,也被拓展为社会治理的基本原则。

对“法”的推崇实际上是对按照既定的规范、标准、程式来运行政治权力和进行社会治理的方式的推崇。按法而治强调严格限制权力的自主化和任意化。至于“法”的内容,相对来说关注得并不多。这种“治术”领域理论主要的目标在于应对西周“德—礼”架构的治理格局崩溃带来的政治、社会的混乱局面和重构的契机。墨子以“法”为核心治器将政治社会中的权力运行和社会治理规范化的思路,随着墨学在战国的兴盛而获得了广泛影响。这可视为战国“法”观念发展的第一个阶段。

以《黄帝四经》提出“道生法”的命题为代表,战国“法”观念的发展进入第二个阶段,也是本小节标题中所说的“道法”阶段。它基于两个思想观念的前提,一是自老子开启“道”论,战国中期道家、黄老家对之的进一步阐发,“道”作为世界的本体、本原、本根已经广为认同。二是“法”作为规范化社会治理的基本方式和“治器”获得认同。这一层与前述墨子及其后学的推崇关系甚密。第二阶段的发展从理论上解决了“法”的正当性问题,方法是将“法”作为

---

① 钱熙祚校:《慎子》,台北,世界书局股份有限公司2017年版,第2-3页。

“道”的衍生品。白奚指出,“道生法”确立了黄老之学的基本思路。这一命题首次将道与法统一了起来,明确地揭示了道与法的基本关系——法是由道派生的,是道这一宇宙间的根本法则在社会领域的落实和体现。从“道生法”这一命题出发,《黄帝四经》推衍出它的所有政治主张。以后的黄老学者无不循着这一路数论证他们的主张。[①] 可是由“道”而“法”的命题过于玄理化,很难直接落实到现实层面。特别是在战国中后期,无论是开始集权化和专制化的君权还是日益膨胀的私权政治、治权政治,迫切需要的是一套能够制衡权力私化的理论方案。这个时期战国“法”观念进入了以“公法”论为典型代表的第三阶段。我们也可以将之视为“道法”理论下落的阶段。

这个阶段之所以出现有三重背景:一是战国集权、私权、治权化的政治环境带来的危机。此时限制君权(政权)与限制官吏权力(治权)其实成为思想界的当务之急。《管子》《韩非子》《吕氏春秋》等大多采取以法规制君臣权力同时以君权制衡治权的方案,只是表达的技巧和程度有差别。二是以《黄帝四经》为代表的“道法”理论广受认同。这可以通过“道生法”之说在战国的出现情况来管窥:《管子·心术上》有“事督乎法,法出乎权,权出乎道”的说法,陈鼓应认为是《黄帝四经》“道生法”的申释。[②]《管子·法法》篇则说“宪律制度必法道。……明王在上,道法行于国”,已经用到了“道法”一词。《荀子·致士》提到“无道法则人不至”,“君子也者,道法之总要也”,也使用了“道法”这个合成词。另外还见于《鹖冠子·兵政》:“贤生圣,圣生道,道生法。”尽管在理路上与本经所言不尽相同,不过“道生法”一说,已获得认同。三是前文谈到的“公”的义理化和价值化,特别是至公含义被开出。

“法”之“公”义在《黄帝四经》中已有论说,即《经法·君正》之

---

① 参见白奚:《稷下学研究:中国古代的思想自由与百家争鸣》,生活·读书·新知三联书店1998年版,第120页。

② 参见陈鼓应注译:《黄帝四经今注今译》(参照简帛本最新修订版),商务印书馆2016年版,第3页。

“法度者，正之至也。而以法度治者，不可乱也。而生法度者，不可乱也。精公无私而赏罚信，所以治也”①。只是它指行法过程的“公”，而不论及“法”本身应是“公”。到了战国后期，随着“公”这个与社会政治更加切近的概念本身的义理化，以及私权问题更加尖锐地凸显，思想家们不约而同地选择了将“公”直接化约于“法”。从内在的思路上看，便是以本身“至公”的一套秩序来规制各种形式的私权。这个化约过程使“法”在内容和运行上均是“公”的呈现。关于这种联结的实现，《鹖冠子·环流》说得明白：“惟圣人究道之情，唯道之法，公政以明。”

更深层的变化在于过去“天命—君—臣—民”的政治结构在理论上被转化为“道（理）—法—君—臣—民”结构。这样一来，政权本身以及行政的合法性的直接来源都是“法”，而不像以往的天命先降授君，再由君授命给臣。相反，无论是君的政权还是臣的权力，都依托且受制于本身为“公”的“法”。用这种方式来对抗君主集权专制和治权化、私权化的倾向，是战国后期很大一批思想家共同选择的路径。像以《管子》为代表的黄老学，以《尹文子》为代表的名法家，以《韩非子》为代表的法家，再加上博采众家之长的《吕氏春秋》等都体现出这种主张。这可算是战国时代围绕“法”展开的学问向下落实“道法”理论发展达到的顶峰状态，同时也是终极形态。这些理论尽管在理路上通达，但在现实中无力抗衡君权本身私权化。他们创设出“道（理）—法—君—臣—民”结构的初衷之一是对抗集权与私权。用君权来制衡，打压臣下的私权行之有效；但当君主将集权私权化，将天下视为一己私利之时，能够对之加以约束的力量甚为微弱。尽管学者们将对君权的制约由渺远的“天”“帝”化作了切实的“法”，但仍旧不足以对抗君主集权专制式的秦帝国的最终建立。

---

①　参见陈鼓应注译：《黄帝四经今注今译》（参照简帛本最新修订版），商务印书馆2016年版，第71页。

第五节　平　等

一、平等“当然”吗？

近代以来，受西方文化强势东渐和崇奉西学的新知识人的双重影响，西方式的平等观念在不到一个世纪的时间内从异端转变成了社会共识。随之产生了两种后果：一是西方式的平等成为当代中国人的常识，同时也被当作理应实现的价值目标。可以说大多数人观念中的平等已经具备了“当然”和“好的”两大标签。二是将平等这种价值诉求目之为西方文化的产物，是现代文明的关键和标志。若是对比权利、法治等观念不难发现，同样源自西方的平等观迅速被国人普遍接受并内化了，这和众多近代以后舶来的观念、价值难以本土化，或停留在精英知识人阶层而无法落实到大众观念中有显著差异。不过这个现象尚没有得到足够的重视，当代中国学者似乎已经习惯了顺着近代以来主流化的西方学理，更多关注治术层面的问题。换句话说，学者们花费了大量精力去讨论“怎样实现平等”和“实现怎样的平等”，却忽略了“为什么要求平等”和“凭什么要求平等”。

针对上述两个应当作为前提的问题，常见的理解认为平等观出现是社会不平等化的结果，自始就包含了反对不平等的意味。由此，人类早期社会在某一阶段出现阶层、阶级、贫富分化很自然被当作了产生平等观的原因。可是这类看法中存在两个“致命”的缺陷：一是人类社会是否确实存在一个由平等到不平等的阶段性变化尚且存疑。现有的理论解释大多基于推测，或多或少受到启蒙思想家对上古“黄金时代”的理论预设的影响，也自觉不自觉地受到具有进化论色彩的人类学和社会理论影响。即便承认上述历史分期的解释，出现阶级、阶层、贫富分化之前果真是平等社会吗？似乎也不尽然。社会化以来，甚至人之为人以来，群体内部成员之间的完全平等从未存在过，至少血亲关系、宗教关系等方面的身份差异始终存在。二是人作为生命体自始便以差异化形态存在，人与人的个体化差异才是“当然”，无论相貌、体质、力能、心智皆是如此。平等只能在设定重重条件，排除、忽略大量既有差异的前提下有限地成立。差异化与平等，有些类似于物理学上绝对运动与相对静止的关系。基于上述两点可以看出，现有的西方式平等观念自始就带有明显的人为性和有限性。据此还可以反问：既然人类无论生物性还是社会性上都未曾有过彻底、完全意义上的平等，为什么人会有平等诉求？①

当下人们大多习惯拿着西方学理提供的思路、方式和理论资源来研讨平等问题，但若是放宽视野作泛文化观察，不难发现平等诉求遍在于几乎所有文化传统之中。无论是实行严格种姓制的古印度，存在奴隶制的古希腊和古罗马，还是以宗法等级制为内核的传统中国，都曾出现过平等诉求。似乎政治社会的制度、结构、模式和是否出现平等观之间并没有太过直接的关联，只与平等观的表达方式，即怎样的平等和如何平等的具体解答有关。

为什么平等会在各个文化传统中都被推崇，又都成为“问题”并被关注？不妨推测，人类的平等意识和诉求具有普遍性，超越政治、社会，或者说超越生活需求。如此便需追问：西方文化，特别是近代以来所提供的平等理论和理念是人类平等诉求的最佳解释和解决方案吗？为此，当下除了需要“向下”展开，探讨平等理念落实的方式方法问题；同样也需要“向上”追问，探究人何以会有平等理念，以及这种理念的内涵。鉴于当下西方平等理论及其落实到制度、法律实践中暴露出的种种缺陷和痼疾，上述追问可以指向一个既现实又玄远的问题：当下和未来的中国文化需要在怎样的理论基

① 其实很多西方思想家明确地意识到了“绝对”意义上的不平等自始存在，例如卢梭所言，人类中有两种不平等：一种我把它叫作自然的或生理上的不平等，因为它是基于自然，由年龄、健康、体力以及智慧或心灵的性质的不同而产生的；另一种可以称为精神上的或政治上的不平等，因为它是起因于一种协议，由于人们的同意而设定的，或者至少是它的存在为大家所认可。第二种不平等包括某些人由于损害别人而得以享受的各种特权，譬如，比别人更富足、更光荣、更有权势，或者甚至叫别人服从他们。参见［法］卢梭：《论人类不平等的起源和基础》，李常山译，商务印书馆 1962 年版，第 70 页。可是他们中的绝大多数人并没有进一步追问为什么会有平等诉求。

底上,推崇什么样的平等?

并且即便不作学理式的追问,也很容易发现其中的吊诡:人们认为平等是“当然”,其中包含了两个方面:一方面需以平等为起点,另一方面又当以平等为追求。同时所有人都可以清楚地认识到,人与人之间事实上并不平等。从最直观的相貌、体态、性别,到性格、力能、心智,再到社会身份、机会、收入,就连法律面前人人平等这样附带了众多条件限制的命题,也难免在现实中显得不堪一击。再者,历史上从来不曾有任何一个时期真正、彻底地实现过人人平等。那些近代西方学者精心打造的“史前”黄金时代,从来都只被看作乌托邦式的愿景,没有人把这些描述当作历史事实来看待。那么为什么会把从未实现过的平等当作理应如此,同时也视为社会、政治调整的目标?它的基础是否在于人先天的“平等欲”?

一类解释认为平等观念来自反向刺激。例如周其明认为“平等观念作为一种心理体验,在主观上只可能是被剥削、受压迫的人们所追求的一种自由、自主,要求社会同等对待,从而达到心理平等的一种感受。因此,平等观念的产生,根源于私有制,根源于阶级的产生”①。萨托利解释说:“平等首先突出表现为一种抗议性理想。”“平等体现了并刺激着人对宿命和命运、对偶然的差异、具体的特权和不公正的权力的反抗。”②可是不平等的事实为什么必然激起平等欲呢?其实这类论说预设了“本应平等”作为前提。受到压迫、欺凌而反抗者,未必是为了平等,也不必然造就平等。例如亚里士多德记载梭伦生活时期,“多数人被少数人奴役,人民起来反抗贵族。党争十分激烈,各党长期保持着互相反抗的阵势,直到后来他才共同选择梭伦为调停人和执政官,把政府委托给他”③。而梭伦执政后宣称“我制订法律,无贵无贱,一视同仁,直道而行,人人各得

---

① 周其明:《中西平等观念的比较及平等权的历史起源》,载中国法学网,http://www.iolaw.org.cn/showNews.asp?id=13137#_edn3。

② [美]乔·萨托利:《民主新论》,冯克利、阎克文译,东方出版社1998年版,第379页。

③ [古希腊]亚里士多德:《雅典政制》,日知、力野译,商务印书馆1959年版,第8页。

其所”[①]。这个举措,连同梭伦的立法,经常被后世追认为平等化的萌动,或者说是趋向平等的制度设计。但事实上“人人各得其所”才是梭伦看来最公正且妥当的状态,这和柏拉图理想中的正义相近。这个前提很容易引发如下表述:“平等问题可以说是人类社会的一个中心问题,对于平等的追求是人类社会的一个基本价值诉求,因此,也是古往今来的正义论所确立的一个基本原则。”[②]

为了解答上面提到的重重难题,我们有必要稍微偏离一下本书的主题,对西方的平等观念与价值做一番解说。

二、反思现代西方式平等观

现当代学界关于平等的讨论大多依托西方近代,特别是启蒙运动和大革命时代肇起的观念和学理传统。虽说借助了古希腊、古罗马、基督教等文化资源,与早期传统表现出相当的连续性,但这并不妨碍启蒙思想是革故鼎新之论。

纵观西方平等学说和观念演化的历程,强者的平等和弱者的平等的互动构成了基本线索。启蒙时代的思想家们经常预设“原初”平等状态,把平等理解为(社会化复杂化之后)不平等的产物是最常见的观点。[③] 这类看法实际上都在主张人类自觉的平等诉求及后来衍生出的平等观念导源于弱者对不平等的反抗。对此需要澄清一点,所谓原始社会中某个阶段存在平等状态的预设难以成立。即便承认进化论的合理性,人在由类人猿转变为人的过程中并不会出现一个从零起步的新起点。与此同时,任何一个时间点上都看不到群体成员完全平等的社群组织形态。由此可以推论,并不存在所谓的由原始平等向不平等时期的过渡。也可以说,人自其为“人”开始从来不曾经历过平等,而始终处于存在种种差异的生活环境中。

---

① [古希腊]亚里士多德:《雅典政制》,日知、力野译,商务印书馆1959年版,第15页。

② 高全喜:《中西平等观念比较研究》,载爱思想网2017年11月6日,http://www.aisixiang.com/data/17930.html。

③ 启蒙思想家和受进化论影响的人类学者和社会理论家等大多有类似的看法。其中最典型的表述可以参见卢梭的《论人类不平等的起源和基础》和摩尔根的《古代社会》。这两部著作对当代中国学界影响甚大。

强者的平等和弱者的平等也可以表述为:“第一,平等作为一个抗议的主张是用来反抗政治和经济的不正义。[①] 其背后是有关人性和道德平等的形而上学事实,也即灵性上或者抽象意义上的‘人生而平等’。前者在基督教中以‘上帝面前人人平等’表现出来,后者则更多在启蒙运动之后以共同人性的人性发展论体现出来。第二,平等作为伦理和政治目标是用来评价社会机制并作为社会变革的指导原则的。”[②]弱者反抗强者经常被视为平等诉求的表达。[③] 但如果我们带着平等并不是具有经验支撑的当然观念的前提来审视,早期历史上绝大部分类似的反抗行为并不是在追求平等,而只是为了反对特权,或者说是为了分享特权。所以中国古代打着均平旗号的农民起义,最终都没有造就平等社会。所以这些弱者的反抗行为背后的观念支撑与其说是平等,倒不如说是觊觎特权并重新分配社会资源。

近代西方提出人人平等的口号,一方面明确针对中世纪封建等级制和身份制,另一方面也针对教会神权。整体上可以看作弱者(平民身份者)为了拓展自身利益、重构社会秩序而做的意识形态和价值建构。很多情况下平等只是弱者挑战强者的革命口号和武器,说是社会变革和利益需求催生了平等观念与学理并不为过。

为了证成人人平等,启蒙思想家们首先选择了从古典中发掘资源。亚里士多德的平等观在当时饱受批评,尤其是他对奴隶制的态度。要注意,对亚里士多德而言,奴隶制造成的不平等似乎根本算不得“问题”,因为亚里士多德作为具有强烈文化优越感的古希腊人,他讲的自然是强者的平等,与启蒙思想家的立场并不一致。可是亚里士多德将平等导入正义论,拉到“分利”的层面,将所有价值经验化、量化等做法事实上都被接受了。

随着革命在欧洲获得广泛胜利,以及启蒙话语主流化,平等意识形态化、法律化(表现为法权化、权利化)并最终常识化了。伏尔

---

① 参见韩水法:《平等的概念》,载《文史哲》2006年第4期。

② 曹成双:《何种差等是可辩护的?——以亲亲、尊尊和贤贤为例》,清华大学2015年博士学位论文,第28-29页。

③ 参见周仲秋:《平等观念的历程》,海南出版社2002年版,第27-28页。

泰明确把平等作为最公正的社会秩序的3个基本原则之一(另外两个基本原则是自由和私有制)。曾经的弱者成为强者,掌握政治、经济优势地位之后,他们不得不重新界定业已成为政治基础和常识中当然命题和价值标准的平等。因为这时他们已然成为强者而不再需要革命时代的人人平等,甚至这类观念会给他们带来损失。可是平等又是他们的旗帜,是权力正当性、合理性的基石之一。直接弃之不用或可回避掉问题,但是却不能避免新的弱者再次用之作为挑战强者的武器。最妥当的做法无疑是通过解释提供一个新的"强者的平等"观。

托克维尔早已指出大革命给社会制度带来的变革并没有意识形态鼓吹得那般巨大和彻底,[①]甚至雅各宾派领导人罗伯斯庇尔直接批判"1789年的《人权宣言》不是为了所有的人而是为了富人、投机商"[②]。但是这些尚且具有革命者(弱者)意识的批判在大革命时代之后并没能成为主流。话语权的主导者力推的是"强者的平等"。

这个意义上的平等观最显著的特点是为平等附加前提。大革命时代的人人平等,渐渐被各种各样的新式平等偷换。先是身份平等、法权平等之类,再接下来出现了机会平等、起点平等、边际效益平等、福利平等。例如法国《1791年宪法》明确规定:"平等权是法律对一切人都一视同仁,不管是保护还是惩罚。"可是划界和限制在革命过后旋即便出现了,例如布旦索和孔多塞对《1791年宪法》将公民依据纳税标准分为"积极公民"和"消极公民"并将投票权给予前者,而剥夺后者的选举权与被选举权的规定提出了强烈的指责:不仅确立了司法上的不平等,而且使税收具有了一种政治歧视的价值。这样,人们就从封建的"等级"划分,过渡到税收式的"阶级"划分;从贵族的封建特权,过渡到富有者的经济特权,实际上仅有富有者才有选举权和被选举权。[③] 还有如勒鲁说的,平等是以兄弟般的情谊相亲相爱,是现代社会唯一的基础;平等是一项神圣的法律,一

① 参见[法]托克维尔:《旧制度与大革命》,董果良译,商务印书馆1988年版。

② [法]罗伯斯比尔:《革命法制和审判》,赵涵舆译,商务印书馆1997年版,第142页。

③ 参见[意]萨尔沃·马斯泰罗内:《欧洲民主史——从孟德斯鸠到凯尔森》,黄华光译,社会科学文献出版社1994年版,第24页。

项先于其他一切法律的法律，一项派生其他法律的法律；平等被认为是一切人都可以享受的权利和正义。[①] 黑格尔认为“人们当然是平等的，但他们仅仅作为人，即在他们的占有来源上，是平等的。从这个意义说，每个人必须拥有财产。所以我们如果要谈平等，所谈的应该是这种平等。但是特殊性的规定，即我占有多少的问题，却不属于这个范围。由此可见，正义要求各人的财产一律平等这种主张是错误的，因为正义所要求的仅仅是各人都应该有财产而已。其实特殊性是不平等所在之处，在这里，平等倒反是不法了”[②]。

自由和平等之间的冲突凸显出来并引发了学理争论。[③] 革命时代这两者都是弱者抗争的利器，两者的差异被选择性地忽略，或者弱化了。平等与自由渐行渐远，而开始和民主（制度）混同。托克维尔曾指出：“人对自由的爱好和对平等的爱好，实际上是不同的两码事情。……在民主国家，它们还是两码不协调的事情。”[④]这个看法虽说在当时并未引起共鸣，但预见性不久便得到了印证。“平等理论从原则性研究上升为制度性研究，是一个巨大的历史进步。一方面，平等不再仅限于一些最基本的平等要求，机会平等、条件平等、实质平等、经济平等等更具体的平等要求备受关注；另一方面，人们在肯定平等的价值追求的同时，又在可以接受的条件下正视不平等的现实，将对平等的追求建立在改善现实存在的不平等的过程之中。人类终于在反抗不平等的实践中获得了对平等问题的辩证认识。”[⑤]藉此，李普森认为自由和平等“这两个理想是我们的基本观念，其重要性凌驾于其他任何理想之上。将生气勃勃的精神注入

---

① 参见[法]皮埃尔·勒鲁：《论平等》，王允道译，商务印书馆 1991 年版，第 17、239、273 页。

② [德]黑格尔：《法哲学原理》，范扬、张企泰译，商务印书馆 1961 年版，第 58 页。

③ 自由与平等之间冲突的理论，最极端的例证可参见诺齐克的理论。在自由和平等的关系上，诺齐克持“自由至上”立场，认为即便社会存在巨大的不平等，只要不危及自由，都无须在意。对诺齐克而言，自由对平等的优先性地位任何情况下都无可争议。即使是为了改变不平等，只要违反了自由都不正义。甚至设问一个自由体系是否将允许这个人把自己卖为奴隶，诺齐克也会作肯定回答。参见[美]罗伯特·诺齐克：《无政府、国家与乌托邦》，何怀宏等译，中国社会科学出版社 1991 年版，第 328 页。

④ [法]托克维尔：《论美国的民主》，董果良译，商务印书馆 1989 年版，第 621 页。

⑤ 刘娟：《当代西方平等理论评析》，载《道德与文明》2007 年第 4 期。

我们的民主政治,使它具有独一无二的特征以及使它与其他制度不同的,主要是这两种价值观。如果要将民主制度的特征以最简单的话来概括,可以这样说:民主制度是尽可能使其人民同时获得更多自由和更多的平等的政治制度”①。

虽说其间纵使是最纯粹的自由主义者也没有否定作为意识形态标志的平等,但他们极力从理论(尤其是经济理论)上论证平等应当被限定在“起点”,即机会平等和权利平等上。② 这种做法事实上已经偷换了平等的内涵,同时代的立法也落实了这个思路。基于平等资格、机会的自由竞争是平等的体现成为主流,直到垄断经济和新的社会分层与矛盾激化方才被渐渐否定。在此过程中出现的插曲是新的弱者对事实上的强者发起的挑战,矛头也指向了强者的平等观。正像哈耶克指出:“法律面前人人平等与物质的平等不仅不同,而且还彼此相冲突;我们只能实现其中的一种平等,而不能同时兼得二者。自由所要求的法律面前的人人平等会导向物质的不平等。”③新的弱者构成非常复杂,涉及阶级/阶层、经济地位、种族、性别、国别等。

诸多批评的声音中,绝大多数针对现实中的不平等而发。在此前提下,无论采取何种论证视角和方法,都无法撼动强者平等的理论根基。强者给出两种方案应对情势变化和现实挑战:一是给予弱者“特权”。例如特殊的社会福利政策,针对特定群体(如消费者、妇女儿童、劳动者)的保护性立法。如此一来消弭社会危机,二来让受到特权恩惠的弱者事实上承认人人平等。二是论证方式也在悄然发生变化,从最初基于人性、自然法甚至神恩等大前提开始推导,转变为从可实现的平等方案来反推平等的概念内涵。功利主义,以及当下盛行的运用经济学计算边际效益平等的思路很是典型。强者的平等演化中通常限定越来越多,弱者的平等则倾向于针对这些

---

① 李普森:《民主的基本原理》,载《交流》1988 年第 3 期。

② 亚当·斯密、威廉·洪堡、弗雷德里克·巴斯夏、米瑟斯、哈耶克、弗里德曼一系的古典自由主义者的观点都是如此。

③ [英]弗里德利希·冯·哈耶克:《自由秩序原理》,邓正来译,生活·读书·新知三联书店 1997 年版,第 104–105 页。

限定加以反对。随之便会出现调和尝试。[①] 所以"实际上,罗尔斯、德沃金等人的真正意图是为他们所处的美国社会提供一个合适的、能够广泛地被人们接受的平等原则,以期缓解社会矛盾,保证资本主义社会稳步而迅速地发展"[②]。

初看起来,绝大多数当代西方人都把平等作为当然、自明的前提,但是这种承认并不具有实质性内涵。[③] 说得简单一些,时下的状况可以概括为:①原则上认同人人平等的前提,但仅仅作为一种理念,甚至连愿景都谈不上。②近代以来本自西方文化的政治、法律、经济以及社会领域,无论是强者还是弱者的平等,质言之都是有限的"主体"平等。有限性意味着平等的前提、标准都被限定了。

总的来说,强者平等可分为身份(包含社会地位、经济地位等)强者和文化强者。两者多数情况下同步,但也不乏单独成立的特例。强者的平等倾向于划界,强调主体边界。对此边界之外的人们也会有所观照,甚至也谈平等,但此时多有"恩赐"、照顾的意味,目的在于消解社会矛盾,维持既定秩序,因而大多会试图以公正、公平偷换平等概念。而平等这个命题之所以能够成立并获得如此广泛的认同,除了意识形态的作用外,自然有其"当然"的一面,这个话题后文再论。此外,这种平等陷入反复的斗争与自我否定中,最主要的原因在于自始将平等放置在利益分配的层次上讨论。放眼整个西方文化传统,平等被附着于利益分配方案始终被视为理所当

---

① 例如 Bernard Williams 论证了道德平等和机会平等之间的冲突,并提议了某种融合道德平等、政治平等和经济平等于一体的一般性建议。参见 Bernard Williams, *The Ideal of Equality*, *in Problems of the Self*, Cambridge University Press, 1975。罗尔斯的理论也试图将不同的平等(道德平等、政治平等和机会平等)融合成一个融贯的系统理论,实际上细化了 Williams 的方案。参见 John Rwals, *A Theory of Justice*, Cambridge: Belknap Press of Harvard University Press, 1971。沃尔泽的理论则通过另外一个途径解决了不同平等之间的冲突,从另外一个方向细化了 Williams 的方案。参见[美]迈克尔・沃尔泽:《正义诸领域:为多元主义与平等一辩》,褚松燕译,译林出版社 2002 年版。

② 刘娟:《当代西方平等理论评析》,载《道德与文明》2007 年第 4 期。

③ See Uwe Steinhoff, *Do All Persons have Equal Moral Worth: On "Basic Equality" and Equal Respect and Concern*, Oxford University Press, 2015, p. 3.

然。古今观念有别,不同时代中平等的重要程度有别。[①]

三、平等的层次

上节中一直在谈论西方平等观念的演化历程,这种平等文化俨然已经成为当今国人思考平等问题的当然背景和前提。可是必须看到,对于包括古代中国在内的整个人类文化传统来说,这充其量只能算作平等诸层次中的一层之中的一种特殊表现形态。下面将以传统中国的观念为中心,谈谈平等的不同层次。

(一)主体平等

之前谈到西方式的平等观,无论是强者的平等还是弱者的平等,都是“有限”的平等。“有限”的关键就在于平等始终被限定在特定的主体之间。所谓的人性平等(人人平等)、法权平等、社会身份/地位平等、政治平等、经济平等之类,都是主体平等的表现。各种形态的主体平等质言之都是有限平等。为之掣肘而造成有限性的根源不出人(自我之私)、利两者。这同样也是主体平等的“不平等预设”的印证。例如,法律上的平等通过权威人为地类分和取舍共性与差异而被设置。“法律面前人人平等”的“人”并不是自然性的“人”,而是人为设定了标准的“法律主体”。只有完全符合了主体资格的个体才被赋予完整的法律人格。这里隐含了整个西方法律制度和法律思想的悖论:以差别化作为平等的基础。

即便是被当作意识形态象征和政治正当性依据的“人人平等”,纵使不考虑经常叠加于其上的“法律面前”之类的限定,它也仅能够包含“人”这个特定的种群,具有明确的边界和有限的外延。这类平等自始具有主体性、有限性、可量化三重属性,并且包含以下三大特质。

其一,主体性意味着特权和对抗。成为主体者相互之间可以获得平等关系,这同时预设了主体与主体之外者“先天”的不平等。这个意义上的平等乃是主体的特权。既然主体才有“特权”,那么

① 平等或被当作利益分配的限制条件,或作为需要权衡的诸价值之一,或作为大前提存在。

更进一步理解，这势必构筑主体与非主体的对抗关系。其二，有限性必然造成诸平等异质、冲突。以不同的标准设置出不同的主体群，即便群内部能够做到主体之间平等，群与群之间不平等和冲突的情况却无法避免。其三，可量化质言之为利益化。为主体设定标准，以此寻求主体之间忽略其他特质，仅以标准限定的内涵为主体的"本质"，这种模式本身即有强烈的功利属性。因为设定主体的标准背后隐含着更深层的功利性动机。例如设置民事主体标准时，背后的动机包括了保障主体的民事权利和维护日常民事生活的秩序。而权利本身是利益的一种可能性、资格的表达。

考虑到上面三重特质，便很容易看出主体间平等全然是人为设定出来的平等关系。或者也可以说这类"平等是一种社会意义上的平等。两个没有关系的人或者两个没有关系的人类团体之间是无所谓平等不平等的。任何平等都是在一定的社会关系中形成的"①。如果深究起来，这种形式的平等实则以不平等为"当然"，所以才要设定出重重限制，在主体的众多特性中遴选出某些方面作为"本质"，并故意忽略掉其他"次要"的特性。这种方式虽然行之有效，但很多时候只是把事实上的不平等强行遮蔽了起来。可是遮蔽并不意味着消弭了差异，而只是暂时"视而不见"。差异所造成或可能造成的问题、矛盾也是如此。

要注意的是，传统中国文化并不像西方文化那般看重主体平等。尽管在某些特定的时期和场景中也有过相关表述，但始终没有成为重要的价值诉求。

（二）人际平等

平等的第二个层次叫作人际平等，换用更通俗一些的话来表达，大致可以描述为人与人之外的存在者之间的平等。人际平等观首先是以破除主体为前提的平等观。举例来看：

> 楚共王出猎而遗其弓，左右请求之，共王曰："止，楚人遗弓，楚人得之，又何求焉？"仲尼闻之，曰："惜乎其不大，亦曰：

① 曹成双：《何种差等是可辩护的？——以亲亲、尊尊和贤贤为例》，清华大学2015年博士学位论文，第21页。

‘人遗弓,人得之而已,何必楚也!’”仲尼所谓大公也。(《说苑·至公》)

这段文字很明确提到了消除人与人之间的差异,而纯粹对“人”作平等观。

印度吠檀多学派的众生平等观,是典型的“反主体”平等,或曰通过消除主体性来实现的平等。这是在贯彻世界万有实“理”平等。类似的观念还见于小乘佛教、前期大乘佛教的有情者平等、众生平等,还有如道教的《度人经》提出,如果获得元始天尊的经法,“普得济度”,则人们之间咸生善心,达到“不杀、不害、不嫉、不妒、不淫、不盗、不贪、不欲、不憎、不缀,言无华绮,口无恶声。齐同慈爱,异骨成亲。国安民丰,欣乐太平”①。

早期佛教教理反映出:作为前提的平等并不必定导致结果平等。缘起性空的同质性与恶畜、一阐提不得成佛并存是例子。不过后来的大乘佛教突破了这种限制,《涅槃经》及《如来藏》系统的经典认为一切众生皆有佛性,人人都可成佛。在中国自竺道生首倡之后,后来的天台、华严、禅宗各派都接受了这种观点。众生皆有佛性的主要依据是“真如遍在”“佛性常住”,因为佛性非内非外,非常非断,即使断善根的一阐提,其佛性仍在,如《大般涅槃经》说“一切众生悉有佛性,如来常住无有变易”。“一切众生悉有佛性”,说明了佛与众生的差别仅仅在于觉与不觉,保证了所有的人都有成佛的可能性。平等的前提与结果之间等质的过程,与中国文化中强调的“工夫”,亦即前文中说到的“证道”恰可相融,因此这也成为中土文化最终“消化”、融会了佛教义理的主要原因之一。

现代法律已经出现了由主体平等向人际平等过渡的趋势,很典型地体现在动物权利和环境保护等方面。尽管这些变化的直接目的、理论基础与传统理论看似毫无关系,也不是有意识地破除主体平等的有限性边界,但就呈现出的趋势本身而论,确实反映出人际平等的特质。

---

① 《灵宝无量度人上品妙经》,参见张泽洪:《道教〈度人经〉的思想与现代价值》,载《西南民族大学学报(人文社会科学版)》2011年第3期。

（三）存在者平等

存在者平等是人类平等追求的终极表现，通过它才可以理解为何平等会成为人类的普遍价值追求。用最简单的话说，存在者平等指的是一切存在者之间平等，或者说对一切存在者作平等观。

其实在讨论人际平等时已经谈到了人与其他存在者之间的平等。那么人际平等和存在者平等之间的差异何在呢？其实最关键的差异在于，人际平等仍旧始终囿于“人”，以“人”为中心、出发点和目的。但存在者平等的立足点是存在，或曰一切作为道体显化的存在者。这类平等观最典型的解说，见诸《庄子·齐物论》：

> 物无非彼，物无非是。自彼则不见，自知则知之。故曰彼出于是，是亦因彼。彼是方生之说也，虽然，方生方死，方死方生；方可方不可，方不可方可；因是因非，因非因是。是以圣人不由，而照之于天，亦因是也。是亦彼也，彼亦是也。彼亦一是非，此亦一是非。果且有彼是乎哉？果且无彼是乎哉？彼是莫得其偶，谓之道枢。枢始得其环中，以应无穷。是亦一无穷，非亦一无穷也。故曰莫若以明以指喻指之非指，不若以非指喻指之非指也；以马喻马之非马，不若以非马喻马之非马也。天地一指也，万物一马也。

消除彼我（此）意在消除分别，更深层是为了消除“人为”的类分和类观念，这个过程自然伴随超越主体平等和人际平等。所谓“天地一指也，万物一马也”的状态，其实这么说也只是为了表述得清晰形象，本无所谓指，也无所谓马，有的只是平等的存在者。

我们不妨再来看楚弓楚得故事的另外一个版本：

> 天下非一人之天下也，天下之天下也。阴阳之和，不长一类；甘露时雨，不私一物；万民之主，不阿一人。伯禽将行，请所以治鲁，周公曰：“利而勿利也。”荆人有遗弓者，而不肯索，曰：“荆人遗之，荆人得之，又何索焉？”孔子闻之曰：“去其‘荆’而可矣。”老聃闻之曰：“去其‘人’而可矣。”故老聃则至公矣。天地大矣，生而弗子，成而弗有，万物皆被其泽、得其利，而莫知其所由始，此三皇、五帝之德也。（《吕氏春秋·贵公》）

引文中孔子的说法是典型的去主体化的人际平等，而老子的观点则属于存在者平等。

唐宋以后的汉传大乘佛教,尤其是禅宗虽说仍有出世的名义,但是理论旨趣与老子上论质言之并无二致。

不过古代中国思想家并没有将存在者平等引向虚无主义或悲观主义,而是以存在者平等为前提,寻求消除"自我—他者"的分别进而实现证道。例如,老子说"天地不仁,以万物为刍狗。圣人不仁,以百姓为刍狗"①,这关涉了人际平等和主体平等,而他的用意显然不只在于上述两层。要注意的是,在这里老子谈"圣人",和人际平等层次持守人为中心完全不同,他强调的是圣人作为消除分别,实现由各式各样的不平等和低层次有限平等向存在者平等"证道"的引领作用。比较而言,儒家学者更加看重证道的工夫历程。至于庄子描述的存在者平等的状态,几乎没有贤者寻求作出"定义",因为最终的"结果"并不十分重要,事实上也很难彻底实现。重要的是证道的工夫历程,以及在此期间形成对存在者平等的观念认同,亦即常言的觉悟。

解释了存在者平等的内涵,接下来还要思考,既然人无论从生物体的角度,还是从社会成员的角度来看,都从来不曾体会到真正意义上的无差别化的平等,尤其是存在者平等,那么人,尤其是那些像老子般的圣哲为什么会有如此的觉悟?为什么会把玄远的存在者平等当作人的价值追求和目标呢?这就需要联系到本书之前诸章中谈到的,中国传统思想界,尤其是孔子、孟子对"人"的本质和使命的认识。简单地说,人们都承认"人是万物之灵秀",但这并不意味着人因此可以成为世界的中心,甚至"目的"。人"灵秀"是因为人不仅像其他一切存在者一样都是道体一体分殊式的显化,而且人超越其他存在者,具有觉悟、反思道体并主动证道的能力。觉悟能力笼统地说是"智慧",细分起来则专指智慧中感觉智、理智、性智三层中的最后,也是最高的一层。基于性智,人能够觉悟道体,在此基础上,人可以经由反思认识到人"灵秀"背后的原因,亦即人被赋予的使命。这种使命是人基于对道体的把握,以引领者的姿态重

---

① 《老子》第五章。

整人乃至一切存在者,使之超越存在的有限性固执而达至和合于道的状态。这其中,超越存在的有限性固执,正是存在者平等的另一种表达方式。于是可说,人因为具有觉悟的能力而把握道体,基于对道体的反思而理解了“存在”的意义和人的使命。在这个过程中形成了存在者平等的认识。这是人将从未真正体会过的平等作为基本价值追求的最深层原因。也可以说,存在者平等是证道所涵摄的价值之一。

存在者平等是“理一分殊”的印证,是“非理性”,或曰超越理性的平等诉求,也是人类之所以有平等诉求的根源和最终极的正当性基础。尽管历史上出现的诸多有限平等观并不一定直接基于或由存在者平等导出,但一方面穷追平等诉求的根源必会推至存在者平等;另一方面即便是最低层次的主体平等也会自觉不自觉地表现出消除界域,向存在者平等演化的倾向。只不过在实际践行的过程中,纯理论层面的平等价值会受到各个方面不同程度的限制和约束,因此不免会以有限而非纯粹的状态表现出来。这是存在者平等层次众多观念和相应制度存在的原因。

落到现实层面,传统中国的平等观念更多的是可以提供方向上的理论指引,让人能够明确平等价值的内涵、意义。但是我们很难从中直接推演出足以致用的具体行为规则和制度设计方案。反倒是西方自古迄今具有相当连续性的平等理论和实践,尽管只限于主体平等的层次,但是却积累了丰富的理论资源和实践经验。并且,即便是囿于主体平等层次,同样也是以平等为价值追求,可以看作趋向存在者平等的渐进状态。需要更进一步思考,同时也更加复杂的问题在于:如何将传统中国的平等观与西方的平等理论和相应制度相融会,一方面消解对主体性、利益乃至人类中心主义的固执;另一方面又具有渐进于大道的可行性。我想这将需要理论界在未来花费很长一段时间去解决。

第五章　德礼之治

近年来，无论是党和政府的文件、司法裁判还是学界，对德政、德治、礼治等传统文化质素有了越来越自觉的认同并加以倡导。这既是传统文化自身生命力的表现，也是国人对历史经验教训和现实积极反思的结果。其中礼被认为是中国传统文化最具标志性的特质之一，也是中国文化有别于其他文化传统的最突出面相之一。而围绕、贯穿、凭借礼形成的一整套政治社会治理、运行模式，即被看作传统中国独特的治理模式——礼治。可是究竟什么是礼治，礼借助什么特殊机制实现社会治理，人们却罕有清晰的认识和阐发。

落到实践层面，有不少学者认为德政、礼治机制随着近代以后社会形态改变和传统文化、观念断裂而不复存在，只有碎片化的观念依稀尚存，但事实上情况并非如此简单。作为治理机制的礼治的某些特质迄今仍然可见，且在社会治理中不可或缺。例如发布具有宣示意义的文件，举行大型仪式活动，对模范集体、个人的表彰与宣传，行政、司法中的“特事特办”等，甚至包括司法裁判中的调解，都典型或部分合于传统礼治机制。只是儒家为之提供的一套解释理论不为人所熟知罢了。因此大多数人只是在传统文化的余绪浸染中日用而不知，并且往往在加以理论反思时套用难以与之适配的西方理论而陷入理解困境和误区。所以传统的德、礼之治究竟如何适配于当下现代式的法治社会成为不得不直面的问题。

获得致用方案之先，尚需面对、解决一系列更基础和前提性的理论问题，包括传统的礼和礼治究竟是什么，作为一种治理机制的礼如何有效运作，与法治在内的其他治理机制如何协调共存，以及礼具有生命力且行之有效背后的“道理”何在。更涉及中国文化原生的礼文化和礼治当如何理解，并应在当下和未来的实践中扮演什么角色。由此还引申出当代中国式的法治当如何与德、礼兼容。

可是问题在于礼和礼治，现今国人通常易察知而难界定。原因之一是传统中国的观念表达中，礼的内涵错综复杂，归纳起来用法大致有三：一是礼文。大抵是吉、凶、军、宾、嘉的特殊仪制、仪式。① 历代官方典制大多合于这种认识，还有非制度化的礼俗也属此类。二是以“敬”为核心，包含仁、义、和、德、善等价值内质的礼质。三是泛化指称一切具有权威和道德属性的仪文、法度、制度。② 所以体系化的职官书《周礼》也称之为“礼”。如果审视儒家关于“礼”的理论阐发，论域会拓展到更宽广的范围，上达天人之际，细至人与人的具体关系无所不包。加之古代中国思想家极少采取明晰界定内涵、外延的“概念”来定准理论讨论的对象，给丧失了传统语境和思维方式的今人理解造成了不小的困难。③ 是故一旦追问究竟什么是礼，什么是礼治，得到的往往是描述性、枚举式的解说。这些虽可让

---

① 按周何所论：五礼之说，首见于《尚书·尧典》“修五礼”，又见于《皋陶谟》“天秩有礼，自我五礼有庸”。《周礼·春官·大宗伯》……其后郑众之注《地官·大司徒》，《春官·序官》《地官·保氏》皆取吉凶军宾嘉以释五礼，再后杜佑《通典·礼类》及历代会要之作，以至秦蕙田《五礼通考》等，皆以此分立篇目。参见周何：《礼学概论》，台北，三民书局1998年版，第11页。

② 学界对礼的分类详略有差，于大旨无碍。还可参考如陈顾远析分出礼之仪、礼之文、礼之容、礼之貌、礼之义、礼之质、礼之实、礼之节。参见陈顾远：《法治与礼治之史的观察》，载《复旦学报》1944年第1期。彭林将礼的要素析分为礼法、礼义、礼器、辞令、礼容、等差6类。参见彭林：《中国古代礼仪文明》，中华书局2004年版，第34页。

③ 如甘怀真曰：“礼作为一语言符号，不同时代的不同学派、不同学者赋予了它不同的意义内涵。又，不同的行动者也在阅读与礼相关的经典时，依其意志与策略，有意或无意地利用了儒家经典中的若干文本与语言符号（如礼）以符合己身的利益与目的。”参见甘怀真：《皇权、礼仪与经典诠释：中国古代政治史研究》，华东师范大学出版社2008年版，第1页。

人了解礼和礼治的表现、内涵，但是尚不足以彰明礼和礼治，以及因之而成立的礼文化，较之其他文化传统的特殊性何在。

原因之二在于近代以来，人们对传统中国逐渐形成了两种较为刻板的共识性的看法：一是等级化，二是尚礼。① 表面上看二者近似，但学界阐发过程中却出现了非常严重的偏差。② 包括给礼贴上了等级化、维护封建宗法制等标签，甚至置于法治的对立面。其中最常见的立场有二：一是以现代、先进自居，将包括政治、法律、社会和价值观在内的“现代”为标准，以“革故”为目的，但以将传统与落后建立关联并加以批判为能事。二是以西方文化为标准系，用西方学理来解释差异性文化现象的成因、功能和影响。③ 由此造成将儒家之礼与王朝礼制礼仪、礼俗等相混同；又认定王朝礼制、礼教与近代中国较之西方的落后存在因果关系，进而形成儒家之礼落后、旨在维护专制统治、禁锢思想等误判。④ 虽说个中差异近年来学界已有越发明晰的辨正，但上述判断积年已久且影响广泛，即便是学者，若非小心谨慎，亦不免不自觉地受之影响。

原因之三是礼治是中国文化衍生出的极为独特的治理机制，依托既有的西方学理既不能完全理解，也难以充分解释。早期汉学家论礼的作品中已反映的非常明显，而近代以后受西学学理、概念、方法影响甚至主导的国内学者，同样陷入了这个困境。

上述种种造成了 4 类典型而又不无缺陷的认识：一是将礼仪、

---

① 大体上“目前研究礼学，大致有六个方向：礼文、礼制、礼义、礼器、礼图、礼容”。参见周何：《礼学概论》，台北，三民书局 1998 年版，第 7 页。不过这六者偏向经典和历史研究。除此之外对礼俗的研究则多秉持社会学方法展开，更关注具体生活、情景中的习俗和习惯法。

② 例如对当下影响广泛的《乡土中国》，确实呈现了传统之礼运行的某些实态，并作出了功能、效用上的分析。但是这些描述和分析其实和为传统礼俗提供支撑的学理、观念脱节了。

③ 这同样与近代以来人们对礼的认识整体上不够深刻，尤其是缺乏合于当下语境和思维习惯的当代化阐释有关。

④ 晚近的表达如楼天宇云：“‘礼法合流’的消极影响主要表现在：其一，法的平等性丧失，以礼为核心的‘法’成为维护封建社会关系的有力工具……”楼天宇：《论“礼法合流”》，载《浙江社会科学》2020 年第 8 期。这类表述非常常见，不胜枚举。

礼制作规范化理解，[①]这样一来礼治和法治都是规范化治理，[②]作为治理机制并无本质区别，只不过所依据的是礼还是法（或律令等）不同而已。如果礼治仅仅是按照礼仪、礼制进行治理，那么礼治和按法而治的法治本质俨然就成了同一种治理机制，只不过所为准据的规范有别而已。而从现象上看确实秦汉以后很大一部分礼仪制度本身也是王法的一部分，例如《汉官仪》。[③] 二是把礼仪、礼制和礼俗判作两端，忽略礼仪、礼制的治理机能，着意于将因俗而治看作礼治，并比附依习惯、习惯法而治作社会学等视角的解释。[④] 三是把不严格按法而治的原情、原心、原《经》决断和审判作为礼治的标志性表现。由此还衍生出更极端的认识，如将礼治与德治、礼治与人治等量齐观。[⑤] 四是将礼治的实施方式径直等同于教化。[⑥] 这些确实从侧面触及了礼治的某些特点，但是尚没有精确地围绕"治"阐明传统的礼究竟如何运行、如何作用于调整社会关系、如何处理与

---

① 例如甘怀真言"礼可以有二义。一是指普遍的行为规范；二是指特定的行为规范"。参见甘怀真：《皇权、礼仪与经典诠释：中国古代政治史研究》，华东师范大学出版社 2008 年版，第 11 页。更典型的表述见于近年来为学界热议的"礼法"诸论，参见梁治平：《"礼法"探原》，载《清华法学》2015 年第 1 期。

② 如曰"礼依靠道德教化的方式引导人们遵守社会规范，而法则依靠强制力使人们遵守礼的有关规范。"丁鼎、王聪：《中国古代的"礼法合治"思想及其当代价值》，载《孔子研究》2015 年第 5 期。

③ 顺着这个思路，很容易把礼治与法治之争异化为德治、刑治之争。如白奚所言："战国时期的诸子百家'皆务为治'，以何种方式治国是人们最为关心的大问题，围绕着这个问题，儒、法两大学派的'礼治'与'法治'之争最为突出。儒家强调仁义礼乐的道德教化功能，轻视强制性的刑法的作用；法家则主张专任刑法而排斥礼乐教化。"白奚：《道德形上学和礼法互补——战国儒学的两个重要理论推进》，载《中国哲学史》2011 年第 4 期。类似观点还参见汤一介：《论儒家的"礼法合治"》，载《北京大学学报（哲学社会科学版）》2012 年第 3 期。

④ 例如马小红认为"从法的角度说，礼制在氏族社会后期及夏商西周时期已经具有了习惯法的性质"。马小红：《礼与法：法的历史连接》，北京大学出版社 2004 年版，第 83 页。

⑤ 据马小红考证，将中国古人这种推崇礼的思想和行为以"礼治"加以归纳总结的，应始于近代的梁启超。在《中国法理学发达史论》中梁启超引用日本学者穗积陈重对"礼治"的论述，考察了儒家关于礼之定义、礼之效用的论述，并定儒家思想为"礼治主义"。参见马小红：《礼与法：法的历史连接》，北京大学出版社 2004 年版，第 87 页。

⑥ 最典型者参见曾宪义、马小红：《中国传统法的结构与基本概念辩正——兼论古代礼与法的关系》，载《中国社会科学》2003 年第 5 期。

其他治术（特别是法治）的关系，更没能为传统中国为何生成、推行这种特殊的治理机制作出足够全面的理论解释。

出现这些误解的主因其实不在于人们对礼和礼治的现象把握不足，而在于用以理解、阐释这些现象的理论有问题。众所周知，传统社会的礼治其实是孔子和早期儒家礼治思想的实践化，尽管期间也不乏损益，还伴有因时因势不得已而为之的曲折。诚如吴丽娱所言“汉代以后，儒学独尊，礼治成为历代王朝所遵循的一种政治模式。在具体的制度层面，由于时代的不同也会有所区别，但礼治中的正名主义、典范政治和王制理想则始终未变，一直是礼治学说的核心内容。历代统治者都标榜要以礼治国，礼治也就成为历代政权的意识形态”①。反过来说，要深入理解作为一种治理机制的礼治，尤其是它在中国社会的展开，最可靠也最深刻的理论无疑来自儒家。因此相较于观察纷纭的现象而后套用脱生于西方文化的现代诸理论强为之解，不如把握儒家的礼治思想用以理解现象更能鞭辟入里。

第一节　礼如何为治：作为治理机制的礼治

基于传统文献和现代学理，我们已经可以较为清晰地识别传统法治、刑治两种治理机制的特质和运作机理。法治的核心在于规范化治理，即如战国时黄老、法家等主张的“按法而治”“一准于法”。刑治要在以刑立威而反向为教成治。同时人们也明确了礼治与德治相为表里，德治大多数情况下不指治理机制，而侧重治理所表达、指向的道德内涵。一般而言，德治是礼治、法治、刑治的质，而后三者则是德治在治理术上的表现。② 亦可说传统社会的礼治、刑治、法治都被认为应是成德至善之术。可是礼究竟如何为治？如何调整

① 吴丽娱主编：《礼与中国古代社会（先秦卷）》，中国社会科学出版社 2016 年版，第 362 页。

② 仅仅在德治—刑治相对时最狭义，即恩德、恩赏之治，与刑杀、威慑之治相对称。此乃战国“赏罚”二柄思路的延续。

社会关系以致成德至善的旨归？这两个问题迄今仍旧不甚清晰。

接下来将首先条陈解析礼治区别于同为治理机制的法治的三个特质：第一，突出上下之分而非讲形式上的平等对待；第二，典范而非规范治理；第三，不依赖利益分配，超越功利算计与诉求。并据儒家学理随文说解礼如何为治。后节中还会说明礼治这种机制的渊源，进而阐明为什么儒家会"选择"礼并以之为最重要的社会治理机制，背后的深层义理支撑何在。以此为基础，再尝试对传统的"礼法合治"及其之于当下的理论意义作出回应。为了能有更直观的理解且便于感同身受，接下来的论述中将随文引入现代法治学理和现实作为参照和比对。

一、礼分上下：具体化、同态化与同质化

抛开"礼"义的多面性暂且不论，专就它作为一种人参与世界，型构、调整社会关系的特殊治理机制来看，核心在于以"分"求"和"。抽去包裹于其上的繁复仪节文饰，一切礼的共性大致可以界定为：具体场景中，基于明确设定的上下位关系，参与者通过互相间的容貌、动作、仪式，或借助器物做出的合宜且意在表达善的行为过程。此中特异于其他社会关系调整机制的面相包括：

其一，礼在最具体的，甚至可以说具体到两人之间的交互关系中成立。所以即便是诸如婚礼、丧礼等典型礼仪场景中，合礼与否的判断也需要结合所处的情景，针对两两之间的具体行为关系才能落实。其中"具体"又包含两个方面：一是具体情境，二是具体的参与者。

具体情景，意思是一个行为是否合于礼，除了典范性的制度仪节外还需考虑包括时、运、命、势，以及参与者的具体处境等因素。[①] 是

① 最典型的例子莫过于《礼记·曾子问》所记：曾子问曰："葬引至于堩，日有食之，则有变乎？且不乎？"孔子曰："昔者吾从老聃助葬于巷党，及堩，日有食之，老聃曰：'丘！止柩，就道右，止哭以听变。'既明反而后行。曰：'礼也。'反葬，而丘问之曰：'夫柩不可以反者也，日有食之，不知其已之迟数，则岂如行哉？'老聃曰：'诸侯朝天子，见日而行，逮日而舍奠；大夫使，见日而行，逮日而舍。夫柩不早出，不暮宿。见星而行者，唯罪人与奔父母之丧者乎！日有食之，安知其不见星也？且君子行礼，不以人之亲痁患。'吾闻诸老聃云。"是可见制度化的礼仪并不是行为合礼的充分条件，也足见行礼需考虑具体情境。

故郑玄语曰“礼者，在于所处”[①]。即便严格遵守既成的礼制，行为也不一定合礼；全然置成制于罔顾而仅仅诉诸虔敬之心亦不足够；甚至既遵守礼制，又秉持虔敬之心，仍不能作为合礼的充要条件。因此每一次针对具体行为合礼与否的判断，都需要行“权”[②]。

具体参与者，指的是参与礼的个人。要格外注意的是，身体意义上的具体个人只是行为单元。他在相对关系中处于“上”位还是“下”位，相应地应当如何行为，需待明确了其人在具体情境中具备的身份方能确定。就个人而言没有一成不变的身份和等级，例如一位官员，对君时是臣，处下位；对父母时是子，处下位；对子女时是父，处上位；对兄时是弟，对弟时是兄。

针对具体情境中具体参与者的每个具体行为，才能判断礼与非礼。所以孔子要求“非礼勿视，非礼勿听，非礼勿言，非礼勿动”[③]，就是在强调每个具体行为都应各受其礼。荀子亦言“礼者，人之所履也，失所履，必颠蹷陷溺。所失微而其为乱大者，礼也”[④]。与之相应，并不存在整体意义上的合礼与否，也无法脱离情景地针对礼制或礼仪来判断是否合礼。[⑤]

其二，很多学者都注意到，“礼的主要功能是分类与区别”[⑥]。典型表现即“人性有男女之情，妒忌之别，为制婚姻之礼；有交接长幼之序，为制乡饮之礼；有哀死思远之情，为制丧祭之礼；有尊尊敬上之心，为制朝觐之礼”[⑦]。如果更进一步观察会发现，所有具体关

---

① 《通典·凶礼二》引。

② 这就是为什么孔子如此看重行“权”，曰“可与共学，未可与适道；可与适道，未可与立；可与立，未可与权”。（《论语·子罕》）一个典型的例子见诸《孟子·离娄上》：淳于髡曰：“男女授受不亲，礼与？”孟子曰：“礼也。”曰：“嫂溺，则援之以手乎？”曰：“嫂溺不援，是豺狼也。男子授受不亲，礼也；嫂溺，援之以手者，权也。”古代“权”论概况，参见葛荣晋：《中国古代经权说的历史演变》，载《孔子研究》1987年第2期。

③ 《论语·颜渊》。

④ 《荀子·大略》。

⑤ 如果参考《左传》《国语》等史籍中时人关于合礼与否判断的记载便会发现，几乎所有判断都针对具体场景中的参与者的具体行为作出。这表明“礼是具体的”这个特质古已有之，孔子和后来的儒家乃是袭用者。相关情况下节还会论及。

⑥ 甘怀真：《皇权、礼仪与经典诠释：中国古代政治史研究》，华东师范大学出版社2008年版，第7页。

⑦ 《汉书·礼乐志》。

系中的礼都人为地在参与者之间设定上下相对的关系。这是“礼”对一切关系的“同态化”整饬。此即《周易·序卦》之“有上下,然后礼义有所错”,或如孔子言“等之以礼”①,荀子亦曰“礼者,贵贱有等,长幼有差,贫富轻重皆有称者也”②。贵贱、长幼、贫富、轻重明明不是一个标准作出的分判,之所以被放在一起说,荀子取的正是它们都明上下之分的共性。同样的思路还见诸《易传》和之后儒生对《周易·履卦》的解说,如言“天而在上,泽而在下,上下之分,尊卑之义,理之当也,礼之本也,常履之道也”③。

社会关系原本有众多维度,就其自然呈现的样态而言,不可一概以上下论。例如“五伦”之一的朋友关系,特质在于“志同”与“义合”,本无上下之分,故“有朋自远方来,不亦说乎”④即可。可是朋友关系一旦“礼”化,或曰为礼所框限以后,朋友之间的上下之分就被人为地构建出来了。⑤ 若据之以行,则朋友闲居亦得明确政治身份、辈分、长幼等方面的上下之别。同理,夫妇关系,甚至具体到一场婚姻仪式,每一个具体场景中的参与者都被切分成了上下关系,并且还不是一成不变的。例如亲迎时要“男下女”⑥,有别于一般情景的“妇从夫”原则。

礼之“分”形成的并非固化的等级关系,而是随“境”不断变化的互动关系。礼仪的仪式场景中每每设定出主宾身份,充任者在行礼时对礼仪的参与者而言都是上下位关系中的上位者,无论他原本的辈分、年庚、政治社会等身份如何。按此,社会中并不存在严格意义上的与个体之人相固定匹配的身份,而只存在特定场景中每个人

① 《孔子家语·王言解》。

② 《荀子·富国》。

③ (宋)程颐:《周易程氏传》,中华书局 2016 年版,第 45 页。

④ 《论语·学而》。

⑤ 若就历史考察论,朋友原本就脱生于宗周时代的“族人”关系,只是到了春秋战国以后,“‘友’开始突破血缘关系的樊篱,由原先纲纪族人嬗变为规范四海之内的志同道合之人”。查昌国:《“友”与两周社会的变迁》,载《安庆师院社会科学学报》1995 年第 4 期。并可参见钱宗范:《“朋友”考》(上),载朱东润编:《中华文史论丛》第 8 辑,上海古籍出版社 1978 年版。

⑥ 《仪礼·士昏礼》通过男子为女子象征性地驾车来表达,即“婿御妇车,授绥,姆辞不受。妇乘以几,姆加景,乃驱。御者代。婿乘其车先,俟于门外”。

需要即时“扮演”的身份。礼所分出的上下，正是此种身份的上下。所以尽管人们经常在典籍中看到“四民”（士农工商），“天子、君、公、卿、大夫、士”，良、贱等身份判分，但是这些一则并非一成不变，[①]二则没有一种身份能在所有的社会关系中都居于排他性的优先地位。[②] 只有嵌入具体的场景和关系，身份关系及其所附带的一系列道德责任和行为模式才会彰显出来。[③] 三则人们在不同的礼的场景中身份和所处的位置会不断变化，也就意味着每个人都有扮演多重角色的可能性和必要性。所以《大学》把“所恶于上，毋以使下；所恶于下，毋以事上”作为人必须把握的行为原则。

儒家将礼的上下分判泛化为所有社会关系的基本模式，它与同态扩展的家、乡、国、天下相为经纬，[④]因此无论在家、国还是天下中的一切关系都被同态化为上下关系。同理，所有扰乱上下关系的行为都非礼。例如《春秋》桓公九年“冬，曹伯使其世子射姑来朝”。《谷梁传》云“使世子伉诸侯之礼而来朝，曹伯失正矣”。而逻辑上最先，也是最小的上下关系是夫妇关系，最高者莫过于天子与诸侯。故曰“礼，天子在上，诸侯不得以地相与也”[⑤]。正因如此，乱伦、弑君、反逆、弑父等行为会被判定为非礼且罪大恶极。

其三，礼针对所有关系做“同态化”的上下之分，是为了将一切关系“同质化”。同质之“质”在儒家那里就是道德。道德化的上下关系中仪式化、过程化地表达相“敬”以成互相之善，便是合礼。孔子格外强调“礼主敬”，因为这种“敬”之所以成立，是因为背后的支

---

① 很多学者从不同角度观察了古代社会中人的身份流动。其实这不需要严谨的学术考证便能直观感受到，即便是天子亦可起自平民便是一例。

② 甚至天子亦不能在一切关系都当然地具有上位，例如在婚礼中天子即元士，亲迎时同样要“男下女”。

③ 对于上下—尊卑关系模式是为“礼”的最核心义涵，有一类反例可以为之提供反向证明：但凡是从根本上反对、否弃“礼”者（包括礼的秩序、制度和治理模式等），都反对礼分上下，或者说反对将社会关系化约为上下—尊卑关系。先秦时期两个最典型的反礼者莫过于老子和庄子，而这两人恰好是中国古代思想传统中至“公”和根本性“平等”的最早义理阐发者。

④ 家、国、天下同态扩展因《大学》而闻名，但并不专属于儒家。早期表述还见于《老子》《管子》等书。这种同态化之所以成立与社会关系宗法化有关，可参考下节论述。

⑤ 《谷梁传》桓公元年。

撑来自“爱人”和“克己”之心，即“仁”。简单地说，仁—爱人/克己—敬—善是礼蕴含的道德内质。

通过礼分上下实现所有社会关系同质化为道德关系，其中关系参与者的身份都与相应的道德责任对应，这乃是儒家将礼作为普遍化的社会关系调整机制的主要动因。此即“古之时，公卿大夫而下，各称其德，终身居之，得其分也”①。也正因如此，礼在儒家的论说中涵摄之广远远超过了见诸往古的制度、实践与观念。如言：

道德仁义，非礼不成；教训正俗，非礼不备；分争辨讼，非礼不决；君臣上下父子兄弟，非礼不定；宦学事师，非礼不亲；班朝治军，莅官行法，非礼威严不行；祷祠祭祀，供给鬼神，非礼不诚不庄。是以君子恭敬撙节退让以明礼。礼者，所以固国家，定社稷，使君无失其民者也。②

文中所论印证了礼在社会中具体而又遍在，表明儒家将一切社会关系都化约为礼的关系，也就意味着所有关系都是道德关系。

其四，儒家的礼分上下，严格来说不仅涉及人与人之间的关系，还将世间万有的一切相互关系都做同态化、同质化、道德化整饬。如“于是闰三月，非礼也。先王之正时也，履端于始，举正于中，归余于终。履端于始，序则不愆。举正于中，民则不惑。归余于终，事则不悖”③。此说无疑是将时间“礼”化了。这个思路渊源有自且一以贯之，从春秋时的“夫礼，天之经也，地之义也，民之行也”④，到战国儒生拓展表述为“是故夫礼，必本于大一，分而为天地，转而为阴阳，变而为四时，列而为鬼神。其降曰命，其官于天也。夫礼必本于天，动而之地，列而之事，变而从时，协于分艺，其居人也曰养，其行之以货力、辞让：饮食、冠昏、丧祭、射御、朝聘”⑤。最典型的论述见诸《荀子・礼论》：

凡礼，始乎棁，成乎文，终乎悦校。故至备，情文俱尽；其

---

① （宋）程颐：《周易程氏传》，中华书局2016年版，第46页。

② 《礼记・曲礼上》。

③ 《左传》文公元年。

④ 《左传》昭公二十五年。

⑤ 《礼记・礼运》。

次,情文代胜;其下复情以归大一也。天地以合,日月以明,四时以序,星辰以行,江河以流,万物以昌,好恶以节,喜怒以当,以为下则顺,以为上则明,万变不乱,贰之则丧也。礼岂不至矣哉!

如果不把握儒家意在以礼整顿一切关系,则这些表述很容易被“虚化”理解且同于黄老道家法象天道以为人世立法的理路。

其五,“分上下”不是目的,而是求“和”以至“善”的手段。同态化、同质化都是为了世界合于道,或曰礼所致的“善”。这既是宏观的世界整体性和谐有序,又在微观层面所有关系中都表达为上、下双方互相之间的向善、为善之意与行。是如有子曰:“礼之用,和为贵。先王之道,斯为美,小大由之。有所不行,知和而和,不以礼节之,亦不可行也。”①说得更简单一些,以礼为治的最终目的在于成就至善。这种至善并非像政权主导的立法那样自上而下一体型构而成,须经由具体的相互之善积渐而致。这一切都有赖于每个具体行为者在每个具体关系中均志于善且为善行善。孔子之所以感叹“回也,其心三月不违仁,其余则日月至焉而已矣”②,正是因为时时事事尽心为善而须臾不违礼的要求其实非常之高。③

综上所述,儒家之“礼”自始就是人化的表现,这种人化亦是文化、文明与野蛮(蛮夷)分判的标志。④ 礼通过将所有社会关系人为地同态化为“上下”关系,同时又同质化为“道德—身份”关系,并以具体到一人对一人的身份上下关系来呈现。“礼”化具有特定的指向性,即向善。照此,对礼的参与者而言,礼便是人化地臻于善的过程本身,包含了行为、器物、言辞、容貌等;对置身其外的观察者、学

---

① 《论语·学而》。并可参考洪文朗所言:“礼的产生是由根源处生发,因为人的内心对于群道原则的追求而起,所以,就它的本质而言,是一种建立人与人,或人与对象之间和谐关系的原则。”洪文郎:《“礼”的思想之研究——以〈礼记〉为中心》,中国文化大学文学院中国文学研究所2012年博士学位论文,第14页。

② 《论语·雍也》。

③ 并见《中庸》第八章曰:“回之为人也,择乎中庸,得一善,则拳拳服膺而弗失之矣。”

④ 这个看法已有公论,如杨向奎曰“‘礼’代表文明”。杨向奎:《吴越文化新探·序》,浙江人民出版社1988年版。彭林亦曰“礼是人类自别于禽兽的标志”。彭林:《中国古代礼仪文明》,中华书局2004年版,第3页。

习者而言,这个过程一方面是善的具有感召力的表达,另一方面也是日后类似行为的典范。

这种设计与当代法律,尤其是私法文化中通过忽略差异性设定法律人格形式平等来同质化社会关系的思路存在根本性不同。它的前提是承认事实上的差异和不平等,在此基础上,通过具体场景、关系中的人为上下分判,将原本的差异化收束、改造为身份与道德责任关联的模式。这样一来,所有的社会关系都被改造为道德关系。与之相对的是现代法律通过形式平等和主体间的法律关系模式将所涉及的法律关系同质化为利益关系,进而通过权利义务来调整利益分配以求规范人的行为。

二、典范治理

如果我们将法治的特质之一视为规范化治理,那么礼治就是与之有别的典范化治理。常金仓指出典范政治是礼乐文化的特征之一,“这种政治主张民不帅教,责在自躬,统治者应反身修己,朝夕惕若;它反对归咎于人,用残暴手段强迫人民奉上守法”①。吴丽娱亦认为,用“典范政治这一术语来概括礼治主张是恰当的”。“这种政治主张虽然不排斥刑罚的作用,但它更强调为政者正面的引导作用,强调道德教化在实现社会整合中的作用。”②不过与法治中的规范相比,典范本身,以及如何运用典范显得更难理解,我们可以暂且将之概括为具有示范、引导作用的标志、楷模。不妨先举一例来看:

《论语·乡党》记载孔子见“乡人傩,朝服而立于阼阶”。意思是孔子看到乡里之人正在行傩舞,也就是不合礼的淫祠,于是穿着上朝的官服伫立在大堂前的台阶上。这正是孔子通过典范化的行为行礼治之事。“朝服而立于阼阶”是通过行为表现的典范,意在矫正乡人傩舞的非礼行为。但是与常见的以规范化、标准化为特质的法治不同,这次礼治没有直接提供行为模式和标准,毕竟乡人(平民)不能同样身着朝服;孔子也没有直接干预、矫正非礼行为,而是

① 常金仓:《周代礼俗研究》,文津出版社1993年版,第272页。

② 吴丽娱主编:《礼与中国古代社会(先秦卷)》,中国社会科学出版社2016年版,第354页。

通过唤起当事人的羞耻心间接地使之自觉于礼。由此引申，礼治的典范特征表现如下：

其一，典范来自制度、仪式和个体的体行（包括言、貌、着装、举止等），这些都属于儒家说的“礼文”，是典范的表现形式，或曰典范本身。而换个角度来看，之所以这些在今人看来分属于制度规范、实践过程和主体不同层次者都被看作礼，也正是因为他们在此时都被典范化了。甚至通过身体力行来展现的典范较之仪节制度典章更加重要，即所谓“凡制度在礼，文为在礼，行之其在人也”①。又如颜回谓子贡曰：“吾闻诸夫子，身不用礼，而望礼于人；身不用德，而望德于人，乱也。夫子之言，不可不思也。”②

其二，典范强调特殊性，而非如法律规范那样要求普遍性和一般性。典范治理意味着需要从一般、平常中特立出来，也可说“礼是现实生活的缘饰化”③，同时又要高于一般生活。无论是作为典范的制度、仪式还是个人都是如此。表现包括：一是礼仪并不针对一般场景，而仅针对，甚至是在有意识地创设特殊场景。这种设定有时甚至会造成“事君尽礼，人以为谄也”④的误解。还有一例如：

> 子之武城，闻弦歌之声。夫子莞尔而笑，曰：“割鸡焉用牛刀？”子游对曰：“昔者偃也闻诸夫子曰：‘君子学道则爱人，小人学道则易使也。’”子曰：“二三子！偃之言是也！前言戏之耳。”⑤

子游以弦歌为治，连孔子乍看都觉得过于特出了，故有“割鸡焉用牛刀”之议。可是转念一想这恰是典范之治本应有的特殊化，所以改曰“前言戏之耳”。也正是由于这种借助典范感召以求行为者自觉“化成”的治理模式，礼治的过程其实就是礼教的过程。

二是仪制通常以极致化的上限示人，同于儒家言必称尧舜，羞言五霸的思路。例如：

---

① 《孔子家语·论礼》。
② 《孔子家语·颜回》。
③ 陈戍国：《先秦礼制研究》，湖南教育出版社1991年版，第6-7页。
④ 《论语·八佾》。
⑤ 《论语·阳货》。

> (鲁哀)公曰:“男子十六精通,女子十四而化,是则可以生民矣。而礼,男必三十而有室,女必二十而有夫也。岂不晚哉?”孔子曰:“夫礼言其极不是过也。男子二十而冠,有为人父之端;女子十五许嫁,有适人之道。于此而往,则自婚矣。群生闭藏乎阴,而为化育之始。故圣人因时以合耦。男子穷天数也。霜降而妇功成,嫁娵者行焉。冰泮而农桑起,婚礼而杀于此。”①

“夫礼言其极不是过也”,即表明礼提供极致化的上限,而非就一般、常态立制。婚礼对男子30岁、女子20岁的年龄限制就是一例。类似之例还有如“司男女之无夫家者而会之,凡嫁子娶妻,入币纯帛,无过五两”②。类似于现在人们常说的为彩礼规定上限。

三是礼强调特殊性同时也意味着典范本身无须兼顾一般情况下适用的可行性问题。这就解释了为什么仪制之“礼不下庶人”,又认为庶人亦当讲礼,同时又不以繁文缛节之礼文苛责于一般人。荀子说“礼者,人道之极也。然而不法礼,不足礼,谓之无方之民;法礼,足礼,谓之有方之士”③。既然礼既不是规范,又只是以上限示人,一般人参照典范而行就足矣,没有必要再为它们专门设置一套典范。

其三,间接治理。这与典范化一体相关,且在前述“朝服而立于阼阶”中已有直观体现。典范并不直接针对特定的具体人、事、物起作用,这就意味着它们不是日常治理中必须严格依据的规则和标准,而是理应趋近的最理想状态。反过来看,礼的典范并不适合作为硬性标准直接用于要求、评价一般性的行为。故此典范在治理中提供的行为引导是间接的。就好比说告诉(或要求)某人在一场考试中应该尽心尽力以得到满分,但最终没有实现,却不能因为没有得到满分径直予以否定;而需要综合现实情况去考虑是由于能为而不尽心,还是尽心而势不能为。这类似于孟子所说的“挟太山以超北海,语人曰‘我不能。’是诚不能也。为长者折枝,语人曰‘我不

① 《孔子家语·本命解》。
② 《周礼·地官·媒氏》。
③ 《荀子·礼论》。

能。'是不为也，非不能也"①。

典范之礼提供的是"当为"的极致状态的范本，以此来引导人的行为，实际行为则是能为和尽心相结合呈现出来的"当为"的"折损"状态。而在儒家看来，尽心地向着典范而为即是合礼。据此便可理解子曰："麻冕，礼也；今也纯，俭，吾从众。拜下，礼也；今拜乎上，泰也；虽违众，吾从下。"②

这种间接治理之所以"间接"而又能够成立，关键在于由典范而致治理的过程中，当事人的道德本心受到感染且被调动激发了。诚如汤一介所言："用'政令'和'刑法'，虽然民可以暂时避免犯罪，但不是自觉地遵守法规，因此对犯罪并无羞耻心；如果用'道德'和'礼教'，民有羞耻之心，而且能走上正道。这说明，用'刑'和'礼'在效果上是不同的"，因为礼"是在教化基础上形成的，所以带有自觉性的意义"③。

其四，典范意味着行权。④ 顺着典范并不直接用于治理，也不作为判断行为是否合礼的充要条件可知，所有的治理无疑最终都要基于调整具体社会关系，通过关系中的参与者来实现。这里其实就存在类似两段式的实现模式：一是行为人以合于典范为目标，尽心尽力地向之而行。二是行为中考虑实际的条件、能力等因素，包括儒家常说的时、运、势、命、事理、情理、法理等，自主地损益以求得合宜的具体行为方案。⑤ 这个自主选择以求合宜的过程就是行"权"。在儒家看来，行权本身是礼治由典范落实到行为，进而型构、调整社会关系不可或缺的环节。

---

① 《孟子·梁惠王上》。

② 《论语·子罕》。

③ 汤一介：《论儒家的"礼法合治"》，载《北京大学学报（哲学社会科学版）》2012年第3期。

④ 行权的话题详见本书第九、十章，此处仅略及相关。

⑤ 如皮锡瑞曰："节文时有变通，而义理古今不易。十七篇虽圣人所定，后世不尽可行，得其义而通之，酌古准今，期不失乎礼意，则古礼犹可以稍复。……《礼记》曰：'礼，时为大。'此一言也，以蔽万世制礼之法可矣。……且夫所谓时者，岂一代为一时哉？开国之君，审其时之所宜，而损之益之，以成一代之典章度数，而所以维持此典章度数者，犹必时时变化之，以捄民之偏，而息民之诈。"（清）皮锡瑞：《论礼记所说之义古今可以通行》，载（清）皮锡瑞：《经学通论》，台北，商务印书馆1989年版，第70-71页。

儒家经常讨论的从俭、从俗、从宜之权都是行权的表现。“一般来说，礼通行于贵族之中，即‘礼不下庶人’；庶人则只有俗，即所谓‘民俗’。”[①]礼俗同样也可看作典范的权宜化表达。把握了典范治理的间接性和权宜性之后，便可认识到民间按礼俗而行，实质上并不影响“高高在上”的礼文发挥典范作用。且从典范曲折、权宜地落实于具体社会关系来看，礼治可说是一种“柔性”治理机制，尤其是与要求一准于法的法治相比。

三、超越功利—理性

礼治不基于赏罚成立，换句话说，礼不依赖分配利益来调整社会关系和人的行为模式。这是礼治与法治最显著的区别之一。如言“天有常道矣，地有常数矣，君子有常体矣。君子道其常，而小人计其功”[②]。同时还有与之相应但更深层的差异，在于礼治不纯粹依赖人的理性发挥作用，而是系诸道德本心。如果说法治是基于理性通过利益驱动人行为的治理机制，代表了一个层次；那么儒家的礼治就是基于良知、四端通过人的道德感驱动的另一个层次的治理机制。

孟子特别强调良知（道德本心）是“人之异于禽兽”的那么一点点但又是根本性的分别，正是在为引导当时以利益为导向的治理者接受、行用道德导向的礼治张本。面对梁惠王迫不及待的“亦将有以利吾国乎”之问，孟子以“王何必曰利？亦有仁义而已矣”[③]作答，而且这被置于向来“慎始”的儒家的作品开篇，显然是一种明确的立场宣示。人处于自发状态都会运用理性谋利以自我满足，这与动物趋利避害并无本质区别；而自觉为人以后方始能够“老吾老以及人之老”[④]。

儒家认为若是没有德、礼为之统摄和约束，基于物欲、私性而产

---

① 彭林：《中国古代礼仪文明》，中华书局2004年版，第9页。

② 《荀子·天论》。

③ 《孟子·梁惠王上》。

④ 要注意，儒家从来都不认为理性专属于人，且足以标志人之特殊性的禀赋。这与西方传统把理性看作人独特的“分有”自神的秉性有显著区别。

生的利益诉求即便是基于理性进行表达，不免导致社会和人相争的局面。因为无论理性与否，利益诉求从根本上说与自我—他者两分对抗的基设相伴生。儒家反思春秋时代礼崩乐坏，归结出的主因之一便是人们以利益得失取代合礼有德为主要评价标准。最典型的例证是对僖公二十二年泓之战中宋襄公行为的评价。《左传》代表了当时一般知识人的看法，认为襄公不顾及胜负而固守礼仪为迂腐。《春秋公羊传》则曰“君子大其不鼓不成列，临大事而不忘大礼，有君而无臣，以为虽文王之战，亦不过此也”①。这与儒家将人的自我成就定位在道德责任实现程度，否定以任意获取外部资源和寻求利益最大化为标准相一致。就表现而论，合礼与否的评价排斥“利”，同时排斥功利—理性为基础的评价思路。所以几乎所有以“礼”为名义索要财物者，俱被判定为非礼。一个典型的例子是《左传》桓公“十五年春，天王使家父来求车，非礼也。诸侯不贡车、服，天子不私求财”。荀子说“君子治治，非治乱也”②也是意在表达，不可仅针对现实问题、需求功利性地寻求治理，而应当以合礼成德至善为目标。

当然这并不意味着礼治排斥或反对利，而是将利益诉求置于低层次，使之不被当作行为的目的，而只视之为成就德、礼的必需品而已。由此产生了对“利”的4个基本态度：其一，将利仅仅当作解决生存问题的必需品。先富后教就是这个思路。③ 其二，以利为德的“文饰”，体现在礼仪上便是越是德位居高者行礼时的器物要求越高。其三，必须权宜取舍时利可以最先被放弃。“舍生取义”就是这个态度最极端化的表达。其四，使人的行为不为利益所驱使。或

---

① 《春秋公羊传》僖公二十二年。

② 《荀子·不苟》。

③ 如《论语·子路》载：“子适卫，冉有仆，子曰：‘庶矣哉！’冉有曰：‘既庶矣，又何加焉？’曰：‘富之。’曰：‘既富矣，又何加焉？’曰：‘教之。’”《孟子·梁惠王上》载：“明君制民之产，必使仰足以事父母，俯足以畜妻子，乐岁终身饱，凶年免于死亡。然后驱而之善，故民之从之也轻。”要注意，先富后教并不是时间先后，而是逻辑和价值上的下位和上位关系。在实践中显然不可能严格地区分富民阶段和教民阶段。这一点荀子的表达更加易于理解：“不富无以养民情，不教无以理民性。”（《荀子·大略》）

者说否定单纯的利益驱动型社会治理。[1] 相应的态度便是强调法治是政治社会治理的必要机制，但绝非充分条件。按法而治之"上"还需要有礼治为之统御，所以孔子说"礼乐不兴则刑罚不中，刑罚不中则民无所措手足"[2]，孟子亦言"徒善不足以为政，徒法不能以自行"[3]。现今仍为学界热议的礼法之辨，大而言之是立场之争，细看亦有治理模式之别。

第二节　何必是礼：古礼演化与儒家的理论创化

上节基于早期儒家学理阐述，概括了作为治理机制的礼具有三大特质：一是分上下而同于道德，二是典范治理，三是超越功利。接下来还有必要弄清这些主张的渊源，以及儒家所作的创化。也就是说，需得把握儒家在多大程度上因循了古代传统，又作了哪些实质性的创化。为此首先需明了，是儒家和后来受儒家影响的主流传统政治、社会文化选择了"礼"，而非既有的礼文化决定了儒家思想的走向。这有些类似于主张主体平等的近代西方思想界选择了法治，进而"找到"并重塑了罗马法理论和古希腊传统。换句话说，以往存在的以"分""别"为核心机制的礼契合了儒家对于人与世界改造、整饬思路之需。因为在孔、孟、荀等早期儒家造论之前，与礼并立而殊途的思想、制度资源和治理机制并不稀见。最典型者莫过于直接排斥、反对礼（也包括"分"）的老子、广泛行用按法而治的禹夏王朝等。[4] 因此本节需要解说的有两个方面：一是原初礼文化为何要（会）以分、别作为核心机制。这解决它凭什么被儒家"选中"的

---

① 这一点正好与法治基于人趋利避害的功利理性设置、调整人的行为模式内理上存在不洽。

② 《论语·子路》。

③ 《孟子·离娄上》。

④ 有关禹夏的法治模式，参见李平：《作为中央集权化立法的〈禹贡〉——一次法哲学式的解读》，载《厦门大学法律评论》2017 年第 1 期。

问题。二是儒家为何格外看重“分上下”。这解释了儒家为什么会主动“选中”礼。

一、古礼的义理演化

礼源于祭祀等神事活动学界已有定论,传统文献亦多有证据。大抵探究礼的起源,有两条线索。一是讨论今人所谓的礼仪、礼制的发生流变。[①] 二是指“礼”字的语言符号的出现及其意义。就第一项而言,议论分歧。就第二项而言,礼源于祭祀当为定论。[②] 礼字的原初意义当是指与祭祀相关的行为,再发展为日常生活的行为规范。为何会从祭祀发展为行为规范,可由饮食礼考察其演变的脉络。最典型的论说见诸《礼记・礼运》:

> 夫礼之初,始诸饮食,其燔黍捭豚,尊而抔饮,蒉桴而土鼓,犹若可以致其敬于鬼神。及其死也,升屋而号,告曰:“皋!某复!”然后饭腥而苴孰。故天望而地藏也,体魄则降,知气在上。故死者北首,生者南乡,皆从其初。

大体上,人神互动场景中使用圣、俗明确有别的器物、仪制并采取不同于日常的行为,直接目的都是强调、强化神、人之间具有上下等级之分。按所引文中的表述,尽管最初器物相对简陋,但这些外在表现并非目的,它们的直接作用只在于直观地表现出圣俗之别。可见礼自始就通过上下之分强调交往中的“别”[③],即圣俗(或曰人、神)之别。器物、仪制代有损益,但其要都在于借之以明晰圣俗有别。无论是新石器时代[④]还是商周以后遗存的器物无不表明,当时最贵重、最精美的器物都被用于祭祀等神事活动,不同于日常生活、

---

① 概况参见陈戍国:《先秦礼制研究》,湖南教育出版社 1991 年版。

② 参考(清)王国维:《释礼》,载(清)王国维:《观堂集林》,中华书局 1959 年版;也可参见邱衍文:《中国上古礼制考辨》,文津出版社 1990 年版,第 17-22 页。

③ 杨向奎特别关注到“‘礼’起源于原始交往”,所论颇有见地。参见杨向奎:《礼的起源》,载《孔子研究》1986 年第 1 期。

④ 新石器时代的概况可参见仰韶文化、龙山文化、红山文化遗存。参见严文明:《仰韶文化研究》,文物出版社 1989 年版,第 303-327 页;张学海:《龙山文化》,文物出版社 2006 年版,第 147-167 页;刘莉:《山东龙山文化墓葬形态研究——龙山时期社会分化、礼仪活动及交换关系的考古学分析》,载《文物季刊》1999 年第 2 期;柳冬青:《红山文化》,内蒙古大学出版社 2002 年版,第 2-170 页。

生产用的器具，甚至也好于兵器。[①] 人为制造分别自然为了“致其敬于鬼神”。所以器用分别的目的在于表达、表现下位者（人）对上位者（神）的崇敬、尊敬之情。同时，“别”以明“分”，示明等级差异，是最适合表达“敬”的机制。

可是问题在于，类似的做法遍见于世界各个古代文化传统，且仍旧保留至现代各大宗教之中。也就是说，针对人神互动设置，以区分凸显敬神的古礼并不特殊，尚不足以视之为具有独特中国特色的礼文化，[②]也不足以成为一种面向社会治理的机制。为此需要进一步看到接下来的演化，即“殷商以后，‘礼’‘法’渐渐褪去神性色彩，成为贵族统治阶级统治国家、治理社会的工具，由此走上了世俗化进程”[③]。特别是西周以后，敬神之礼的模式拓展运用至世俗政治社会生活中，这才是礼文化真正型构的表现。[④] 同时也是“礼治”，即以礼为治理机制调整社会关系和人的行为的关键转折。“周公制礼”可看作后世对这场转变记忆的符号化聚焦。[⑤] 换个角

① 殷周礼器概况，参见［日］林巳奈夫：《殷、西周時代禮器の類別と用法》，载《東方學報》1981 年第 53 卷。

② 也正是由于这种共性，依托比较人类学和比较宗教学的现代式研究非常关注礼背后的神圣性，包括起源、功能等方面。可是相关研讨往往不自觉地带入了一个现代式（或曰西方式）的预设，认为这种神圣性来自超越、彼在的神。这种神圣性通过礼贯注到社会关系中，仅取其相似性而非事实上一体相关。例如将人与人之间的“敬”及其相关仪式，理解为敬神之“敬”的“副本”。这其实自始与传统中国天人一体（或曰天人合一、理一分殊）式的世界理解存在质的差异。

③ 汤勤：《“礼”与“法”：由神化到世俗化》，载《复旦学报（社会科学版）》2008 年第 3 期。

④ 学界讨论礼由神圣向世俗转变的论著很多，大体对这个变化过程已有共识，但对之内涵、动因、影响的解释存在差异。较有典型性的论说参见刘泽华：《先秦政治思想史》，南开大学出版社 1984 年版，第 93－95 页；马小红：《礼与法：法的历史连接》，北京大学出版社 2004 年版，第 77－84 页；汤勤：《“礼”与“法”：由神化到世俗化》，载《复旦学报（社会科学版）》2008 年第 3 期；［德］罗曼·赫尔佐克：《古代的国家：起源和统治形成》，赵蓉恒译，北京大学出版社 1998 年版，第 264 页；等等。

⑤ 周公制礼的内容、在西周王朝起到的实际作用，甚至真伪近代以来备受争议。最主要的原因是这个被孔子以后的儒生们视为定论的历史记忆并未得到铜器铭文的足够印证，甚至还收获了一些反证。例如像典礼中重要的策命仪制似乎成立于康王、昭王时代，并且存在渐进的过程。参见［日］白川静：《金文的世界》，温天河、蔡哲茂译，台北，联经出版事业公司 1990 年版，第 109－123 页。但这并不应该被视为否定周公制礼的充分证据。周公制礼的历史考证参见杨向奎：《宗周社会与礼乐文明》，人民出版社 1992 年版，第 277－357 页。

度来看，这是通过政治力量运用了人神之礼的机制来成就以宗法制为内核与主干的政治社会关系模式。[①] 这一方面源于宗法制强调的尊尊、敬长，与敬神机理相近；另一方面二者同化可以为宗法关系带来神圣性。

宗周政治文化的特色之一，是把所有的政治、社会关系同质化为宗法关系，并且全部纳入宗法制之中，俱以“尊尊”为基本原则。由此带来的结果之一是春秋以后被一般观念接纳为常识的家、乡、国、天下一体同质。[②] 还有像天子、国君、官员为民之父母的观念也由是而生。同质的目的指向内质同一的和谐秩序。所以后来有若会说“礼之用，和为贵，先王之道，斯为美”[③]。

宗法之“质”相同的基础上，礼之“别”同样不是目的，而是为了更好地凸显、彰明相对关系中的上下、尊卑之分。社会关系泛宗法化，本就意味着所有具体的关系都化约为上（尊）下（卑）关系，包括空间、时间、逻辑顺序等。宗周文化将这种宗法主导的社会秩序表现为“德—位”和“德—礼”两组对应关系。[④] 这可以理解为对复杂的社会关系人为地做了简单化、同质化、一维化处理。由此人们才会将礼提升至“经国家，定社稷，序民人，利后嗣者也”[⑤]的地位。[⑥]

尊尊是周礼所内蕴的上下关系模式最典型、最凝练的表达。不过至少春秋时期以后人们受到了政治权力利用礼分上下型塑观念

---

① 周代礼制概况，参见胡新生：《周代的礼制》，商务印书馆2016年版，第53-331页。

② 尽管人们对此的了解大多来自儒家，尤其是《大学》，但事实上儒家只是在承袭的基础上作了理论延展和深化。类似的表达也见诸同时期的《老子》《管子》等作品。

③ 《论语·学而》。

④ 参见郑开：《德礼之间：前诸子时期的思想史》，生活·读书·新知三联书店2009年版，第74-94页。

⑤ 《左传》隐公十一年。

⑥ 例如发生在文公二年的备受非议的“僖公逆祀”事件“（文公二年）八月丁卯，大事于大庙，跻僖公”。《谷梁传》载：“大事者何？大是事也，著祫、尝。祫祭者，毁庙之主，陈于大祖，未毁庙之主，皆升合祭于大祖。跻，升也，先亲而后祖也，逆祀也。逆祀，则是无昭穆也。无昭穆，则是无祖也。无祖，则无天也。故曰：文无天。无天者，是无天而行也。君子不以亲亲害尊尊，此《春秋》之义也。”

和制度乃至社会结构的影响,①所以但凡说到尊尊,以及礼所强调的尊卑关系、尊卑秩序时,会很容易地将之视为政治统治的需要使然,②似是为了统治之需,所以古人格外强调尊卑有序。事实上更应该换个思路来理解:先有了礼分上下,并且这种模式已经获得了相当程度的认同和实践,尔后一方面人们以之为基础建构政治秩序和模式,另一方面政治权力在实践中又主动对之加以利用,甚至为之注入一些并不完全契合于礼本身的内涵。

明确判分上下的用意,除了让关系参与者明确地获得特定情境中的自我定位和行为模式,还在于消除"争"源。我们来看一则反例:

> 十一年春,滕侯、薛侯来朝,争长。薛侯曰:"我先封。"滕侯曰:"我,周之卜正也。薛,庶姓也,我不可以后之。"公使羽父请于薛侯曰:"君与滕君辱在寡人。周谚有之曰:'山有木,工则度之;宾有礼,主则择之。'周之宗盟,异姓为后。寡人若朝于薛,不敢与诸任齿。君若辱贶寡人,则愿以滕君为请。"薛侯许之,乃长滕侯。③

文中滕侯和薛侯两个小国国君在朝觐鲁国时发生"争长",说明在朝礼中朝觐者两两之间存在上下关系,这一般通过位次、行礼先后来表示。宾客发生争讼后由主人提供终局性裁断,表明主宾之间也有上下关系。羽父提供的裁决依据"周之宗盟,异姓为后",是宗周分封之初即已定下的诸侯之间上下关系的判定标准,说明诸侯之间本应互有上下且关系明确。滕、薛两君之所以有"争",正是因

---

① 春秋时人们仍坚守了"别"义,但对背后的深义未有过多探讨:例证之一如"丁丑,楚子入飨于郑,九献,庭实旅百,加笾豆六品。飨毕,夜出,文芈送于军,取郑二姬以归。叔詹曰:'楚王其不没乎!为礼卒于无别,无别不可谓礼,将何以没?'诸侯是以知其不遂霸也"。(《左传》僖公二十二年)

② 最常见的解说归因于古代中国政治社会的等级化形态,而将礼的等级化视为与之对应,或者认为这本就是为了维护政治和社会需要的产物。这种看法自近代形成以来,很长一段时间内成为了共识性意见,其间虽经历了批判,但迄今仍被很多学者采纳,并视等级化最主要的功能即在于统治和政治秩序需要。最近的表述可参见楼天宇:《论"礼法合流"》,载《浙江社会科学》2020年第8期。

③ 《左传》隐公十一年。

为宗周礼制已然式微,致上下关系不明,亦可谓之礼崩乐坏之后宗周旧有标准为时人轻忽所致。而“争”本身,无论是争名、争利、争胜,或曰受了功利性、好胜心、妒忌心等驱使,要者都反道德本心且是在反善为恶。与此同时春秋时期人已经明确认识到“恕而行之,德之则也,礼之经也”①。

综上可见,礼自始是一种以“分”“别”为手段规范社会关系和行为的机制。最初是为了区分圣俗,进而与宗法制结合强调区分尊卑。而礼的整个早期演化过程,亦如洪文朗总结的:“在礼的演变过程之中,可以看到礼的宗教性、政治性、人伦性的几个不同的面向;每一个面向又分别融化在后一个面向之中。”②礼的应用范围从专门于人神之间泛化到了一切社会关系同态化,使这个机制又具有了与天人同质、天生人成等义理内涵联结的潜质。在上述演化中,始终贯注的价值内涵在于参与者的“敬”。不过更多的是俗对神、下对上的敬。这种机制所具有和实现的功能非常明显:一是为人参与社会关系、做出行为提供了具体到特定场景、特定成员之间的精确指引。二是消除争源。三是基于“敬”与上下之分,足以衍生出一系列价值标准,如谦、让、恭、顺等。内史过的总结非常精到,曰“礼,国之干也。敬,礼之舆也。不敬则礼不行,礼不行则上下昏”③,析出了周礼地位、内质与机制三方面的最核心特质。可以说,正是上述这些特质契合了孔子之需,使作为一种机制的“礼”被“选中”并经过改造被注入了更加具有普遍性和生命力的内质。

二、儒家对礼义的构筑

其实就古礼本身,甚至后世一般观念中对礼的认识而言,无论是作为制度还是生活方式,礼远达不到无所不包、无所不涉的程度,它更多地被限定指称特殊场景下的仪式和行为。尽管春秋时期已经出现了对礼义的拓展和深化理解,但是作出实质性创化的还是孔

① 《左传》隐公十一年。

② 洪文郎:《“礼”的思想之研究——以〈礼记〉为中心》,中国文化大学文学院中国文学研究所 2012 年博士学位论文,第 14 页。

③ 《左传》僖公十一年。

子和后来的儒家。结合前节所论的儒家之礼，不难看出孔子之先的古礼与之相合、相异之处。而"孔子根据礼意，把古代贵族的礼推演到平民社会上来，完成了中国古代文化趋向人生伦理化的最后一步骤"[①]。再者，礼之外的社会关系调整机制并不鲜见，更何况在儒家初兴的时代，无论是礼制还是礼治，抑或人们对礼文化的态度恰好处在近至谷底的衰落期。所以，孔子和后来的儒生尚礼，并非必然或应时之需，当然也不是常见的复古、尊周、保守等标签式论断可充分解释的。而是孔子和早期儒生因其合于自己对人、世界、天道（真理）的根本性认识，经由对早期文化资源全面深刻反思而作出的主动选择。[②]

理解孔子和儒家的这个选择，须把握具有人为、同态、同质特质的礼契合了他们对世界与人的基本理解和态度。儒家对古礼，尤其是礼义的改造，也正是在配合这些基础观念进一步强化对任一社会关系做上下切分，以此实现泛道德化的手段和表现形式。具体来说：

其一，礼意味着"人化"，与儒家认为世界非经人为化成不能合道的立场合辙。荀子"天生人成"[③]说切中了要害，所谓"礼义者，治之始也；君子者，礼义之始也"，"无君子，则天地不理"[④]。未经"人化"的世界原本"自然"，但却算不上"合道"，这是儒家与老、庄、列、

① 钱穆认为："他（孔子）一面发明出礼的内心，即礼所内含之真意，此即中国古代的礼所随着民族文化大流而前进的意义。第二：是孔子把握了此种他所认为的礼之内心和真意，来批评和反对当时贵族阶级一切后起的非礼之礼。三：孔子根据礼意，把古代贵族礼直推演到平民社会上来，完成了中国古代文化趋向人生伦理化之最后一步骤。"钱穆：《中国文化史导论》，台北，商务印书馆 1996 年版，第 73 页。

② 有不少学者将之简单地归因于孔子早年曾以"儒"，即礼仪指导者为业；且在立场上秉持尊周，尤其推崇制礼作乐的周公，是故特为重礼。这类判断确实言之有据，且不无道理。但是用于解释孔子和儒家为何近乎不合时宜地推崇礼，显然不够充分。

③ 见《荀子·富国》载："君子以德，小人以力；力者，德之役也。百姓之力，待之而后功；百姓之群，待之而后和；百姓之财，待之而后聚；百姓之埶，待之而后安；百姓之寿，待之而后长；父子不得不亲，兄弟不得不顺，男女不得不欢。少者以长，老者以养。故曰：'天地生之，圣人成之。'此之谓也。"

④ 《荀子·王制》。

文等道家最基本的立场分歧之一。[①] 用现代话语来说，自然（或曰“自发”更加准确）世界之所以不合道，根本原因在于作为存在者的物、人都囿于存在的有限性，非但无法自足、自由，还必须通过占有、牺牲其他存在者，即通过“以在养在”的方式维系自我存在。此时势必形成自我与他者之分，无意识者显示为物理意义上的这个与那个之别，有意识者则在此基础上还会形成自我中心意识。人的私欲、私利、自利之心是这些最极致的体现，也是儒家最着意加以消弭者，反复强调克己、谦、让等都源于此。

孔子重礼、论礼，质言之正是这种基本立场的仪式化、过程化展开。儒家所称道的“先王之礼”是遵从阳动进路的圣人、圣王、立法者、政权们，以对世界人为且独特的上下两分为基本范式，同质化一切“关系”并对之进行重新整饬、化成的典范化、仪式化、过程化表现。它们源于“人为”而以“化成”世界为旨归，足以反映儒家对礼的基本认识，并成为礼在日常具体落实的典范。[②] 是可说，儒家的礼是人为世界立法，以求基于人对世界的理解、参与重新整顿世界秩序，使之臻于和合于大道的标志性方案。它的前提有二：一是天人合一与理一分殊，二是人是世界大化流形的引领者。如果仅仅把礼限于人与人之间的社会关系范围内观察，难免会有舍本逐末之嫌。

其二，礼以人为的“分”为基点，与儒家对人与世界关系的理解相契。儒家主张世界必由“人为”而得臻于合道，人是世界合道的引领者、践行者，“成己、成物”是人的使命和责任。[③] 之所以必须人为，乃是因为人的特殊禀赋，[④]使之必然担负起化成天下的责任。换

---

① 这里面包含、牵扯自古以来泾渭分明的两种人参与世界的模式之争。就表现而论，是法天与崇礼之争。从内理上说，可概括为阴本、阳动之争。而就动势论，则曰因循顺守、阳德健动之分。

② “先王之礼”、礼仪、礼制等，都是典范而非规范，且不能始作“礼”本身。认识到这一点对于理解“礼”非常重要。因为对儒家而言，礼始终是具体的、过程化的、情景中的表达。关于礼之为“典范”，参见常金仓：《周代礼俗研究》，文津出版社 1993 年版，第 272 页。

③ 最典型的表达见诸合于《荀子·性恶》的“化性起伪”说，曰“故圣人化性而起伪，伪起而生礼义，礼义生而制法度；然则礼义法度者，是圣人之所生也”。

④ 宋明理学依托《中庸》“天命之谓性，率性之谓道”和《孟子》性善、尽心之论提出万物俱禀天命之性，而人之气质中正，它物气质偏分。这类解释方案虽不可谓完美无瑕，但确实较前代更加精确地表达了儒家天人关系和人性论的内涵。

个角度来看，儒家认为人作为万物之灵秀，自始就负有对世界的“无限责任”，即“成己成物”①的使命。这和近代以后西方将人视为权利主体，以之“天然地”具有向外部世界索取利益的出发点几乎完全相反。

人对自我和世界的人化改造是对自然界和社会原有差异的重新整顿，使所有关系同态化、同质化、道德化，由此实现人对世界的“化成”。这种改造以人对世界的重新类“分”开始。义理上最清晰的表达见诸《易传》。《易传》所示人对世界的基本分判是阴阳之分，亦即乾坤之分。《易传·系辞传上》开篇即言“天尊地卑，乾坤定矣”。这句话通常的解释是圣人基于天尊地卑的自然状态，作出了乾尊坤卑之序。但只要稍加深思便会发现，若以自然状态论，天地本无尊卑，充其量只有物理意义上的高低、上下等位置关系。所以这句话的正解不是因天尊地卑而定乾坤，而是天高地低被人为设定为尊卑关系。圣人用《易传》来为包括天地万物和人在内的整个世界立法，将之整饬为“不自然”的人为秩序，乃是整个《易传》反复申明的核心论旨。作为“易之蕴”“易之门户”的乾坤两卦，所蕴含的人为设定的上下—尊卑对应关系模式也因之成为了整个世界的最基本关系模式。

人要基于自己对世界的理解来整顿世界，首先要做的便是提供“类观念”标准，并以之为据对世界及其中的所有存在者重新分类。② 分类的过程，既是在为认识世界提供准据（或曰为观念和认识方法立法），同时也是在为存在者重作价值定位。这个义理上的思路到了战国以后被直接沿袭到了对礼的解释中：

> 是故夫礼，必本于大一，分而为天地，转而为阴阳，变而为四时，列而为鬼神。其降曰命，其官于天也。夫礼必本于天，动而之地，列而之事，变而从时，协于分艺。其居人也曰养，其行

① 《礼记·中庸》。

② 这个思路最清晰的表达见诸《周易·说卦传》。其中将各种存在者以多少有些“无厘头”的标准归于八卦为代表的 8 个大类中，正说明这种分类本身源自“人为”，而非遵循了某种外在于人的标准或规律。

之以货力、辞让、饮食、冠、昏、丧、祭、射、御、朝、聘。①

换句话说，礼是人化世界之“分”的结果和表现。② 所以就别上下的义理内涵而言，礼与《易传》一理相贯。更典型的论说见诸荀子：

礼起于何也？曰：人生而有欲，欲而不得，则不能无求。求而无度量分界，则不能不争；争则乱，乱则穷。先王恶其乱也，故制礼义以分之，以养人之欲，给人之求。使欲必不穷于物，物必不屈于欲。两者相持而长，是礼之所起也。

天能生物，不能辨物也，地能载人，不能治人也；宇中万物生人之属，待圣人然后分也。③

故人道莫不有辨。辨莫大于分，分莫大于礼，礼莫大于圣王。④

引文第一段明示“礼”为圣人所制，即人为创制的产物。第二段则表明礼是包括天地万物和人在内的所有存在者有序的必要条件。最后一段更是直接强调人（圣人）较之天地万物的特殊性。合而观之，人主动为世界立法的意思非常明确。孔子强调“必也正名乎”⑤也顺此思路而来。

其三，一般认为“儒家之‘礼治’思想，主张社会按宗法血缘身份划分等级”⑥，与宗周文化相合，以此为儒家重礼的原因，理解略显表面化了。⑦ 礼中上下之等，合于儒家理解的万物理一分殊，气质有别，和谐有序的世界理应表现为和而不同，各安性命。气质有分

---

① 《礼记·礼运》。

② 例如“是故圣人作，为礼以教人，使人以有礼，知自别于禽兽”。（《礼记·曲礼上》）

③ 《荀子·礼论》。

④ 《荀子·非相》。

⑤ 《论语·子路》。

⑥ 蒙文通：《法家流变考》，载蒙文通：《先秦诸子与理学》，广西师范大学出版社2006年版。

⑦ 甚至有的学者直以孔子所崇即是周礼，更是谬之千里。如言“孔子自我认定为‘信而好古’的，并且要‘克己复礼’，礼即周礼，也就是西周奴隶社会的政治制度的道德规范和表现这些内容的各种礼节仪式，其中心是奴隶制的宗法等级制度。”聂琴编著：《天人之际：中国哲学与中国文化》，云南大学出版社2004年版，第25页。

别，觉悟有先后。先觉后觉，能致人、物各全其性，各安其命，是通过礼化成世界的方式。因而儒家排除齐同，但讲究“统”“一”，即世界所有的存在者都具有相同的禀赋，按照儒家的表述即道德本心。理学家得以开出“理一分殊”的命题正由于此。如张载曰“生有先后，所以为天序；小大、高下相并而相形焉，是谓天秩。天之生物也有序，物之既形也有秩。知序然后径正，知秩然后礼行。”[①]正是因为存在者的有限性与先天气质的差异，儒家不赞同墨子为代表的平等付出思路。尽管表面上看“兼爱”形式上更具有平等的意味。

为此，儒家讲“先觉觉后觉”，有德者居高位，根本原因是先觉者有以言、行教化后觉者的责任。同理，人“灵秀”而特立于万物，也因他有化成世界的责任。早先对政治权力与道德、责任的对应性设置正好可与之匹配。自西周以后，有德和能尽负天下责任成为政权拥有正当性的必要，也是最重要前提。至少在理论上越是政治身份居于上位者应当越是有德，所肩负的责任也越多。[②] 相应地，天子当是天下最有德之人，且为包括天、地、人、万物在内的一切存在者失序负责。与此同时，庶民不够有德，亦无法自觉、自化于至德，因而需要居于上位的有德者为之“化成”，此即“王化”，亦是政治统治和治理的必要性所在。反过来说，礼对天子道德水准要求最高、最严，且预设他的行为所能产生的影响力，即“化成”的能力最强，因而天子之礼最为细密反复且盛大。天子之下各个等级要求渐减，因为对他们道德水准的预设化成能力因等而降。

具体到每组关系中，礼对居于上位者的要求严于下位者，相应地，上位者所承担的责任也大于下位者。包括一方面，每组关系中居于上位者都须承担更多责任；另一方面，上位者须得成为下位者的道德表率。例如孔子说“君君，臣臣，父父，子子”[③]，貌似君臣、父

---

① （北宋）张载：《正蒙·动物》，载（明）高攀龙、徐必达：《正蒙释》，中华书局 2020 年版，第 70 页。

② 建立与宗法制相应的德位—政治地位—责任匹配模式，并以礼为之表现，是西周初年意识形态和社会形态重建的重中之重。这一点自王国维《殷周制度论》以来学界已有了越来越清晰的认识。可参见郑开：《德礼之间：前诸子时期的思想史》，生活·读书·新知三联书店 2009 年版，第 74–94 页。

③ 《论语·颜渊》。

子两组上下关系,与宗法制所言不二。可是儒家始终强调上位者的道德责任在先、更重,而非像为政治统治之需而固化的宗法制那样格外强调下位者对上位者的尊敬与顺从。按此上引八字用白话说应理解为:君要做到全尽道德责任的君,臣(才)要做到全尽道德责任的臣。父要做到合于道德责任的父,进而子要做到合于道德责任的子。亦可见于:

> 曾子曰:"敢问:何谓七教?"孔子曰:"上敬老则下益孝,上顺齿则下益悌,上乐施则下益谅,上亲贤则下择友,上好德则下不隐,上恶贪则下耻争,上强果则下廉耻,民皆有别,则贞、则正,亦不劳矣,此谓七教。七教者,治民之本也,教定是正矣。上者,民之表也。表正,则何物不正?是故君先立于仁,则大夫忠,而士信、民敦、工璞、商悫、女憧、妇空空,七者教之志也。七者布诸天下而不窕,内诸寻常之室而不塞。是故圣人等之以礼,立之以义,行之以顺,而民弃恶也如灌。"①

文中除了表明所有社会关系都被化约、等质为道德化成的具体环节和单元,还可见等级化意味着包容。礼安排等级和等差,除了用以明确各安其位外,意义还在于容忍道德理想以减等和折损的状态被践行。拓展到政治秩序中即政权容忍下位者,尤其是一般民众不能尽礼、尽善、至德的状态,且以导民合礼向善为己任。所以越是身份低微者,礼数的要求越是粗简宽松,甚至对于庶人可以不作硬性要求,但凭向善之心与财力丰俭而行即可。② 故曰"贫者不以货财为礼,老者不以筋力为礼"③。是为"礼不下庶人"的本意。类似主张见于:

> 子游问丧具,夫子曰:"称家之有亡。"子游曰:"有无恶乎齐?"夫子曰:"有,毋过礼;苟亡矣,敛首足形,还葬,县棺而封,人岂有非之者哉?"④

---

① 《大戴礼记·主言》。

② 《礼记·曲礼上》的"礼不下庶人"正应在这个意义上理解。若以之为庶人不需行礼,或者庶人没有行礼的权利,则与本义南辕北辙了。

③ 《礼记·曲礼上》。

④ 《礼记·檀弓上》。

也可以说，经由儒家重述的伏羲、文王、周公与孔子的基本思路一以贯之，以存在者之间“上下—尊卑”对应为人认识、理解、参与世界的基本范式。以之为准据，一切“关系”，无论人与人之间、人与物之间还是物与物之间，都可化约为同质的上下间关系，并随之产生了尊卑定位。这种“上下—尊卑”关系厘分的基础不是周礼的宗法，而在于德位。儒家并不像周代统治者那样渲染德位与政治社会中的身份“先天”地联结在一起，反而认为德位应决定政治社会地位。简单地说，道德水准越高，身份也应越高，同时负担的责任也就越重。

其四，经由周公改造的礼，与儒家的基本立场具有了联结。这个连结点在于作为周礼内质的宗亲伦理重“敬”以立“德”，合于儒家以“恕”“让”成爱人之“人”的伦理诉求。见诸孟子曰“辞让之心，礼之端也”①。

其五，孔子奠定了“行”的基调。用现在的话说，儒学是一门实践的学问，而非讲求纯知识性探讨，正所谓“迩，不行不至；事虽小，不为不成”②。无论是孔子的仁，还是子思的诚，抑或孟子的良知，都必须依托具体的践行工夫涵持、扩充、增益。相较于其他机制，讲求具体关系中践履实现的礼最为契合这个基调。许慎释礼之义曰“礼，履也”③便是印证。是如荀子所言：

> 凡用血气、志意、知虑，由礼则治通，不由礼则勃乱提僈；食饮、衣服、居处、动静，由礼则和节，不由礼则触陷生疾；容貌、态度、进退、趋行，由礼则雅，不由礼则夷固、僻违、庸众而野。故人无礼则不生，事无礼则不成，国家无礼则不宁。④

儒家倾向于认为系诸每个个体积极于日常行事中“克己复礼”的机制，较之自上而下一体化、普遍性的立法建制更能切实地实现善、德的社会秩序。《礼记·坊记》中对战国以后立法式建立、推行礼制以求社会合礼之敝的揭示与批评，也从反面强化了孔子立足具

① 《孟子·公孙丑上》。
② 《荀子·修身》。
③ 《说文解字·示部》。
④ 《荀子·修身》。

体的基调。

总而言之,礼的特殊性并不在于建构了上下之分,而在于将所有社会关系都化约并建立在了两两相对的上下关系单元上。这样一来,任何场景下的任意两个人,都不可能存在相互之间的形式上的"平等"关系。也可认为这是以"礼"的方式承认了事实上无法避免的自然、社会中普遍存在的差异化。作为宗法制核心的嫡长制是这个思路的另类体现:贵贱同则论年纪,一旦贵贱年纪俱同则用卜,总归一定要有明确的上下之分。而在执行中,不能将判分系诸若今人所言主观性太强的标准,如贤、德、才等之上。不过,孔子及其后学们虽说借用了这种尊卑—上下模式,但却在此基础上把宗法身份改为了道德责任。换言之,一切社会关系被化约并同质化为居于上位者与处于下位者之间的道德责任关系。

孔子主动选择了礼,对之加以改造,使它足以包含、统摄、纲纪一切社会关系。于是便如高明所言:"孔子说:'制度在礼,文为在礼,行之其在人乎!'[①]在孔子看来,国家一切制度在于礼;无礼则一切制度皆失其依据。……他(孔子)又从历史上说明,夏、商、周三代的领袖人物皆是依据礼,'以设制度'。……而夏、商、周制度的创设,依孔子的说法,又皆依据于礼。可知中国政治制度的根在于礼,这是儒家的一种重要主张。儒家的思想,自西汉定于一尊以来,早已深入中国的人心,……所以汉以后的政治制度虽是日新月异,而礼的精神总是多多少少融贯于其中。我们谈中国政制史,若不溯源于礼,便不能把握中国政制的根本精神。"[②]

第三节 礼法合治:两种治术的融会与平衡

明晰了何为礼、礼如何为治,以及儒家为这种治理机制注入的义理内涵之后,便可进一步理解礼、法两种治理机制关系的问题。

① 《礼记·仲尼燕居》。

② 高明:《原礼》,载高明:《礼学新探》,台北,学生书局 1984 年版,第 1 页。

而传统文化中的礼法关系，长期以来都是学界关注的重点之一。如楼天宇所言："从'法寓于礼'、'礼法分立'到'引礼入法'，'礼法合流'经过了漫长的历史流变。以礼为核心、人情为内核的中国传统法文化，实现了自律性规范与他律性规范的整合。"[①]"纳礼入法"和"礼法合治"，是近年来学界对传统中国自汉代儒学正统化以后治理模式特征的准确概括。二者其实分别反映出两个面相：一是礼与法相互融会，二是礼治、法治两种治理机制并行。陈顾远归纳说："礼的演变的结果成了法，这个法乃是'禁于将然以前'的法，同时由儒家看来，却也不反对'禁于已然以后'的法之辅礼为治，这更是要以礼正律的根本原因。"[②]这个看法很有代表性，但是不够准确。与前文反复谈到的情况相似，正是由于以往人们对礼治的治理机制把握不甚准确，连带对背后的义理支撑，也就是礼治本身以及礼治与法治究竟如何融会，如何在治理过程中并行认识并不清晰。

德法之争、礼法之争、儒法之争等，其实焦点概括起来无非是三层：一是政、治的目的是成德还是利益最大化；二是理性主导还是良知主导；三是治理机制是礼治统御法治而并行，还是一准于法。不过虽说以义统利、以礼统法的立场自始不变，但究竟如何落实到治理机制上，如何实现礼治与法治相互协调地作用于调整社会关系，实则经历了漫长的摸索。

一、纳礼入法

既有的研究对"纳礼入法"的把握相对较为充分，概括来说主要包含三类表现：一是礼质入法。近代以来，多视儒家伦理原则被官方律令接纳为礼入法的最典型表现，其中人们耳熟能详的例子便是"十恶"罪。这其实并不是礼本身入法，而是礼背后的宗亲伦理、血亲伦理被政权以法律的形式确认下来，并树立为最高法律原则。这一点学界已有共识，大体上是"以'礼'之精神为指导，以维护宗法等级秩序及'差序格局'为依归的立法精神、司法理念及执法原

---

① 楼天宇：《论"礼法合流"》，载《浙江社会科学》2020 年第 8 期。

② 陈顾远：《法治与礼治之史的观察》，载《复旦学报》1944 年第 1 期。

理”[①]。吴丽娱曾总结说:“礼治是儒家的政治主张,并且在后来能够在现实政治中得到落实,其中最为关键的就在于礼治与法治的融合。儒家的礼治与法家的法治主张其实并不具有对立意义。法治只是一种手段,而其最终的价值目标依然是礼乐社会。”[②]如果仅就礼质入法这个层次而言无疑可以成立。阎步克则认为,“法治则是从礼治传统中的‘尊尊’或政统因素的充分发展而来的,由此也就形成了礼治的对立物”[③]。

二是礼文(礼仪、礼制)法律化,以官方立法的程序、形式表达出来。最早对此作出系统理论表述的是战国晚期的荀子,今人所熟知的“隆礼重法”说,已然兼具礼文、礼制法律化两个层次。学界关注的“礼法”问题其实可看作表征之一,例如谈到“由汉唐经学用例可知,礼法连用虽无改于礼之义,却揭明并强调了礼的一个重要面相,即礼之为制度、规范、秩序、法式的方面。古人观念中,此规范、秩序、法式亦可以‘法’名之,惟此‘法’辄与德、教相连,故又谓之‘德法’或‘先王德教’而有别于单纯的暴力性规范,如刑”[④]。

尽管学界对上述两层已经有了清晰且细致的研究,但是前者是否是“礼”其实关系并不甚大,视之为道德原则入法亦可;后者则偏于上层制度一隅,对实际的社会治理影响非常有限。所以理解“纳礼入法”,只把握到以上两层尚显不足。

三是礼治机制融入按法而治的法治机制。其中典型表现:(1)义服而后利导。(2)身份(德位)—责任对应模式嵌入法律制度。这两点可以结合下节所论来理解。

二、礼法合治

“礼法合治”大而言之自然是礼治与法治两种治理机制并存于

---

① 陈景良:《礼法传统与中国现代法治》,载《孔学堂》2015年第4期。类似这样的表述算不上准确、深刻,但是乍一看也无大过。

② 吴丽娱主编:《礼与中国古代社会(先秦卷)》,中国社会科学出版社2016年版,第362页。

③ 阎步克:《士大夫政治演生史稿》,北京大学出版社1996年版,第73页。

④ 梁治平:《“礼法”探原》,载《清华法学》2015年第1期。

社会治理之中。其实前节说到的礼治机制融入按法而治的法治机制也可算是礼法合治的一种表现。还有像学界关注比较多的基层社会自治,即因礼俗而治。[①] 除此之外的典型表现在于礼治作为一种与一准于法不同的治理机制,融会到法律运行之中,形成了如下表现:

其一,法律本身(如律令等)典范化。按照现代法学理论,法律最重要的功能在于为社会关系和行为提供规范化指引。因此法律规范直接作用于型构、调整社会关系,产生实效对于法治而言至关重要。强调依法行政、依法裁判等俱本于此。相应地,如果法律制定出来之后无法直接被执行或适用,则非但会影响某个特定法律规范的有效性和价值,也会对整个法律体系和法治体系的权威性、公信力等造成影响。例如著名的"常回家看看入法"事件就是一个典型。[②] 类似这种具有强烈伦理色彩的倡导性条文其实在当代中国法律中并不稀见,但是如何发挥规范作用一直存在争议。[③]

可是汉代以后的传统社会中,法律可以同时既是典范也是规范,亦不排除有的法律(条文)自被制定出来本身就是作典范之用。也就是某些律令在某种情况下只起宣示、感召、教化作用,而不基于规范性和强制性直接调整社会关系和行为。

另外还有一个典型的模式是"以法为教"。白奚注意到:"郭店竹简最早把刑法与礼乐并列为教化民众的手段和内容,开始了对传

---

① 由此形成了一类看法,认为礼治是用于弥补"法"所不能及的部分。换句话说国家法和礼(俗)的调整内容和对象并不重合。这种状况确实存在,但只及于此,或者将之视为礼、法两种治理机制融合的模式,则显得以偏概全。

② 《老年人权益保障法》第18条规定:"家庭成员应当关心老年人的精神需求,不得忽视、冷落老年人。与老年人分开居住的家庭成员,应当经常看望或者问候老年人。用人单位应当按照国家有关规定保障赡养人探亲休假的权利。"这就是备受社会关注的"常回家看看"条款。相关立法背景和后续影响,以及案例参见郑毅:《常回家看看正式入法——基本权利的体系化保障及其软法性实践》,载胡锦光主编:《2013年中国十大宪法事例评析》,法律出版社2015年版。这个立法之所以引发一系列问题和争议的原因很多,本章所论只及其一隅而已。

③ 这类存在本身可以说是非常典型的中国特色,但是法学界很少用礼治的理论对之进行理解和阐释,而多以西方学理的"法律原则"论待之,而产生争议和难以落实又恰好反映出现代西方式法治学理、思路与中国文化之间连接的困难。

统儒家政治主张的重大变革,并在道德评价的层面上肯定了人的自然本性的合理性,这些都被荀子所承袭,并最终形成了以性恶论为理论基础的礼法互补的治国模式理论。”①更著名事件无疑是商鞅、李斯在秦国倡导的“以吏为师,以法为教”②。而汉代以后各个朝代都或多或少袭用了这个方案,其中最极端者莫过于朱元璋对《明大诰》的使用。③

其二,审理、裁判活动并用礼法两种机制。这可分两层来理解:一是官员调解纠纷、审理案件一方面可以同时调用法治机制和礼治机制,另一方面也可以选择或侧重于某一种机制。最典型的例子莫过于海瑞的一段著名表述:

> 窃谓凡讼之可疑者,与其屈兄,宁屈其弟;与其屈叔伯,宁屈其侄;与其屈贫民,宁屈富民;与其屈愚直,宁屈刁顽。事在争产业,与其屈小民,宁屈乡宦,以救弊也。(乡宦计夺小民田产债抽,假契侵界威逼,无所不为。为富不仁,比比有之。故曰救弊。)事在争言貌,与其屈乡宦,宁屈小民,以存体也。(乡宦小民有贵贱之别,故曰存体。弱乡宦擅作威福,打缚小民,又不可以存体论。)④

学界对这段话的讨论很多,这里仅就一点而论:海瑞在表述中

---

① 白奚:《道德形上学和礼法互补——战国儒学的两个重要理论推进》,载《中国哲学史》2011年第4期。

② 《史记·秦始皇本纪》。

③ 《明史·刑法志》载:“《大诰》者,太祖患民狃元习,徇私灭公,戾日滋,十八年,采辑官民过犯,条为《大诰》。其目十条:曰揽纳户,曰安保过付,曰诡寄田粮,曰民人经该不解物,曰洒派抛荒田土,曰倚法为奸,曰空引偷军,曰黥刺在逃,曰官吏长解卖囚,曰寰中士夫不为君用。其罪至抄札。次年复为《续编》、《三编》,皆颁学宫以课士,里置塾师教之。囚有《大诰》者,罪减等。于时,天下有讲读《大诰》师生来朝者十九万余人,并赐钞遣还。自《律诰》出,而《大诰》所载诸峻令未尝轻用。其后罪人率援《大诰》以减等,亦不复论其有无矣。”

④ 陈义钟编校:《兴革条例》,载陈义钟编校:《海瑞集》上册,中华书局1962年版。这段表述因朱苏力“海瑞定理”的分析而著名,不过须注意,苏力归纳“海瑞定理”的核心理据在于将“争言貌”理解为“文化资产”之争。裁判者所(应)考虑的一切要素,全部同质化约为可量化的利益,这既与传统中国文化不洽,也和传统中国人的思维方式格格不入。参见苏力:《“海瑞定理”的经济学解读》,载《中国社会科学》2006年第6期。相关批评参见李清池:《海瑞定理能否成立》,载《法律和社会科学》2009年第2期。

已经不自觉地把涉及争讼的两造双方全都作了“上下”之分。若就今人来看,兄弟、叔侄、官民、贫富所本的标准并不一致,但是结合前节谈到的礼治机制,便很容易理解海瑞是以礼治的思路为“本”来审视、处理法律问题。

二是断案、判案必须同时具有礼、法两重支撑。当然一般情况下人们会先入为主地认定礼法二者“理应”合辙。尽管史料中对这类司法活动的具体过程记载寥寥无几,但仍可依托历代判书窥知其貌。① 举例而言,唐代武后时张冽的《对嗣足不良判》:

(判题)景食一县嗣子足不良,请立其弟,礼司不许。云:古有其道。

(判词)藉庆食邑,象贤继踵。承家之道,将不愧于前修;畴嗣之宜,庶遥符于古义。眷言长嫡,疾乃天然,既类郤克之刑,将同孟絷之废。且仲子立衍,循鲁礼而知归;韦家封成,镜班书而有序。瞻惟乙请,未爽通规,在律虽违,行权则可。请停司禁,无拒乙辞。②

另有同一时期康璀的《对嗣足不良判》:

(判题)景食一县嗣子足不良,请立其弟,礼司不许。云:古有其道。

(判词)大夫称家,荣高食采;冢子当室,业茂本枝。盈大足征,期克昌于魏国;六三能履,或取笑于齐堂。弱足者居,奉身而退。遵康叔之命,以崇次及;察韩黯之衷,雅符高让。则先茅旧土,今也载传;孤竹遗风,此焉无替。法听弃疾,礼贵象贤,立弟舍兄,理复何惑?③

上列两判判题和给定的案件事实全同,但两人说理用到的理据各异,所得的结论也异词,但表达出的实质性判断却非常一致。而用

---

① 由于唐代铨选官员有“试判”之制,《全唐文》《文苑英华》中保留了大量举子练习或应考时的“拟判”,当然也包括部分实判。唐代科举和吏部铨选试判,参见陈登武:《唐代知识人对唐律的理解与诠释——以白居易〈百道判〉的法律推理为中心》,载黄源盛主编:《唐律与传统法文化》,台北,元照出版有限公司 2011 年版。

② (清)董诰等编:《全唐文》,中华书局 1983 年版,第 2633 页。

③ (清)董诰等编:《全唐文》,中华书局 1983 年版,第 2640 页。

来支撑裁判的理据,两份判书都用到了作为典范的典故。

其三,特定裁判活动和判决典范化。这其中不一定出现"礼文",更重要的是礼治的机制融入了审判活动。但近年来已有很多研究者注意到,虽说传统中国(或曰中华法系)的法律形制和运作模式更接近于大陆法系,也就是成文法传统;但同时判例、先例也发挥重要作用,不过似乎又很难套用英美的普通法理论充分解释。

其实我们把这些被有意识遴选,获得广泛认同的先例、判例看作典范而非规范,问题旋即迎刃而解了。它们有着复杂的来源,包括儒家经典、子学作品、历史事件、前朝和本朝判书等,若以传统话语来概括,俱属于"典故"①。例如被后来的士人广泛认可、效仿的孔子断父子相讼一例:

> 孔子为鲁大司寇。有父子讼者,夫子同狴执之,三月不别,其父请止,夫子赦之焉。季孙闻之不悦,曰:"司寇欺余,曩告余曰:'国家必先以孝',余今戮一不孝以教民孝,不亦可乎?而又赦,何哉?"冉有以告孔子,子喟然叹曰:"呜呼!上失其道而杀其下,非理也;不教以孝而听其狱,是杀不辜;三军大败,不可斩也;狱犴不治,不可刑也。何者?上教之不行,罪不在民故也。夫慢令谨诛,贼也;征敛无时,暴也。不试责成,虐也。政无此三者,然后刑可即也。《书》云:'义刑义杀,勿庸以即汝心,惟曰未有慎事。'言必教而刑也。既陈道德以先服之,而犹不可,尚贤以劝之;又不可,即废之;又不可,而后以威惮之。若是三年,而百姓正矣。其有邪民不从化者,然后待之以刑,则民咸知罪矣。《诗》云:'天子是毗,俾民不迷。'是以威厉而不试,刑错而不用。今世则不然,乱其教,繁其刑,使民迷惑而陷焉,又从而制之,故刑弥繁而盗不胜也。夫三尺之限,空车不能登者,何哉?峻故也;百仞之山,重载陟焉,何哉?陵迟故也。今世俗之陵迟久矣,虽有刑法,民能勿逾乎?"②

孔子的处理方案就是典型的礼治机制,而之所以能被后世理讼

---

① "典故"作为裁判理据的做法遍见于历代案例中,据前后文中所引诸例便可窥见。

② 《孔子家语·始诛》。

者奉为典范，正在于他能因礼行权以成“和”至善。而季孙所主张的方案正是“低层次”的法治机制，确实也能够合法有效地成判，维护社会秩序，但却很可能会因难致心服而造成积怨。

其四，法律运行弹性化。这意味着执法、裁判中可不严格依据法律规范，亦可对之“灵活”解释。例如《对避市籍判》：

> 大理称人多避市籍远役，自陷于圜土。所以每年旨条别有处分，不得如律。若依旨则此刑将措，若依法则无以代更。请省定。
>
> 裨贩所兴，闻乎往代，入四人之伍，隶九市之籍。邪赢所尚，锥刀必争，曾不昏于作劳，徒乘时以射利。故汉之定法，禁其未淫；秦之设规，谪以边戍。发号施令，岂徒然哉？且民者曰氓，懵夫立理。避要荒之征役，弃父母之叛图，虽欲利于飘蓬，终见陷于圜土。国家罪惟宁失，德存好生，济宽猛于随时，审科条于庶慎。大哉至化！刑措其宜，但能峻以堤防，明其教令，则有符古之道，无遗（一作其）代之更。政在养民，何须如律。①

这则判书不署撰者，据判题可知是大理上请之事。大理认为当时人们多规避市籍以及由之而产生的“远役”义务，据律应属于犯罪。② 可是每年都有针对性的特别法令（“旨条”），据之可不按律论处。如因循现状，则律文形同虚设；但若是严格依律处断，又有损“旨条”的权威性和效力。其实无论采取哪种方案，官方的权威都会受到损害。判书先是分别阐述了律令之禁与现状二者各自的合理性，而后提出了支持依从现状的实质性理由并作出判断。实质性理由包括：（1）以宽恤为本的立法原则，即“罪惟宁失，德存好生”，“政在养民”。（2）法度需合时宜。（3）刑罚“够用”即可，无须周备。即“刑措其宜，但能峻以堤防，明其教令，则有符古之道，无遗（一作其）代之更”。三点中包括了政、治两层。（1）关乎为政，（2）（3）涉及为治，类似今人所言立法、司法技术原则。三者又都本自儒家经义，并为当时所公认。要注意，判书并没有解决大理纠结的困境，而只是给出一个合“理”的“说法”并作出了明确判断。通

① 《文苑英华》卷五三〇。

② 唐代“市籍”及“远役”，参见姜伯勤：《从判文看唐代市籍制的终结》，载《历史研究》1990 年第 3 期。

过这则判书同样可以看出，判的核心就是“权理”，所“权”的对象可以遍及任何事类，包括法律是否当被严格遵行、适用。

结合以上，便可理解为什么孔子会说仅仅“道之以政，齐之以刑，民免而无耻”。因为无论针对具体事务的政令，还是刑罚，都是以赏罚二柄，因人趋利避害之心而调整人的行为和观念。若是单纯使用这种机制调整社会关系，或以之为主导，势必会致整个社会陷入趋利之争。只有在融入礼义为之统摄，并于实际治理中运用礼治机制，方能致社会和谐而人心向善。

传统中国的礼治是一种非常特殊的治理机制，大而言之可谓通过人为地对世界上所有的关系作具体的上下之分，以此为变动的情景中变动的身份赋予差异化的道德责任，立足最具体两人关系促成互相之善，进而期至所有存在者全体之善。这种机制脱生于上古神圣性的礼神活动和西周宗法化、伦理化的德礼政治，经由儒家创化而型构成了以分求和而旨在成德至善的治理机制。它将所有社会关系具体化为两两行为人之间的上下关系，由此实现社会关系同态化；再将所有上下关系与相应的道德责任相对应，上位者始终承担更大的道德责任，由此也将所有社会关系同质化为道德关系。此中来自政权官方、经典和文化共识等权威所认定的制度（如礼制）、行为模式（如礼仪）和模范个人（如圣人、君子）都起到典范而非规范作用。典范通过感召、教化影响具体行为，成为行为者学习、模仿和参考的对象，但不直接成为具体行为的标准和规则。同时礼治超越功利理性，要求诉诸人的道德本心，再结合时、运、势等具体情境，根据自己在具体关系中的德位和道德责任，参考典范并行权损益以获得具体的行动方案。

粗看起来，这种治理模式一则格外倚重于行为者的“良知”，二则因事事需“权”而缺乏严格的外部约束，貌似难以高效推广和运行。但汉代以后一方面依托儒家理论，另一方面在政治社会实践中逐渐摸索调试，最终形成了相对稳定且行之有效的融合式治理机制，即礼法合治。乍看起来二者立场、价值追求、实现机制等方面几乎无处不相反，格格不入。但如果从治理机制的角度来看，着眼普遍规范的法治和立足于具体关系的礼治恰好能构成有机的互补。

这样既借由法治避免了上述礼治的诸缺陷，又借助礼治消弭了法治过分倚重理性、形式、规范而带来的争利、应变性差和缺乏致善指引等问题。因为过分强调形式化、一般化的法治在应对特殊化具体事件时往往会遭遇困难，现代学界经常关注的程序正义与实质正义的对抗便是体现之一。单纯依靠法治产生的问题，诸如争利之风炽盛而道德水准渐衰，普遍化、程序化的要求难以保全个案，过分理性化的法理无法顾全情理。具体表现上则出现了礼质（礼义）、礼文法律化，部分法律典范化、裁判典范化、司法弹性化等方案。

结合前论且联系现实可见，儒家之礼非但不应被置于现代治理机制的对立面，相反具有为当下提供理论资源和启示的可能性。① 不过传统礼治主导的礼法合治与现代法治之间也确实存在根本性的差异，那就是前者将一切关系同质化为道德关系，而后者则以权利义务机制将它所法律化的社会关系同质化为利益关系。② 一个以利益分配为调整手段的治理机制，终其极致能够实现的价值也不外乎主体之间利益分配的“正义”。至于这些主体利益之外的超越性价值诉求和自我安顿，一则显得力不从心，二则单就其本身而言缺乏自明的导向。所以法治是一种有效、必需的社会治理机制，但它不应是唯一的机制。而且现在所习用的现代西方式法律和法治模式，如何能够在被借鉴用于当代中国的同时被恰当地定位并被“用”为足以因“利”导而成“德”的机制，较之在法律内部讨论它本身的价值更有意义。

张仁善曾提出了一个很有见地的看法，他认为：

> 在近百年历史进程中，中国法学的这种状况就从来没有得到根本改观。百年前，学界通称的所谓“法理派”和“礼教派”，就围绕中国法学、法律向何处去进行过激烈辩论。百年来，无

---

① 尽管现代中国法治的实现机制大体而言舶自西方，具体表现带有强烈的西方文化和学理印记，但就前文提到的若干本质特性而言，与传统中国的按法而治并无根本区别。

② 正因如此，将源自传统的道德诉求和道德责任直接嵌入法律规范的生硬做法，例如“常回家看看”式立法，很难取得预期的以法成德的效果。这也说明如何整合并不简单，有待从根本上把握二者异同后反复摸索、调试。

数法学精英们，寻寻觅觅，殚精竭虑，探寻中国法学、法律的发展趋向。时至今日，法学的西化，抑或本土化，何尝不是现时代的“礼法之争”，如何解决这一难题，争论势必还将继续下去。[①]

近些年来针对上述问题，自顶层设计已经开始提倡“德政”“善治”，但一是由于传统礼文化的当代化阐释尚且匮乏，合于时宜而切于时用的理论资源有限；二是大多数人对儒家之理的认识始终受到近代以来若干似是而非判断的影响；三是不少学者对西方法治理论仍旧过度抬高，这些导致德政、善治难以获得理论支撑，仅能在实践中依托人们朴素的道德情感和一息尚存的传统文化余绪得到落实。

一些具体的治理和法律实践事实上已经有了与传统礼治，甚至礼法合治相契合的表现，例如“指导性案例”的作用其实更接近于“典范”而非英美法传统作为规范的判例法。只是由于既缺乏理论自觉，又无成熟的传统理论资源可用，法律界只能囿于既有的西方法理，一方面纠结指导性案例是否应被视作规范，另一方面又在实务界不断产生对同案同判要求的困惑与抵触。另外像已经有了相对成熟机制的“调解”，其实正与礼治中具体化、情景化和行权等特质相契合。可是这些本就脱生于本土文化的优秀机制，现在法学界同样多是用西方学理强为之解，背后的“道理”，尤其治理机制与成德至善的关联始终没有被充分发掘出来。这些都有待对传统礼的思想和文化进行更加深入、细致的把握和理论创转。

① 张仁善：《尚未破解的“礼法之争”难题》，载《政法论坛》2006年第5期。

第六章　责　任

当代中国法律文化越发凸显出与传统文化相呼应的发展趋势，随之而来的问题是一系列具有鲜明中国特色的理念、观念难以与既有的法律责任理论相契，同时又亟待融入法律制度之中，特别是人类命运共同体理念、道义责任、天下观，以及公共治理和政治治理中的“责任本位”要求等。[①] 这对创化出新的责任理论与之适配提出了迫切的时代需求。

可是当前国内法学界对于责任、法律责任等概念尚不具备深度反思后的理论共识，[②]缺乏完成传统与现代融会的理论资源。这一方面源于近 40 年来，[③]中国法学界习用的法律责任理论大多脱生于

---

① 参见田玉麒、张贤明：《从“权力本位”到“责任本位”：政府职责体系建设的理念变革》，载《社会科学研究》2020 年第 5 期；郑安定：《广义政府的中国逻辑：历史、内涵与意义》，载《甘肃理论学刊》2020 年第 2 期。

② 蔡宏伟在《“法律责任”概念之澄清》（载《法制与社会发展》2020 年第 6 期）一文中，对中国法学界关于“法律责任”的理论研究成果和当前所存在的问题做了非常全面细致的综述和评论，可资参考。

③ 甚至更往前追溯，“近代以来，法治后进国家在其法制建设过程中或多或少地走了一条法律翻译、法律移植和法律本土化的道路。而中国的法制建设也无法离开对外国法和外国法学理论的学习、借鉴和吸收”。参见江平：《西班牙民法典 序一》，载西班牙议会：《西班牙民法典》，潘灯、马琴译，中国政法大学出版社 2013 年版。

现代西方法理。[①] 尽管近些年学者对法律理论中国化日益自觉，但基础概念、学理仍旧受制于西方法律文化而被"专门"性地设定为与国人日常观念和政治话语不同的含义。[②] 这些基于权利本位的西方式法律责任理论无法满足当下中国法治发展的需要，[③]既表现在立法层面，[④]又见诸司法实践之中。[⑤] 另一方面，近代以来国人对传统中国责任观的理解大多"以西释中"，较少基于本土文化的大传统和本土理论脉理深入揭示表象背后的机理和道理，导致很多认识尚不准确，[⑥]也就难以基于传统责任观的相关理论资源进行现代创化。因此，非常有必要重新审视传统中国的责任观，一则为理解当下中国法律文化中不同于西方的独特责任观提供基础，二则也为形成立足于中国立场和中国文化，且能融会现代法律文化的法律责任机制提供理论资源。

本章将尽可能基于本土文化资源和理论阐明：传统中国的责任观究竟是什么？建立在怎样的义理和观念基础上，即成立的"道理"和"运作机理"是什么？如何落实到法律制度和实践之中？再以这些认识为依托，试对传统责任观的现代创化，即如何古为今用，

---

① 各时期的典型论述参见龚津航：《尊重个体权利：发展商品经济的保证——与沈国明一席谈》，载《法学》1988 年第 9 期；郭道晖：《中国的权利立法及其法理基础》，载《甘肃政法学院学报》1995 年第 4 期；任剑涛：《权利的召唤》，中央编译出版社 2005 年版，第 5-7 页。

② 参见余军、朱新力：《法律责任概念的形式构造》，载《法学研究》2010 年第 4 期；蔡宏伟：《"法律责任"概念之澄清》，载《法制与社会发展》2020 年第 6 期。

③ 甚至可以认为，现代法学提供的责任观理论在当下中国至少面临三重割裂：一是与社会一般观念割裂；二是与政治话语割裂；三是与伦理学等其他人文学科提供的责任伦理割裂。当然同样脱生于西方学理的当代伦理学和法学一样，也存在与承袭自古代传统的社会、政治语境中的责任观相割裂。

④ 表现在越来越多突破权利本位，代之以责任主义立场的立法出现，例如环境法、民法部分条文中引入无过错责任。

⑤ 详见本章第四节。

⑥ 例如，认为中西法律文化差异之一是古代中国崇尚责任本位，而西方推崇权利本位。虽说大体上也可成立，但是细加推敲起来却隐含着诸多似是而非之处，不免给理解者造成误导。主要原因在于，传统中国人讲的责任，和西方"权利—义务"语境中的责任并不处于同一层次。究其根源在于，学者大多是以西方法文化为标准系来审视和把握中西差异，对中国传统的责任观念和实现机制本身的义理、机理和背后的道理理解不够准确。

使之与当代既有的以权利义务机制为内核的法律制度相融会做一些基础性的思考和展望。

第一节　中国责任观的义理基础

传统中国的责任观,[①]一言以蔽之,是每个生而为人者,都被认为自始负有“无限对世责任”。换句话说,每个作为存在者的个体之人,于理应对整个世界负责。这不是古时某家或某派的主张,而是整个传统中国思想观念中的基本共识,因此“天下兴亡,匹夫有责”[②]能为国人广泛认可。由于这个认识与受西方文化影响的现代责任观差异巨大,既不以自我—他者之分(主客体二分)为基础,又不以主体为基点和目的,在当下显得非常不易理解,有必要详加阐明。

(一)传统责任观的缘起:“人”的自我定位

传统中国的责任观显然不是一个孤立的论题,必须将之作为整个中国文化的一隅来认识,因而理论阐释也需从传统观念对世界与人的基本判断说起。本书首章中已经谈到,中国文化自古以来便一以贯之地展现出天道自然性(“天人合一”),人们抱持整体化、内部化的世界观。这意味着世界被看作周延、自足的整体,[③]所有存在者(包括天、地、人、物)都处于整体内部,相互联系地共同构成作为整

---

① 传统话语中确有“责任”这个语词,但含义和今日有别,大体上有两用:一是责与任两词合成,指的是职责和任务。例如,“观太宗之责任也,谋斯从,言斯听,才斯奋,洞然不疑”。参见《新唐书·王珪薛收等传》。二是作为一个合成词的“责任”,例如司马光《谏西征疏》言:“所愧者圣恩深厚,责任至重。”但现代汉语中的“责任”一词并不完全直接从古代语文中承袭而来,而是受到了近代“和制汉语”风潮的影响,明显借用了日语中“責任”(せきにん)一词的内涵。并且近代民国时的学者们就已经注意到了中西责任观念存在明显差异,并且尝试提供融会方案。参见顾红亮:《论责任》,上海人民出版社2017年版,第4-28页。这里并不针对“责任”这个语词内涵的演变做专门探究,而是将之作为一个在当下具有共识性的范畴来讨论它在古代中国的义理内涵和实现机制。

② 《日知录·正始》。

③ 关于天人合一的内部化结构,江山先生融会中、印、西3个文化传统的理论资源,作出了“体—相—用”3个层次的分判,在既有诸论中最为清晰。参见江山:《法的自然精神导论》,法律出版社1997年版,第23-37页。

体的世界的存在、演化。世界的本原、本质、规定性、演化模式(规律)和方向,即老子强为之名的“道”。[①] 从另一个角度来看,“道”是无限、绝对、唯一,而包括人在内的所有存在者都是“道”的有限、具形、显化。要注意,存在者与“道”的关系不是二分的,而是“道”的“理一分殊”(或曰“一体分殊”)。[②]

因为“道”以存在者之“存在”这种有限的状态具形显化,所以一切存在者自始都不完整,只能部分地显现“道”。是故存在者,乃至作为存在的“世界”便不“完善”,也无法自发地臻于至善(自我完善)。女娲补天传说提供了一种形象化的表达:“天地亦物也。物有不足,故昔者女娲氏炼五色石以补其阙,断鳌之足以立四极。”[③]“物有不足”正是因为所有的“物”(存在者)都受制于时、空、质、能、性、形、法等诸“相”同构,是具形且有限的存在者,[④]所以会现天地“不足”。老子说“天地尚不能久,而况于人乎”[⑤],庄子强调人、物俱“有所待”而不得“逍遥”,[⑥]都是此义。

---

① 关于老子之“道”,代表性的解说如陈鼓应先生将“道”分疏为实存意义的道、规律性的道和生活准则的道 3 层,并以之为实存的动体。参见陈鼓应注译:《老子今注今译》,商务印书馆 2003 年版,第 23-26 页。方东美从道体、道用、道相、道征等层次综合解说。参见方东美:《生生之德》,台北,黎明文化事业股份有限公司 1979 年版,第 295-299 页。另外,近代以来各名家对“道”的基本界定,可参见李若晖:《老子道论——让哲学说汉语的一次尝试》,载《哲学分析》2011 年第 1 期。此外,除了最常见的“道”,古代论家基于不同立场和论说目的,还在不同语境中用到诸如“仁”“性”“诚”“天”“天道”等词语作为指称,并没有严格地统一为一个“概念”。这与传统中国的思维方式和学理讨论习惯有关。

② 简单地说,世间一切人、物、事的存在状态、变化规律,无一不因道而然且是道地征显。是如朱子所言:“合天地万物而言,只是一个理;及在人,则又各自有一个理。”参见《朱子语类·理气上》。这便是“理一分殊”。并可参见庞朴:《一分为三——中国传统思想考释》,海天出版社 1995 年版,第 240-269 页;景海峰:《“理一分殊”释义》,载《中山大学学报(社会科学版)》2012 年第 3 期;成中英:《“理一分殊”的本体诠释:兼论经学的本体学性质》,载《深圳大学学报(人文社会科学版)》2015 年第 4 期。

③ 《列子·汤问》。

④ 诸相同构而为存在者的理论,参见江山:《人际同构的法哲学》,中国政法大学出版社 2002 年版,第 50 页。

⑤ 《老子》第二十三章。

⑥ 参见《庄子·逍遥游》。

一方面是“道”的方向和规定性指向至善、完善,[1]另一方面是存在者始终无法摆脱有限性的束缚,这两者看似存在根本性矛盾和不自洽。古人认为堪能弥合这种矛盾的关键是“人”。人是“万物之灵秀”,早在先秦时代已是人们的共识,意味着时人明确地认识到了人在同为“道”之显化的存在者中具有极其特殊的地位。但这种特殊性又与西方自古希腊以来将人视为“万物之尺度”,进而以之为“目的”完全不同。[2] 人的“灵秀”特质表明人理应是所有存在者共同臻于至善、和合于道的引领者。准确地说,“灵秀”不意味着一种特殊的“主体”地位,而是负有特殊使命和责任的特殊身份。前面提到的女娲补天传说,即人主动地承担化物于完善合道的形象化表达。

为此要详论“人”的特殊性。最早作出深度理论阐明的无疑是《中庸》和《孟子》。《中庸》将世界之“体”(也就是老子所言之“道”)命名为“诚”,目的即在于凸显人的特殊性。说“诚者物之终始,不诚无物”,表明所有存在者都是“诚”的显化流形,从这个角度上看人、物无别。但其中只有人除了自在地存在外,还能主动作为(《中庸》的“诚之”)以使人突破原有的限制而趋于完善,进而把这种主动“诚之”以臻于至善的状态作用于己身之外,也就是“诚者非自成己而已也,所以成物也”[3]。其中人的特殊性有二:一是人所特有的智识、觉悟使得人具有了独特的自觉于道的能力;二是人能够主动地突破存在者的有限性,致己身、他人乃至万物俱得突破固有的有限性而臻于完善、合道之境。儒家孜孜以求的“善”,最终指向的是世界整体性的“完善”。由于这种特殊性,人“先天”地承担着引领天下臻于至善、完善的使命和责任。而儒家之所以对这一系列论题做道德化的表述,正是意在强调人的主动性和责任,并提供“人

① “至善”其实就是“完善”,也就是“无限”。反过来有限即不完善,也就是不至善。既然不至善,也就意味着有“恶”。所以一般意义上的善恶之恶,也可以理解为不完善的表现。而现实世界中始终有恶,归根结底源于作为“存在”的现实世界自始就不完善。

② 这种将人“尺度”“目的”化的理解,正是现代西方法律文化围绕“主体”(理性人格)型构的思想文化基础。这在后文中还会论及。

③ 《礼记·中庸》。

化”落实的方案。

孟子的学说可以看作对《中庸》的澄清和展开。他所谓人的本善之“性”，即《中庸》开篇“天命之谓性”的“性”，亦即至善、完善之“诚”。[①] 根据前论所示的“道”与存在者“一体分殊”的前提，此“性”乃人人所有且为万物所共，后世儒家目之为“禀赋”。按孟子的解释，人的特殊性在于能够主动且自觉地对“道”进行反思性把握，且用人化的方式展现出来。这个过程便是自人之良知发始，由四端而渐为扩充，以达至仁政、王道而化成天下。这种专属于人的能力孟子称为“良能”。[②]

“良能”之所以专属于人，照宋儒之论，在于人与物的“气质之性”，即材质有别。[③] 所以除人之外的其他的存在者都不具有主动反思、把握此“性”，并推而广之的能力。不过人与人的“良能”也存在程度上的差异，因此人有“生而知之者”和“学而知之者”之分，亦即“先觉”与“后觉”、“自诚明”与“自明诚”之别。[④] 据此人不仅仅要对无良能的“物”负责，也要对“后觉”之人负责。

由此可见，让所有存在者，乃至整个世界臻于完善、合道的关键在人。这意味着人自始就应对整个世界负责，充分发挥人所特有的“禀赋”，通过人的作为致万物俱得克服其有限性共致完善，这就是对世界的“参赞化育”和“人文化成”。在“人文化成”的过程中，人必须是引领者；而所有存在者整体性地和合于道，而非个体之人或人类的满足、成就方是人生的最终目的，也是终极意义所在。

还要认识到，这个终极意义从根本上看和人作为存在者所固有的自然属性和利益诉求，也就是“自我”的生存、满足和成就不完全

---

① “性”与“诚”的差别，可看作从静和动两个方面对“体”作的描述。

② 据《孟子·尽心章句上凡四十六章》：“人之所不学而能者，其良能也；所不虑而知者，其良知也。孩提之童，无不知爱其亲者；及其长也，无不知敬其兄也。亲亲，仁也；敬长，义也；无他，达之天下也。”

③ 当然也有另一类解释，认为人与物对“天命之性”的秉受自始就有中正与偏分，或曰清与浊的差异。

④ 本自《论语·季氏》孔子曰：“生而知之者上也，学而知之者次也；困而学之又其次也。困而不学，民斯为下矣。”并见《中庸》之“或生而知之，或学而知之，或困而知之，及其知之一也”。

契合，甚至很多时候存在悖反，因此孔子要格外强调“克己”，[1]即克服作为存在者的人源于“自我”之私而致的有限性。而这种自我克制和“去私”、为公，成为整个传统社会基本的价值坚守，又反过来证明了时人对人的责任的理解与本节所论相契合。

（二）人的“使命”

以上节所论为基础，我们方可理解为何中国人格外强调“命”。就内涵而论，传统语境里“命”有三重含义：宿命、运命和使命。[2] 其中“宿命”落到个人身上就是生命历程，是受到时间、空间、身体等因素限制的自我展现、实现过程。[3] “运命”是人的生命历程中不受人掌控的时、运、势的际会。[4] 由于运命对人而言有不可知性和不确定性，[5]人们往往将之视为人力所不能及的运气、天意等。[6] 所以《周易·坤·文言》传强调“承天而时行”，《周易·大有·彖》传也说“应乎天而时行”。[7] 与责任观关系最密切者无疑是“使命”，这乃是伴随着人的特殊禀赋，而致人成为“引领者”以积极主动化育世界以致成善合道的责任。

三重“命”并显于一人之身，即“天命之谓性”的“天命”（“道”）[8]；人觉知使命而主动参赞化育以求世界“人文化成”，就是“率性之谓道”[9]。孟子说“天将降大任于斯人也”[10]的“大任”指的

---

① 此即“子绝四：毋意、毋必、毋固、毋我”。参见《论语·子罕》。

② 《说文解字》卷二上云：“命，使也。从口，从令。”古之“命”与“令”同，本义是号令、命令，“使命”之命义即由之演生而来。

③ 例如孔子说：“有颜回者好学，不幸短命死矣。”参见《论语·先进》。

④ 孔子关于这一层“命”的论说，见于郭店简《穷达以时》，参见张红：《郭店简〈穷达以时〉集释》，吉林大学 2006 年硕士学位论文，第 8-40 页。

⑤ 是故庄子说：“知其不可奈何而安之若命，德之至也。”参见《庄子·人间世》。

⑥ 这可以《春秋繁露·随本消息》中所载一事为例：“颜渊死，子曰：‘天丧予。’子路死，子曰：‘天祝予。’西狩获麟，曰：‘吾道穷，吾道穷。’三年，身随而卒。阶此而观，天命成败，圣人知之，有所不能救，命矣夫！”

⑦ 关于“运命”，古代文献中精要的解说见诸《周易》经传，其中关于时、运、命的义理内涵，可参见林丽真：《〈周易〉“时”“位”观念的特征及其发展方向》，载《周易研究》1993 年第 4 期；王新春：《〈周易〉时的哲学发微》，载《孔子研究》2001 年第 6 期。

⑧ 此即董仲舒所言“臣闻命者，天之命也”。参见《汉书·董仲舒传》。

⑨ 《礼记·中庸》。

⑩ 《孟子·告子下》。

正是使命。基于对人的特殊性和使命的把握，人主动“配命”而为，或曰主动承担人之为人的对世责任也就理所当然了。如孟子言：“祸福无不自己求之者。《诗》云：‘永言配命，自求多福。’”[①]“配命”是人认识到了大“命”，即性命与使命，同时又能把握住时与运，以此为前提“以德配天”，也可谓之“以德造命”来化成世界。

人的使命最终的指向是化致整个世界于合道，即“乾道变化，各正性命”[②]，所以说“夫大人者，与天地合其德，与日月合其明，与四时合其序，与鬼神合其吉凶。先天而天弗违，后天而奉天时”[③]。事实上《周易》中反复强调人要主动作为以完成使命，如曰“志不舍命也”[④]、“君子以致命遂志”[⑤]。为此，能够主动“配命”的“大人”有责任“修己以安百姓”[⑥]；“君子之于天下也，无适也，无莫也，义之与比”[⑦]。这正是“达则兼济天下”的义理支撑。

总而言之，如果说“无限对世责任”意味着每个人都必须对世界上一切的不完善、不合道负责，那么“使命”则表明每个人都应当主动地、自觉地承担这种对世责任。

第二节　传统责任观的实践理论展开

按上节所示，人理论上有主动承担无限对世责任的使命，但这并不意味着在实践中，每个人要无时无刻不对一切不尽善的现象负责，或加以矫正。因为前节中已经提到，尽管人是万物之灵秀，但归根结底仍然是“有限”的存在者，不免受到“自我”和材质的限制。虽说理论上人人有此责任和使命，但实际生活中多数人却没有能力完全践行，是故没有理由苛责人人皆为尧舜。古之贤者自然也考虑

① 《孟子·公孙丑上》。
② 《周易·乾·彖》。
③ 《周易·乾·用九》。
④ 《周易·姤·九五·象》。
⑤ 《周易·困·象》。
⑥ 《论语·宪问》。
⑦ 《论语·里仁》。

到了这一层,于是提供了与之相匹配的责任实践理论。为了便于细致理解,下面分别从基于个体之人的道德人格成长做“加法”和基于整体政治社会制度做“减法”两个不同向度进行解说。①

一、做“加法”的成己与成人

基于个体之人的道德水准和成长趋势,实践中的责任承担模式简而言之可析分为成己、成人、成物。理论上说,这是每个人理应践行的“成长”路径,以此克服材质局限和存在者固有的有限性,终至完整地承担无限对世责任。《大学》中的“修身、齐家、治国、平天下”是这个思路的表达之一。这在实践中表现为修身、成人、化物3层,而三者中任一层次的作为又都是在“成天”,即趋近于成就世界整体性的至善。通过“学”逐渐获得越来越完整的承担“无限对世责任”的能力,即做“加法”。

成己,义如孟子所言:“尽其心者,知其性也。知其性,则知天矣。存其心,养其性,所以事天也。夭寿不贰,修身以俟之,所以立命也。”②细绎起来包含两个向度:其一,以“己”为基点审视,则成己即修身,始自“乐天知命”③,可说是对自己负责,通过自身学、思、习而“克己”“慎独”“复礼”,实现道德成长进至个人自身的完善。其二,以他者为基点,则成己既是受引导、教化的过程,又是对他者产生示范效应的过程,即“修道之谓教”④。“成人”是成就他人,帮助、教导、治理乃至惩戒而致他人能够在心性和行为上向善,都属于成人。“成物”是化物,是人通过对物的改造,致物臻于完善。⑤ 成己与成人始终缠绕在一起,又往往都伴随着成物,且除了纯粹的内心活动和类似道家描述的遁世隐修之外,3个层次通常都被置于政治社会的场景中讨论。⑥

---

① 两者只是观察理解视角不同,实则一理贯通,互相交融。

② 《孟子·尽心上》。

③ 《周易·系辞上》。

④ 《中庸》。

⑤ 要特别注意,这里对物加以改造不以使之为人所用为最终目的,与西方文化中基于人本主义或主体的化物观旨归迥异。

⑥ 在这个意义上,政治社会也是“成天”的必要条件之一。

之所以如此,仍要结合上节业已谈到的,一方面,人作为引领者,必须承担整个世界和合于“道”的使命;因此生而为人,自始就被要求对整个世界负责。另一方面,人同样也只是“道”的有限显化具形,同时人与人的气质之性,也就是才质、能力、天赋等也有差异,是故有“生而知之”“学而知之”等资质上的区别。每个人实现自己的使命,一则必须要自“克己”始,首先克服自身的有限性。二则必然“有所待”。[①] 这意味着人和其他存在者一样都免不了要从外部“摄养”以维系“自我”的存在。[②]

需要注意的是,人与人之间气质之性的差别并不构成不可弥合、不可逾越的本质或等级差异。克服气质之性差异的关键在于“学”。[③] 在这个意义上,人与人之间的所有关系都具有道德属性,也都是“教”与“学”的互动过程,而这也是对世责任的落实。[④]

就个体之人承担对世责任能力的成长而言,由“成己”渐进,是一套做“加法”的逻辑。每个人在成长的过程中,道德水准和能力越高,所能(且应)承担的责任也越重。个体才德水准的渐进,理论上应当与身份成正比,构成“德—位”相对应的关系。儒家学者对西周政治经常做理想化的描述,正是意图在理论上塑造、展现“德—位”相匹配的政治社会图景。据之,道德水准越高,政治身份、社会地位也相应地越高,与此同时实际承担的责任也就越多、越重。[⑤]

可是现实世界中总会有大量不能自觉进入前述道德成长历程,不愿主动承担人之为人的无限对世责任的“后觉者”。他们被固有的有限性所致的“自我”框限,仅以自我存在、满足与成就为务,甚至不惜为之而作恶。这种情况源于两方面的限制:一是才德之能。按照古人的说法,绝大部分人都是“学而知之”的“后觉者”,他们的气质之性和对“自我”的固执,对完整地展现“道”体,实践至善而言

---

① 本自《庄子·逍遥游》。

② 也就是通过摄入养分,以其他存在者为代价维系自我生存。

③ 这也正是孔子、荀子等先哲格外看重“学”的最主要原因。

④ 何垚将“仁义礼智信”都解作责任的表现,其说可从。参见何垚:《当代中国人人际责任感的结构与特点》,西南大学2017年博士学位论文,第19-35页。

⑤ 但事实上有可能出现的情况是,参与者的才、德与身份不相匹配,因而无法承担责任。这与实践中政治社会“私”化有关,详见本书下文论述。

非但不足以支撑,反而构成了阻碍。所以孔子要强调“毋意、毋必、毋固、毋我”①和“学则不固”②,意味着这些人需要在“学”的过程中培育、涵养德、才,以获得越发完整的化成世界的德与才。二是资格(身份),也就是“不在其位不谋其政”③的“位”。

针对以上情况,必须有政治社会,甚至是有统治,方能实现人类整体性地致善。这本质上缘于人与物、人与人有差异的现实。理论上政治的功能应是实现“先觉觉后觉”,进而达成世界整体合道、至善。所谓“统治”的本意是有“统纪”的“治理”。“统纪”之义同于“大一统”,即“统”于“太一”(也就是“道”)的意思。④ 所以社会中存在政治、统治的根本原因,也是根本的正当性支撑,在于它是“成人”“成物”的一种必要且必需的方案,针对的正是“后觉者”无法自觉地由自我克制的“成己”开始成长并承担对世责任。

概括地说,责任的政治实现模式具有以下特质:首先,个体之人理论上是无限对世责任的承担者,但在实践中不是恒定不变的责任单元。这与每个人都在“成长”过程中,尚且不具备完整承担对世责任的能力的预设相一致。其次,每个人所应承担的具体责任,由他进入特定场景,在所参与的特定关系中被赋予的特定身份决定。⑤例如,某人在和父亲的关系中以儿子的身份承担责任,在做官为治时以官的身份承担特定职官所应承担的责任。所以每个人究竟在什么场景下以什么身份承担什么责任,由当时具体场景中的具体身

① 《论语·子罕》。

② 《论语·学而》。

③ 《论语·泰伯》。

④ 自董仲舒以后,大部分学者将“大一统”与王权和政治及意识形态的“大统一”等量齐观,有舍本逐末之嫌。罗建平注意到大一统与“中”的整合力,具有相当的启发性。实际上,在早期儒家话语中,中、元、一(太一)、统、理、道等,具有共同的指向,即道德本体。又可说他们是此本体的不同侧面和语境的描述性表达。而儒家论说的重点在于人域社会如何体现这个本体,以及这个本体在理论上应如何展开。参见罗建平:《“统”的大一统原型及其当下意义》,载《社会科学》2009 年第 3 期;李晓宇:《“大一统”观念的起源及其流变》,载《学海》2008 年第 6 期。

⑤ 有的学者注意到了汉语中“身分”“身份”两词表义上的差异。正文中从今人习惯,统一使用“身份”表两词之义。相关综述和讨论参见吕利:《律简身份法考论——秦汉初期国家秩序中的身份》,华东政法大学 2010 年博士学位论文,第 30-32 页。

份决定。再次,一个场景中可能复合了多重关系,因此对应到个人的身份也不单一。最后,责任决定行为模式和原则,而不是行为导致责任。也就是说,责任逻辑上在行为之前,并且对行为构成指引。这与现代西方式法学理论将责任视为逻辑上在“权利—义务”之后的“第二性义务”①的思路近乎完全相反。

二、做“减法”的“身份—责任”模式

“身份—责任”对应模式是传统中国政治社会中谋求整体性成己、成人的落实方式,其中特别需要关注政治身份和政治权力的角色。前节谈到,政治权力之所以存在,最根本的必要性在于为整体性地“化成”世界提供引领。因此,政权既不是以某些人(“主体”)的自我成就为目的,又不是为了共同体的利益,而是要化育“后觉”之人,使之逐渐具备承担作为“万物之灵秀”的“人”的使命与责任的能力,进而更好地“参赞化育”世界。所以相较于一般人,政权本身及其参与者理论上应比常言之“被统治者”更为“先觉”,道德水准更高,相应地承担更多的具体责任。这些责任通过亲身示范、教化、训导乃至强制、惩戒的方式落实。反过来说,越是身份处于下位,实际上需要承担的责任越少;本应是他们负担的责任转由政权和它的参与者,也就是身份处于上位者代为承担。

与之相匹配,政治的参与者理应具有更高的身份和更大的权力。因此,居于最上位的“天子”,既是人域之中最能够承担天之大命,践履人之使命的代表,又是所有尚未完全具备承担使命与责任的能力之人的引领者;相应地,天子既应是所有人之中最具德、才,最通达道理者,又是天下所有责任的最终承担者。从商汤“万方有罪,在予一人”②,到秦汉至明清历代帝王针对天灾、人祸下“罪己

---

① 例如,依照大陆法系的民法学说,法律责任的逻辑起点是不法行为,不法行为的直接后果是债,债是指应为一定给付之义务,属于“法的当为”。责任是强制实现此义务(债)的手段、履行此义务之担保,属于“法的强制”。这个观点是我国民法理论中的主流学说。参见王利明:《违约责任论》,中国政法大学出版社1997年版,第22页。

② 《尚书·汤诰》。并见《论语·尧曰》引商汤之言:“朕躬有罪,无以万方;万方有罪,罪在朕躬。”

诏”,[①]都是在贯彻这个思路。是如陈赟所言:

> 任何一种当下的活动,都影响着整个世界。正是在这种相关性的视野中,所谓的“天灾”在古代思想中不是被理解为现代意义上的“自然的灾害”,而是人类的“燮理阴阳”、治国安邦的政治事务所招致或引发的一种过程,当这种灾害被视为一种“遣告”时,这里面突出的是向世界真正开放自身的政治承担与责任的意识。……而这种向世界开放着的责任意识正是人类政治事务能够真实通达天、地、事物的根本担保。[②]

同时天子通过自己承担天下所有责任,为所有人提供道德和行为典范。至高的身份、地位、权威等,都是“化成”世界的目标得以实现的保障。故曰:“君人者,以己出经式义度,人孰敢不听而化诸!”[③]

以天子为最,形成了一个类似于宗法制的金字塔形结构,自天子而下不同身份者“德才—政治地位—权力—责任”层层递减,人数逐层增加。因为这个结构形态与周政治文化中基于宗法制型构的身份等级模式,以及部分原则和运行方式,特别是其中的德、礼、教等具有相似性,所以孔子才会选择以周制为基础,加以损益以创化他的“新王道”政治理论。[④] 同时,这个结构中的参与者始终存在流动的可能性。换句话说,地位、权力和政治责任理论上只与参与者的德才相对应,而不被其他诸如血缘、族属等先天条件决定。[⑤] 原本居于下位者因其学而可致的德才精进便理应获得与之相应的高

---

① 参见安子昂:《从“罪己诏”看汉代皇帝的政治自省意识》,载《赤峰学院学报(汉文哲学社会科学版)》2012 年第 11 期。

② 陈赟:《“藏天下于天下”“政—治”生活的境域——以先秦儒道哲学为视域》,载杨国荣主编:《思想与文化》第 5 辑,华东师范大学出版社 2005 年版。

③ 《庄子 · 应帝王》。

④ 由此可见,孔子所言“尊周”与“复礼”并非复原周制与周礼,而是在“尊重”周制的基础上开新。在这个意义上,汉代今文经,尤其是公羊家强调孔子意在变法改制,也可成立。

⑤ 这也是历代儒生特别推崇三代之前“选贤与能”的禅让制的原因之一。

位和权柄。[①]

在这个意义上，表现为身份等级化的政治社会，事实上给每个人实际上应负的责任做了“减法”。这个减法并不意味着个人应负担的无限对世责任被取消了，而是鉴于现实中一般人尚且不具备完全承担对世责任的能力，不对他们求全责备。本应由民众负担的这部分责任，转而由政权的掌握者、参与者，也就是“德—位”在上者来承担。也可理解为，政权和权力的掌握者是在以这种方式关爱、帮助治下之民。这种关照本质上同于父母对于子女的关爱，因此会有“父母官”和“子民”的观念。由于存在民众才、德不足以承担责任的现实，所以衍生出了政权对民的教化、引导责任。这种纯粹以民众“发蒙”以至成德为目的，而不裹杂其他功利诉求的教化，乃是“爱民”的体现，也是“成人”责任的政治实践。

上述为民担责和教化引导两种类似于父母对于子女的关照，构成了传统“德政”的基础。其中的核心内质都系诸“爱人”，即“仁”。而通常人们目之为“德政”表现的血亲、宗亲关系结构和伦理原则，或者利民、惠民的恩赏政策，相较而言都只是“爱人”的有限表现。[②]

同时，战国以来就已有了“大道既隐[③]，天下为私”的论断，透露出人们对于三代以后政治权力“堕落”且需待整顿、匡饬的印象。堕落的关键是政权私化和功利化，包括政权、治权在内的公权力为私，成为牟取私利、满足私欲的工具，使政权和政治治理都背离了至善和化成世界的使命。最典型的表现是“家天下”，其中也伴随着德与位分离。此时更高的政治社会地位和身份，对应的不仅是更多

---

① 这也正是孔子在《春秋》中“讥世卿”的原因。讥世卿，见《春秋》隐公三年“夏四月辛卯，君氏卒”。《公羊传》：“尹氏者何？天子之大夫也。其称尹氏何？贬。曷为贬？讥世卿，世卿非礼也。”何休《注》曰：“世卿者，父死子继也。”“礼，公卿大夫士皆选贤而用之。卿大夫任重职大，不当世，为其秉政久，恩德广大。小人居之，必夺君之威权。”参见李学勤主编：《十三经注疏（标点本）一八一春秋公羊传注疏》，北京大学出版社 1999 年版，第 37 页。

② 这里隐含着一个深刻且复杂的问题：基于血亲、宗亲伦理关系和原则的政治形态，以及以恩德为主要实践形式的西周式“德政”，前者囿于“私”而后者囿于“利”，和儒家倡导的纯粹基于爱人的德政存在近乎根本性的差异。

③ 《礼记·礼运》。

责任,还有私化的权力和利益等质素掺杂其中。不过汉代以后以董仲舒为代表的儒生,将道德责任与政治正当性(时人谓之“天命”)进行深度捆绑,且得到了历代统治者的认同。至此,私化的政权运行不得不配合道德责任的要求,以图自证、维系政治正当性。换句话说,前文所述的理论模式在传统中国历代政治实践中始终在被“曲折”地践行着。

上述“曲折”导致“身份—责任”模式尽管始终保持,但是“责任”本身的内涵,以及对应关系却发生了一定程度的改变。这种状况落实到具体的法律制度和政治社会实践中,便呈现出复杂的双重身份责任交织并存局面。所谓“双重”,简单地说是满足统治利益需求的责任与无限对世责任。其中统治利益并不是诸如满足君王、贵族、官吏私欲这类负面且具有恶性的需求,恰恰相反,通常这些不仅理论上以之为恶,现实中也会被认定为非法。这里所谓统治者利益需求,更多是表现在维持既有的政权归属、维持法定社会秩序和权力运行模式等方面。这种“双重身份责任”情况经常性地表现为天子与君王、士大夫与官僚,以及下文中要详细谈到的作为审判者的法官与明理者这类双重身份责任对应到单一政治身份的情况。所以传统社会的法律制度和运行中,前述通过“身份—责任”模式实现人的无限对世责任,具有相当的复杂性和曲折性,待下节展开论说。

第三节　传统责任观念的法律实现

以上两节所论的传统责任观念和理论,也落实到了法律制度和实践中,不过其中既有对理念和理论的直接反映,又不乏受家天下、私天下影响而致的曲折。下面略述梗概。

一、制度实现:法律中的“身份—责任”模式

法律制度层面,传统的律令制基本上是以“身份—责任”对应的模式立法。仅以秦汉律和唐律为例略加管窥,可知基本特征

有三。

一是法律制度中几乎所有法律责任都针对身份而非抽象的“法律主体”或个人设定，[①]且政治社会身份与法律责任成正比，即随着人的政治、社会地位提升，身份增加，所应承担的责任也越多。例如家长、宗族、里正、乡长乃至县、州一直到中央的官僚，须承担的责任明显呈逐级增加的状态。这和上节的理论阐述相契合，既符合“加法”，又符合“减法”的思路。在这种模式中，一个官员所要承担的责任显然较之平民要更多。法律针对“身份”而非超脱身份的法律人格（如今所谓自然人、法律主体等）设定法律责任，没有西方式的“法律主体”概念。[②] 这些方面，法律史的研究早有公论。[③]

二是身份构成减免罪责的条件。最受学界关注的是家庭、亲属关系方面的立法，学界的总体判断是“严格维护家庭中尊长特别是父家长的地位和权利，并按照亲亲的原则，以父家长为核心排列亲属远近关系，关系越近者在继承方面享有的权利越多，但同时其所负有的责任和义务也越多”[④]。表面上看，越是身份处于下位者，承担的责任“量”越少，但“质”却越重，典型的法律规定是卑亲属对尊亲属的犯罪受到的惩罚，较之尊亲属对卑亲属的同类行为要重得

---

① 参见吕利：《律简身份法考论——秦汉初期国家秩序中的身份》，华东政法大学2010年博士学位论文。

② 例如，张家山汉简具律详细规定了治狱量刑的各个方面。有些条文针对官吏，如哪些官员有权断狱及献，哪些官员则不得断狱及谳。有些条文针对原告、证人或被告，如告不审、证不言情以及乞鞫之类。律文中还专门就赎刑金数、刑徒或奴婢犯罪等情况作了规定。参见李学勤：《论张家山247号墓汉律竹简》，载[日]大庭脩编辑：《汉简现状与展望》，关西大学出版部1993年版。

③ 参见[日]仁井田陞：《中国身分法史》，东京大学出版会1983年版，第1-2页。不过法律史家主要关注的是“宗族、亲族、家族、夫妇、亲子、继承以及部曲、奴婢等七种与家庭有关的身份关系”，侧重“社会等级”和“婚姻家庭制度”方面的具体法律制度设置，重在揭示其间的“不平等”。

④ 杨振红：《从出土秦汉律看中国古代的“礼”、“法”观念及其法律体现——中国古代法律之儒家化说商兑》，载《中国史研究》2010年第4期；贾丽英：《秦汉不孝罪考论》，载《石家庄学院学报》2008年第1期；关翠霞、贾丽英：《简牍所见秦汉子女的孝亲责任》，载《河北法学》2009年第1期。

多。比如,父亲擅自杀死自己的儿子,要处以“黥为城旦舂”①,但是子女故意杀害或预谋杀害父母,在汉代是仅次于谋反罪的重罪。②同理,同样的行为,奴对主、妻对夫、晚辈对长辈的罪比主对奴、夫对妻、长辈对晚辈要轻。这种制度设计看似与理论上“身份—责任”正向对应恰好相反,但事实并非如此。需要理解其中两方面的原因。

其一,“私天下”,或曰政权私利化、功利化形成的悖反。秦汉时代形成的二十等爵可用以抵罪就是一例。③ 这对应上节“双重身份责任”中的“满足统治利益需求的责任”,亦是“私天下”时代政治身份被利益化的典型表现,随之而来的必然是某些情况下身份与道德责任脱节。像卑亲属冒犯尊亲属被认为较反之恶性更大,最主要的原因之一是巩固建立在宗法制基础上的政治社会秩序,这就使得卑犯尊和尊犯卑被人为地设定成了两种不同质的法律责任。

其二,在道德原则和评价普遍化的传统社会,存在一种反向加强责任感的机制。立法者预设身份高、责任多、能力强者的道德水准更高,相同的惩罚对他们而言较之身份低下者的效果也理应会更显著。理解这一点需要代入两个前提:首先,所有惩罚都同时兼有功利性和道德性,即在减损受罚者利益的同时附带道德减等。④ 其次,传统社会中的“个人”从来就不是完全独立的法律主体(或曰责任单元),即便是看似针对个人身体的刑罚,本质上也是在针对身份。而作为身份载体的个人又不限于只有一个身份,且一个罪行可

① 《法律答问》:“‘擅杀子,黥为城旦舂。其子新生而有怪物其身及不全而杀之,勿罪。’今生子,子身全殹(也),毋(无)怪物,直以多子故,不欲其生,即弗举而杀之,可(何)论?为杀子。”参见睡虎地秦墓竹简小组编:《睡虎地秦墓竹简》,文物出版社2001年版,第181页。

② 例如,汉简《二年律令》简34规定:“子贼杀伤父母,奴婢贼杀伤主、主父母妻子,皆枭其首市。”参见朱红林:《张家山汉简〈二年律令〉集释》,社会科学文献出版社2005年版,第38页。

③ 关于秦汉时代军功爵制及相关的法律规定,参见朱绍侯:《军功爵制研究》,上海人民出版社1990年版,第28-72页。

④ 关于受罚者道德减等,参见李平:《先秦刑余之人考论:形象、制度与观念》,载《法商研究》2017年第2期。

能并不只有行为者一人需要承担责任。[①] 一个身份因没有承担相应的责任而受惩罚，除了会引发受惩罚者的道德减等，还会导致与这个人相关的其他人（如家族成员）受到不同程度的影响。就好比法律规定同一行为卑亲属罪重，但尊亲属却要为之背负教子无方、养不教父之过等道德罪名。而尊犯卑看似罪轻，但除了法定刑责外还需要承担为老不尊等负面道德评价。所以身份越尊，罪越多，而且事实上也越重；只是不一定用法定刑罚来表现承担罪责而已，会通过耻辱感等方式加以责罚。换句话说，在传统社会中，人因罪过而承担责任的方式并不局限于刑罚，责罚也不一定局限于做出犯罪行为的个人。而且最重的惩罚是深深的后悔和自责，以及社会声望和道德评价减等，而不是身体上的。例如，《三国演义》中曹操下令行军中践踏麦田者死，但是曹操本人马惊毁田却仅仅是割发自罚。[②] 时为汉朝丞相、带兵主帅的曹操显然较之一般兵士具有更高的地位，理应承担更多责任；但是对他这种身份的人，当众认罪、割发本身的羞辱性惩罚作用，其实不亚于一般人砍头。这种惩罚方式足以达到羞辱、警示效果的同时，还不至于妨碍曹操承担指挥作战等其他责任。这也与更高的身份使之需要承担更多责任相匹配，一死了之反而是不负责任的表现。当然这种刑责模式需要一整套相配套的政治社会运作机制和观念、价值体系，单就一个现象而论很难理解背后的合理性。

类似的思路也体现在“十恶”罪的设定上。隋代《开皇律》之后“十恶”无疑是最重的罪名，但是不一定都对应最重的刑罚。而用以表现罪最重、犯罪者恶性最大的是“不赦”，即任何形式的恩赦（如大赦、特赦等）都不能使之免除刑罚。这就使犯罪者在一个“身份—责任”对应的社会文化中，“不赦”，即“不能被原谅”带来的负面道德评价，影响要远远超过受刑本身。

三是在汉代“礼法合流”之后，宗亲伦理的“身份—责任”对应，

---

① 刑律上往往会规定“罪止于身”，但这实际上是政权“恩德”的体现，且不意味着针对犯罪者个人身体的刑罚对应了犯罪行为所有的责任。

② 参见罗贯中：《三国演义》，中华书局2005年版，第145-146页。

与礼的“隆杀”设置基本思路一致。隆杀即区分尊卑,[1]郑玄曰:“尊者礼隆,卑者礼杀,尊卑别也。”[2]被“隆”起的身份越高,对行为乃至心性的要求越严苛,责任也越重。即便是轻“刑”,也是重“罪”。此外除了建制思路外,礼的部分内容也直接落实到了法律条文中,或者得到了法律条文的背书。[3]

二、司法实现:审判者的双重身份责任

理论上的无限对世责任在政治社会中的落实,也体现在司法裁判中审判者的设定上。总体来说,审判者兼有官员和明理者的身份,分有政权明理和作为德位在上者教化和导人向善的责任。同时受到政治“私化”的影响而出现“双重身份责任”状态,同样反映在司法层面。

就审判者的角色与功能而言,近代以来法史学界普遍认识到,传统中国没有可与现代对应的专门性“司法”机关和现代意义上的职业“法官”;因为古时没有,也不遵循现代诸如立法、行政、司法的权力分类方式。彼时几乎所有的地方或者部门主官都有裁判权,只是不一定有处刑的权力。同时,这些官员也还有其他类型的权力,也可以说他们具有多重“职分”,[4]审判者是官员在进行审判活动时“扮演”的一个身份角色。

而且古代中国的审判者即便是在履行审判这一职分时,也至少

---

① 关于礼之隆杀的基本原理,参见彭林:《中国古代礼仪文明》,中华书局2004年版,第148页。

② 《礼记·乡饮酒义》郑玄注。参见李学勤主编:《十三经注疏(标点本)一六一礼记正义》,北京大学出版社1999年版,第1633页。

③ 这些在以往法律史学界对纳礼入法、礼法合流等问题的研究中已阐释得非常充分,无须赘述。参见陈顾远:《法治与礼治之史的观察》,载《复旦学报》1944年第1期;马小红:《礼与法:法的历史连接》,北京大学出版社2004年版,第83页;梁治平:《“礼法”探原》,载《清华法学》2015年第1期;楼天宇:《论“礼法合流”》,载《浙江社会科学》2020年第8期;等等。

④ 例如,秦代常被法史学者关注到的主理狱讼之官,中央有脱生于先秦的士、理之官廷尉,还有御史大夫;畿内有内史;地方则包括郡守(太守)、都尉、监御史、县令(长)、县丞、狱掾、令史等。参见刘海年:《秦代法吏体系考略》,载《学习与探索》1982年第2期。可是这些职官的职分都不止于审判,例如廷尉的常职至少还包括校勘刑律等,再参以长期担任廷尉的李斯之所为,可知“掌刑辟”也不足以涵盖廷尉之职。

身兼双重身份,对应双重责任。其中最主要者可以概括为“官”和“士大夫”。所谓“官”表明是官僚系统中特定层级、掌管特定职权的一员。这个身份意味着一方面要承担官员职分对应的职责,另一方面也对整个官僚系统运作负责。“士大夫”是古代中国独特的政治身份,意味着承担先觉者的道德责任和使命。这种责任和使命构成了政治权力“配天受命”的正当性的基础。理论上作为政权代表的天子要对整个天下的人、物、事负全部责任,同时也有责任成为“人”的表率,即天下最有德、最明理之人。在这种安排下所有的政权参与者,作为“士大夫”又都是最为先觉者的天子的“具体而微”,对应自己的“德位”不同程度地扮演“天子”的角色并承担与政权正当性(天命)有关的道德责任。

我们可以通过广受社会认同的清官形象和清官故事,①借助时人对审判者的希冀进一步理解。以包公为例,很多学者都注意到,明清以后的包公故事与历史上的包拯事迹差之甚远。② 绝大部分关于包公判案的故事都省略了如何“按法”,即今所谓法律审或定罪量刑。③ 这当然不意味着审判不需按法。按法是一种常态,是“官”的职分要求,但不足以体现审判者的特性,故不甚为人们看重。倒是通天、对抗官僚制、无私、明达事理人情等方面显得格外突出。换句话说,人们心目中的审判者,理应是能够明事理、知人情、秉公无私、有德且有能力超越包括法律条文和官僚制度在内一切有碍于“理”的现实阻碍的通天者。在“官”和“士大夫”之间,后者明显更受瞩目。④

---

① 像民间流传甚广的包公、海瑞、施公、彭公形象等都属此类。

② 徐忠明将包公形象分作历史叙事、自我叙事和文学叙事3个语境加以考察,颇为可取。若是考察人们对审判者的观念预期和认同,无疑文学叙事更有价值。参见徐忠明:《包公故事:一个考察中国法律文化的视角》,中国政法大学出版社2002年版。南宋至清代包公形象演变,参见[日]阿部泰記:《包公伝説の形成と展開》,汲古書院2004年版。

③ 学界大多认为,较为可靠的史料中记载的包公断案只有3例,其他多为后世附会。参见丁肇琴:《俗文学中的包公》,台北,文津出版社2000年版,第14、33页;孔繁敏:《包拯研究——历史与艺术形象中的包公》,中国社会科学出版社1998年版,第165页。

④ 关于审判者的“通天”特质,参见李平:《古代中国上访的道理、法理与今鉴》,载《清华法学》2020年第2期。

传统社会中人们打官司意在找第三人辩理、评理、讨说法之类的观念深入人心，反过来印证理讼者的角色认同首先是知理者、明理者，而知理者、明理者经常被等同于“长者”“尊者”。人们的评价标准复合了知理、经验（知识）、品行（道德水准）、声望、权威等内涵。这种状态形成的原因和过程非常复杂，此处暂且不论；仅就后果来说，在人们对审判者角色的心理预期和认同上，合于“道理”远比依法来得重要。亲为审判者的海瑞的一段表述很有代表性：

> 问之识者，多说是词讼作四六分问，方息得讼。谓与原告以六分理，亦必与被告以四分。与原告以六分罪，亦必与被告以四分。二人曲直不甚相远，可免愤激再讼。然此虽止讼于一时，实动争讼于后。理曲健讼之人得一半直，缠得被诬人得一半罪，彼心快于是矣。下人揣知上人意向，讼繁兴矣。……可畏讼而含糊解之乎？君子之于天下曲曲直直，自有正理。四六之说，乡愿之道，兴讼启争，不可行也。①

明理又使得审判者获得了通“天”的属性，毕竟一般观念中天道、天理、道理被视为同一。天子通天，代表天理自不必说。天子之下的官员在断案、审判时同样也会被目之为“青天”。相应地，人们对裁判权威性的认同从根本上说系诸合“理”，社会身份和政治身份更多地成为了知“理”的标志。可见，知理、明理并能据理为“公道”负责，乃是对审判者的最高要求。从做“加法”的角度看，审判者事实上替不能知理之人承担了更多责任。

此外，传统社会中的审判者也包含超越整个官僚制度、治理体系甚至法律体系的临在，即天子。他能够以一己之力作出哪怕是与整个官僚群体相反的裁断。同时君王又是制度性的“审级”中的一环，②以此来表明天子是所有裁判责任的最终承担者，对天下所有的冤狱负责。不过尽管有着至高无上的权力，但天子往往不会擅用或独断，大多数情况下采取的是“过问”、交由专员处理或者廷议等方

---

① 参见海瑞：《兴革条例》，载海瑞著，陈义钟编校：《海瑞集》（上册），中华书局1962年版。

② 这在历代与越诉、直诉相关的法律制度中有明确规定，参见李平：《古代中国上访的道理、法理与今鉴》，载《清华法学》2020年第2期。

式。[①]这与民间认同的历代“清官”判案的形象一样有着反对、超越官僚制的内涵。人们认同且希冀审判者能够“通天”，一则跳脱出官僚体制以免“官官相卫”，二则可保证审判更加合于“理”。

由此可见，古代中国的审判者基于“官”的身份对自己的职分，以及法律制度负责；依法裁判的同时，也受到法律乃至法律背后的政治权力属性、机制“私”化的限制。同时，他们又基于“士大夫”的身份，作为“明理者”来主动承担无限对世责任，以此克服权力“私”化带来的限制，同时也一定程度上保障实践天下为公的理念，宣示了政权的正当性。

第四节　传统责任观的当代法治实现

一、古为今用的优势

立足传统责任观来重塑当代中国的法律责任理论，有以下几点优势。

其一，与当代中国的政治理念和社会发展方向相契合，更契合中国文化和社会观念。我国的法律文化发展现状越来越清晰地表明，传统责任观迄今一直为国人秉承，且在实践中有着广泛体现，尽管理论层面的阐释相对而言不那么清晰和学理化。过去十数年的“送法下乡”，[②]当时学者急切地希望民众自觉地接受并形成“权利本位”意识。但是这种“移植”来的理念至今没有被中国民众完全接纳。现实中人们更习惯于，也更愿意对“负责任”的态度给予“高尚”的道德评价。与之相反，几乎没有人如此评价一个“认真对待权利”者。这说明传统责任观的巨大生命力。

其二，与“德治”的要求相匹配，消除权利本位下的责任缺位。

---

① 参见李平：《论少数服从多数的合理性基础：中西之别及其成因》，载《中外法学》2017 年第 5 期。

② 参见苏力：《送法下乡：中国基层司法制度研究》，中国政法大学出版社 2000 年版，第 181 页。

当代法治建设中遇到的一个重要难题是"责任缺位",尤其是涉及"公共责任"的领域,诸如环境保护、资源保护、野生动植物保护、公共危机应对等方面。现有法律理论为之提供"无过错责任"作为权宜方案,因为存在与权利义务对应要求的冲突,因此几乎每一次"入法"都面临着巨大的阻力。这看似是一个法律技术层面的问题,实则根源在于现代西方式法律文化的"权利本位"基设。[①] 在"权利本位"为前提的现代法律制度设计和运行的逻辑中,主体不必对主体之外的社会、人类、非人的存在者,乃至世界负责;也不必为自己的过错之外的后果负责。反过来,将责任作为逻辑起点,形成的基本判断将是:一切责任都理应由"人"来承担,且有人(或机构)能够承担。这样一来,理论上便完全不存在责任缺位的可能性。这也是"人类命运共同体"能够法律化实现的法理基础。

二、挑战与应对

与此同时,在当下法律体系和法律实践中融会传统责任观,又必将面临以下挑战。

其一,既有的法学理论和法律体系大多立足"权利本位"学理,如何转化为中国式责任本位是一大难题。前文谈到,当下国内法学理论提供的责任观,大多是基于"权利—义务"机制,服务于法律主体的理论。这种理论,连同作为支撑的"权利本位"立场与中国文化存在基点、旨归上的不兼容,缺乏让中国人自发认同的基础,但又实实在在地落实到了现行法律制度和司法实践之中。传统中国的"身份—责任"观念,乍看起来和被广为接受的"现代法治"相左,[②]

---

① 西方法理中,"权利"的本质是"主体"较之于"客体"的特权。而之所以权利有边界并伴随义务和责任,只是对其他的"主体"公平。因此,其一,理论上说主体的权利而非义务、责任是第一性的。其二,主体只需要为自己的行为负责。其三,主体只需对自己行为产生的对其他主体的法律后果负责。其四,"自我"之"私"是主体判断、选择、行为的基点。权利以主体的自我利益和价值实现为目的,从根本上说是对"私"的成就,有赖对有限外部资源的占有。因此,私的无限欲望与资源的有限性之间的紧张关系构成了权利分配机制的必要性,又直接造成了主体之间的紧张关系。

② 这个判断很大程度上受到了梅因"从身份到契约"命题的影响。参见[英]梅因:《古代法》,沈景一译,商务印书馆 1984 年版,第 97 页。

因此有必要整体性地转换理念和理论范式。而转变立场、观念和思考的出发点，会对日后学理、立法、司法等几乎法律文化的各个方面产生基础性影响。从理论上看，转化的起点在于明确主体参与公共化所扮演的角色（身份）以确定其责任，再以此为基础判定主体的权利。方法之一是消除对形式平等的执着，逐步认同权利主体间的实质差异并将之法律化，使这些差异能够对应相应的公共责任。此时的权利不是以成就私欲为目的，而是对主体在公共化过程中所必需的差异性表达需求和参与方式中的实质差异的认可。也就是说，现代法治力图营造抽象的形式平等的主体权利来实现实质上差异化的“自我”之私，借助“身份—责任”模式可以转化为以公共责任为限，并容许主体的差异化参与和需求。

这并不意味着要否定权利。恰恰相反，权利是法治能够限制公共化转向专制集权的关键。只是应把权利从法治的基础和目的弱化为调整机制之一，即在传统责任本位的基础上理解、阐释权利义务机制，逐渐消解自我中心主义和人类中心主义。同时彰显“责任”，特别是公共责任和道德责任，以此使法治具有为公、致善的指向性，实现人类社会和谐、向善的目标。

其二，法律制度层面传统的“身份—责任”机制与当代法律的“权利—义务”[①]机制如何衔接是一大挑战。当前我们面对的情况是：中国逐渐形成、完善起来的法律体系和与之相配的法律运行模式，尽管也兼顾、包含了大量具有中国特色的质素，但法律概念、立法技术、法律模式等，仍是以现代西方法律文化为范本。而所谓现代西方法律机制，最核心的内容就是基于权利本位的“权利—义务”机制。有鉴于改革开放之后近乎“百废待兴”且又“白手起家”，谋求自我发展和参与国际经济活动，迅速建立完备的法治环境成为

① 在现代法学中，义务向来被视为与权利相对应的概念，而责任在大多数情况下又被看作义务的衍生。这种对应本身具有严重的局限性：权利的本质是主体对客体的占有，而法律关于权利分配的规定调整的是权利主体之间的关系。义务则是权利主体之间的责任关系的法律化。一个群域内的主体，尽管他们之间的权利关系是有限的，负有义务，但他们对群域之外的一切都只关注是否或如何将之利益化，却并不被要求承担相应的义务或责任。

紧迫的时代任务。以成熟且在国际上具有广泛认同度的法律模式为范本自然无可厚非。很多深层次的理论问题,在此紧迫而急切的情势中来不及充分反思、解决也在情理之中。而鉴于既有的法律体系已臻完备且总体上行之有效,如何以最小成本将中国式的责任观融入其中,并成为权利义务机制运作的基础,恐怕是最具挑战性的课题。

长远目标无疑是消解权利本位,代之以责任本位;以公共责任和道德责任消解自我中心与人类中心主义。不过考虑到当前我国法律体系建设已臻丰满的实际情况,在立法层面再造并不现实。近些年我国的立法中业已融入了不少具有传统责任观念的内容,主要以原则性条款的形式表现出来,这是切实可行的方案之一。另外,当下各部门法学都在热议的法典化,新的立法也需要将“责任本位”作为立法思想贯注于立法活动中。同时,虽说在立法层面难以系统性改变,但可通过“解释”来完成。

其三,司法中“法官”角色、责任的相应转换。或者说,应当基于传统责任观,尤其是对世责任对法官的角色和司法过程功能进行重新界定。中国的法官,无论是民间观念还是官方设定,从来就不是止于依法裁判的职业官僚,更重要的是在扮演明理者的角色,被赋予了多重政治、社会责任。[①] 法院和法官在党的领导下展开司法审判是我国法律文化中的独特现象。我们很容易在党内的原则、方针和政策性表述中找到与传统政道的连续性和相关性。以“立党为公,执政为民”为基础,强调责任、使命、追求,讲求党员的觉悟、模范带头作用等,这些与现代西方文化存在显著差异,也很难完全落实

---

① 当下学界对法官的角色多有关切,学者更愿意在宪法法律体系的框架内讨论问题,对法官的社会影响、责任以及作为个体的法官,在参与职权行使时所遇到的角色冲突等话题进行研讨。例如,江国华指出法官不仅要扮演裁判员,同时还应扮演社会工程师的角色,并最终落脚于规则适用者的角色定位。参见江国华:《常识与理性(二):法官角色再审思》,载《政法论丛》2011 年第 3 期。不过总体而言,这些研究大多属于“治”的层次,而不及传统意义上的“政”这一层。参见黎晓露:《论我国法官的角色定位》,载《法商研究》2016 年第 3 期;刘欣:《法官职业伦理研究》,中南财经政法大学 2019 年博士学位论文,第 91-97 页;江国华、高冠宇:《当代中国法官角色的谱系》,载《江汉大学学报(社会科学版)》2012 年第 3 期;张晓冰:《法官的角色紧张及其消解》,载《人文杂志》2011 年第 5 期;陈洪杰:《从程序正义到摆平“正义”:法官的多重角色分析》,载《法制与社会发展》2011 年第 2 期;史美良:《法官角色的矛盾辨说》,载《浙江学刊》2004 年第 4 期。

到以规范权力运行和社会治理为目的的法律制度中。在很多情形下,这需要依赖个人的“政治觉悟”获得实现。集法官和党员于一身者,尤为显著地展现出了与传统相似的政、治两重角色。

和司法者一样,司法过程和判决同样具有“为政”的属性,当代中国司法裁判可以直接体现治理层面所不能涵盖的政权正当性,以及执政者的追求与使命等。那么,如何将超越性的政治角色及其所应有的责任、使命与法律制度限定内的依法审判相结合,需要在理论和实践两方面作出重新界定。据苏力观察:在中国,基层法院法官在处理司法时一个主要的关注就是如何解决好纠纷,而不只是执行已有的法律规则。他们会在当时当地各种条件的制约或支持下,权衡各种可能的救济,特别是比较各种救济的后果,然后作出一种法官认为对诉讼人最好、基本能为诉讼人所接受并能获得当地民众认可的选择。在这里,诉讼根据、法律规定的法官职责、有关法律的程序规定和实体规定都不是那么重要,重要的是把纠纷处理好,结果好,“保一方平安”;有关的法律规定往往只是法官处理问题的一个正当化根据,或是一个必须考虑甚至在一定条件下必须有意规避的制约条件。① 类似情况越来越多地出现在各级司法裁判中,并且反映到了裁判文书上。实践中法官在日常的审判工作中经常会面对事理、情理、伦理、法理之间的冲突,尽管现行的制度和学理都强调严格依法裁判,但法官实际上更倾向于扮演说理者、纠纷解决者,而非简单地依法判决了之。② 反倒是过于严格刻板的依法审判往往不容易被认同,甚至被戏谑为“机械司法”。为此,赋予法官依据多重身份责任而非仅限于法律文本对案件作出裁判的裁量空间实有必要。

前文谈到,传统中国的文化对“人”的自我定位和对人的“使命”的认识,孕育出了极为特殊的“无限对世责任”观念和理论,形成了与之相配套的做“加法”的成己、成人、成物模式和做“减法”的

---

① 参见苏力:《送法下乡:中国基层司法制度研究》,中国政法大学出版社 2000 年版,第 181 页。

② 典型例证和理论分析,参见李平:《〈民法典〉中“家庭”的双重意涵及传统文化的启示》,载《云南社会科学》2022 年第 6 期。

"身份—责任"模式。并且它不仅仅存在于思想文化层面,也落实到了法律制度和实践中。"身份—责任"模式直接见诸法律文本,通过人在特定场景中的身份来设定法律责任,并以此为基础型构行为规范。与此同时,对司法裁判中审判者的设定也参考上述责任观,审判者兼有官员和明理者的身份,分有政权明理和作为德位在上者教化和导人向善的责任。

尽管当代中国的法律制度和学理大多习得自现代西方式法律文化,但传统责任观仍在政治、社会生活中发挥着巨大影响,展现出强大生命力和优越性。不过它和当下通行的法律体系和理论存在内理上的不洽。特别是基于"主体"(实质上是个人)的权利本位,与"无限对世责任"下的责任本位方向相左。如何创化传统责任观,使之融入既有的法律制度,使之最大化地发挥优势,乃是亟待理论界进一步探索的问题。其中最根本,也最具难度者莫过于"责任本位"学理的重塑、"身份—责任"机制与"权利—义务"机制如何融会、法官角色设定如何与其所应有的"德位"相匹配。

第七章　“讼”之理

第一节　“讼”的语义与内涵演变

甲骨文中没有出现“讼”字，故商代的情况很难知晓。西周金文多见，写作“訟”（扬簋）、“訟”（㑞匜）、“訟”（盂鼎）等形。通过周恭王时期的曶鼎、周夷王时的㑞匜、西周后期的六年琱生鼎、扬簋、大盂鼎以及西周晚期的䚄簋等铭文中的用例，可知其已有较为稳定的内涵。如曶鼎铭载“井叔才异为〔理〕，〔曶〕吏（使）氒小子𩛥，以限讼于井叔”①。所谓“以限讼于井叔”，意即将限（人名）作为被告辩理于公廷以求公断，这即是“讼”的主要含义。西周金文中常有包含“讼”的成语出现，如作审讯义的“讯讼”②“讼罚”，③另有如《大盂鼎》铭说到“敏諫罚

① 张经：《曶鼎新释》，载《故宫博物院院刊》2002 年第 4 期。

② 见于扬簋（集成 04294）：“讯讼，取征五寽。”舲簋：“讯讼，取征五寽。”参见张光裕：《读新见西周簋札迻》，载中国古文学研究会、浙江省文物考古研究所编：《古文字研究》第 25 辑，中华书局 2004 年版。

③ 如䚄簋（集成 04215）：“讯讼罚，取征五寽。”《说文》：“罚，辠之小者。”《尚书·盘庚》：“邦之不臧，惟余一人有佚罚。”孔传：“佚，失也。是己失政之罚，罪己之义。”《左传·成公二年》：“贪色为淫，淫为大罚。”《国语·周语上》：“国之不臧，则惟余一人是有逸罚。”韦昭注：“罚，犹罪也。”《后汉书·袁术传》：“武王伐纣，曰：‘殷有重罚。’”《史记·周本纪》作“殷有重罪”。

讼”,是周王所表彰的盂的功绩之一。[1] 这些成语的含义中并无明显的价值指向,而仅指称一种与审判有关的事实状态。[2]

春秋时代“讼”的含义与西周金文并无大异。诸侯之间、诸侯与周王室以及平民之间的“讼”事屡见于《左传》《国语》等史料中。一般而言,西周、春秋时期“讼”指的是两造纷争不决,由第三人(多为官方,但不必然)加以决断的事件。此时“讼”事中“讼”的公断者是可以挑选的。这种情况引起了观念中对“讼”之公断者身份、能力要求重视程度的提升。故《管子·问》有了“审刑当罪,则人不易讼”[3]。

既然从纷争出现到决断作出有一个过程,那么就需要辨析是整个过程都可被称为“讼”,还是其中的某个阶段才能被说成是“讼”?应当认为,只有理讼者介入以后,纷争才进入“讼”的阶段。这可以曶鼎铭记载的讼事为例:

①隹王四月既眚(生)霸辰才丁酉,井叔才异为〔理〕,〔曶〕吏(使)氒小子𩡨,以限讼于井叔:②“我既卖女五〔夫,效〕父用匹马束丝。限许曰:[illegible]则卑(俾)我赏(偿)马,效〔父则〕卑(俾)复氒丝束。賢、效父乃许𩡨曰:于王参门□□木[illegible](榜),用[illegible]卖兹五夫,用百锊。非出五夫〔则〕倍,乃[illegible]又倍罘[illegible]金。”③井叔曰:“才(裁)王人乃卖用〔[illegible]〕不逆付,曶毋卑(俾)成于[illegible]。”④曶则拜稽首受丝(兹)五夫曰陪、曰恒、曰藉、曰[illegible]、曰眚。⑤吏孚以告[illegible],乃卑(俾)〔飨〕以曶酒彶羊,丝三孚,用致兹人。⑥曶乃每(谋)于[illegible]〔曰〕:“女其舍𩡨矢五秉”。曰:“必当卑(俾)处氒邑,田氒田”。[illegible]则卑(俾)复令曰“诺”。[4]

---

① 于省吾云:“諫、勅、饬通。言对于罚惩讼狱须明敏整饬。”

② 另外有的学者认为“质”与“讼”对言有别,“讼”强调原告方控告被告方,“质”则重在双方请求第三方或有司平断其曲直是非。参见董珊:《略论西周单氏家族窖藏青铜器铭文》,载《中国历史文物》2003年第4期。这个说法比较武断,这一点笔者还将在本书下文中继续谈及。

③ 此处所谓“易讼”,非容易、轻易争讼之义,而应解作“易主而讼”。

④ 释文据张经:《曶鼎新释》,载《故宫博物院院刊》2002年第4期。这段铭文因记录了完整的诉讼过程,是故颇受法史学界关注。对文字、文义考释上的歧见仍有不少,在此不一一辨析。诸家释读的不同意见,可参见上列张经文。文中标号为笔者所加,以便后文讨论。

第②段是小子𩵦对纷争原委的陈述，从中可以看出，纷争在第一次毁约，即“贀、效父乃许𩵦曰：于王参门□□木㮄（榜），用徣祉卖兹五夫，用百锊”[①]时就已发生，但直到第①段所说“井叔才异为〔理〕，〔曶〕吏（使）氒小子𩵦，以限讼于井叔”，“讼”才真正发生。很明显，在事件的发展过程中，有理讼者参与后方可称之为“讼”。

“争”是“讼”发生的最重要、最常见的诱因，但它只是原因之一，甚至算不上必要条件。举例而言：《左传》文公十四年载“周公将与王孙苏讼于晋，王叛王孙苏，而使尹氏与聃启讼周公于晋”。对第二个“讼”，杨伯峻解释说：“讼周公，为周公诉冤求理也。”[②]是可知尹氏与聃启发起的讼非起于“争”，而起于“冤屈”。又如《左传》襄公二十三年载：

> 初，斐豹隶也，著于丹书。栾氏之力臣曰督戎，国人惧之。斐豹谓宣子曰：“苟焚丹书，我杀督戎。”宣子喜，曰：“而杀之，所不请于君焚丹书者，有如日！”乃出豹而闭之，督戎从之。逾隐而待之，督戎逾入，豹自后击而杀之。范氏之徒在台后，栾氏乘公门。宣子谓鞅曰：“矢及君屋，死之！”鞅用剑以帅卒，栾氏退。摄车从之，遇栾氏，曰：“乐免之，死将讼女于天。”

文中“死将讼女于天”可直译为“死后到上天那里告你一状”。这个“讼”同样也起于“冤屈”。天在先秦时人眼中被视为至高、至公、至上之神，当人间无处明理则付诸上天。由上列两例可证，“讼”的起因多元，而其旨归则一，即求“评理”和公断。所以存在“理讼者”是“讼”成立的必要条件。在《左传》和《国语》中，形形色色的“讼”事层出不穷，有国与国、君与君、君与臣、臣与臣等形态，其中无不有第三人为之评断。

“求理”，即讲道理、求公断，是“讼”的功能和价值的重点。用今天的话来说，一提到“讼”，就意味着“找地方说理”和“找能说理的人来评断”。至于讼的起因是纷争，还是情屈并无大碍，重要的是

---

① 这句大意为：当小子𩵦找到限和效父要人时，他们却不想失去劳动人手，因而提出了新的解决方案：“于王参门□□木榜，用徣祉青丝五夫，用百寽”。张经：《曶鼎新释》，载《故宫博物院院刊》2002年第4期。

② 杨伯峻：《春秋左传注》，中华书局2017年版，第600页。

寻求一种能够明理的方式。[①] 因而《商君书 · 开塞》强调“务胜则争,力征则讼,讼而无正,则莫得其性也。故贤者立中正,设无私,而民说仁”[②]。是故时人在反思、讨论“讼”这个概念时,更加在意的自然是理讼者如何明理,即“决狱讼必正平”[③]这类对理讼者的要求。早期对《易 · 讼卦》的理解也表达出类似的观念,如《穆天子传》卷五“天子筮猎苹泽,其卦遇《讼》。逢公占之曰:“《讼》之繇,薮泽苍苍,其中□□,宜其正公,戎事则从,祭祀则憙,田猎则获[④]。””“宜其正公”与前引之“正平”含义略同。

官方话语中对“讼”的看法,侧重的也不是如后世所谓遏制诉讼源头的“息讼”“止讼”等,而是将“讼”作为不可回避,也无从回避的事实[⑤]来考虑如何能通过更好地扮演“理讼者”的角色,以图化解矛盾,并借此达到规训、教化以至于提升统治者本身的威望的多重目的。[⑥] 所以具有良好的理讼能力成为对官员评价的重要标准。[⑦] 如大盂鼎铭明确地对官员提出了“敏諫罚讼”的要求。具言之,基本要求有二:一为公正,如《逸周书 · 月令解》之“决狱讼必正平”[⑧];二为迅速,即“无留狱讼”[⑨]。这和与讼者“速我讼”[⑩]的希冀相

---

① 诚如方潇、段世雄所发挥的《周易 · 讼卦》之义:讼卦之“讼”,乃以言相争而求辩其曲直之意。在遇到冲突时,以理辩而明之并解决之,而不是以力斗。这其实已展示上古法治文明的萌芽。方潇、段世雄:《讼卦之“讼”辨正》,载《法制与社会发展》2011 年第 5 期。

② 蒋礼鸿:《商君书锥指》,中华书局 1986 年版,第 51-52 页。

③ 《逸周书 · 月令解》。

④ 这里逢公占筮依据的《讼卦》并非今本《周易》之《讼卦》,来源不甚清晰,或为殷易《归藏》。

⑤ 关于此,参见下文第三节中的论述。

⑥ 关于“理讼”行为与统治者权威与正当性之间的复杂关系,参见李平:《试论中国早期“理讼”问题中的公私矛盾》,载《法学家》2013 年第 4 期。

⑦ 这些“能力”所需的技术,《礼记 · 王制》中作了专门的归纳:“司寇正刑明辟以听狱讼,必三刺。有旨无简不听。附从轻,赦从重。凡制五刑,必即天论,邮罚丽于事。凡听五刑之讼,必原父子之亲,立君臣之义以权之。意论轻重之序,慎测浅深之量,以别之。悉其聪明,致其忠爱以尽之。疑狱,汜与众共之;众疑,赦之。必察小大之比以成之。”借此,早期对官员理讼的技术能力的重视可见一斑。

⑧ 《礼记 · 月令》作“决狱讼,必端平”。文异义同。

⑨ 《吕氏春秋 · 季夏纪》。

⑩ 《诗经 · 行露》。

契合。

善理讼者甚至可以因此加官进爵，如西周后期的《六年琱生鼎》铭文中载庆（人名）“用狱諫（讼）为白（伯），有祇有成”①。载庆正是因为长于理狱讼而被加封伯。不善听讼，理讼不决，则被视为是官方的失职甚至罪责。如商汤指责夏桀之辞有“强弱不絅諹，众寡不听讼，天地四时之事不修”②。所谓的“众寡不听讼”，意即不听众寡之讼。《墨子·明鬼》记载“昔者齐庄君之臣，有所谓王里国、中里徼者，此二子者，讼三年而狱不断”，此事被齐庄公视为心病，亦可见一斑。战国时期，在延续“讼”的“争”、“正”（理）的含义与使用方式的同时，出现了一个新的复合词，叫作“辨讼”。这是“讼”的观念发生重大转变的表现之一。这个转变或与当时名分、名法之辨盛行有关，更深层次的原因在于当时缺乏普遍认同的真理和价值追求，又无凌驾性的意识形态控驭思想观念。

何谓“辨讼”？《礼记·曲礼上》曰“分争辨讼，非礼不决”。《荀子·正论》云“无隆正则是非不分，而辨讼不决”。又《荀子·正名》曰“故王者之制名，名定而实辨，道行而志通，则慎率民而一焉。故析辞擅作名，以乱正名，使民疑惑，人多辨讼，则谓之大奸”。《韩非子·问辩》云“言当，则有大利，不当，则有重罪，是以愚者畏罪而不敢言，智者无以讼，此所以无辩之故也”③。至《淮南子·俶真训》云“周室衰而王道废，儒墨乃始列道而议，分徒而讼，于是博学以疑圣，华诬以胁众，弦歌鼓舞，缘饰《诗》、《书》，以买名誉于天下”。可见“辨讼”之“讼”，已经不同于西周时代辩理于公廷以求公断的本义，而仅取其“争”义。

到了汉代以后，对辨讼之讼义开始普遍化，王充作了一大段发挥：

> 一堂之上，必有论者；一乡之中，必有讼者。讼必有曲直，

---

① 林沄：《琱生三器新释》，载复旦大学出土文献与古文字研究中心网 2008 年 1 月 1 日，http://www.gwz.fudan.edu.cn/srcshow.asp? src_id=286。

② 单育辰：《上博二〈容成氏〉新编联及释文》，载复旦大学出土文献与古文字研究中心 2008 年 5 月 21 日，http://www.gwz.fudan.edu.cn/Srcshow.asp? Src_ID=438。

③ （清）王先慎：《韩非子集解》，中华书局 2023 年版，第 301 页。

论必有是非,非而曲者为负,是而直者为胜。亦或辩口利舌,辞喻横出为胜;或诎弱缀路,蹥蹇不比者为负。以舌论讼,犹以剑戟斗也。利剑长戟,手足健疾者胜;顿刀短矛,手足缓留者负。夫物之相胜,或以筋力,或以气势,或以巧便。小有气势,口足有便,则能以小而制大;大无骨力,角翼不劲,则以大而服小。鹊食猬皮,博劳食蛇,猬、蛇不便也。蚊虻之力,不如牛马,牛马困于蚊虻,蚊虻乃有势也。鹿之角,足以触犬,猕猴之手,足以博鼠,然而鹿制于犬,猕猴服于鼠,角爪不利也。故十年之牛,为牧竖所驱;长仞之象,为越僮所钩,无便故也。故夫得其便也,则以小能胜大;无其便也,则以强服于羸也。①

从中可以看出,王充以“讼”的“争”义取代以往的“说理”与“公断”,作为关注的重点。这个变化应与战国时“辨讼”概念出现对“讼”观念的影响有关。王充的理解方式并非个例,许慎在《说文·言部》考云:“讼,争也。”王逸注《楚辞·怨世》说“讙哗为讼”。在王符的《潜夫论》中有一篇名曰“断讼”,文中说到“今一岁断狱,虽以万计,然辞讼之辩,斗贼之发,乡部之治,狱官之治者,其状一也”②。“辞讼之辩”的“讼”就兼有狱讼、辨讼二义,且以辨讼之“争”义为重。

不过观念变化的端倪早在春秋后期已有显露,《吕氏春秋·审应览》记载“子产治郑,邓析务难之,与民之有狱者约:大狱一衣,小狱襦袴。民之献衣襦袴而学讼者,不可胜数”。邓析的言论与事迹常被冠以“诡辩”之名,故可知从之“学讼”即学习如何参与并赢得诉讼。隐含的意思不外乎学习如何辩理。又如,《韩非子·说林下》:“三虱食彘相与讼,一虱过之,曰:‘讼者奚说?’三虱曰:‘争肥饶之地。’”此中“讼”即特重“争”义。

---

① 《论衡·物势》。

② (东汉)王符:《潜夫论笺校正》,中华书局1985年版,第226页。

第二节 “讼”的成因

关于讼的成因,讼起于“争”之说代表了汉代以后的大多数学者的理解。《说文》曰:“讼,争也。……以手曰争,以言曰讼。”郑玄《周礼注》中说:“争罪曰狱,争财曰讼。”《正字通》曰:“讼,《六书故》:争曲直于官有司也。”从一般意义上说,这个认识可以成立,不过诚如上节所示,此说明显受限于汉人对“讼”之“争”义的关注,如果作更深入地探求,会发现它既不全面,同时也略显表面化。

之前提及了“讼”的两种直接诱因,即纷争和冤屈。二者具有相似心理基础——不服。《周礼·地官司徒·大司徒》说“凡万民之不服而有狱讼者与有地治者,听而断之”。“不服而有狱讼”说的是不服的心理状态与狱讼之间的关联。再进一步则需论及“不服”的原因。常见的一种解说将之归咎于政教礼俗的不完善。这种理解在先秦乃至其后的文献中非常多见。

此外,先秦时对问题还有更为深层的思考,但很少被当下的研究者关注。这层思考的最典型代表是《周易·讼》卦大《象》传“天与水违行,讼君子以作事谋始”。所谓“天与水违行,讼”,历代注疏多将之看作对“讼”义的象化解说。如《子夏传》说“相违而与处事,讼之象也”[①],李鼎祚《集解》引荀爽曰“天自西转,水自东流,上下违行,成《讼》之象也”。李道平释曰“上坎下离,东西违行,犹人彼此乖违,故云‘成讼之象也’”[②]。孔《疏》云“天道西转,水流东注,是天与水相违而行。相违而行,象人彼此两相乖戾,故致讼也”[③]。胡瑗《口义》云“天之运行则左旋而西,水之流行则无不东流,以天与水所行既相违背,则不相得是讼之象也”。上述几则解说均在“违”字上着眼,他们的思路大致上可以理解为:讼这一社会现象从成因和特质上说,是双方(或多方)相违背乖戾,而《讼》卦坎下乾上的卦

---

① 《子夏易传》卷一,《文渊阁四库全书》本。

② (清)李道平:《周易集解纂疏》,中华书局 1994 年版,第 121 页。

③ 李学勤主编:《十三经注疏·周易正义》,北京大学出版社 1999 年版,第 46-47 页。

象，以及大《象》“天与水违行”之说恰好与之相契合，故此，自然可以联结“天与水违行”与“讼”。近代以来的研究者们大抵也都认同这类看法，甚至不乏从中生发出儒家持贱讼、息讼主张的解读。[①]

不过这个看似合理的解读大有再推敲的必要。《象》传“天与水违行”一说，应看作先秦时人对“天道”“地道”表相的一般性理解。在当时人们对天道与地道有差的认识非常清晰，如《逸周书·武顺解》云“天道尚左，日月西移；地道尚右，水道东流”[②]。由此拓展出《老子》三十一章“君子居则贵左，用兵则贵右”；“吉事尚左，凶事尚右。偏将军居左，上将军居右，言以丧礼处之”的理解。还有如《左传》襄公十八年载董叔曰：“天道多在西北，南师不时，必无功。”[③]《黄帝四经·十六经·姓争》云“夫天地之道，寒涅燥湿，不能并立。刚柔阴阳，固不两行。两相养，时相成”。《论衡·道虚》曰“天之门在西北”，《论衡·说日》又说到“如日能直自行，当自东行，无为随天而西转也。月行与日同，亦皆附天”。这反映汉人对天地异道的理解。

对“天道”“地道”表象相违的认识，并未引申出“乖戾”“违背”等义。恰恰相反，时人更强调的是其背后的同质、同源和同归。如郭店本《老子》第十六章说“天道员员，各复其根”。所谓“各复”，无疑说明了它们复归方式，亦即表相上的差异。至此还需追问，为何至于《讼》卦乾（天）上坎（水）下之象，会得出如此强调相违的认识？如果这种通说式的解释有误，那么误在何处？是对易象的认识有误，还是对“讼”的理解有误？

首先，《象》传“天与水违行，讼”一说是描述性的。后人理解的偏差，在于先入为主地对“讼”作了价值判断，并以此判断为基础来理解“天与水违行”。其次，“君子以作事谋始”，历代注疏大凡基于

---

① 如李游说“在诉讼观上，《周易》贯穿着儒家‘贱讼’、‘息讼’思想，并认为‘讼’既是祸首，又是恶行”。李游：《从无讼到恢复性司法》，中国政法大学 2006 年博士学位论文，第 57 页。其说可谓典型。并可参见于语和：《〈周易〉“无讼”思想及其历史影响》，载《政法论坛》1999 年第 3 期。持此说者实不在少数。

② 黄怀信：《逸周书汇校集注》，上海古籍出版社 2007 年版，第 309 页。

③ 杨伯峻：《春秋左传注》，中华书局 1990 年版，第 1043 页。

对“讼”的理解来进一步展开，失之尤甚。窃以为，所谓“天与水违行”，是在描述天道、地道之“相”与“行”的差异。“违行”强调的是运行方式之别。

为了明确这个认识，有两个自始存在的观念需作说明：其一，天道、地道，以及此中未及的人道等，其质实同，老子以及后来的道家、黄老家乃至儒家把这种同质性抽象出来说是“道”。也就是说，人们承认，尽管宇宙万有表象各有不同，然均同源、同质、同根于“道”。后世学者将此归纳为“道”的“一体分殊”，甚允。其二，天道、地道、人道乃至世界一切存有的诸物相，殊途同归。它们变化、运行，究其根本，都是在向道“还原”。此即《老子》第四十章“反者道之动”和第六十五章“玄德深矣，远矣，与物反矣，然后乃至大顺”之所谓。

在上述两个前提的基础上展开对宇宙、万物和人的认识，最大的困境在于“人”的特殊性。人有性智觉，即今所谓“主观能动性”既可以反道而动，亦有对道加以认识、反思、自觉、体行的能力。职是之故，人自始存在两种动的向度，一是因循顺守，通过减少人之为人的特殊性来寻求向道还原。二是基于人所特有的认识、反思和行动能力，通过最大限度地发挥其能动性来建构秩序，主动寻求与道的和合。《老子》的“无为”和《周易》的乾、健，分别代表了上述两种不同的世界参与立场。

老子开出的进路，易知而难行。其说的合理性依据，借由“法象”自可彰明。既然以“人法地，地法天，天法道，道法自然”①的“法象”方式，通过取法天地万物运行之理以为人行事的指引和准则。这意味着老子一直强调的是天、地、万物之道与人的“和”而非“违”。有的研究者将此作为“无讼”追求的观念基础，②说“自然和谐与社会和谐相统一的理念，深入到社会政治领域，便成为统治者施政的一种理念，对于古代‘无讼’法律意识的形成也有着重要的

① 《老子》第二十五章。

② 参见李游：《从无讼到恢复性司法——以中西司法传统为视角》，中国政法大学2006年博士学位论文，第54-55页。

影响”[①],仅在老子、道家、黄老等这一系的进路上可以成立。

而《周易》的乾、健的路数讲究人的健动、创制能力。按照世界同原同归的理解,其人为的正当性应当且只能来自天地万物之道。其中“法象”亦是方法,是如《易传·系辞传上》所言“是故法象莫大乎天地,变通莫大乎四时,县象著明莫大乎日月,崇高莫大乎富贵”。不过更应注意到,老子、孔子同说“法象”,实则殊途。《讼卦》“天与水违行”之象,以及对之的取法,恰可彰显此间差异。

“天与水违行”之象,含义有三:一则明示天地万物之道呈现殊途之象。同理,人道,即人所应体行以臻和合于“大道”的途径,亦可独特,不必拘泥同于天道之象,或地道之象云云。此即孔《疏》所谓“欲使人法天之用,不法天之体”[②],意思是说,《周易》所法象者,重在其“用”,而非欲求人与世界诸相的和同。二则“讼”从来源看具有必然性,作为天道、地道、人道本根的“道”是其基础,可说“从《周易》讼卦的角度看,‘讼’却是源于上天的启示,是为天理”,“天水固守其道而其行相违,这构成了讼卦的本质特征。人事中的争讼正是如此的符合天理”[③]。三则此象阐明了人域之“动”的原动力。“讼”起于“争”,“争”起于“异”与“别”。天地之动尚有此别、异,人世由此亦不足为怪。并且,恰是有此别异,故人方始有“作事谋始”的原动力和合理性。

综上所述,《象》传呈现出时人对“讼”之成因的最深层认识:“讼”的存在,植根于人所存在的世界的特性以及人与此世界之间的互动关系。天道、地道本是殊途,而人又有其特殊的存在方式,即

---

① 张晋藩:《综论独树一帜的中华法文化》,载《法商研究》2005年第1期。

② 李学勤主编:《十三经注疏·周易正义》,北京大学出版社1999年版,第1页。此言之“体”,非本体之“体”,实指“相体”。

③ 方潇、段世雄:《讼卦之“讼”辨正》,载《法制与社会发展》2011年第5期。另外方潇近论《孔子“无讼”思想的变异及其原因分析——兼论对我国当前司法调解的启示》专门反思了孔子“无讼”的本意,并试图纠正旧识的曲解。其基本判断与拙见略同,但作者侧重的方向则在对“吾犹人也”的辨析和对孔子“无讼”观的曲解带来的后果的阐明。总的来说,此文对重新审视孔子“无讼”观具有相当的启发意义。参见方潇:《孔子“无讼”思想的变异及其原因分析——兼论对我国当前司法调解的启示》,载《法商研究》2013年第1期。

"人道"。人需从外部世界摄养,人与人之间也存在摄养与互养,追求"自主"和"自足"地存在与返道,与事实上对殊途的外部养资源的依赖,即不自足,使人始终面对"违"的境况,这是"讼"的根源。是故"讼"不可避免,根植于世界本有的差异和人的不自足性。它也是人在处理其自身与外部世界关系的起点和原动力。以何种方式来解决"违"与"讼",而非考虑何以杜绝"讼",才是人发挥其独特的主观能动性来参与世界,建构社会、政治和观念秩序的基本前提。

第三节　"讼"的多元价值

总的来说,"讼"是解决矛盾、纷争以及化解不满情绪的有效途径之一。而"讼"的诱因是社会和人际关系的不平、不公、矛盾、纷争等,有其存在的深层必然性。故时人对"讼"的思考和制度建构,重心在如何提升德、能以期更好地解决"讼",而非寻求从根上加以遏制或压服。这是古人对"讼"的基本态度。不过站在不同的立场,所关注到的"讼"的价值并不一致,大体呈现出正负价值两相缠绕,难以作出简单取舍的境况。下面详论之:

在早期中国的文化和思想环境中,对统治者而言,"讼"有正负两重价值。正者,通过对"讼"的受理、处置,可以彰显理讼者,乃至整个统治集团的知识与道德优越性,因此统治者才会"匹夫寡妇之狱讼,君必身听之"①。这与"讼"的概念内涵,即通过寻求理讼者获取公断直接相关。统治者希冀成为公认的"讼"的受理者,也力图通过扮演好这个理讼者的角色来强化其知识、道德和话语的优势地位,进而巩固政权的正当性。因此对统治者而言,有司无讼可理并不见得是好事。②

负者,"讼"的出现,表明社会中存在各种各样的不公、不平、纷

---

① 单育辰:《〈曹沫之陈〉新编联及释文》,载简帛研究网2007年5月,http://www.bsm.org.cn/show_article.php? id=574。

② 这种情况恰好与以往学界常说的官方力主息讼、止讼等的认识相反。但对于早期乃至后来的政权而言,这始终被给予关注,乃是关乎政权安立与否的大问题。

争和屈理等状况，也就意味着统治者没有能够建构起足够完善的政教体系和社会秩序，尽管理论上至善的政治社会秩序实难企及。所以在主生的仲春之月要“止狱讼”[①]，更有甚者，要追求“法省而民讼简”[②]。据此不难理解为何时人憧憬“皋陶既已受命，乃辨阴阳之气而听其讼狱，三年而天下之人无讼狱者，天下大和均”[③]。就“讼”而言：一方面，它的出现表现社会中乱序的存在。如《韩非子·解老》的理解为“狱讼繁，则田荒”，“狱讼繁仓廪虚，而有以淫侈为俗，则国之伤也”。另一方面，对“讼”处置不当，或者理讼者本身能力[④]的不足，会引发更加严重的乱象。像《左传》僖公二十八年载：

> 卫侯与元咺讼，宁武子为辅，针庄子为坐，士荣为大士。卫侯不胜。杀士荣，刖针庄子，谓宁俞忠而免之。执卫侯，归之于京师，置诸深室。宁子职纳橐饘焉。元咺归于卫，立公子瑕。[⑤]

这是春秋时很常见的一种诸侯士大夫之间的“讼”事。据杨伯峻考此事起源为“元咺以杀叔武事诉于晋，故卫侯与之讼”[⑥]。参与这件事的包括卫侯和他的副手宁武子和元咺，“坐讼曲直”的理讼者针庄子，他的副手大士士荣。[⑦] 这次讼由晋之针庄子、士荣主理的讼非但没有达到化解矛盾的效果，反而导致与讼者元咺的杀戮、囚君和易主等一系列严重后果。可以说，这是非常典型的“讼”处理纠纷失败的事例。时人对理讼具有的化解已有矛盾和避免次生危害，认识得非常清楚。不断地强调官员理讼能力和道德感召力的重要性，恰是基于此认识而来。

对上述正负两方面，《大戴礼记·千乘》的看法很有代表性：“司寇司秋，以听狱讼，治民之烦乱，执权变民中。”此言表明狱讼本

---

① 《礼记·月令》。

② 《韩非子·八说》。

③ 单育辰：《上博二〈容成氏〉新编联及释文》，载复旦大学出土文献与古文字研究中心网 2008 年 5 月 21 日，http://www.gwz.fudan.edu.cn/Srcshow.asp?Src_ID=438。

④ 如今所谓公信力、权威等。

⑤ 杨伯峻：《春秋左传注》，中华书局 1990 年版，第 472–473 页。

⑥ 杨伯峻：《春秋左传注》，中华书局 1990 年版，第 472 页。

⑦ 对针庄子和士荣，俞樾有不同的看法，他在《茶香室经说》卷十四中指出：“针庄子为坐，不过代卫侯坐讼耳；至其往反辩论，与晋狱官对理，则皆士荣为之；名曰大士，盖当时有此名目也。”（清）俞樾：《茶香室经说》，凤凰出版社 2021 年版，第 579 页。

身体现了“民之烦乱”,“烦乱”显非善政。而作为理讼者的司寇的职责在于“治”此烦乱以致“执权变民中”,彰显出统治者存在的必要性。同时应该看到,正是由于有正负两层价值,统治者对“讼”的态度呈现出“两难”:既需要通过理讼来彰显和稳固政权的正当性,又需要避免诉讼过于烦密凸显政治、社会治理的不力损害、危及政权的存续。

对于讼者而言,“讼”的价值同样有正负两面。正者,“讼”提供了一条可预期的,稳妥的明理、评理的途径。正是存在这样一种以公断和化解矛盾为己任的人域危机处理机制,社会成员和社会秩序不会被导入无穷并不断恶化的竞争中,也不易催生暴力与混乱。当权者以“有狱讼而不平其冤”①为耻,说明了政府极力营造此“明理”途径。负者,“讼”带来额外的负担,并具有一定的不可知性,且致使其生活复杂化。

迄今没有任何直接的证据表明,在早期中国的观念世界中,上述诸维度的价值中哪一种占据了主导性地位,也没有哪一种被有意地压制或放弃。因此,简单地说,“息讼”“厌讼”“无讼”“健讼”等任何一种倾向占据绝对优势地位,均不可取。② 更有可能的情况是,这几种心态和政治策略,与“讼”的多元价值维度一样,相互缠绕并共存于中国传统法文化之中。

第四节　“无讼”

按照一般理解,孔子是“无讼”观念的首倡者。这种看法虽存在已久且影响甚广,但实难经受深究。方潇等通过对《讼卦》的研

---

①　《韩诗外传》卷六。

②　近年来的研究也在不断表明,无论是官方还是民间,对“讼”判然相反的两种态度交杂存在其实才是常态。参见邓建鹏:《健讼与息讼——中国传统诉讼文化的矛盾解析》,载《清华法学》2004 年第 1 期;张木勇:《健讼与息讼——从〈名公书判清明集〉看南宋诉讼风气》,西南政法大学 2009 年硕士学位论文;王华胜:《中国人厌讼吗? ——对传统观念的另一种思考》,载《池州师专学报》2002 年第 1 期。

究指出：孔子的“无讼”观，未必是后来儒家乃至今日人们常论的所谓“没有诉讼”或“消除诉讼”，孔子的本义或许是其他，如“消解纷争”，即有效地解决纠纷案件。事实上，后来儒家（主要是官方正统化以后的儒生）已将孔子的理论异化且增加了许多的附加值。[①]

旧说最直接的依据来自《论语·颜渊》载“子曰：‘听讼，吾犹人也，必也使无讼乎。’”这句话对后世的影响之巨自不待言。不过对其中所谓“无讼”的理解存在普遍谬误，即解为追求通过教化、礼俗杜绝“讼”之源头，并将之作为“息讼”的源头和理论基础。这类误解之所以产生，很可能与《大戴礼记·礼察》的一段论说有关：

> 然如曰礼云礼云，贵绝恶于未萌，而起信于微眇，使民日从善远罪而不自知也。孔子曰：“听讼，吾犹人也，必也使无讼乎。”此之谓也。

很明显，文中把孔子的“无讼”与绝恶于未萌，起信于微眇的“礼”相关联，认为“使民日从善远罪”即可谓“使无讼”。如此阐释确实彰显了“礼”对防限纷争所起的作用，不过是否合于孔子的本意有待商榷。[②] 需知《大戴礼记·礼察》一篇首章与《礼记·经解》同；第二章以下与贾谊《陈政事疏》同，或本是贾谊所作。[③] 而汉人持类似见解者并不在少数，如陆贾即主张“是以君子之为治也，块然若无事，寂然若无声，官府若无吏，亭落若无民，闾里不讼于巷，老幼不愁于庭”[④]。贾谊本人也在他处表达了“内领国政治，而外施教百姓，富民恒一，路不拾遗，国无狱讼”[⑤]的追求。《大戴礼记·礼察》中重“争”义的“讼”的使用，与孔子所处于的春秋时期惯常使用的“讼”义并不契合，也与孔子在别处对“讼”的使用不尽相同。如子

---

① 方潇、段世雄：《讼卦之“讼”辨正》，载《法制与社会发展》2011年第5期。

② 这种因经典而发挥、旁通义理的情形，在战国思想界极为常见。当时思想家发挥的自由程度通常很大，最典型者莫过于韩非解说《老子》。对孔子“听讼，吾犹人也，必也使无讼乎”的解释也是如此。

③ 高明认为《礼三本》《礼察》《保傅》《劝学》等篇属荀、贾论议，其说有据。参见高明：《大戴礼记今注今译》，商务印书馆1975年版，第11页。

④ 《新语·至德》。

⑤ 《新书·先醒》。

曰:"已矣乎！吾未见能见其过而内自讼者也。"[①]"自讼"的"讼",包咸曰:"讼犹责也,言人有过,莫能自责"[②]。它强调的是"明理"而非"争辩"。很明显,这个用法是从早期"讼"观念中对明理的认识转变而来。

《礼记·大学》云:"子曰:'听讼,吾犹人也。必也使无讼乎!'无情者不得尽其辞,大畏民志。"[③]这里把"无讼"解为"无情者不得尽其辞",郑玄《注》曰"必使无实者不敢尽其辞,大畏其心志,使诚其意不敢讼"[④]。如此来解读孔子之语,彰显的是"讼"的"辞讼""辨讼"之义,这与前述战国时"辨讼"概念的出现背后的思想基础是一致的。但很明显,"讼"的这层意思在孔子的时代表现得并不明显。

上引两说均释"无讼",但差异甚大。那么何者为孔子的本意呢？我们可以基于前文对各时期"讼"观念状况的分析,再结合两则记录来推断:一者,《韩诗外传》卷三载:

> 鲁有父子讼者,康子欲杀。孔子曰:"未可杀也。夫民父子讼之为不义久矣,是则上失其道。上有道,是人亡矣。"讼者闻之,请无讼。[⑤]

这里的"无讼"是主理者处置争讼以后不再进行诉讼的意思,与前引《大戴礼记·礼察》使讼于未萌和《礼记·大学》中"无情者不得尽其辞"的无从辨讼之义均不相同。这个含义的"无讼"与西周以后人们观念中对召公棠下听讼的记忆和赞颂是相一致的。[⑥]《风俗通义》卷一记曰:"燕召公奭,……当农桑之时,重为所烦劳不舍乡亭,止于棠树之下,听讼决狱,百姓各得其所。"文中所谓"听讼

---

① 《论语·公冶长》。

② 刘宝楠:《论语正义》,上海书店1986年版,第110页。

③ 李学勤主编:《十三经注疏·礼记正义》,北京大学出版社1999年版,第1598-1599页。

④ 李学勤主编:《十三经注疏·礼记正义》,北京大学出版社1999年版,第1599页。

⑤ (西汉)韩婴:《韩诗外传集释》,中华书局1980年版,第105页。这个事件还见于《荀子·宥坐》篇,记载的文字略有差别。

⑥ 《诗·甘棠》郑《笺》亦说"召伯听男女之讼,不重烦劳百姓,止舍小棠之下而听断焉"。

决狱,百姓各得其所”与上引“讼者闻之,请无讼”的原因略同,就是理讼者对讼事的妥当处置。而“各得其所”,即可带来不复争讼的“无讼”局面。顺着这个思路,结合上文的考证,可以认为孔子所说的“无讼”,并非意在通过礼教遏绝讼源,而是意指通过有效而公允的理讼,化解两造的“不服”,杜绝断讼之后的“不服”之心依旧而引发次生问题。而与之相类似的说法,亦见于《管子·问》篇之“审刑当罪,则人不易讼”①。

通过上文所论,我们可以获得对传统中国“讼”观念的几点认识:其一,“讼”的语义内涵存在变化。西周时代的“讼”指辩理于公廷,由主理者裁断,以理讼者构成讼事的必要条件,此即后世“狱讼”之“讼”。“求理”(讲道理)和求公断是“讼”的功能和价值的重点。春秋时代与之略同。至战国开始出现“辨讼”之说,以此为表征,作为“讼”义一隅的求理的方式,即“争”开始被重视,其价值义涵也随之彰显。而“讼”一词的所指被扩大和泛化,超越了作为政治制度的“狱讼”。至少到了东汉以后,“讼”的“争”义取代以往的“说理”与“公断”,成为了关注的重点。

其二,基于对“讼”义的认识,可以发现“讼”的观念具有多元的价值维度。它对于理讼者、告讼者和政治社会而言,均存在正负两个维度的价值指向。而不同的价值指向带来的是对“讼”的理解的不同向度。明了于此,便不难解释时人对“讼”的理解何以呈现明理、争、辨、公等不同的侧重,以及官方和民众对“讼”事的两难、两可态度。

其三,按上述两点,汉以后“讼”起于“争”的认识是否合于先秦时的观念就需要再辨析了。直接以之作为先秦时人关于“讼”的成因的理解,失之偏颇与肤浅。先秦将“讼”之“争”的起因解作“不服”。而之所以“不服”,政治层面的解说,多以官方政教体系和治理之不完善为咎。义理层面的思考则更为深邃,将人域之有“讼”置于宇宙秩序和人与外部世界互动关系中进行理解。结合早期思想传统阴本、阳动的分殊,《周易·讼·象传》代表了阳动的一支,

① 此处所谓“易讼”,非容易、轻易争讼之义,而应解作“易主而讼”。

也代表了儒家对“讼”因的义理诠释高峰:人需从外部世界摄养,人与人之间也存在摄养与互养,追求“自主”和“自足”的存在与返道,与事实上对外部养资源的依赖,即不自足,使人始终面对“违”的境况,这是“讼”的根源。是故“讼”乃人所不能避免,是世界本有的差异和人的不自足性所致,也是人在处理其自身与外部世界关系的起点和原动力。以何种方式来理顺“违”与“讼”,而非考虑何以杜绝“讼”,才是人发挥其独特的主观能动性来参与世界,建构社会、政治和观念秩序的基本前提。

其四,有了上面的认识,可对孔子“无讼”观作新的诠释。简言之,“听讼,吾犹人也,必也使无讼乎”的“无讼”,指的不是要通过礼教遏绝讼源,而是意指通过有效而公允的理讼,化解两造的“不服”,杜绝断讼之后的“不服”之心依旧而引发次生问题。

第八章　行“权”之理

传统法文化中审判的核心是“判”，即判断。它关系到如何观照事实、运用法律作出裁判。学界已经关注到表现为最终裁判意见的判书、判词所蕴含的一整套独特推理过程和方法。尤其值得注意的是，上述这些与当下司法领域习见的“以事实为依据，以法律为准绳”“依法裁判”等原则背后的观念基础及其所本的西方法学理论形神俱异。① 传统模式已为数千年传统中国法律实践证明其生命力和效用，且迄今传统审判思路一面因与西式法学不洽而未得成型，也未有全面的理论建构和诠释，一面又始终影响当下中国的司法裁判和法律观念。是故有必要返回到传统文化资源与语境中细加寻绎，以获得具有解释力且观照现实的理解。

经由推理过程形成判断，在传统社会中与因处理其他事务而作出判断并没有本质差别，甚至应该适用同一套方法。最典型的例子是科举成型以后选

---

① 这些差异其实包含了非常重要的问题，关乎如何正确地理解和诠释传统中国的法律文化。现当代学界往往囿于近代以后舶自西方的类观念，先入为主地对古代制度、思想、事件作了具有强烈以今度古、以西释中意味的分判，并有意无意地随着类分将今人的观念注入对古文化的诠解中。这类现象比比皆是，造成了诸多误读和误解，很有必要详加辨正。限于论题，在此不多展开，日后将另撰文专论。

官(甚至包括某些文吏)必需的“试判”制度[①]和作为试判成果被保留下来的判书,内容既有属于现今司法裁判的事项,也可针对礼仪、政策、习俗、历史事件甚至纯粹的学理问题。古人将所有衙署作出的判断、决定都视为“判”,且将这些判的成果都视为判书,归于同一个“类”,其实正反映出时人观念中对现今司法审判与其他判断同质化的理解。而传统社会没有“司法”概念,也没有专职的司法机关和专门的司法权。案件主审官员不必明法出身或熟通律令等现象,接近于现代司法机关的部门主官无须专任,并可辅成上述论断。

换句话说,把握“判”是理解传统中国法文化,尤其是审判的枢要,但这个枢要的精义却不囿于今人所聚焦的司法文化、司法制度之中,当时也不曾出现类似于现今的专门化法律知识和法律思维。由此,只能往当时知识界共识性的学理背景中去寻绎。

就现象而论,“判”之所以能够成立,最重要者在于合“理”而非简单地合“法”,这一点向有公论。问题在于判所求的“理”是什么?如何求“理”?这两个问题始终未得尽解。后人多将之归于两个主要原因:一是“理”的含义极难说清;二是古人着意讲道理、论工夫,不重谈方法。即便如此,对上述二者亦不乏共识,即以为求“理”过程的核心方法,也是至要至难处在于行“权”。换句话说,弄明白何为“权”和如何行“权”,便掌握了传统社会中为“判”思路、方法的枢要。[②] 可是较之传统司法审判过程、状态,今人对行权成判之机理与道理的把握尤为浅陋,毕竟“权”之难解,较“理”有过之而无不及。

历代论“权”者鳞次栉比,视角、深浅虽不一而足,但所共者,一

① 最典型者如唐代科举和吏部铨选试判,参见陈登武:《唐代知识人对唐律的理解与诠释——以白居易〈百道判〉的法律推理为中心》,载黄源盛主编:《唐律与传统法文化》,台北,元照出版有限公司2011年版,第322页。(南宋)洪迈:《容斋随笔》,中华书局2005年版,第129页。

② 苏力曾经提出过著名的“海瑞定理”,引起了学界不小的反响。不过试图以西方的法经济学为依托阐明古代中国审判中“权”的理路,存在的问题很多,最严重之处在于与传统文化和古人的价值追求几乎完全相悖。这里无意对类似这种以西释中的理论解说作过多评论,将之视为一种解释而非理解的方案似乎也无不可。参见苏力:《“海瑞定理”的经济学解读》,载《中国社会科学》2006年第6期。

是以孔子论“权”为基点，二是以《春秋》为“权”之大经，三是视孟子为行权、论权典范。三者虽一理可通，但鉴于孔子直接论说过简，《春秋》之“权”限于解经困境难以把握，以《孟子》所论为主诠解“权”义最为可行。略敷陈如下：

“权”的重要性，孔子首作发明，曰“可与共学，未可与适道；可与适道，未可与立；可与立，未可与权”[①]。鉴于“学”在孔子心目中的重要性，能加诸学之上者必为重中之重。是如朱松美所论：“孔子首次将权提升为哲学范畴。权位列孔子处世哲学的最高端，这里的权是超越经义的变通，是行为上的‘毋意，毋必，毋固，毋我’，合于孔子中庸的方法论原则。《春秋》中‘行事’，其中蕴含了孔子的权变奥义。”[②]至于如何行权，孔子未作理论阐发，亦不见方法指引，只将之融会于《春秋》二百四十二年史事之中。

然而《春秋》之“权”究竟内涵如何，该怎样理解、行用，迄今亦未有确解且聚讼纷纭，论家心力大多耗在了争论究竟今古文“三传”中哪一种理解路径更加近是。[③] 包括董仲舒在内的公羊家一直尝试对之作某些原则化、类型化的归纳。但延续至清末尚存的这类解释进路难言成功，主要问题在于要么失之笼统，要么过于细致、僵化而不得不将很多情况作为“反例”排除出去，导致解释力下降。[④]这说明很有必要反思解“权”的方式，以及对“权”本身义理内涵的把握是否妥当。

此外，需要注意的是，论家或为致用之故，倾向于寻求“权”的

---

① 《论语·子罕》。

② 朱松美：《“权变”与〈公羊春秋〉在汉代的兴盛》，载《孔子研究》2010年第6期。

③ 古代“权”论概况，参见葛荣晋：《中国古代经权说的历史演变》，载《孔子研究》1987年第2期。

④ 原因之一或如吴付来所言：“儒学经权论发端于孔子，发展于孟子、荀子，完备于以董仲舒为代表的西汉公羊学家；作为对经进行变通、突破即‘应变大道’而产生的权，伴随着经权论的演变被越来越严格地置于经的制约之下，道德主体的自由选择越来越以遵循封建道德的要求为先决条件。儒学经权论这种逻辑走向与传统伦理思想的演变趋势是完全吻合的。”吴付来：《试论儒学经权论的逻辑走向》，载《安徽师范大学学报（哲学社会科学版）》1996年第1期。

原则化、规则化、类型化行事方案,[①]不免渐离于权之本义。但就理解之便而言,条分缕析又不可或缺。此中矛盾暂无调和之策,只能反复申明,理解权义借重条陈而不可径以之为权义本身。[②]

孟子长于《春秋》学,尤以善"权"为后世称道。而"权"既是理解、行用作为"万世法"的《春秋》的枢要,亦是孔子为《春秋》注入的精义所在。在这个意义上,孟子堪为孔子而后《春秋》学第一人。知"权"必本《春秋》,解《春秋》之权须赖《孟子》,可谓是把握"权"义的不二法门。[③] 是如马永庆之论:孟子一方面承袭和发展了孔子"仁学"伦理思想体系,另一方面又对如何实现儒家伦理目标提出了自己的观点。权变范畴就是其中的重要内容。在他的伦理思想体系中,权变既是实现其理想人格的方法,也是其达到从道义世界向现实生活转换的必要环节。[④] 与此同时,孟子"权"论确实也被后世儒生视作不刊之典范,但由于孟子不像公羊家那般对权义、权法作规则化条陈,[⑤]致后世学者对他的"权"究竟是什么以及如何运作始终未能析说透彻。[⑥]

---

① 除了脱生于传统论家的常见原则、规则论说外,韩中谊借用类型学方法析分出的作为"判断力"的权的 3 种分类颇有创见,参考韩中谊:《孔孟"权"观念的类型学分析》,载《孔子研究》2010 年第 3 期。

② 后世学界最常称引的《春秋》之"权"的原则,本自《公羊传》桓公十一年之宋人执祭仲和成公二年逢丑父假扮齐顷公两事,两事参见(汉)何休、(唐)徐彦:《春秋公羊传注疏》,上海古籍出版社 2014 年版,第 113–115、428–431 页。归纳出了"权"的三个基本原则:第一,"权者反于经,然后有善者也",即行权的动机和结果必须是善的。第二,"权之所设,舍死亡无所设",行权必须处于存亡继绝的关键时刻。第三,"行权有道,自贬损以行权,不害人以行权。杀人以自生,亡人以自存,君子不为也"。问题是经典中所出现的权例并不一定遵守这三个原则。例如周公之杀管叔,很难说是"舍死亡无所设",严格说来也可算"杀人以自生,亡人以自存,君子不为也"。即便是西周国本初定,东方不靖的情况下处置三监之乱,周公也不是必得杀死自己的亲弟弟管叔方可保得周之天下。这个直接违背了亲亲原则的方式,即便是鉴于时势且确实收获了所预期的震慑效果,但是也着实不合于公羊家对"权"的基本设定。

③ 如果换个角度,把《孟子》看作申明《春秋》大义之书,那么会发现全书不仅仅是以说理的形式阐明《春秋》经义,同时也在以近乎"实战"的方式展示如何"权"义及其致用之法。

④ 马永庆:《孟子的权变伦理思想评析》,载《哲学研究》2005 年第 5 期。

⑤ 这其实正是孟子解"权"最值得称道之处,后文还会详解。

⑥ 现代学界对"权"的学理讨论情况综述,参见岳天雷:《儒家"权说"研究述评——以孔孟为中心》,载《哲学分析》2014 年第 3 期。

与学理诠释混沌不清形成鲜明对比的是,以《春秋》《孟子》为“典范”行权,或曰“权”的实践却至少在秦汉至明清两千余年时间内为官僚、士人广泛践行,当然也包括被今人视之为司法审判的活动中。与之相应的是人们但凡论及“权”之理,未有不称述《春秋》《孟子》者。这是非常有意思的现象,一方面,人们没有理论化的“权”作为先导,更没有相应的方法论指引,多视之为只可意会不可言传的论题;另一方面,行权又存在普遍且广泛的共识和共性。很明显,士人们通过相对一致的经教背景、文史知识基础和官方意识形态引导以及文化环境熏染,获得了“权”的能力且能日用而不知。而这种共同的行为模式背后无不有着以孟子权论为典范的自觉。因此,重审并全解孟子之“权”,可为理解传统审判思路、方法、模式奠定理论基础,亦为当下司法文化融贯古今,并蓄中西提供义理支撑。

第一节 “权”的两重义域

孟子之“权”,可析作体、用两重义域的观察,①但“权”本不二,义域之分仅为解说之便。

一、“权”之体:权只是经

程颐以后的儒生厘清了体层面的权义,标志性的论说是“权只是经也”之论。此论原是程颐对《论语》“可与共学”章的发覆,一言可蔽孔、孟“权”义精要,说见朱子《论语集注》所引:

> 程子曰:“汉儒以反经合道为权,故有权变权术之论,皆非也。权只是经也。自汉以下,无人识权字。”愚按:先儒误以此章连下文“偏其反而”为一章,故有反经合道之说。程子非之,

---

① 下文所言“体”与“用”,俱依托传统语境而成立,承接宋明理学与近代新儒家之论。要义可参见熊十力:《体用论》,载熊十力:《熊十力全集》第7卷,湖北教育出版社2001年版。

是矣。然以孟子"嫂溺援之以手"之义推之,则权与经亦当有辨。[①]

赵纪彬考证朱子《论语集注》阐述的道与权的体用关系问题,指出"由学而立,由适道而行权,则为孔子的本义。因为行权的方法从适道的原理而来;亦即道是权的本体,权是道的应用,'体用一源',不容在道权之间插进一个'立'字。必须先明道而后才能将原理应用于实际;此即古人所说的'精义入神以致用';亦即今语所说的方法论从属于世界观"[②]。

孟子论权本于孔子而加精进,于权之体而言亦是如此。孟子曰:"仁,人心也;义,人路也。"[③]可知"义"是体的动态呈现,侧重过程,仁是理的静态呈现,侧重结果(评价)。这不妨结合黄宗羲"工夫所至即是本体"[④]来理解。此中所言动静非物理意义上的运动静止,而更像是观察者取动态过程或某一时间点上的横断面两种不同方式所观察到的不同结果。置于体的层次观察,"权"就是"义",是法[⑤];在用的层次审视,权是义之用,是成义之术,同时又足以且应当显仁。由表现而观之,则如君子"所存者神",即"神妙不测"[⑥],不一而足。二者关系又类似于邓秉元所言"天人相分,斯有仁义之别。即其本体言,仁为体而义为用;即其流形言,义为体而仁为用。故浑言之,则盈天地间皆仁也,皆义也"[⑦]。以此为基础,可明"权"不是非常状态下方才行用的特例,非为反常之举,相反它本身就是常态。

为什么必须"权",孟子在与陈相的谈话中间接给出了解释:

"从许子之道,则市贾不贰,国中无伪。虽使五尺之童适市,莫之或欺。布帛长短同,则贾相若;麻缕丝絮轻重同,则贾相若;五谷多寡同,则贾相若;屦大小同,则贾相若。"曰:"夫物之不齐,物之情也;或相倍蓰,或相什百,或相千万。子比而同

---

① (南宋)朱熹:《四书章句集注》,中华书局2011年版,第110页。

② 参见赵纪彬:《〈论语〉"权"字义疏》,载赵纪彬:《困知二录》,中华书局1991年版。

③ 《孟子·告子上》。

④ 《明儒学案·序》。

⑤ 此"法"是事所当有之法,非人定法。

⑥ (南宋)朱熹:《四书章句集注》,中华书局2011年版,第330页。

⑦ 邓秉元:《孟子章句讲述》,华东师范大学出版社2011年版,第12页。

之,是乱天下也。巨屦小屦同贾,人岂为之哉?从许子之道,相率而为伪者也,恶能治国家?”(《孟子·滕文公上》)

陈良受许行影响,以齐同为尚,所言类似于墨子“尚同”之论,内含标准化、规范化治理的思路。因此,孟子对答也针对性地在“治”的层面立说,前提即“物之不齐,物之情也”。据此,将人定规范作为硬性标准进行治理,并以之为前提对行为作出是非臧否的判断都不合理。相反,事物、事情所据之“理”方是判断的起点。可是此“理”内在于事,且未必唯一,因此人在面对事时便必须行“权”以析“理”。当然,其中的问题是人凭什么,以及如何从事中识得“理”。孟子的说法是人先天有“理”(性)之端,涵持扩充自可通达万事万物之理。[①] 因此“理”本身不需外求,也非既定规则,只需将事返于内心求证于良知即可获得。这个因外事返求于内而获知具体事理的过程即是“权”,所得的具体事理显然会因“物之不齐”而各异。如此孟子之权便可印证程子“权只是经也”之说并与孔子权论相呼应。

正是因为“权只是经”,和义与理同一不二,是故最理想化的“权”,依托于行权者其人:

“敢问夫子恶乎长?”曰:“我知言,我善养吾浩然之气。”“敢问何谓浩然之气?”曰:“难言也。其为气也,至大至刚,以直养而无害,则塞于天地之间。其为气也,配义与道;无是,馁也。是集义所生者,非义袭而取之也。行有不慊于心,则馁矣。我故曰,告子未尝知义,以其外之也。”(《孟子·公孙丑上》)

在这段问答之前,公孙丑和孟子讨论了“不动心”和“勇”两个话题,其间孟子谈到了孟贲、北宫黝、曾子、子夏不同之“勇”和告子言、心、气之论,始终围绕的主题正是怎样作出如何行为的判断。

以“不动心”,即心中自有标准,不为外物外事所扰乱为前提,来看告子所言“不得于言,勿求于心”和“不得于心,勿求于气”,前者是言(外)不合于心(内化标准)时应直接被排斥。后者意为不合

① 万事万物之理,相对于宋明儒家所言的“天理”,亦即类似老子之“道”的本原之一理而言,俱是一体分殊的殊理,包括事理、物理、情理乃至法理云云。宋儒欲从格物致知所求之理,即属此类。

于心者不外发于气(行为)。孟子的态度是断然否决前者而勉强接受了后者,以为“不得于心,勿求于气,可;不得于言,勿求于心,不可”①。

若是按照告子所言,“权”就不存在了。只需拿内心所坚守的标准、规则来评断所遇到的外部事、物,就可直接作出判断。这有些类似于现代司法理论中的推理逻辑,只不过规则由来自外部(如法律)变为了来自内部。可是其中存在两个问题不可解:②首先,内心的标准从何而来?若告子始终按上述状态行事,标准无法自外部获得,只可能先天得之。其次,按照告子性无善恶的论断,心性本可随外塑而或善或恶。据此,内心标准只可能得自于外。所以孟子会说“告子未尝知义,以其外之也”。

相形之下,孟子的“养气”说要圆融得多。基于性善论,人先天地具有善端,表现为“四端”。人所应为,乃是以良能工夫善及涵养此四端以致良知,使之扩充、推展而成己、成人乃至成物、成天。在这个过程(工夫)中,唯一不变者是性善,见诸人身为良知,其他一切知识性的内容都需通过心、物(事),即内与外的互动获得。存养扩充的工夫就是“气”,但不可以之为物。良知“遭遇”外部的事与物而渐次形成的行为准则便是“义”。所谓“其为气也,配义与道”,讲的也是这个工夫。是如朱子所言“义者,心之裁制,道者,天理之自然”③。

内外交接而形成准则这一步,就是“权”。所形成的准则俱非一般性(或曰普适性)行为规则,而只是针对具体事务的行为指引。④ 在这个意义上才可理解为何《中庸》要说“义者,宜也”。孟子亦直言“大人者,言不必信,行不必果,惟义所在”⑤。孔子说“信近于义”⑥,而不言信即是义也是这般道理。信由内在之诚而外发,是

① 朱熹解释说“凡曰可者,亦仅可而有所未尽之辞耳。”(南宋)朱熹:《四书章句集注》,中华书局 2011 年版,第 214 页。

② 由于这场对话中告子并不在场,无法作出解释,且告子的著作又不传世,我们只能暂且推断他的理论确实如孟子所言。

③ (南宋)朱熹:《四书章句集注》,中华书局 2011 年版,第 215 页。

④ 有些类似于人们常说的特事特办。

⑤ 《孟子·离娄下》。

⑥ 《论语·学而》。

为善端扩充。然而一般人未必以纯尽心穷理发端,即“或相倍蓰而无算者,不能尽其才者也”[①]。若以此结交于事难以当然尽合于道,故不能直言是“义”。告子的看法正好相反,他的“义外”说意在把“义”看作外部标准。但经过孟子驳论之后,后世主流观念都以“义内”说为是。[②]

“义内”就是“法内”。孟子引《诗·烝民》“天生蒸民,有物有则。民之秉彝,好是懿德”和孔子“为此诗者,其知道乎!故有物必有则,民之秉彝也,故好是懿德”[③]论证“义内”,足以表明这种态度。

综上可知,“权只是经”,是“权”的最高层次,可谓“权”之“体”。也可说这是良知洞明,浩然之气充达而不蔽于一丝私、俗的圣人之权所应有的状态,故曰“大人者,不失其赤子之心者也”[④]。在这种情况下,遇事行权即可内达本心而自然合于事理。理想的圣人行权不用也无须考虑一切外部规则,不受任何限制,径直可以经由“遇事—反求本心—形成判断”行权以合理。由此产生的行为模式被记录下来,便是圣人之“经”“理”“法”。这些可为后人行权的参考依据。所以说孟子强调圣人“由仁义行,非行仁义也”[⑤],亦合于孔子“从心所欲,不逾矩”[⑥]的境界。义理层面的“权”应是如此,可是这需行权者纯依良知良能,即类似于圣人行事为前提,对于普通人而言要求太过严苛。是故实践中有退而求其次的权、法结合方案,论说见诸下文。不过实践中每有曲折并不妨碍权之“体”义当如上文所论。

---

① 《孟子·告子上》。

② 经典论断见《孟子·告子上》:告子曰:“食色,性也。仁,内也,非外也;义,外也,非内也。”孟子曰:“何以谓仁内义外也?”曰:“彼长而我长之,非有长于我也;犹彼白而我白之,从其白于外也,故谓之外也。”曰:“异于白马之白也,无以异于白人之白也;不识长马之长也,无以异于长人之长与?且谓长者义乎?长之者义乎?”曰:“吾弟则爱之,秦人之弟则不爱也,是以我为悦者也,故谓之内。长楚人之长,亦长吾之长,是以长为悦者也,故谓之外也。”曰:“耆秦人之炙,无以异于耆吾炙。夫物则亦有然者也,然则耆炙亦有外与?”

③ 《孟子·告子上》。

④ 《孟子·离娄下》。

⑤ 《孟子·离娄下》。

⑥ 《论语·为政》。

二、"权"之用:权衡与权变

"权"之用,指的是实践中权的使用、展现方式。这和上节所论的权之"体"相为表里。用这一层实在难以说清,一方面,它与体相连,是体的落实、显化。且须以理解"即体即用"为前提才能把握。就体而论,权本是常,而非反常。另一方面,它又与实践相连,需要通过以反经、反常为表现的权术来实现。汉以后儒生谈权,多在此层。是故,无论是《春秋》学还是子学诸家,所论聚焦于如何用权以获致判断、行事合经、合常。[①] 亦如清人戴震言:"权,所以别轻重也。凡此重彼轻,千古不易者,常也,常则显然共见其千古不易之轻重,而重者于是乎轻,轻者于是乎重,变也,变则非智之尽,能辨察事情而准,不足以知之。"[②]

孟子谈权,绝大多数情况下也都在"用"的层面展开。这恰好契合了朱熹对程颐的质疑。朱子一方面肯定程子对汉儒仅以术论权的非议,认同权即是经,另一方面又表达了他的存疑态度:"然以《孟子》'嫂溺,援之以手'之义推之,则权与经亦当有辨。"亦如董根红所言:"孟子是在权变和权衡两种意义上使用权的。"[③]可见用层次的权包含了两重内涵,即权衡之权和权变之权。[④] 下亦准此二层分别而论:

权衡之权,即权轻重以合义。仍是据孔子曰:"可与共学,未可与适道;可与适道,未可与立;可与立,未可与权。"[⑤]吴震指出:程颐对"可与权"进行了解释:"谓能权轻重,使合义也。"质言之可谓"权轻重,使合义"这6个字,才是孔子言权之本义。这里,"权轻重"毫无"权变"之意,而是指对于事物的一种判断;"使合义"则表明这种

---

① 除了被公认为典型的董仲舒外,典型的权论并可参见《刘子·明权》、冯用之《权论》(《全唐文》卷四〇四)和司马光《机权论》(《司马光文集》卷七一)。

② (清)戴震:《孟子字义疏证》,中华书局1982年版,第52页。

③ 董根洪:《儒家中和哲学通论》,齐鲁书社2001年版,第125页。

④ 另有杨海文认为孟子的权变可分为"激进权智"和"温和权慧",亦有参考价值。但作者套用成本分析来理解孟子权论,则与孟子本旨差之甚远。参见杨海文:《有一种人生智慧叫权变——孟子经权之辨的生存哲学阐释》,载《现代哲学》2008年第1期。

⑤ 《论语·子罕》。

判断须合乎"义"的标准。程颐认为,孔子的"与权"应当就是"权轻重,使合义"之权。除此之外,不能有其他的解释。① 今人持论大多与吴氏相近。若与体层之权相结合,此中之"义"非外在标准,或可说根本无既成的标准、准则可言。这与孟子"义内"之论一理相通。若以即体即用观之,"权轻重"本身即是"义",亦是"权"之体本身。当仅就权之用观之则表现为权衡轻重以为判断。举例来说:

> 桃应问曰:"舜为天子,皋陶为士,瞽瞍杀人,则如之何?"孟子曰:"执之而已矣。""然则舜不禁与?"曰:"夫舜恶得而禁之?夫有所受之也。""然则舜如之何?"曰:"舜视弃天下犹弃敝屣也。窃负而逃,遵海滨而处,终身欣然,乐而忘天下。"(《孟子·尽心上》)

这是著名的"窃负而逃"典故。行权者是舜,所权者乃天子的责任与孝亲的责任。据常法,为天子者当按法而治其父瞽叟之罪,为子则应免亲于难。舜行权的结果即"窃负而逃",为尽子孝而弃天子之位。当然这个"权"中所含义理极为复杂,断不可以孝亲之私重于天下之公理解。此处暂不详论。所应见者,此例中权之用表现为在相冲突之事理中作出抉择。注意,所权者非是如今常言的利益,而是在诸理冲突的情景下权"理"与求"中"。

权变之权,要在反常以合义。历来对此层权义的论说最多,一般见解如曰"权变之权是有违一般常规的应急性行为或措施,亦称通权达变"②。若就表象而论,此说诚有可取,但仅仅把握至此显然不够,因为其中隐含对经、常的规则化预设,不免错会权的本义。亦举舜不告而娶这一在《孟子》中反复提到的典型反经行权之例以明之:

> 孟子曰:"不孝有三,无后为大。舜不告而娶,为无后也,君子以为犹告也。"(《孟子·离娄上》)
>
> 万章问曰:"《诗》云:'娶妻如之何?必告父母。'信斯言也,宜莫如舜。舜之不告而娶,何也?"孟子曰:"告则不得娶。

---

① 吴震:《从儒家经权观的演变看孔子"未可与权"说的意义》,载《学术月刊》2016年第2期。

② 董根洪:《儒家中和哲学通论》,齐鲁书社2001年版,第125页。

男女居室，人之大伦也。如告，则废人之大伦，以怼父母，是以不告也。”万章曰：“舜之不告而娶，则吾既得闻命矣；帝之妻舜而不告，何也？”曰：“帝亦知告焉则不得妻也。”（《孟子·万章上》）

舜不告而娶，万章以为反常。其所据之“常”或源于礼经，或本自礼俗，要者俱非“义”本身，而属于外部的具有权威的行为模式。以此为常，权变发生说明事属非常，惯常的权威模式不足以提供成法。依“权只是经”的前提，万章所言之常只不过是行权的参考项而已。权变本身才是析理以求合义的过程。反常不意味着事不合法，而只能表明所权之事复杂程度超常。舜之所权在人之大伦、天子之命与礼经成规三者之间。据孟子所论可知，人伦为上，告父母则不得娶而悖人伦，且陷父母于不义，故当不告而娶。从表象看似为反常权变，就其实而观之则是行权以为义。

上述两层共性在于行权都意味着不能简单地直接套用一般性规则，而是要经过一个选择、判断以求合于义（或曰理）的过程。当然，从《孟子》的文本中一般只能看到的理据和结果，至于具体如何行权而作出判断则难以直接读出。

且按孟子所示，一切既有的规则，包括大经大法都可权可反。但要注意，权不一定要反经，或者说反经不是权的必要条件，而只是它的表现之一。也许是由于反经诸例置于儒家经典遵礼的一般教诲中过于“扎眼”，所以格外引人注目，还引出了一类看法，例如以为“在孟子经权思想中，有经、有权、有义；经是基本原则，反经是坚持基本原则；权是变，行权是变更基本原则；义是变更基本原则所必须遵循的标准，而‘价值衡定原则’是达到义的唯一途径”①。顺着这个思路，便会倾向于认为“这种经权学说有助于避免绝对主义和相对主义，但亦有不足之处：一是强调‘反经’胜过行权，二是对行权的标准缺乏明确说明，不利于把经权学说运用到具体生活当中去”②。这两点的不足都与《孟子》中所示不甚相符，如此误判则源

① 杨泽波：《孟子经权思想探微》，载《学术论坛》1997年第6期。

② 杨泽波：《孟子经权思想探微》，载《学术论坛》1997年第6期。

于对“权”本身的理解存在偏差。亦如上文所言，归纳行权的具体方法与规则只可辅助理解，若固执于这些规则却与权的本义相违背。故此，行权致用归根结底还在于行权者其人对权、义、理以及与判断相关知识的把握，至于最终表现如何不可作为行权是否妥当的评价标准。

第二节　“法”的定位：作为参考系的“规矩”

权之用，也就是行权过程中，始终伴随各种各样的“规则”。具体到案件审判，尽管前文已说到传统审判并非简单地以事实为依据，以法律为准绳，但法律又不可或缺。于是我们必须重新理解，法在行权时究竟扮演什么角色，如何发挥作用，发挥什么作用。

传统语境中的“法”含义非常广泛，包括但不限于现代法学所言“法律”。除了律、令、格、式、敕之外，典、宪、彝、则、礼、仪、制等甚至经都可视之为法，大抵涵盖一切政治社会中公认的权威性规则。过去学界讨论较多的话题是古代审判中，如何在遵循律令等今人视为法律的依据时运用儒家经典，特别是援礼入法和引经决狱问题。但这些仅及于传统社会中“法”之一隅。

依照前文对“权”的论说，尤其是把握“权只是经”之后，今人关于法律与经的分判，以及法律、经典与权的成见都会受到挑战，甚至颠覆。而在权即是经，亦即是法的前提下，法在行权成判过程中的定位、功能势必要重新认识。若是收束到审判中来观察，这个新认识，概括说来可谓既有的规范化的“法”，或曰一切实在的规则都是审判者作出判断的参考项，而非硬性标准。① 这些成法本身意味着某种特定场景下形成的判断和行为模式。它们同样可被视为权的结果。由于这些权所基于的条件与以之为参考项的每次实际行权

① 这有些类似于许雪涛所论：“权的语境中离不开两个要素，一是行权者的选择，二是权衡的参照系，权在选择上表现为背离，参照系即是相对于什么的背离。一般来说，这种参照系是指伦理价值系统中，人们需要遵循的基本规则和原则。两个要素缺一不可，否则构不成‘权’。”许雪涛：《公羊传中“权”之分析》，载《求索》2011 年第 6 期。

成判无法完全吻合，所以不能被理所当然地当作现实中行权的逻辑前提。所以传统审判中并不遵循当下依法裁判，把法律规范作为审判推理逻辑前提的理路。

举例来说，人在面对父母之丧时，返求于内心良知，便自然会有3年之哀，这便是处父母之丧的“理”，所以礼经规定斩衰服丧3年，也是由此而来。换句话说，按儒家的理论，本自良知天行的情感、行为外发都可以且应该当然合于礼经。反过来，礼经之所以有种种规定，本就是对上述状态的记录。所以说“规矩，方员之至也；圣人，人伦之至也”[①]。之所以有人会丧不足3年，是由于其本心受了私欲、恶俗、私利和外部不良环境等蒙蔽而不能尽心知理。而这种本心或多或少被蒙蔽又是绝大多数人的常态，所以能尽心知性以穷理的圣人才会把事理具化为规则制定出来，作为一般人日常行为和教化指引的典范。毕竟“心之所同然者何也？谓理也，义也。圣人先得我心之所同然耳”[②]。圣人之法，就是先觉者为后觉者提供的典范，周公之礼即属此类。它们充其量只能算是日常判断、行为的重要参考依据，但不能作为定准的前提或标准，因为即便周公之礼尽善尽美，也只反映周公在面对具体情景中的事时所作出的判断，并不能直接套用到其他时、世、势情景不尽相同的其他事上。《礼记·曲礼上》云“礼从宜”即是此故，而“贫者不以货财为礼，老者不以筋力为礼”则可谓权的实例。[③] 所以人在面对具体事情而行权求理时，既有规则只能成为辅助思考应当如何尽心的参考。仍以服丧为例，圣人之礼说要为父母服丧3年，行权者可以据此思考为何要服丧，为何要3年，由此更易去私心世俗之蔽而返诸本心。若《礼记·礼器》云“礼也者，合于天时，设于地财，顺于鬼神，合于人心，理万物者也”。常被后学称引的“徒法不能以自行”[④]正是在这个意义上成立的，文曰：

---

① 《孟子·离娄上》。

② 《孟子·告子上》。

③ 类似论说在儒家典籍中比比皆是，实为共识。另如《礼记·礼运》之“礼之不同也，不丰也，不杀也，所以持情而合危也”也是非常典型的表述。

④ 《孟子·离娄上》。

孟子曰：“离娄之明，公输子之巧，不以规矩，不能成方圆；师旷之聪，不以六律，不能正五音；尧舜之道，不以仁政，不能平治天下。今有仁心仁闻而民不被其泽，不可法于后世者，不行先王之道也。故曰：徒善不足以为政，徒法不能以自行。《诗》云：‘不愆不忘，率由旧章。’遵先王之法而过者，未之有也。”（《孟子·离娄上》）

这一整段看起来是在强调“先王之法”即是“规矩”，即标准化的行为规则，且必得遵循。但这要以孟子的经权论为前提，规矩的性质、定位、功能和运作方式方可被理解。而这些其实才是孟子对规则化的法律、礼仪的真正态度。

为了便于理解，不妨来看一则反例，见诸孔子与宰我的对话：

宰我问：“三年之丧，期已久矣！君子三年不为礼，礼必坏；三年不为乐，乐必崩。旧谷既没，新谷既升，钻燧改火，期可已矣。”子曰：“食夫稻，衣夫锦，于女安乎？”曰：“安！”“女安则为之！夫君子之居丧，食旨不甘，闻乐不乐，居处不安，故不为也。今女安，则为之！”宰我出，子曰：“予之不仁也！子生三年，然后免于父母之怀。夫三年之丧，天下之通丧也，予也有三年之爱于其父母乎！”（《论语·阳货》）

孔子问“于女安乎”，其实是在引导宰我返求本心而知3年之丧何以合理，但宰我径直以“安”作答，显然是本心受遮蔽而致。孔子在宰我离开后的批评正反映出返求的核心是本心之“仁”，求得此心便自然可以理解礼何以规定3年之丧。注意，孔子同样不要求以礼所提供的规范作为标准来指引返求。这很明显地体现出规则被定位为参照系而非标准或前提。

顺着上面的论述，可以明确实践中人所面对的事情、事务并无标准化的一定之规，也不可以既有规范（法）作为前提而作出判断。孟子的思路与孔子一脉相承，其有言曰“执中为近之，执中无权，犹执一也。所恶执一者，为其贼道也，举一而废百也”①亦是由此之

---

① 《孟子·尽心上》。

故。所以孟子会说“尽信《书》,则不如无《书》”[①]。

或许是为强调是论,孟子还特意将对待外在之“礼”或遵循或无视这类看似矛盾的表现见诸行为。例如,孟子对婚礼仪节的一般态度,可征诸《孟子·滕文公下》:“丈夫生而愿为之有室,女子生而愿为之有家。父母之心,人皆有之。不待父母之命、媒妁之言,钻穴隙相窥,逾墙相从,则父母国人皆贱之。古之人未尝不欲仕也,又恶不由其道。不由其道而往者,与钻穴隙之类也。”注意相反的情况,即孟子恪守仪节之例,其意亦在显权,如:

> 公行子有子之丧,右师往吊,入门,有进而与右师言者,有就右师之位而与右师言者。孟子不与右师言,右师不悦曰:“诸君子皆与驩言,孟子独不与驩言,是简驩也。”孟子闻之,曰:“礼,朝廷不历位而相与言,不逾阶而相揖也。我欲行礼,子敖以我为简,不亦异乎?”(《孟子·离娄下》)

理想状态下的规矩,就是遇事而由本心外发所致的行为模式。因为于理而言“尽其心者,知其性也。知其性,则知天矣”[②],而圣人由于本心不蔽,良知充盈,可不因他力而自然得之。所以说“圣人,人伦之至也”。在此基础上“权,然后知轻重;度,然后知长短。物皆然,心为甚”[③]。

之所以圣人的行为模式要作规则化、外在(“实在”)化,成为先王、先圣之法、礼等,主要是因为一般人难以仅仅凭借自身的觉悟和工夫尽心知性,难免会被俗务、私欲所干扰,如朱子言“盖降衷秉彝,人所同得,惟上智之资无物欲之蔽,为能无待于教,而自能感发以有为也”[④]。这时就需要参考项,毕竟“待文王而后兴者,凡民也”[⑤]。当然,即便是尧舜文武之法亦不可如一般理解的那样作为硬性标准和规则来看待。这些规则运作的理想状态,应如张载所说“礼但去

---

① 《孟子·尽心下》。

② 《孟子·尽心上》。

③ 《孟子·梁惠王上》。

④ (南宋)朱熹:《四书章句集注》,中华书局2011年版,第330页。

⑤ 《孟子·尽心上》。

其不可者,其他取力能为之者”[①]。张子此处虽只说礼,实则法亦如此。实在规范最主要的功能:一是示禁,二是示例。如果承着将“经”(亦可推及法律等一切权威规则)作为参照系而非标准系,其实所有既存的行为规则对于现时发生的事情以及所要进行的“权”而言都是“指导案例”而非硬性准则。对此,杨国荣的论说虽不可谓尽善,但颇有可取处:“孟子将变通之权与拘守规范的执一对立起来,以权否定执一。因为执一必然导致一般规范的僵化,并使之难以应付丰富多样的社会生活,从而最终限制规范本身的作用。孟子所谓不可执一,主要指不拘守某种普遍规范,而不是完全摒弃这种规范。因此,反对执一,并不意味着否定普遍规范的作用,毋宁说,它在某种意义上乃是为了使普遍规范的作用得到更好的体现。尽管主体在具体境遇中的选择不可执一,但灵活变通(权)同时又必须以某些普遍的原则为依据。孟子肯定权与经的统一,无疑体现了一种较为健全的价值取向,它使儒家始终难以接受相对主义的价值观。”[②]

作为参考系的圣人之法、礼经等,并非只对一般人合用,现实中政权的作为,包括立法在内同理也可借助上述参考系来矫正。与此同时,政权制定的法律规范,又部分拥有了和圣人法度相同的属性。具体到审判中,它们也是审判者作出判断的参考项而非硬性标准。审判者行权致用过程中运用规则的状态,大抵近于许雪涛归纳的三种类型:“第一种类型的权表现为与规则完全背离,离而不返。第二种类型的权在表面上与规则背离,但只是行权者的一种权宜之计……第三种类型的权描述为,行权者的选择是在伦理价值系统内部的取舍,体现在伦理价值系统内部的不同规则和原则的差别中。”[③]至于具体应如何行权成判,置于下节再作详论。

当然,实际的政治治理实践中,治理者都有制定细化的行为规

① (北宋)张载:《张子语录》,载《张载集》,中华书局1978年版。

② 杨国荣:《善的历程:儒家价值体系的历史衍化及其现代转换》,上海人民出版社1994年版,第74-78页。

③ 许雪涛:《公羊传中“权”之分析》,载《求索》2011年第6期。

范并严格按法而治的倾向,这一点古今中外皆相一致。[①] 这与治理以秩序和效率为直接追求相关。这一方面受到政权认可,成为一种常态化机制;另一方面中国古代政权也深知其弊,并为之保留了种种矫正方案,权之用合法化即是其中一例。[②]

圣人之治和俗世之治的差异,集中地体现在如何建立法度(立法)之上。圣人可以自觉、自合于天道,可以做到所行即合理,即是法。但这种状况从来都只存在于儒者所托之"古"中,无论孔、孟还是后世诸儒都不认为现实中存在如此至圣之人和至圣之治。如果用今人熟悉的话语来说,这只是纯理论意义上的理想型,同时也可看作人类向往和为之奋斗的愿景。

落回到现实中,无论是王政、霸政还是乱世,天子(政权)建立法度都无法当然合于天道,因为其人、其世都不免受到私欲、私权以及种种具体情、势、时、运等的侵扰。所以要强调以圣人之道、圣人之法作为参考,一是提供矫正现实立法的依据,二是使即便在人域已然至高无上的政治权力受到规训,行事有所忌惮。于是检视《孟子》,尽管大谈尧、舜、文王、周公之法,但从未要求君王完全复刻圣王法度,而只是用之以彰明何以仁、义。[③]

而置于治理的层次,亦即孟子"治民"的语境中,则圣王之法与世俗之法,所针对者都是"未化"之人,即不能凭借自身尽心知性以合道的民众。若是能尽心知性者,自可事事本于良知扩充而行,且俱合于法度,无须自外习得法律知识而后方得合法处事。但凡是此等作为仍不合法,便有理由怀疑政权所立之法本不合理。[④] 这时法

① 近代以来不少知识人在缺乏认真理解的前提下径直将传统中国的治理判定为"人治",并将之置于"法治"的对立面,类似误读曲解造成的不良影响至今尚未廓清。不过近年来已有越来越多的法史研究者注意到了这些成说的谬误,并加以批判和校正。

② 此外,这种制度性存在的机制还极为典型地表现在上访现象和处置方案上,参见李平:《古代中国上访的道理、法理与今鉴》,载《清华法学》2020 年第 2 期。

③ 有的学者特别关注《孟子》一书中对井田制的孜孜追求。确实,孟子多次表达了欲使君王复行商周井田制度。但是他所侧重的并非以此复刻先王之法,或必以先王之法为标准来立法,而是试图以此实现为民立恒产而使之能有恒心,以及以井田之"助"象征政治权力对"公"的追求,以此遏止私权和私欲横行。

④ 在这个意义上,便不难理解为什么普法、送法下乡等思路在受传统文化影响未尽的中国社会时常遇到水土不服。

方才同时显现出行为规则(标准)的作用。不过按照孟子治以为教,教以求化的思路,世俗之法提供行为规则的同时,必须有圣人之法作为教化依据。因为政治治理的目的绝非治理,而是意在为化民成仁建立基础并提供助益。故孟子曰“善政不如善教之得民也”①,把法度用作行为标准,即是“政”;以之为参考系使民内化其理而致认同与自觉,是为“教”。同理可解孔子所言“道之以政,齐之以刑,民免而无耻,道之以德,齐之以礼,有耻且格”②。更典型的表述见诸:

> 孟子曰:“羿之教人射,必志于彀;学者亦必志于彀。大匠诲人必以规矩;学者亦必以规矩。”(《孟子·告子上》)

以上述解说为据理解,更可见“经”(圣人之法)、“法”(现实中的实在法)在审判过程中的角色非常特别,与一般理解的法律规范在司法裁判中所起的作用存在巨大差异。

第三节　行权成判:《孟子》中的权断实例

日常生活中的大多数场景下,人们大可不必事事行权,事实上绝大多数人也难以完全做到孔、孟二圣所要求的尽心知性,只需依照规则、法律行事便可。换个角度来看,法律为日常行为提供了一个简单化、便宜化的方案。这个时候的法律规则有些类似于现代式法律推理中的逻辑前提。

可是置于处理争讼、狱讼,亦即司法审判时,上述简单化方案的可用性会大大降低。因为“讼”之发生,本身就意味着一事之中蕴含多重事理且存在诸理冲突。不过这时“权”的责任由当事人转移到了审判者身上。按照当下常见的理解,审判者可以,甚至应该运用简单化的方案,直接以法律规定为逻辑前提依法作出裁判。可是

---

① 《孟子·尽心上》。
② 《论语·为政》。

一则无论古今，作出裁判都远不止纸面上的“依法”这么简单，[①]二则古代中国始终将明理、合理而非合法作为审判的第一要务，因此审判者理讼，实际上是在代当事人求“理”。正是因此，传统社会通常要求且默认官员较之百姓具有更高的道德水准和知识、智识水平，这些是能够破除诸蔽返求本心以洞明事理的必要条件。孟子曰“待文王而后兴者，凡民也。若夫豪杰之士，虽无文王犹兴”[②]。审判者的角色，即如“豪杰之士”。

不过审判场景中的“权”，较之纯义理层面，即“权只是经”之“权”要复杂得多，也显现出层次差异。从体上看，行权以成判当是用术以证道成理，以权合义的过程；若居于用的层次论，则涉及行权的具体方式方法、过程等技术性问题。这里仍要重申，实践中二者其实并无分隔，只是为了理论诠解之便而为之析分。也就是说，传统社会中每一次判，理论上都应是作判者运用权的技术寻求合于义的判断的过程。如果置于当下司法审判的场景观之，作判者即是主审者（法官）。不过前文说到，古代中国并没有现代意义上的司法、法官概念，所有事类的审判者都被要求掌握并使用同一的行权成判方案。所差仅在于不同作判者对“义”的理解存在差异，作出的判断有可能因之而有别。例如，孟子尽心知理之权，理论上自可通达无碍，基础即如程子曰：“心也、性也、天也，一理也。自理而言谓之天，自禀受而言谓之性，自存诸人而言谓之心”[③]。但如何落实却引发了后世，尤其是宋明硕儒旷日持久的争论。焦点便是道问学与尊德性，亦可谓知识（外）与本心（内）之辨。如言“夫义，路也；礼，门也。惟君子能由是路，出入是门也”[④]。

与此同时，儒学正统化以后的绝大部分时代，主审者乃至习判应试者都以《孟子》作为行权成判的理论渊源和效法对象，甚至以之为判断的理据，因此《孟子》中行权成判的实例在后世多少具有

---

① 关于这个话题，曾经提出并坚守将法律规则作为大前提的西方法学界，随着近几十年来的反思和研究也逐渐予以否弃了。

② 《孟子·尽心上》。

③ （南宋）朱熹：《四书章句集注》，中华书局2011年版，第327页。

④ 《孟子·万章下》。

了理想型和典范的意味，是故可从其中获得最有典型性的运用行权技法达成合于义之判的方案。下面略举数例以加彰明：

《春秋》立义，曰国君当“死国”，故大纪侯而贬逄丑父。但在与滕文公的三段对话中，孟子提供了近似于反经（《春秋》）行权的实例：

> 滕文公问曰：“滕，小国也，间于齐楚。事齐乎？事楚乎？”孟子对曰：“是谋非吾所能及也。无已，则有一焉：凿斯池也，筑斯城也，与民守之，效死而民弗去，则是可为也。”
>
> 滕文公问曰：“齐人将筑薛，吾甚恐。如之何则可？”孟子对曰：“昔者大王居邠，狄人侵之，去之岐山之下居焉。非择而取之，不得已也。苟为善，后世子孙必有王者矣。君子创业垂统，为可继也。若夫成功，则天也。君如彼何哉？强为善而已矣。”
>
> 滕文公问曰：“滕，小国也。竭力以事大国，则不得免焉。如之何则可？”孟子对曰：“昔者大王居邠，狄人侵之。事之以皮币，不得免焉；事之以犬马，不得免焉；事之以珠玉，不得免焉。乃属其耆老而告之曰：‘狄人之所欲者，吾土地也。吾闻之也：君子不以其所以养人者害人。二三子何患乎无君？我将去之。’去邠，逾梁山，邑于岐山之下居焉。邠人曰：‘仁人也，不可失也。’从之者如归市。或曰：‘世守也，非身之所能为也。效死勿去。’君请择于斯二者。”

迫于现实，滕文公需得择一大国而附，否则必丧国，或去国。这是一个须待权而后作出判断取舍的情景。孟子并无方案可解滕为大国所逼的困境，并将此归结于“天”，即人力所不能及的时与势。论至最后，看似孟子没有给出唯一方案，只提供了两可之说并让文公径自“择于斯二者”而取其一。不过从行文中可见，孟子实已讲明，“权”之要在于原心。但从本心“强为善而已”，不以私欲掺杂其间，则无论如何作为都算合理，是如朱子注曰：

> 能如大王则避之，不能则谨守常法。盖迁国以图存者，权也；守正而俟死者，义也。审己量力，择而处之可也。杨氏曰：“孟子之于文公，始告之以效死而已，礼之正也。至其甚恐，则

以大王之事告之，非得已也。然无大王之德而去，则民或不从而遂至于亡，则又不若效死之为愈。故又请择于斯二者。”又曰：“孟子所论，自世俗观之，则可谓无谋矣。然理之可为者，不过如此。舍此则必为仪秦之为矣。凡事求可，功求成。取必于智谋之末而不循天理之正者，非圣贤之道也。”①

据此，孟子让文公自“权”，貌似非止原心向善那么简单，反倒是夹杂有大量功利因素在其中。② 但须注意，若以利益衡量为念，则必失权之本义。引文中孟子的意思很明确，既然无从求全致备，则不如问心无愧。

再者，原心而审其善恶，以此断“权”之臧否，似是最根本性的方法和标准。实则践行远没有看起来这般简单，追问也不应就此而止。试想，何为善心？何以断定此心向善？且若可断为向善则权必合理吗？若此心向善而行权仍有可能不合理，而合理之权又必得以向善之心为前提，那么所向之善便非“一”。按此，非一之诸善之间又须得有“权”，定度先后轻重，方可用于事实、行为、方案之权。问题是，诸善之权以何为据呢？按孟子之意，若是向外去求凭据，便陷入告子“义外”的歧途了。此时只能摒弃一切私利、私欲、功利之扰，直往良知去求解。③

要注意，孟子特意强调了先天的良知、外部知识和外内交接以后形成的权断三者缺一不可。这也是传统中国之“权”与西方式审判中利益衡量思路的最根本区别。要如朱子之言：“欲生恶死者，虽众人利害之常情；而欲恶有甚于生死者，乃秉彝义理之良心，是以欲生而不为苟得，恶死而有所不避也。”④至于针对具体事件如何作出判断的方法，孟子从来不曾化约为原则、规则加以阐明，这正合他对“权”的理解。一旦原则化、规则化，便失去了权的本意。不过他提

---

① （南宋）朱熹：《四书章句集注》，中华书局 2011 年版，第 209 页。

② 也可怀疑：是否正因为孟子预想到滕文公必不能仅仅原心向善而行事，故不为他提供权断结论？

③ 这个思路在实践层面与康德的道德性追求颇为相近，尽管二人理论基设和价值诉求等方面存在巨大差异。以牟宗三为代表的一批新儒家学者正是关注到了上述相似性，并力图将此作为打通中西方理论的枢纽。

④ （南宋）朱熹：《四书章句集注》，中华书局 2011 年版，第 311 页。

供了大量的示例，从中可以获得一些行权成判方法的直观认识。

没有良知打底，一切都不成立了。孟子曰“人皆有不忍人之心。先王有不忍人之心，斯有不忍人之政矣。以不忍人之心，行不忍人之政，治天下可运之掌上”①。有此“心”，本此“心”而行，是一切行为能致合道的前提。宋儒将此“心”解作天理，曰“天地以生物为心，而所生之物因各得夫天地之心以为心，所以人皆有不忍人之心也”②。故常言“存天理去人欲”，即排除一已私心私欲对此“心”的侵扰。当然，这是前提，却不能以之获得任何行为标准或方法。就像一个婴儿生而具有此“心”，却不能行为。故曰“苟能充之，足以保四海；苟不充之，不足以事父母”③。“充”便涉及内外交与和内外。

这里我们可以看一则反例，即齐宣王以羊易牛事：

> 曰：“臣闻之胡龁曰，王坐于堂上，有牵牛而过堂下者，王见之，曰：‘牛何之？’对曰：‘将以衅钟。’王曰：‘舍之！吾不忍其觳觫，若无罪而就死地。’对曰：‘然则废衅钟与？’曰：‘何可废也？以羊易之！’——不识有诸？”曰：“有之。”曰：“是心足以王矣。百姓皆以王为爱也，臣固知王之不忍也。”王曰：“然；诚有百姓者。齐国虽褊小，吾何爱一牛？即不忍其觳觫，若无罪而就死地，故以羊易之也。”曰：“王无异于百姓之以王为爱也。以小易大，彼恶知之？王若隐其无罪而就死地，则牛羊何择焉？”王笑曰：“是诚何心哉？我非爱其财而易之以羊也。宜乎百姓之谓我爱也。”曰：“无伤也，是乃仁术也，见牛未见羊也。君子之于禽兽也，见其生，不忍见其死；闻其声，不忍食其肉。是以君子远庖厨也。”（《孟子·梁惠王上》）

文中齐宣王在尊礼仪（衅钟）与从本心之间行了权。如“盖杀牛既所不忍，衅钟又不可废”④。齐宣王的选择是以羊易牛。就权之用的表现而言属于前文说的权衡之权，但效果却不算好，结果是

① 《孟子·公孙丑上》。
② （南宋）朱熹：《四书章句集注》，中华书局2011年版，第220页。
③ 《孟子·公孙丑上》。
④ （南宋）朱熹：《四书章句集注》，中华书局2011年版，第194页。

“百姓皆以王为爱也”，即人们不理解宣王之所欲而以之为吝啬。这涉及两方面：产生误解是齐宣王行权的方法出了问题，还是宣王素来所为造成的积累性评价影响甚至左右了人们对他权断的理解？还是“百姓”作出判断的观念基础存在问题，导致以小人之心度君子之腹了？毕竟孟子面对相同的案件事实和权断结果可以作出完全不同的诠解。

如果以孟子的权理作前提来审视，可说齐宣王和百姓都有问题。齐宣王的问题既出在权的方法上，更源于他素来的行止做派。所不可知者是他行权时的“本心”。而现实中的审判往往都会有类似的情况，即第三人只能也只愿通过审判者的行止做派来判断他用心是否“公”，而不轻信表面化的言说，尽管有时审判者也会作出直接表达。朱熹评价说“人君当黜霸功，行王道。而王道之要，不过推其不忍之心，以行不忍之政而已。齐王非无此心，而夺于功利之私，不能扩充以行仁政。虽以孟子反覆晓告，精切如此，而蔽固已深，终不能悟，是可叹也”①。百姓之所以会习惯性地以小人之心度君子之腹，显然是社会文化造成的观念背景和共识存在问题，类似于俗话说的人心不古，世风日下。

没有外部知识，难免陷入常言之好心办坏事的境地。所以孟子非常看重“知言”，曰“诐辞知其所蔽，淫辞知其所陷，邪辞知其所离，遁辞知其所穷”。之所以能知此四者，自然需有取材自外的知识与发自内心的良知两重基础。

内外交接而无“权”，同样行不通。因为孟子明确意识到实践中存在诸理冲突与竞合的状况，并且还需要适配时、势、命。也就是说，真理既非静止不变，也无一定之准。没有任何一种静态定准的规则（包括法律）能直接遵行便致合道。换句话说，任何一个置于具体场景中成立的判断都需要“权”。即便是作为最根本支撑的内心先天的良知、善端也都不构成判断标准，而只能说类似于基准。由此，“权”就不能仅仅在方法论的层次上讨论了，而应将它本身视为真理的动态表达，有些类似于《中庸》中作为动体的“诚”。

① （南宋）朱熹：《四书章句集注》，中华书局2011年版，第197页。

理解至此，再来审视孟子的“其为气也，配义与道”和“是集义所生者，非义袭而取之也”两句，“为气”即内外接时的工夫，“配义”便是行权以合天理。行权而作出判断乃至行为，便会是“集义”的结果，而非从外部引入一个“义”的标准来支撑判断。

下面再以两则实例进一步展示孟子良知、知识、权断三者合而用之以行权成判的实态：

> 任人有问屋庐子曰：“礼与食孰重？”曰：“礼重。”“色与礼孰重？”曰：“礼重。”曰：“以礼食，则饥而死；不以礼食，则得食，必以礼乎？亲迎，则不得妻；不亲迎，则得妻，必亲迎乎？”屋庐子不能对，明日之邹以告孟子。孟子曰：“于答是也何有？不揣其本，而齐其末，方寸之木可使高于岑楼。金重于羽者，岂谓一钩金与一舆羽之谓哉？取食之重者与礼之轻者而比之，奚翅食重？取色之重者与礼之轻者而比之，奚翅色重？往应之曰：‘纱兄之臂而夺之食，则得食；不紾，则不得食，则将紾之乎？逾东家墙而搂其处子，则得妻；不搂，则不得妻，则将搂之乎？’”（《孟子·告子下》）

这段对答强调的正是权无定准的外部准则。引文中呈现出的行权方法有二：一是不得“揣其本而齐其末”，即不可囿于外部知识、标准而不返求本心；二是不得以利之轻重为权的对象。所权者乃具体情境汇总合于本心之义与事理。

关于如何权变，例如孟子行事有违礼者，如《孟子·公孙丑下》不应齐王之召事：

> 孟子将朝王，王使人来曰：“寡人如就见者也，有寒疾，不可以风。朝，将视朝，不识可使寡人得见乎？”对曰：“不幸而有疾，不能造朝。”明日，出吊于东郭氏，公孙丑曰：“昔者辞以病，今日吊，或者不可乎！”曰：“昔者疾，今日愈，如之何不吊？”王使人问疾，医来。孟仲子对曰：“昔者有王命，有采薪之忧，不能造朝。今病小愈，趋造于朝，我不识能至否乎？”使数人要于路，曰：“请必无归，而造于朝！”不得已而之景丑氏宿焉。景子曰：“内则父子，外则君臣，人之大伦也。父子主恩，君臣主敬。丑见王之敬子也，未见所以敬王也。”曰：“恶！是何言也！齐人

无以仁义与王言者,岂以仁义为不美也?其心曰'是何足与言仁义也'云尔,则不敬莫大乎是。我非尧舜之道,不敢以陈于王前,故齐人莫如我敬王也。"景子曰:"否;非此之谓也。《礼》曰:'父召,无诺;君命召,不俟驾。'固将朝也,闻王命而遂不果,宜与夫《礼》若不相似然。"曰:"岂谓是与?曾子曰:'晋楚之富,不可及也。彼以其富,我以吾仁;彼以其爵,我以吾义,吾何慊乎哉?'夫岂不义而曾子言之?是或一道也。天下有达尊三:爵一,齿一,德一。朝廷莫如爵,乡党莫如齿,辅世长民莫如德。恶得有其一以慢其二哉?故将大有为之君,必有所不召之臣。欲有谋焉,则就之。其尊德乐道,不如是,不足与有为也。故汤之于伊尹,学焉,而后臣之,故不劳而王;桓公之于管仲,学焉,而后臣之,故不劳而霸。今天下地丑德齐,莫能相尚。无他,好臣其所教,而不好臣其所受教。汤之于伊尹,桓公之于管仲,则不敢召。管仲且犹不可召,而况不为管仲者乎?"(《孟子·公孙丑下》)

孟子对景丑氏之言,说明了他如何在礼(文)与义之间行权。其中涉及的问题不少。齐王以有寒疾为由辞见孟子,孟子同样以疾为由辞见齐王。如果仅看事实,两人皆违礼。相形之下,居卑者之位的孟子在当时更易受到质疑。

更值得注意的是景丑氏对孟子违礼的质疑,上升到了"内则父子,外则君臣,人之大伦也"的高度,这与孟子立论的根基正相吻合。

孟子为传统中国之"权"提供了最深刻且完备的义理支撑,并示诸案例以展现实践中何以行权成判。按孟子之见,权义可从体、用两个层次解说。就体而论,权即是经,是常,也是法。行权成判的过程就是"动体"本身,是理与义的动态呈现,亦即儒家常言的"工夫"。以用观之,权有权衡以合义和权变以合义两类表现,所要者俱在合"义"。有此权义为基础,一切外部规则,包括实在法都应成为行权的参考项,而非标准系。据此,圣人之法乃是圣人行权结果的记录,政权颁定的实在法只是以治理效率为虑而发布的常态化规则。行权成判的过程,大致可以析分为:良知扩充,遭遇外部事件,参考外部知识、标准(如理、法),返诸良知而作出判断。整个过程都可谓之“权”。虽说具体行事中不乏权衡取舍,但与今人习见的利益衡量有本质之别。

孟子的这一系列权论几乎被之后传统中国士大夫合盘接受,《孟子》书中提供的诸多行权实例也被视为包括司法裁判在内的行权成判的典范。可说理解了孟子之权,便可把握住传统中国理讼者审判的基本思维模式、理路以及背后的道理。而这种以“权只是经”为体而朴散之于用的理路,一方面与当下司法教条式的依法裁判和西方经典的司法理论相左,另一方面又潜移默化地影响当代中国的法官,并屡屡被用于审判之中却不知其所以然。二者背后既有中西文化不洽带来的角力,也在司法实践中表现出先行于理论建构的融会。准此,理论界须厘清传统审判思维的机理、道理,与西方司法制度、学理的异同,二者如何影响当下,以及未来应当采取何种方式作出理论诠释、建构。

第九章　总　结

说到古代中国的法学理论，顾名思义，可谓以对“法”的思考为中心推衍出的一系列学问、学术。传统文化中虽无法理学之名而已具其实。近代以来学界对之所作的研究大抵呈现两个特征，一是以现代法学体系为框架，将传统法律思想适配其中；二是以古代法学发展中的节点性人物、事件为单元逐一展开。[①] 这两类研究虽对澄清史实、观念不无裨益，但囿于西学解释框架和模式，未按照传统文化自身的义理脉络阐发，也始终未能从整体上把握传统法律的规模、结构和脉理。实则传统法学本有与自身思想、制度、社会相契合的义理结构、思维方式、问题域和价值标准，无法径直套用既有的法学学理理解和阐发。

鉴于以上种种，接下来将尽可能基于传统语境、话语和学理，析出散见于诸家论著中相关论述的义理结构。由于传统法学的框架、格局和基本问题、论域，自春秋末期肇端，经历战国诸子争鸣，殆至秦汉业已基本成型且清晰稳定。是故以下仅以先秦两汉为限，聚焦于时人所关注的问题，以此为基础呈现传统中国法学理论的结构框架，以期为当前法学理论、话语和学术体系中国化大势之下的法

---

① 最典型者参见何勤华：《中国法学史》，法律出版社 2006 年版。

理学学科体系建设提供可资参考的范式。

第一节 明“法”

一、“法”是什么？

欲阐明中国传统法学论域的架构，首先须明确它研究、思考的对象——“法”究竟是什么。与西学相比，传统的中土学者在概念界定、阐释方面显得相对薄弱。考察通常立足于文字、训诂之学展开。即便如此，学界对“法”的形、义渊源的认识仍处于似是而非的状态。按照许慎之说，“灋，刑也，刑平如水，从水。廌，所以触不直者去之，从去。法，今文省。佱，古文”[①]。尽管颇受质疑，但此说至今多为法学家视为理解“法”义渊源的出发点，由此还引申出不少以讹传讹和望文生义的意义解读，如言中国古代之刑法、刑罚有公平正义的价值内涵，古时盛行神明裁判等。前者愚已专门撰文辨析许慎旧说，得出了几点可确证的认识：其一，“灋”是“法”的古文，或为其字源，但并非“法”的词源。它的本义一则借用作废除之“废”，二则表好的、庄严的、严整的等义。其二，许慎用以释法之义的不是“刑”而是“井刂”，即“型”，本义为规则、型范，与刑罚、刑法无关。其三，“灋”字的组成部分“廌”，不是古代用于神明裁判的神兽，后者当是“豸”，亦被称为“獬豸”。许慎混淆了二者。法的本义与审判无关。其四，“佱”才是“法”的词源，本义是铸造青铜器时使用的模范，引申为规范、模式、范型、标准。[②] 以上关于“法”义之源的论断，可以作为进一步论说的前提。

按照王弼关于言、象、意的理论，[③]“法”这个语词可以对应不同

---

① （东汉）许慎：《说文解字》，中华书局1963年版，第202页。

② 详细论证参见李平：《“法”义新论》，载《现代法学》2013年第2期。

③ 据《周易略例·明象》“夫象者，出意者也。言者，明象者也。尽意莫若象，尽象莫若言。言生于象，故可寻言以观象；象生于意，故可寻象以观意。意以象尽，象以言著。故言者所以明象，得象而忘言；象者，所以存意，得意而忘象。”（魏）王弼、楼宇烈校释：《王弼集校释》，中华书局1980年版，第609页。

的意象(法概念),同时法概念又可以由多个语词来表达,如规、则、律、刑、宪、典、常等。但是相较而言,它们或有所偏分,或有局限,不如“法”来得全面。[①] 因此,一般情况下人们习惯使用语词“法”来指称、讨论法概念。

概括地说,“法”最基本的意象是一切规范、规则、程式、标准。既然说“一切”,意味着不限于人制定的,用于规范人的行为、思想的规则;也包括物的规则。现代观念把这些物的规则统统当作客观事实、客观规律,非但认为它们不受人类的掌控,只能作为人认识的对象;更强调它们与人的能动作为之间存在本质差别,二者分属于客观、主观两个对立悬隔的领域。可是中国传统文化从来不曾把这种基于西方观念的主客观二分作为认识世界的前提。例如,从周代开始,天的运行法则被称为天道,亦有“天佥”之说;[②]地的法则叫作地理;人的法则中最抽象的原则被称为人道,三者之间不仅没有根本性差异,反倒具有同原、同质的属性且可互相感通。或者说,传统观念中“法”是天人合一、天人同质、理一分殊等观念的规则化表现。这种认识表明,可用于指称一切规范、规则的“法”实质上是在以规则示明世界的同质性,是如《鹖冠子·度万》所言:“守一道制万物者法也”。

虽说法概念脱生于“佥”的原义,即铸造青铜器的规范、模式、范型,用以指称一切规则,具备与规、矩、绳、墨、平、准等度量衡相类似的功能属性。[③] 不过在很长的一段时间里,这个概念仅限于技术

---

① 当然战国时已有分判,如《管子·七臣七主》:“夫法者,所以兴功惧暴也。律者,所以定分止争也。令者,所以令人知事也。法律政令者,吏民规矩绳墨也。”

② 如马王堆帛书《伊尹·九主》篇有“唯天不失佥”之说。释文参见李学勤:《试论马王堆汉墓帛书〈伊尹·九主〉》,载《文物》1974年第11期。

③ 以规矩绳墨之类喻“法”由《墨子·法仪》篇首倡,对《墨子》及其“法仪”说的内容与意义,参见李平:《论墨子与先秦“法”学兴起》,载《法制与社会发展》2014年第2期。之后遍见于诸子著作中,如《管子·七法》“尺寸也、绳墨也、规矩也、衡石也、斗斛也、角量也谓之法”。《管子·七臣七主》“法律政令者,吏民规矩绳墨也”。还有如《文子·上德》“循绳而断即不过,悬衡而量即不差。悬古法以类有时,而遂杖格之属,有时而施”。《黄帝四经·经法·道法》“法者,引得失以绳,而明曲直者也”。“度量已具,则治而制之矣。”《慎子·佚文》“寄治乱于法术,托是非于赏罚,属轻重于权衡”。《荀子·非相》“故君子之度己则以绳,接人则用抴。度己以绳,故足以为天下法则矣;接人用抴,故能宽容,因众以成天下之大事矣”。

知识界(如百工之属)使用,并不入官方话语和上层知识人的法眼。所以西周时代的金文,以及春秋以前的传世文献中很少用到“法”①。大概到西周中后期或春秋早期方才拓展用于指称人域社会的规范。② 春秋前期典型用法如《左传》文公六年(公元前621年)载:

> (赵)宣子于是乎始为国政,制事典,正法罪,辟狱刑,董逋逃,由质要,治旧污,本秩礼,续常职,出滞淹。既成,以授大傅阳子与大师贾佗,使行诸晋国,以为常法。③

引文中所述就是著名的“赵宣子之法”(“夷之蒐”)。文中两见“法”:一是“法罪”,二是“常法”。二者都取规范、标准义,用法略有差别。前者按杨伯峻说:“孔《疏》:‘正法罪者,准所犯轻重,豫为之法,使在后依用之也。’则若后代之制定刑罚律令。”④此义重在“标准”。后者则遍指前述九制,为人域制度规范的统称。这广、狭两种用法到了战国晚期以后都被广泛使用。⑤ 需要注意,“法”用于人类政治社会领域时,涵盖其中一切具有规范、规律、准则特质的对象。大到王朝制定的典、宪、彝、则、刑,细至匠作技术规范与标准,⑥史官之记事法则(书法)⑦等俱谓之“法”。并且无论大小、广狭、人物,但

---

① 这需要排除公认不可靠或经历过后世转述的早期文献,如《尚书》中的“古文”部分,《逸周书》的大部分篇章等。

② 西周时期仅有的用例见于《尚书·吕刑》“苗民弗用灵,制以刑,惟作五虐之刑曰法”。法史研究者往往引此证明周人的“法”即指刑而言。但结合《吕刑》的成文背景来看,这种解读是有问题的。此乃吕命王在描述苗民的暴政。当释为“但以五种暴虐之制为治理规范”。上博简本《缁衣》引此句时则写作“佳作五虐之型金”。释文参见马承源主编:《上海博物馆藏战国楚竹书(一)》,上海古籍出版社2001年版,第190页。这亦可辅证春秋战国以后表规范义的“法”(写作“灋”)实由“金”转出。战国时的用例还见于《好盗壶》铭“日夜不忘大金”(《殷周金文集成释文》第5册,第474页。)原释文隶“[illegible]”为“去”,不允;按字形当隶定为“金”。

③ 杨伯峻:《春秋左传注》,中华书局1990年版,第544–546页。

④ 杨伯峻:《春秋左传注》,中华书局1990年版,第545页。

⑤ 如《文子·道原》之“法刻刑诛”与《文子·精诚》“圣人之法”;《吕氏春秋》之“修法饬刑”(《季夏纪·音律》)和“胜理以治国,则法立,法立则天下服矣”(《仲夏纪·适音》)可以分别与之对应。

⑥ 如占卜所本的“三兆之法”“三易之法”“三梦之法”等,参见《周礼·春官·太卜》。

⑦ 如《左传》宣公二年载:“孔子曰:‘董狐,古之良史也,书法不隐。赵宣子,古之良大夫也,为法受恶。惜也,越竟乃免。’”

凡是"法"归根结底都具有同质性。再者,由于"法"概念在主流化的过程中并未与现实中的某一具体制度形态发生联结。也就是说,在当时并没有某种特定的规范性制度被称为"法",因此人们习惯于把它当作规范性制度的抽象、共性、概称。相应地,使用时也更倾向同时赋予它规范性运行、治理方式的内涵,并在这个层次上展开讨论,而不仅仅局限于制度本身。也就是说,但凡论"法",便同时关涉规范性制度与规范化治理。

总体上,"法"的内涵自战国晚期以后成形,并成为观念中的共识性概念。这种共识一直在之后的整个帝制时期大体上保持了稳定。

二、论"法"之域:体—相—在结构中的"法"

阐明传统语境中法概念的内涵后,还需要说明传统思想以"法"为研究对象展开研究的架构。这既与传统思想文化对世界理解的基本模式有关;又与法概念自身的特殊性相关。

众所周知,人们对"法"的认识、研究,合于并反映他们对世界的基本体认。中国古代思想家对世界的基本理解可以概括为"体—相—在"三域结构。其中"体"是世界的本根、本原;"相"是"体"的变显,是世界的"形式"本质;①"在"是诸相同构而具形的存在者(存在/实存)。② 先哲论"法",自然会把"法"安顿到这个三域结构之中,以此为前提和基础来讨论法概念和法现象。

如果结合"体—相—在"结构来看,最抽象(纯粹)意义上的"法"概念属于"相"的层次,是诸相之一,是一切规范、规则的"共

---

① 要注意"体"域与现代学术中的"本体论"并不对应。西方学术、思想传统中的本体论研究的范畴属于"相"域,更准确地表述应是"是论"。参见俞宣孟:《本体论研究》,上海人民出版社 2012 年版,第 3-14 页。同时西学所论"本体"与传统语境,特别是宋明理学家所言的"本体"含义完全不同。参见张岱年:《中国古代本体论的发展规律》,载《社会科学战线》1985 年第 3 期。

② 根据江山先生的论述,"世界本无分析,同一不二。无奈体变相养,诸相同构而为在,使世界呈为分崩离析的境状"。"体"变显的诸相包括"时、空、性、能、质、形、法"。关于"体—相—用(在)"理论,参见江山:《法的自然精神导论》,台北,元照出版有限公司 2008 年版,第 10-15 页。江山先生的论说中经常出现"用""在"并混用的情况,所表之义并无差异。由于下文还将论说"在"域之下的"器""用"二分,为了避免表述上混淆引发歧义,统一将三域称为"体—相—在"。

相”。同时经验世界中可直接体认到的具形的“法”又属于“在”的层次，具体表现为各种人定法之类的具体法则、规范。所以“法”具有关联“体—相—在”三域，亦相亦用的特殊性。或者说，“法”具有相、在二重属性。[①] 这与作为规则的法自身兼有应然（规范性）与实然（作为存在者）的属性相一致。不过中国古代思想家从来没有专门讨论作为“相”的“法”[②]。所有的理论研讨都围绕形而下层面，也就是“在”的层次的“法”展开。可这并不妨碍先哲论述时注意到，并观照“相”“在”两层次理论。

法概念本身只涉及相、在两域，是“体”变显的产物，所以传统法学与纯粹的“体”论无关。但几乎所有先哲都坚守一体、一元之论，遵循“理一分殊”的思路理解世界的生成与构成。[③] 因此，任何分殊与体的关系，即体与相、体与用的关系都需要经由论证和阐释，并作为具体的相、在研究的前提。对法的研究当然也不例外，所以有了“道法学”论域，[④]专门针对道、法关系作出理论阐释。

按“形而上者谓之道，形而下者谓之器”[⑤]的分判，“体”“相”两域都属于“形而上”，“在”则属于“形而下者”。形而下之“在”的层次中又可以进一步析分出器、用两层，分指静态的存在者本身与动态的运行。三域结构中“在”域的“法”也对应地厘分出“器”“用”

---

① 在“法”一词的实际使用中，会有或侧重于“道”的层面，或侧重于“在”的层面之分。这种分别多在与其他概念关联时出现，是一种相对意义上的理解。如《周易·系辞上》亦说“形乃谓之器；制而用之谓之法”，强调的就是“法”的“成器”之“用”。而《尹文子·大道上》说“术者，人君之所密用，群下不可妄窥。势者，制法之利器，群下不可妄为”。此中所论乃是作为“器”的“法”。由此可见“法”于不同场合分别表现出有器、用二重属性。

② 与西方文化（如柏拉图的“理念”论）和印度文化（如佛教的法相宗）相较，中国古代思想家并不善于论“相”。不过“中国哲学缺失相界或相论的建构，并不意味着中国哲学没有涉及相的问题。准确地讲，应该是中国哲学大多将相说体化了，使相的灵感未能发展成相论。”江山：《法的自然精神导论》，中国政法大学出版社 2002 年版，第 15 页。

③ “理一分殊”之说起自宋代理学家张载，是对传统“体”论的精准概括，自提出后广受认同。参见景海峰：《“理一分殊”释义》，载《中山大学学报（社会科学版）》2012 年第 3 期；成中英：《“理一分殊”的本体诠释：兼论经学的本体学性质》，载《深圳大学学报（人文社会科学版）》2015 年第 4 期。

④ “道法”一词取自《黄帝四经·经法》首篇之目，并见于《管子》《慎子》《鹖冠子》《荀子》《韩非子》等文献。

⑤ 《周易·系辞上》。

两层。以“器”观之,法是以规范、规则形态表现的内容;再具体一些,通常人们谈论“某法”(如文王之法、祖宗之法等)就属于“器”的层次,例如律、令等具体的法律规范文本。落到“用”的层次上,法是用于型构、维系政治社会秩序的治理术。

传统思想中关于“法”的理论研讨按照器、用两层,分别衍生出两个论域。讨论法之“用”者可称为“法术论”,重在阐明作为治理术的法如何发挥作用。其中包含复杂的法治理论。讨论“器”一层者可名之曰“律令学”,主要涉及如何看待、解释、使用法律文本。以法为基础的狱讼审判理论和针对法文本的定立、解释理论都属于“律令学”。

综上可见,以“体—相—在”结构为基础,传统思想界对“法”的研讨可析分为讨论体、相关系的道法学,限于“在”之域讨论“法”之“用”的法术论和研究“法”之“器”的层次的律令学三大主论域。三者之下又细分出若干分论域,整体框架结构如图 9-1 所示。

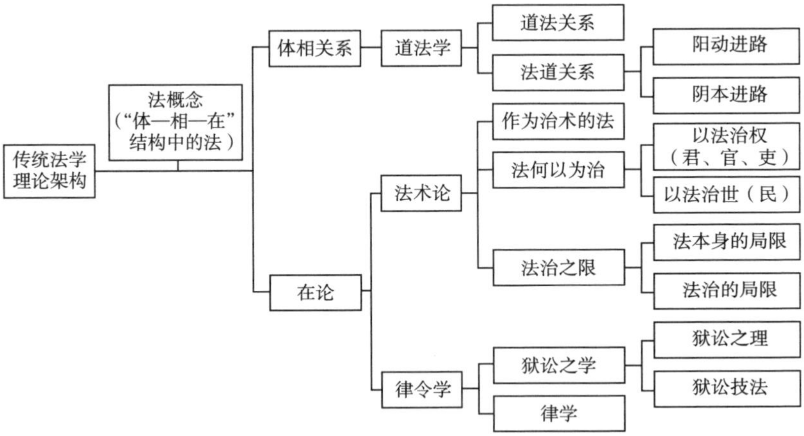

图 9-1 中国传统法学架构

第二节 道法学

按上节所论,传统法学以“法”为研究对象展开,它的第一个论域，也是义理上最高的层次，可以概括为“道法学”。思想家在道法学论域中主要讨论两类问题：一是道法关系。借用现代术语，此中涉及“法”的正当性与合法性：一则论述法的最高正当性、合理性，二则解决人定法在政治社会中的合法性问题。二是人定法如何能够合于道，用传统话语来说，即证道的方法、工夫。

一、道法关系：法的正当性与合法性问题

春秋时期“礼崩乐坏”，随着宗周王权、政治秩序崩殂，人们开始普遍怀疑周人所提供的价值标准、伦理体系和治理方案是否有效，是否正确。批判性反思从现实向制度，进而向价值，最终向真理蔓延。义理重构的巅峰无疑是春秋晚期的老子和他的“道”论。自老子以后，“道”迅速被公认为世界本根、本原以及最高规定性和终极真理的代名词。① 顺着这个思路，关于法的正当性问题最典型的表达莫过于帛书《黄帝四经》开篇提到的“道生法”一说，②表明作为世界本根、本原，具有最高规定性的“道”是一切法的终极正当性标准。③ 战国中后期的《管》《庄》《鹖冠》《文》《荀》《韩》《晏》《吕》等子学作品对此的态度相当一致。④

论及道法关系时，诸家论说尽管没有直接澄清，但事实上将

---

① 当然与“道”形异实同的差异化表述为数众多，例如孔子的“仁”、《中庸》的“诚”、孟子的“心”、宋儒的“理”“性”以及一般观念中纯义理化的“天”等。术语差异背后，是人们对世界同原、同质、同归的相同体认。

② 白奚指出：“道生法”确立了黄老之学的基本思路。这个命题首次将道与法统一了起来，明确地揭示了道与法的基本关系——法是由道派生的，是道这一宇宙间的根本法则在社会领域的落实和体现。从“道生法”这一命题出发，《四经》推衍出它的所有政治主张。以后的黄老学者无不循着这一路数论证他们的主张。参见白奚：《稷下学研究：中国古代的思想自由与百家争鸣》，生活·读书·新知三联书店 1998 年版，第 120 页。

③ 余明光注意到“道”的两重属性，指出“道”不仅意味着自然发展变化的规律，也意味着存在的最高实体。参见余明光：《黄帝四经与黄老思想》，黑龙江人民出版社 1989 年版，第 240 页。

④ 例如，《管子·心术上》将之概括为“故事督乎法，法出乎权，权出乎道”。《荀子·王霸》亦曰“百王之法不同，若是所归者一也”。《鹖冠子·环流》曰“惟圣人究道之情，唯道之法，公政以明”。《尹文子·大道上》更析之为“道不足以治则用法，法不足以治则用术，术不足以治则用权，权不足以治则用势。势用则反权，权用则反术，术用则反法，法用则反道，道用则无为而自治”。王启湘：《尹文子校诠》卷上，载王启湘：《周秦名家三子校诠》，古籍出版社 1957 年版。

"法"分作反思所得和人为定立两类。反思所得之法来自对诸物存在、运行之物相的认识、反思,并可通过语言或文字表达。时人所谓天法(天道)、地理等(类似如今的自然规律、物理规律)俱属此类。①认识得当、正确是反思所得之法成立的基础。这种正确性和有效性又可以通过对现象的再认识来加以校验。这类法不受制于政权,是故没有合法性问题。

人为定立之法(后文简称人定法)是人类政治社会中人为创制的行为规范、技术准则等。最受知识界关注的人类社会运行治理的法均属于此类,内容涉及权力关系,如"官法"之属;②也包含对社会秩序、民众治理的各种法律规范。由于存在于政治社会之中,它们始终要具备正当性与合法性双重前提。正当性归根结底是要合于"道",不过由于人定法的特殊性,道、法之间的关系,以及法的正当性也相当复杂。尤其是人定法具有人主动创制的特质,内容又涉及具体而庞杂的人为事务,很难像反思所得之法那样通过直接校验验证其正确、正当与否。再加上"道"体难识,需借人对道所显化的诸物相主观能动地把握间接获知。因此人定法是否合道,只能借助反思所得之法,如天法(天道)、地法(或曰地道、地理)等作出判断。这个话题留待下节中再论。

至于政治社会中人定法的合法性,各家学说虽不乏异同,但大多强调公理(价值)和权威(王权)两个方面,二者简言之可谓王法合道和法自王出。③ 人定法当以君王的权威或授权为基础,这个认识广为接受,当有古时"礼乐征伐自天子出"的观念孑遗。就其目的而言,一则为成"一体之治"④,二则也有防限官吏治权膨胀、私化

---

① 例如,《老子》第七十七章载:"天之道,其犹张弓与?高者抑之,下者举之,有余者损之,不足者补之,天之道,损有余而补不足。人之道,则不然,损不足以奉有余。孰能有余以奉天下?唯有道者。"

② 如《韩非子·八经》之"功名所生,必出于官法",《管子·七法》的"奸吏伤官法",等等。

③ 如《管子·任法》说"有生法,有守法,有法于法。夫生法者君也,守法者臣也,法于法者民也"。法自王出和王法合道诸论,参见杨玲:《中和与绝对的抗衡:先秦法家思想比较研究》,中国社会科学出版社2007年版,第121-130页。

④ 《管子·七法》。

的用意。[①] 除了法自王出外,人定法还需符合公认的价值标准。换句话说,人定法(王法)的合法性从来就不被认为是仅仅系诸世俗的政治权威,而是始终与各种价值标准、道德标准联系在一起。类似“恶法亦法”的命题在古代中国毫无成立的可能,也不被当作问题。时人当然地认为王法亦有好坏、治乱、善恶之分,如《荀子·王霸》所言“无国而不有治法,无国而不有乱法”。相对而言,除了公认的“公”的价值之外,[②]各家对这一层态度非常多元化。至于哪些价值和伦理原则应当视为人定法合法与否的标准,甚至可以直接凌驾于法律规范之上,哪怕是到了儒家意识形态化以后仍旧聚讼纷纭。特别是血亲伦理、宗亲伦理原则与作为价值之一的“公”的秩序之间孰为优先的问题,成为帝制时代思想家争论的重点之一。[③]

二、法道关系:人定法如何合道

“道”代表最高规定,因此人定法归根结底必须合“道”。问题在于,道不能自表,作为道的显化的物相亦无法自陈其法,是如《庄子·知北游》所言“天地有大美而不言,四时有明法而不议,万物有成理而不说”。于是思想界接受“道生法”命题作为前提的同时,势必要阐明“道”何以“生法”。这个问题经常被转化为法何以合道,特别是用于政治社会的人定法如何合于道。对此,春秋晚期以后的整个传统思想界存在立场、方向泾渭分明的两类论证模式,可以概称为阴本式和阳动式:

阴本式的理论进路肇端于老子的“法象”论。老子的基本立场是人应当以对“道”的因循、顺守、还原为思想、行动的出发点和旨归。人之所“为”只应是为了祛除反道妄为达至“无为”的不得已作

---

① 如《管子·法禁》曰“君壹置其仪,则百官守其法;上明陈其制,则下皆会其度矣。……君人而不能知立君之道,以为国本,则大臣之赘下而射人心者必多矣;君不能审立其法,以为下制,则百姓之立私理而径于利者必众矣”。

② 参见侯磊:《天下为公与制度之公——法家思想中的“公法本位”》,载《人文杂志》2010年第1期。

③ 现在学界经常讨论的帝制时代的礼法之争。质言之,就是此中伦理、秩序之争。参见岳纯之:《中国古代礼法关系新论——以春秋战国至唐代为中心》,载《法治研究》2016年第1期。

为。鉴于“道”体无从直接体认和描述,[①]故需要通过“法象”,即通过对“道”体的诸“相”(如天道、地道等)的效仿来把握。由此,法的取法、模仿的意涵被凸显了出来。自老子首倡“人法地,地法天,天法道”[②],法象外在诸相(特别是天道)以获取人域之法的思路随之成立并广受认同。[③] 战国中期以后的道家、黄老家和以黄老道家为理论基础的法家大多循此理路立说。这些思想家都主张基于取法、因循外在于人的天地自然之物相,即按反思所得之法为标准来制定人定法。或者说,他们始终以外部自然世界的运行法则、规律为人定法直接的正当性依据。“贤生圣,圣生道,道生法”[④]就是这个思路的典型代表。所谓“圣生道”,指的是圣人通过法象确立反思所得之法;进而“道生法”就是依据反思所得之法制定人定法。

阳动式进路发始于孔子,立论基于与阴本一系完全不同的天人关系理解。孔子和他身后的儒生们崇尚人的积极能动性,[⑤]认为人道即天道。按此,人通过正确地运用认知、觉悟能力对人类自身进行反思,即可获得合于大道的人法。[⑥] 更有甚者,这种人定的规则、法律不仅能使人有序,还可以“以通神明之德,以类万物之情”[⑦],即对人以外的存在界旁通交感。再进一步实现通过人为化成万物以求宇宙秩序和谐合道,此即《大学》修身、齐家、治国、平天下得以成立的理据。[⑧] 董仲舒以后被汉儒主流化的天人交感理论、灾异谴告之说等,同样也是这种天人关系基设的表现。[⑨] 顺着这个理路,天道

---

① 此即《老子》首章“道可道,非常道;名可名,非常名”之所指。

② 《老子》第二十五章。

③ 效法天地之道以为人法的思路古已有之,不过将此思路引入法的理论并系统阐释法象论则为老子首创。

④ 《鹖冠子·兵政》。

⑤ 此乃《易传》特重“乾”德,力主“天行健,君子以自强不息”(《周易·乾·象》)的原因。

⑥ 正是因此,如何能够“正确”地运用人的主观能动性成为了儒家理路中至关重要的议题。《大学》强调“正心”“诚意”,《中庸》要求“君子慎独”,孟子特重“良知”“良能”都是由此而发。

⑦ 《周易·系辞上》。

⑧ 孔子之后,无论是强调内修心性的思孟学派,还是讲求外王事功的荀子和汉儒,以至于宋明理、心之学,清末今文经学家等,虽具体主张有别,但无不遵从这个基本进路。

⑨ 董仲舒《天人三策》中的表述最为典型,参见《汉书·董仲舒传》。

等物相和反思所得之法与人法的关系有二：一是互动交感，二是成为人法确否的参照系。需要注意的是，此时天道、物相仅仅止于参照系，而非如阴本传统将之视为标准系，是故会有“君子也者，道法之总要也”[①]的说法。

孔子开出的阳动进路更加看重人的主动作为，不过同样由于人受限于认知能力、水平，反思能力和达到的层次未必齐一，一时的认识也未必准确。体认、觉悟人道的资格显得尤为重要。这便是孔子和儒家后学为何特重圣人和培养圣人。与此同时，那些有权去表述、阐释或修订反思所得之法的人们，势必成为为人域诸法提供终极正当性标准之人。这不免会造成作为真理解释的圣人法、素王法高于政治权力制定的人定法且与之并存的局面。

老子、孔子一阴一阳两类理论方案虽立场相对，但至战国晚期以后亦有融会，集中表现在：其一，老、孔以空前的自觉首开真理之学，深探道原，以此而为一切人定法合法性的裁断者，亦是所有政治社会现象的评判者。后世习称这一特殊身份为“素王”。战国以降但凡有识之士，无不洞悉于此。其二，同样基于对道相认识存在不确定性，故有道家、黄老学者参考阳动思路，以为当抛开法象思路，直取人心。如《鹖冠子·近迭》云：“天高而难知，有福不可请，有祸不可避，法天则戾。地广大深厚，多利而鲜威，法地则辱。时举错代，更无一，法时则贰。三者不可以立化树俗，故圣人弗法。”其三，儒生开始大量吸纳黄老、法家理论资源，并尝试以儒家立场加以统和、整饬。[②] 秦汉以降，特别是儒家官方化以后，阳动立场明显占据了主导，不过这时的“儒术”早已吸纳、融会了众家之说而呈现出大融合的状态。不过除了兼收并蓄融会于儒家学说体系之外，有关道法关系的理论较之先秦始终没有出现实质性的突破。或者也可以认为，汉代以后的思想界大体上接受了先秦诸子关于道法关系的论断作为理论前提，对这类论题不再倾注理论热情。

---

① 《荀子·致士》。

② 参见李平：《先秦礼法之争新诠：以情景中的儒家学说演化为线索》，载《清华法学》2016年第4期。

第三节　法术论

传统法学的第二大论域可名之曰“法术论”，重在讨论法在现实的政治社会环境中所能发挥的作用，作为治理术之一的法如何运行，以及如何让法更好地发挥作用。这既是有关法的运行的理论，也是关于型构、维系政治社会秩序的理论。以“按法而治”为中心的治术理论成型于战国中后期，是当时形形色色的治术论中最受认可，也最具主导性的一支。由于“法”本义是规范、规则、标准，此核心含义直接观照者即规范化的政治社会治理方式，而对“法”的推崇，同时就是对规范化治理模式、技术的推崇。很明显，法本身只是静态的规范、标准，而运用法来治理政治社会则是一个动态的过程。如何处理其间的关系，以求得富国强兵乃至于治世、有天下、治天下等目标，是当时知识人最关注的话题。

一、法为何术：作为治理术之法的特殊性

法术论论域中的首要问题是解说“法”的治术属性，或者说是解说法作为治术之一的特殊性。前文反复谈到，法概念的内涵中本就具有规范化、标准化治理的义涵。而在治理之中，法明确被定位为治术。随之而来的便有两个理论问题：其一，治术之法在“体—相—在”结构中应如何定位。联系上节论及的道、法关系，作为治术的法具有勾连形而上的“道”与形而下的具体存在者的特殊功能。对此，前人意识到法的内涵包含器（静态规则体系）、用（动态治理术）二重属性，进而在不同语境分别表现出对法的器、用属性的不同侧重。如《周易·系辞上》说“形乃谓之器；制而用之谓之法”，强调的是法的“用”的特质和“成器”的功能。而《尹文子·大道上》曰“术者，人君之所密用，群下不可妄窥。势者，制法之利器，群下不可妄为。”此中强调“法”的器的属性和非规范性的“术”的“成法”之“用”。概括说来，就人域政治、社会中的人定法而言，法的“器”“用”二重属性落实到学理和现实层面，对应的是法作为“治术”与

“治器”两个论域,均属于治理术之类。侧重规范功能时,法作为治术有“成器”的功能并为之保障,故表现为“用”;当讨论与法何以成立、运行相关的问题,涉及成法、行法问题,则更凸显其“治器”的属性。

其二,法究竟是怎样的治术,与其他治术相较法的特殊性安在?讨论主要集中在法的功能方面。所作的表述随对象不同而有差异,但总而言之均会凸显法的规范作用,具体到政治社会层面则以结构秩序为要。战国思想界对此已有共识,甚至连最鄙薄人域制度、价值,以为“礼法度数,形名比详,治之末也”①的庄子亦承认“齐于法而不乱”②。有关这个问题最具代表性的论述莫过于《尹文子·大道上》的“法有四呈”之分,即“一曰不变之法,君臣上下是也;二曰齐俗之法,能鄙同异是也;三曰治众之法,庆赏刑罚是也;四曰平准之法,律度权量是也”③。

战国以后思想界对这一复杂论题再无理论兴趣,不过大抵都将上列诸论断视为当然而接受了下来。

二、法何以治:按法而治的方案

法术论的第二层,关注“法”如何在运行中发挥它的规范作用,即按法而治的方案问题。诚如孟子所言,“徒法不能以自行”,静态的法律制度若不置于动态治理过程中便毫无价值可言。并且到了战国中期以后,规范化社会治理,即按法而治已成为思想界的共识。④ 如言“不明于法,而欲治民一众,犹左书而右息之”⑤。除了为之摇旗呐喊的墨、法、黄老诸家外,曾经态度暧昧甚至相左的儒生事

---

① 《庄子·天道》。

② 《庄子·在宥》。

③ 王启湘:《尹文子校诠》卷上,载王启湘:《周秦名家三子校诠》,古籍出版社 1957 年版。

④ 参见贺海仁:《先秦法家共同体的敌人:以法治国的规范理论》,载《政法论坛》2007 年第 6 期。

⑤ 《管子·七法》。

实上也接纳了这个观念。[①]

按法而治涉及两大方面：一是法如何作用于权力运行，使君王的政权和官吏的治权能够合法、有序运转，特别是如何能够通过立法、行法避免君、官、吏以权为私；二是法如何运作于社会治理，成为社会秩序乃至民众价值观念的准则和依托。《管子·权修》中已对这两方面分得非常清楚了：

> 法者，将立朝廷者也；将立朝廷者，则爵服不可不贵也；爵服加于不义，则民贱其爵服；民贱其爵服，则人主不尊；人主不尊，则令不行矣。法者，将用民力者也；将用民力者，则禄赏不可不重也；禄赏加于无功，则民轻其禄赏；民轻其禄赏，则上无以劝民；上无以劝民，则令不行矣。法者，将用民能者也；将用民能者，则授官不可不审也；授官不审，则民闲其治；民闲其治，则理不上通；理不上通，则下怨其上；下怨其上，则令不行矣。法者，将用民之死命者也；用民之死命者，则刑罚不可不审；刑罚不审，则有辟就；有辟就，则杀不辜而赦有罪；杀不辜而赦有罪，则国不免于贼臣矣。

引文中“立朝廷”与权力运行相关，“用民力”“用民能”“用民之死命”大致属于社会治理。此处重在说牧民，故与权力运行相关者较为简略。

事实上，战国中后期以降数量众多的学理讨论更加侧重于讨论前者，即法在君臣关系和政治权力运行中所扮演的角色，以及如何对二者关系加以规范。[②] 这些论说内容涉及法的功能，以及法之成立、运行中的一系列问题，从商鞅之“法、信、权”、申不害的术论、慎到的势论到韩非的法术势并重，主要针对的正是如何治官吏，防限

---

① 关于战国儒生对按法而治的认可过程和特殊方式，参见李平：《先秦礼法之争新诠：以情景中的儒家学说演化为线索》，载《清华法学》2016 年第 4 期。

② 参见张分田：《略论先秦法家规范君权的政治思想》，载《天津师范大学学报（社会科学版）》2006 年第 2 期。

治权的滥用与私化。[①] 综合来看,各家基本态度可概括为“案法而治而不乱”[②]和“明君之蓄其臣也,尽之以法,质之以备”[③]。备受公认的观点大致包括:①君权须守法;[④]②君以法治官吏,辅之术、势;[⑤]③官吏按法治民。[⑥] 各家差异在于成就“法治”的技术如何具体地展开与落实。[⑦]

以法治民,即《礼记·表记》之“置法以民”。它涉及秩序与民心两个方面。通过规范化社会治理营造有序的社会局面,本就是法的基本功能,故战国诸子每谈法治,即在表达秩序化的要求。时人的基本共识可表述为“若夫临官治事者,案其法则民敬事”[⑧],以此来求得富民和强兵。[⑨] 只不过各家倚重的规范性法律制度究竟名之曰法、律、礼、刑有别罢了。而官吏按法、守职分而行治权乃是基本要求。

而对民心,即整肃社会价值观念方面,在“一民心”这个基本立

---

① 像《管子》《黄帝四经》《慎子》《申子》《尹文子》《韩非子》《鹖冠子》《吕氏春秋》等并及儒家的《荀子》和《大戴礼记》《小戴礼记》中的部分篇章中都有体现。参见杨玲:《中和与绝对的抗衡:先秦法家思想比较研究》,中国社会科学出版社2007年版,第197-207页。

② 《黄帝四经·称》。

③ 《韩非子·爱臣》。

④ 如《黄帝四经·经法·道法》云“执道者,生法而弗敢犯也,法立而弗敢废也。〔故〕能自引以绳,然后见知天下而不惑矣”。又如《慎子·君人》云“大君任法而弗躬,则事断于法矣。法之所加,各以其分,蒙其赏罚而无望于君也。是以怨不生而上下和矣”。

⑤ 如《申子·佚文》云“君必有明法正义,若悬权衡以称轻重,所以一群臣也”。《荀子·君道》云“天子三公,诸侯一相,大夫擅官,士保职,莫不法度而公:是所以班治之也”。《荀子·富国》则强调“正法以齐官”。

⑥ 如《慎子·逸文》言“民一于君,事断于法,是国之大道也”。又如《晏子春秋·内篇·谏下》云“官无废法,臣无隐忠,而百姓大说”。又如《管子·君臣上》:“吏啬夫尽有訾程事律,论法辟,衡权斗斛,文劾不以私论,而以事为正。如此则吏啬夫之事究矣。”

⑦ 对管、黄、慎、申、荀、韩等家的治术理论,学界的讨论业已非常细致,故不烦敷陈。概况参见徐祥民:《法家的法律思想研究》,中国政法大学2001年博士学位论文,第82-94页。

⑧ 《尸子·发蒙》。

⑨ 诸家论说参见杨玲:《中和与绝对的抗衡:先秦法家思想比较研究》,中国社会科学出版社2007年版,第80-94页。

场下,[1]操作技术层面怀柔还是激进,重教抑或重刑等具体举措如何设定等问题,各家态度分野较大。儒家讲究"率法而强之,资仁也"[2],故强调"导之以德教者,德教行而民康乐;欧之以法令后则,法令极而民哀戚"[3]。但当时思想界普遍以为"礼义之不如法令,教化之不如刑罚"[4]的情形,通过立法明确赏罚来强势矫正、齐一民众的价值观念和行为更受推崇。持此主张者,有《管》《黄》立说,商君践行,至于韩非更主"以法为教""以吏为师"[5],是为其极。

总而言之,法何以治的问题,知识界的共识大体上如《鹖冠子·天则》所云:"法者,曲制,官备,主用也。"

三、法治之限:按法而治的局限性

按法而治(法治)的局限,是法术论中的第三个层次。法和法治都有局限,这早已为诸家所共知。即便是战国时代立场、做派最极端化的法家人物(如商鞅)等,也都不曾将法治视为全能的治理方式。法治的两方面局限性备受关注:一是法本身的局限,二是法治功能的局限。

法本身的局限,指的是按法而治作为一种规范化治理的技术本身存在有限性。法本身形式化和静态化可能带来的问题最受关注,例如《管子·法法》曰"不法法则事毋常,法不法则令不行。令而不行则令不法也,法而不行则修令者不审也。审而不行,则赏罚轻也;重而不行,则赏罚不信也;信而不行,则不以身先之也"。鉴于此,战国诸子大多采取多重治术互补的思路,兼收并蓄其他各种治术之所长。胡家聪通过分析《管子》诸篇概括齐法家特色时,指出"道、法"

---

① 如《慎子·威德》云:"法虽不善,犹愈于无法,所以一人心也。夫投钩以分财,投策以分马,非钩策为均也。使得美者,不知所以德;使得恶者,不知所以怨,此所以塞愿望也。故蓍龟,所以立公识也;权衡,所以立公正也;书契,所以立公信也;度量,所以立公审也;法制礼籍,所以立公义也。凡立公,所以弃私也。"慎到撰、钱锡之校:《慎子》,载上海书店1986年影印世界书局《诸子集成》,第2–3页。

② 《礼记·表记》。

③ 《大戴礼记·礼察》。

④ 《大戴礼记·礼察》。

⑤ 《韩非子·五蠹》。

并提、"法术权势"结合是其最大特点。[①] 诸如慎子的"势论"、申不害的"术论"、韩非的"法、术、势"说等均属于此。[②] 当然在各个学派话语竞争的场景下,也不乏各执一端以立说的偏激表述。

法治功能的局限,主要表现为法律的外部约束与基于内心体认的道德水准提升之间的差距。尽管战国中期法家主导的诸侯国变法运动使法治足以致富强国且型构社会秩序达成共识,可是像法这种外部化、仪式化的行为规范是否足以致善,抑或只能止恶始终存在争议。而致善以期于合道一直被看作政治社会的目的。时人关注的问题主要有二:法和法治是否能够直接用以实现政治社会致善合道的最终目的?如若不能,法与法治又当如何助成致善?

战国思想界针对这个问题有两类极端化的思路:一类是试图仅仅通过立法者提供具有伦理导向的法律,辅之以最严格化的按法而治,在法治的框架内实现止恶与向善。最典型的例子是秦始皇和他齐一行于天下的律制和法治。由于此时法律本身,以及代表法律行事的官吏背负了过多的责任,或者说需要扮演太多角色,同时又受制于律制而失去了因时因势权变能力,这个方案的弊端其实在秦统一六国之前就已经有了表现,是如睡虎地简《语书》所呈现者。[③] 另一类思路弱化一切制度、法律、仪节等外在规范的重要性,侧重立足于教化人(特别是当权者、执法者)而非型构秩序来获得社会整体性致善的可能性。保留在《礼记》中的子思作品《坊记》是其中最有代表性的论述。

除了极端化立场外,大部分论家的关注点都集中在了如何达到"平衡"。典型者如《管子·君臣下》之论:

为人君者,倍道弃法而好行私,谓之乱;为人臣者,变故易常而巧官以谄上,谓之腾。乱至则虐,腾至则北。四者有一至,败敌人谋之。则故施舍优犹以济乱,则百姓悦。选贤遂材,而

---

① 参见胡家聪:《稷下争鸣与黄老新学》,中国社会科学出版社 1998 年版,第 61–62 页。

② 仅近代以来对相关内容的讲述、研究就已汗牛充栋,此处限于篇幅不复展开论说。

③ 参见李平:《秦"法治"的理论困境透析——以睡虎地秦简〈语书〉、〈为吏之道〉为中心》,载《学术探索》2012 年第 11 期。

礼孝弟，则奸伪止。要淫佚，别男女，则通乱隔。贵贱有义，伦等不踰，则有功者劝。国有例程，故法不隐，则下无怨心。此五者，兴德匡过，存国定民之道也。

第四节　律令学

传统法学的第三大论域可称为“律令学”，是关乎法的具体定立、实施的技术之学。[①] 其中包含狱讼学和律学两个层次。

一、狱讼学：理讼断案的义理与技术

律令学中的第一层是狱讼学，这是围绕士、理之官的职分形成的一系列学理。这一层粗看起来与现代司法理论与技术相近，实际上由于类分标准有别，二者并不完全相契或相属。相传早在五帝之末的尧舜时期，就已经有了“士”官之职，[②]而最早的士官皋陶也成为了后世士、理之官的理想型，如言“皋陶既已受命，乃辨阴阳之气而听其讼狱，三年而天下之人无讼狱者，天下大和均”[③]。士官主要负责狱讼和刑罚，以此为基础发展而来的狱讼学包含了两个主要层次。

第一层是狱讼刑罚的义理思考，大多聚焦在理据和功能方面。关于狱讼的理论思考开始得非常早，《周易·讼》卦是一例，文王成虞芮之质和召公理讼理想型的塑造是其成果，[④]也是后世狱讼，乃至无讼观念成立的基础。总体而言，先秦两汉思想家明确地讨论了

---

① 有关先秦律令学的文献材料极其有限，限制了对其的认识。对它的记载稀少与道法论、法术论的蓬勃势头形成了鲜明对比。也正是受制于文献匮乏，尚无法对其全貌、细节以及其处境的成因作深入分析。这方面有待日后补足。

② 《尚书·舜典》载“帝（舜）曰：‘皋陶，蛮夷猾夏，寇贼奸宄汝作士，五刑有服，五服三就。五流有宅，五宅三居。惟明克允！’”

③ 单育辰：《上博二〈容成氏〉新编联及释文》，载复旦大学出土文献与古文字研究中心 2008 年 5 月 21 日，http://www.gwz.fudan.edu.cn/Srcshow.asp? Src_ID=438。

④ 上述两例见诸《史记·周本纪》《燕召公世家》等，相关论述参见李平：《试论中国早期“理讼”问题中的公私矛盾》，载《法学家》2013 年第 4 期。

“讼”的正负两方面的价值。

正者，通过受理、处置狱讼可以彰显理讼者，乃至整个统治集团的知识与道德优越性，这就是为何统治者会有“匹夫寡妇之狱讼，君必身听之”[①]的做法。这与“讼”的概念内涵，即通过寻求理讼者获取公断直接相关。在这个意义上说，统治者希冀成为公认的理讼者，也力图通过扮演好这个角色来强化政权在知识、道德和话语方面的优势地位，进而巩固政权的合法性。因此对统治者而言，有司无讼可理并不见得是好事。[②]

负者，出现争讼表明社会中存在各种各样的不公、不平、纷争和屈理等状况，也就意味着统治者没有能够很好地维系本应和谐的政教体系和社会秩序。所以强调在主生的仲春之月要“止狱讼”[③]，更有甚者要追求“法省而民讼简”[④]。据此不难理解为何时人憧憬“皋陶既已受命，乃辨阴阳之气而听其讼狱，三年而天下之人无讼狱者，天下大和均”[⑤]。“无讼”既是统治者德行和治理能力的体现，也是理讼能力的体现。所以就“讼”而言，一方面，它的出现表明社会中存在混乱。如《韩非子·解老》曰“狱讼繁，则田荒”，“狱讼繁仓廪虚，而有以淫侈为俗，则国之伤也”。另一方面，对理讼处置不当，或者理讼者本身能力不足会引发更加严重的乱象。

针对上述正负两方面，《大戴礼记·千乘》的看法很有代表性：“司寇司秋，以听狱讼，治民之烦乱，执权变民中。”可见狱讼本身体现了“民之烦乱”，“烦乱”显非善政。而作为理讼者的司寇的职责在于“治”此烦乱以致“执权变民中”，又彰显出统治者存在的功能

---

① 单育辰：《〈曹沫之陈〉新编联及释文》，载简帛研究网2007年5月，http://www.bsm.org.cn/show_article.php? id=574。

② 这个情况恰好与以往学界常说的官方力主息讼、止讼等的认识相反。但对于早期乃至后来的政权而言，这始终是关系到政权安立与否的大问题，须得引起今日研究者们的重视。参见李平：《试论中国早期“理讼”问题中的公私矛盾》，载《法学家》2013年第4期。

③ 《礼记·月令》。引文中的“止狱讼”是通过理讼来平息造成狱讼的社会矛盾，而非压制诉讼。

④ 《韩非子·八说》。

⑤ 单育辰：《上博二〈容成氏〉新编联及释文》，载复旦大学出土文献与古文字研究中心网2008年5月21日，http://www.gwz.fudan.edu.cn/Srcshow.asp? Src_ID=438。

与意义。同时应该看到,正是由于有正负两层价值,统治者对"讼"的态度呈现出"两难":既需要通过理讼来彰显和稳固政权的合法性,又需要避免诉讼过于繁密凸显政治、社会治理的不力,损害、危及政权的存续。对此两难采取何种方式求得平衡是传统狱讼理论研讨的重点之一。

对与讼者而言,"讼"的价值同样有正负两面。正者,"讼"提供了一条可预期且稳妥的"明理"的途径。也可以说,正是存在这样一种以公断和化解矛盾为己任的人域危机处理机制,社会成员和社会秩序不会被导入无穷并不断恶化的竞争中,也不易催生暴力与混乱。当权者以"有狱讼而不平其冤"①为耻,说明了官方极力营造此"明理"途径。负者,"讼"带来额外的负担,并具有一定的不可知性,且致使生活复杂化。②

第二层是狱讼刑罚的具体技术,包含侦查、取证、听审、断案、用刑等方面。这个层次全与日常法律实践有关,并且其中很大一部分事实上由吏,而非官来操持。③ 由此造成相关的论著数量稀少且缺乏理论性,更多的是实用手册和经验汇集性质的作品。这些纯技术的问题始终不曾受到主流知识精英青睐,具有义理深度和系统专门的方法论研讨几近阙如,但并不妨碍其自成一系并合用于日常法律实践。鉴于先秦两汉相关论著非常罕见,睡虎地秦简中的《为吏之道》、张家山汉简的《奏谳书》等勉强可算其例,但它们并非学理性的论著,而是官方文件。我们更多只能参考后世诸如《名公书判清

---

① 《韩诗外传》卷六。

② 对此方面,先秦历史文献中的记载相当匮乏,这也导致当前相关研究的缺失。尽管众多关于宋明清的相关研究可以提供参考性见解,参见张翅:《抑冤与诉讼》,中国政法大学2009年博士学位论文,第52-54页;王锦:《中国古代非必要诉讼研究》,郑州大学2008年硕士学位论文,第7-17页。但缺少直接证据使对此方面的论证陷入困境,故文中仅将推断性的见解略加表达,详细的考证有待日后进行。

③ 胥吏在狱讼中发挥的事迹作用,先秦两汉文献中提供的信息很少。当前学界研究主要集中在史料较为丰富的宋代以后,例如张正印的《宋代狱讼胥吏研究》(中国政法大学出版社2012年版)这些成果对理解早期状态不无帮助。

明集》《折狱龟鉴》等作品来建立关于这一层学理的印象。[①]

二、律学:律令解释学

律学在很长一段时间内被当作传统法学最主要的论域,何勤华注意到:“学术界一般认为中国古代律学诞生于秦汉时期,但在秦汉的文献中,事实上并无关于律学研究状况的记载,也无‘律学’之用语。对律学研究活动明确作出记述以及‘律学’一词的适用,是魏晋以后的事情”[②]。这个看法提示出两个信息:其一,对先秦两汉思想文化,“律学”和“法学”一样都是追溯性的概念。战国诸子的法学理论大多只关注道法论与治术二层,律学并不在主流思想的视野中,它们多仅被作为刀笔吏的技术被小范围掌握和传承,并未形成系统性的理论。其二,律学在秦汉以后仍在经历酝酿、发展,直到唐宋才基本定型,成为一门专门性的学问。当然这也与科举之中专设“明法”科取士不无关系。不过至少到东汉时期,律令学的基本规模、方法已颇具规模,并为后世发展提供了基本范式。

律学无疑是律制出现之后的产物,但它的方法成型甚早,与战国时代颇具规模的刑名之学[③]和经典解释方法一脉相承。多数人都把传统的经典解释学等同于汉代以后成型的儒家经学解释学。这种看法事实上并不准确。至晚到了战国时期各家各派都已出现了非常典型的经典解释作品,例如《墨子》中的《经》与《经解》,《管子》中的《版法》与《版法解》,《韩非子》中的《解老》《喻老》,还有《文子》对《老子》的大量解释。

律学从根本上说是一种解释学,基本对象自然是律令制度。解

---

① 概况参见李交发:《中国诉讼法史》,中国检察出版社 2002 年版,第 257-329 页。不过近代以后绝大部分研究都以西方司法、诉讼法理论为框架,理解和阐发仍旧存在不少问题。并且研究大多集中在史料较多的明清以后,且以实证研究为主流。代表性成果参见张志超:《中国传统社会的司法技术与逻辑运用》,载陈金钊、谢晖主编:《法律方法》第 8 卷,山东人民出版社 2009 年版。

② 何勤华:《中国法学史》(第 1 卷),法律出版社 2006 年版,第 164 页。

③ 如《黄帝四经·经法·名理》:“天下有事,必审其名。名理者,循名究理之所之,是必为福,非必为灾。是非有分,以法断之;虚静谨听,以法为符。审察名理终始,是谓究理。”陈鼓应:《黄帝四经今注今译》,商务印书馆 2007 年版,第 187-188 页。

释不破律文,可以看作律学解释的基本原则和立场。这与早期经典解释以经典为前提毫无二致。不过律令学较之经典解释学而言可以说面对的是一个全新的论域,即律令规范与具体事实之间的联结问题。不过非常可惜,传统思想界专门针对解释方法本身展开的学理讨论极为罕见,或者传统知识人无意将方法论当作专门性的"问题"来看待。与此同时我们很难用现代法律解释方法理论的术语简单地套用并且界定这些律令解释的方法。

若对解释者的立场加以辨析,可分出两种差异化的解释路径:一是官僚系统(包括吏制)内部的解释。睡虎地秦简中的《法律答问》和张家山汉简的《奏谳书》是这个立场的最典型代表。[①] 这类多属于官方解释,大多是针对律令规范与事实之间对应关系不明确所作出的认定。此中最重要的并不是解释方法与技巧,而是获得足以被官方权威认可的法律适用方案。这些解释的目的在于为具体的断案提供直接指引,因此解释的内容源于审判中遇到的问题,并且又反哺于审判。

二是以儒者自居的士大夫的解释。儒家立场的律令学更加侧重目的解释。这与儒生的经学解释学倚重师法、家法寻绎原教旨一理贯通。然而对于普遍存在"素王"意识的儒生们来说,世俗的律令体系和法律规范不足以成为律令解释的大前提。王法之上理所当然的还有孔子的素王法(如《春秋》),更有由"人道"衍生出的种种道德原则。[②] 所以儒生用于目的解释的"目的",从来都不是立法者的目的,而是依据道德原则和素王法推导出的,王法所应具备并实现的目的。对儒生而言,律令解释的必要性更多来自认定事实性质的困难,尤其是像合理非法这种极端情况下如何裁决。

此类解释的开山人物无疑是引经决狱的董仲舒。引经决狱并

---

① 参见蔡万进:《张家山汉简〈奏谳书〉研究》,广西师范大学出版社 2006 年版,第 73-89 页。

② 关于解经方法,参见许雪涛:《公羊学解经方法——从〈公羊传〉到董仲舒春秋学》,广东人民出版社 2006 年版,第 54-89、126-174 页。

形成类似判例法的律令,思路与方法正是归本于《春秋》。[①] 但他这种过于激进的做法并没有成为主流。汉代儒学官方化以后,儒家的知识、立场乃至思维方式逐渐成为主流,并且常识化了。这便造成儒生与官僚身份上出现重叠。具有儒学知识背景的官僚在解释律令时带入儒家的立场和方法司空见惯。这与法律本身呈现出的纳礼入法、礼法合流的状况大致同步发生。像郑玄、杜预这些经学家注律无不如此。而律学的表达方式也随之与经学中的章句注疏趋同。这个始自汉代古文经学家的风气,奠定了后世如《唐律疏议》等官方法律解释的基本模式。

不过若是仔细分辨,仍可发现注律者存在立场上的差别。就好似盐铁会议上激烈论争的两派,其实都具有儒学背景,但是却因"目的"之差而两相对立。[②] 此时王朝的事功与秩序、孔子的道德理想和原则之间的冲突最为凸显。大多数情况下,选择事功与秩序者更侧重于官僚身份和责任。也正是由于对秩序特加重视,倚重法律和按法而治便不可避免,因而他们又常常因此而被后世判定为"法家",对王安石的认定便是典型例证。

上述两种解释立场的差异不免会造成观点上的直接冲突和对抗,不过绝大部分情况下对抗和论争并不会反映到官方提供的法律解释上。因为帝制政体下,所有的纷争最后都会经由天子调解或决断获得唯一合法有效的答案。反过来看,汉代以后政治生活中始终容留两种立场论证、博弈的空间,其实是极其高明的政治策略。而后世出现的《唐律疏议》,正是上列诸解释方法、立场达至融会、平衡的集大成之作。[③]

---

① 董仲舒的解释方法,参见邓红编著:《董仲舒的春秋公羊学》,中国工人出版社2001年版,第35-50页。

② 参见王利器:《桑弘羊与〈盐铁论〉》,载《西北大学学报(哲学社会科学版)》1982年第1期。

③ 参见周斌:《伦理实体的宗法模式与唐律的内生逻辑分析》,载《伦理学研究》2013年第2期。

第五节 小 结

中国传统法学的思想和知识基础本于特殊的文化环境，虽无法学之名，亦不曾有专论专著；然而汇诸家所论，传统法学理论实则蔚为大观，有自己独特的义理结构、概念和话语体系。这门学问既反映传统思想的特质，又构成整个传统思想文化必不可少的组成部分。

近代以来，学界反思国故一直以西学为标准，罔顾传统文化自身的脉理而强作适配。不可否认西学自有其所长值得借鉴，但绝不足以成为普遍适用于世界文化传统的标准。姑且不论中、西学间孰优孰劣，对待中国古代法文明当循着传统文化本身的理路理解、反思，进而方可择其优者而从。这理应取代以西释中成为研究的起点。

传统法学理论肇起自春秋晚期的墨子，由他首开对“法”这一概念的反思并加以推崇并将之学理化。而关于法的一系列学理最终成型于战国后期。汉初反思秦过为法家、律制所累，更有汉武独尊儒术，法学与经学悄然融会，但法学基本问题、思路、格局大体不出战国末年的样态。从内涵上分疏，传统法学包含了道法论、法术论和律令学三大论域。每个论域之下又可析出若干层次。这个结构所涉及的内涵、问题、论述等，非但不逊色于西式的现代法学理论体系，其中特别是道法学中的若干子论域，远远超出了西学的视野范围。